소호당 김택영과 송도인의 발견

민족문화 학술총서 71

소호당 김택영과 송도인의 발견

초 판 1쇄 2024년 02월 28일

지은이 김승룡
펴낸이 류종렬

펴낸곳 미다스북스
본부장 임종익
편집장 이다경, 김가영
디자인 임인영, 윤가희
책임진행 이예나, 김요섭, 안채원, 김은진, 장민주

등록 2001년 3월 21일 제2001-000040호
주소 서울시 마포구 양화로 133 서교타워 711호
전화 02) 322-7802~3
팩스 02) 6007-1845
블로그 http://blog.naver.com/midasbooks
전자주소 midasbooks@hanmail.net
페이스북 https://www.facebook.com/midasbooks425
인스타그램 https://www.instagram.com/midasbooks

© 김승룡, 미다스북스 2024, *Printed in Korea*.

ISBN 979-11-6910-544-6 93150

값 **25,000원**

미다스북스는 다음세대에게 필요한 지혜와 교양을 생각합니다.

소호당 김택영과
송도인의 발견

김승룡 지음

"인문학자 김택영,
아, 송도 사람이여!"

미다스북스

『소호당韶濩堂 김택영金澤榮과 송도인松都人의 발견』

목차

민족문화 학술총서를 내면서

21세기의 새로운 미래를 향해 나아가는 현 시점에서 한국학 연구는 새로운 전기를 맞이하고 있다. 한국은 물론이고, 아시아·구미 지역에서도 한국학에 대한 관심은 고조되고 있으며 여러 분야에서 다각도로 심층적인 분석이 이루어지고 있다. 이러한 추세에 발맞추어 우리나라의 한국학 연구자들도 지금까지의 연구를 기반으로 하여 방법론뿐 아니라, 연구 영역에서도 보다 심도 있는 연구가 요청되고 있는 형편이다. 따라서 우리는 동아시아 속의 한국, 더 나아가 세계속의 한국이라는 관점에서 민족문화의 주체적 발전과 세계 문화와의 상호 관련성을 중시하는 방향에서 연구를 진행하여야 할 것이다.

본 한국민족문화연구소는 한국문화연구소와 민족문화연구소를 하나로 합치면서 새롭게 도약의 발판을 마련한 이래 지금까지 민족문화의 산실로서 중요한 역할을 수행해 왔다. 그런 중에 기초 자료의 보존과 보급을 위한 자료총서, 기층문화에 대한 보고서, 민족문화총서 및 정기학술지 등을 간행함으로써 연구소의 본래 기능을 확충시켜 왔다. 이제 이러한 성과를 바탕으로 한국학 연구자의 연구 성과를 보다 집약적으로 발전시켜 나아가기 위해서 민족문화학술총서를 간행하고자 한다.

민족문화학술총서는 한국 민족문화 전반에 관한 각각의 연구를 체계적으로 정리함으로써 본 연구소의 연구 기능을 극대화하는 역할을 할 것으로 기대한다. 또한 본 학술총서의 간행을 계기로 부산대학교 한국학 연구자들의 연구 분위기를 활성화하고 학술 활동의 새로운 장이 되기를 바란다.

아울러 본 학술총서는 한국학 연구의 외연적 범위를 확대하는 의미에서 한국학 관련 학문과의 상호 교류의 장이자, 학제간 연구의 중심 기능을 수행함으로써 명실상부한 한국학 학술총서로서 자리잡을 수 있도록 해야 할 것이다.

부산대학교 한국민족문화연구소

소호당과 송도, 그리고 지금
흐릿한 아늑함 속의 왠지 모를 그리움

우연

지금부터 서른 해를 거슬러본다. 지하철역을 나오자마자 시장골목을 들어서 심호흡 한두 번 내뱉을 즈음 식당이 하나 나온다. 그 옆으로 좁은 계단을 따라 올라가야 하는데, 사람 하나 겨우 지날만큼 비좁다. 그 시멘트계단으로 올라가면 작은 공부방이 나왔고, 그곳에서 나는 황현(黃玹)의『매천야록(梅泉野錄)』강독에 참가하였다. 나름 학문에 대한 시대적 책무와 공부에 대한 절실함을 갖고 모이던 시절이었다. 지금처럼 세상은 어수선했고 가진 것은 별로 없었으며 공간은 허름해도 학인들은 행복하게 글을 읽었다. 매천의 글을 읽어가다가 참혹했던 역사와 분투했던 옛사람들의 모습에 분노하고 슬퍼하며 애틋해 했었다. 더위를 식히기 위해 먹던 하드와 추위를 달래려 떠먹던 올갱이국밥은 천상의 메뉴였었다.

그 무렵, 강독을 지도하던 선생님은 필사본『매천야록』을 갖고 오셨는데, 읽다가 문리가 막히면 그에 의지해 정리해주셨다. 필사본에는 붓으로 매천의 글을 삭제해놓은 표시가 있었다. 매천의 글도 훌륭한데 그 글을 수정하는 사람이 있었다니! 그가 바로 김택영(金澤榮)이었다. 나는 그 이름을 처음 들었다. 나의 공부가 시원치 않았던 탓이다. 그로부터『고려고도징(高麗古都

徵)』을 읽다가 그 저자인 한재렴(韓在濂)의 전기를 쓴 사람도 김택영이라는 사실에 다시 놀랐다. 「한재렴전」이 수록된 책을 찾아보았다. 그런데 그 책은 한재렴을 비롯해 송도의 옛사람에 대한 자취를 모아서 『숭양기구전(崧陽耆舊傳)』이란 이름으로 나와 있었다. 숭양(송도)의 옛 사람에 대한 전기! 순간, 나의 선친께서 봄이면 철쭉으로 붉게 물든 진봉산에 놀았고, 개성 남대문 아랫자락에 살았다고 자랑하시던 말이 떠올랐다. 학연과 혈연이 오버랩되다니, 이런 일도 있구나!

나의 주 전공 시대는 고려시대다. 나는 고려후기 한시를 주제로 논문을 준비하고 있었다. 그러다 우연히 가게 되었던 북경대에서 중국 내 김택영 연구를 주도하셨던 선생님을 만났고, 그분에게서 북한과 연변과 남통의 김택영에 대하여 배우게 되었다. 그 선생님은 손수 필사한 『소호당집(韶濩堂集)』 노트를 보여주셨다. 그분을 통해 김택영이 일국적 사람이 아니라 한중간 넘나드는 시야를 가져야 이해되는 인물임을 알게 되었다. 게다가 그분이 보여준 필사노트를 보고 복사지로 점철된 자료 더미에 허우적대는 내가 부끄러워졌다. 나는 지독한 근시였다.

도전

나에게 김택영은 하나의 도전이었다. 시간적 거리를 넘고 눈에 담아야 할 텍스트도 넓었으며 무엇보다 그와 관련된 공부는 스스로 해결해야만 했다. 고려에서 조선, 나아가 한말(韓末)까지 다뤄야 하고, 시는 물론이요 전을 읽어야 하고 나아가 잡언까지 확인해야 했으며, 남한은 물론이요 북한의 개성, 중국의 남통까지 시야에 담아야 했다. 게다가 김택영은 이제현, 신위, 박지원 등을 비롯해 안중근, 안효제와 같은 근대 애국지사들의 삶까지도 글로 남기거나 책을 편간했고 신익희, 윤현진 등 상해임시정부 지사(志士)들과 시를 주고받았으며 황현을 비롯해 조긍섭, 하겸진과 같은 근대지식인들과도 교류를 했다. 거의 고전지성사를 안목에 두지 않으면 이해할 수 없는 휴먼텍스트였다. 갑자기 새로운 세계가 열리면서 눈앞이 아찔해졌다.

그런데 나는 김택영의 글을 읽으면 기분이 좋았다. 글 속의 감정을 느끼는 설렘이 있었기 때문이다. 가끔은 슬프고 가끔은 기쁘며 가끔은 분개하고 가끔은 우울하며 더러 아프고 더러 흐뭇하며 더러 답답하고 더러 통쾌했다. 알다가도 모를 일이다. 케케묵은 한문고전에서 감정을 느끼고 있다니! 나는 그의 글을 보다가 소름까지 돋았다. 두려워서가 아니라, 그의 감정이 전해지기 때문이다.

나는 소호당을 이른바 전공하지 않았다. 그에 대한 학문적 욕망도 내지 않았다. 그저 하루에 한 편씩 자료를 읽고 생각하고 느낌이 오면 그때마다 한글로 옮겼다. 마치 일기를 쓰듯이 차곡차곡 모았다. 어느새 성급하게 공부하고 판단했던 태도가 조금씩 누그러지고 바뀌어감을 느꼈다. 무엇보다 그의 글을 읽으면서 되레 나의 감정을 직시하게 되었다. 내가 화를 내는지 슬퍼하는지 서러운지 안타까워하는지 등등 감정의 미묘한 떨림을 보게 되었다. 황홀하였다.

그래서일까? 김택영과 송도를 제재로 발표하던 현장에서 그가 나의 집안 사람이냐는 질문을 받았다. 뜻밖의 질문이었다. 질문을 던진 분은 오랫동안 나의 글을 보아온 분으로 나의 공부수준을 잘 알고 있었다. 게다가 나를 곱게 보지 않는 분이었다. 그런데 그 질문을 던진 뒤 나에게 해준 말이 의외였다. "글이 많이 좋아졌네!" 순간 귀를 의심했다. 그의 입에서 그런 말이 나오다니! 의례적으로라도 그런 말을 하실 분이 아닌데, 놀라운 일이었다. 그와 헤어져 돌아오면서 질문과 칭찬 사이에 놓인 거리를 어떻게 이해할 것인지 고민했다. 그 선생님은 나에게 김택영은 어떤 존재이며 어떤 감정인지 말하라고 주문한 것이었다. 그로부터 통영의 기념관에서 그 답을 찾았다. 남해의 따스한 빛을 닮은 기념관에는 작가가 평생 사랑을 표현하기 위해 원고에 써 왔던 단어들이 적혀있었다. 이 가운데 하나가 내 눈에 들어왔다. 연민(憐憫)!

맞다. 나는 김택영은 물론 그가 알려준 세계를 애틋한 연민의 눈으로 바라보고 있었는지 모르겠다. 그의 글에서 마치 쓰러질 듯 비틀거리고 한번도 원하지 않았던 배척을 당하면서도 존재를 증명하기 위해 노력하되 비굴하게 나약하지 않고 굳건하며 당당한 모습으로 세상과 마주하는 꼿꼿함을 읽었음이 기억났다. 가끔은 속눈물을 흘리기도 했었다. 흐릿한 화면들, 그리고 왠지 모를 그리움을 안은 채 그렇게 그가 열어준 세계를 마주하고 있던 듯했다.

지금

그로부터 나는 스무 해 동안 『숭양기구전』, 『고려계세충신일사전』 및 근대 지식인의 전기를 모아 『송도인물지』를 편역해낸 뒤로 자료를 수집하고 논문을 발표해왔다. 그사이 운 좋게 찾아주는 소환에 부응하느라고 갖고 있던 생각을 부분적이나마 정리해냈다. 요사이 그 글들을 모아서 하나로 묶어보니 나의 생각이 어렴풋지만 어딘가로 향하고 있었다. 산만한 생각이 모이는 곳이 있다니, 참으로 다행으로 생각한다. 그곳은 바로 고도(古都)로서의 송도(松都)였다. 그동안 나는 송도를 두 차례 다녀왔다. 선친의 추억을 담고 있던 탄동리도 지나가고 습습한 개성냉면도 맛보았으며, 선죽교의 붉은 자욱도 목격하고 박연의 폭포수 아래 흔들리는 용바위도 올랐었다. 그러나 직접 그곳을 밟았던 흥분도 사라질 무렵 송도는 새로운 인문학적 화두가 되어 나에게 찾아왔다. 이제 그 이야기를 해보도록 하자.

내가 보기에 송도는 세 가지 성격을 갖고 있다. 접경지로서의 성격, 망국의 슬픈 구도(舊都), 그럼에도 그 안에 내장된 문화적 자산들이 그것이다. 국가 간의 분쟁을 통하여 통치권이 넘나들면서 월경지로서의 성격을 가졌던 칼리닌그라드, 망한 왕조의 슬픔을 간직한 구도로서의 톨레도, 그럼에도 국가의 문화적 주축의 하나로 존재하는 교토, 이 세 고도의 모습을 종합적으로 갖고 있는 것이 송도이다. 나는 송도를 화려했던 옛날을 회고하는 도구로 삼아서는 안 된다고 생각한다. 그럼, 고도로서의 송도를 인문적으로 성찰하고 정체성을 확인한다는 것은 어떤 것일까?

나는 송도를 다루되 이곳을 무대로 하여 살았던/살고 있는/살아낼 사람들이 상생할 수 있기를 바라는 마음을 전제로 네 가닥의 학문적 모색이 필요하다고 생각한다. 첫째, 공존의 인간학, 둘째, 생활거점으로서의 고도학, 셋째, 문화기반 도시학, 넷째, 동아시아 평화학이다. 이를 각각 제시하면 다음과 같다. 첫째. 남북을 비롯해 동아시아가 공존할 수 있는 조건을 찾아야 한다. 이를 문화적 차원의 공감과 인식의 공유에서 시작할 수 있으며, 송도는 그 시점이 될 수 있다. 둘째, 송도는 남북한의 경계에 있는 고도로서 생로병사를 거치고 있는 도시이다. 이곳은 북한의 문화유산이면서도 남북한이 공유하여 생활거점으로서 자리 잡을 수 있는 거점이다. 셋째, 고도는 도시와 인간의 역사적 집적체이자 유기적인 생명체로서 문화유산의 재인식 및 복원을 통해 새로운 도시학이 구성될 수 있다. 넷째, 동아시아 지역

소호당 김택영과 송도인의 발견

의 갈등을 해소하고 평화를 구현할 수 있는 비전을 갖추어야 한다. 송도는 그 시작점이 될 수 있다. 우리는 근래에 송도를 접점으로 잠시나마 평화를 경험했었다. 그럼 고전학은 무엇을 할 수 있을까? 지금 나에게 주어진 과제다. 앞으로 이 과제를 실현해내는 것, 이것이 나의 학문적 주요 이력이 될 것이다.

끝으로 김택영을 '소호당(韶護堂)'으로 부르는 이유를 밝히고자 한다. 김택영은 자신의 최초 시문집은 물론 최후 시문집에도 '소호'란 이름을 붙였다. '소'는 순(舜)의 음악이고 '호'는 탕(蕩)의 음악으로, 이른바 성인의 시대에 불렸던 태평성세의 음악이란 뜻이다. 김택영은 자신의 처지를 넘어설 삶의 비전으로 그 말을 선택한 것이리라. 나는 그의 뜻을 존중한다. 그럼에도 본문에는 '창강'이란 호칭을 그대로 두었다. 그 글을 쓸 때 나의 생각을 그대로 보여주고자 했다. 편집된 순서대로 집필되지도 않았다. 따라서 눈 밝은 독자들은 그 한계를 역력히 목도하실 것으로 생각한다. 부끄럽지만 그것도 그대로 드러내었다. 모두 내가 밟아온 길이었기 때문이다. 그나마 그 길이 어디론가 가고 있었고, 그간의 잘못을 알아내었음에 위안을 삼는다. 나를 김택영과 만나도록 도와주신 선생님들, 나의 생각을 수시로 뽑아올렸던 선배와 동료들, 미욱스런 나를 격려하며 토닥여준 가족들 모두에게 머리숙인다. 아울러 난삽한 원고를 멋지게 다듬어준 미다스북스의 넉넉한 품과 이다경 편집장의 인내심에도 깊은 감사의 인사를 드린다. 독자들이 소호당 김택영을 통해 복원되기 시작한 송도지성사에 대하여 조금이나마 관심을 가져주시길 기원해본다. 그러면 나는 소호당에게 덜 미안할 듯싶다.

선학재에서 김승룡 적음.

제1부

인문학자
김택영

제1장

소호당학의 전개와 구도

1. 2002년 10월_낭산의 기억

이 글은 창강(滄江) 김택영(金澤榮, 1850~1927)[1] 연구의 시대적 추이와 쟁점들을 되짚어 보고, 앞으로의 과제 및 전망을 모색할 것을 목적으로 한다. 본론에 들어가기에 앞서 하나의 기억을 떠올려 본다.

2002년 10월 말, 중국 강소성(江蘇省) 남통(南通)의 낭산(浪山) 기슭, 〈한국시인 김창강의 묘(韓國詩人金滄江之墓)〉라고 쓰인 무덤 앞에 생면부지의 사람들이 한 줄로 늘어섰다. 김현재(金賢宰) 씨 부부와 김계생(金桂生) 씨 부부, 그리고 외증손녀라고 알려진 노파 한 분 -그녀는 창강이 썼던 벼루를 소장하고 있었다.-과 그의 아들! 김현재 씨는 한국의 분당에서 왔고, 김계생 씨는 중국 제남에서 왔다. 고개를 수그리고 묵념하던 그들은 어느새 눈물을 훔치고 있었다. 전혀 본 적도 없고 남긴 글도 읽은 적 없이 그저 기억만으로 만났던 조상의 무덤 앞에서 알 수 없는 감정이 북받쳤던 것이다. 무엇이 그들을 이곳으로 불렀고, 이렇게 만나 눈물짓도록 했을까?

그 무렵 중국 남통의 김창강연구소는 〈김창강국제학술연토회〉를 조직하여 개최했다. 우리나라 사람에 대한 국제학술대회를 낯선 중국에서 처음으로 연다는 것이 애시당초 믿기지 않았고, 나는 학술대회에 참가하는 내내 의문을 갖고 있었다. 왜 창강은 이곳으로 왔고, 이곳에 무엇을 남겼던 것일까? 그리고 나는 왜 이곳에 와서 무엇을 하는 것인가? 도대체 창강은 어떤 존재였던 것인가? 당시 창강의 일가붙이들은 서로의 관계를 파악하느라 애를 먹었다. 그들 또한 이곳저곳에 흩어져 있다가 처음으로 상봉한 터였기 때문이다. 당시 그들의 기억을 거쳐 재구된 창강의 일가도(一家圖)를 추정하면 다음과 같다.

(부) **김익복金益福** + (모) 파평 윤씨坡平 尹氏 = **8남 3녀** (4남 2녀 요절)

1. 윤영潤榮: 무자無子. 윤영澤榮의 1자 광렴光濂을 후사로 들임.

광렴光濂 ─1자(요절)/1녀(임병식林丙植 처). 광윤光潤의 아들을 후사로 들임.

문기文基 ─현재賢宰 (*종손, 창강의 유품을 보관하였고, 현재 독립기념관에 기증하였다.)

2. 택영澤榮: 본생: 4남 2녀. 양자: 1남

왕씨王氏(1849.6.28.~1879.6.20.)/전씨全氏(1864.9.27.~1898.4.8.)/임씨林氏
(1878.6.17.~ 1948?)

=개성 왕씨開城王氏: 1남 광렴光濂은 윤영의 후사. 1녀 유황(柔黃)은 이희
초李熙初 처 *창강이 하사받은 『문헌비고』를 소장하고 있었음 ─이현재
李賢在(한국 거주. 지금은 생존하지 않음. 본래 창강과 왕래하며, 그의 유품을 보관했지만, 유
명을 달리 한 뒤 현재賢宰가 보관하게 되었다.)

=나주 전씨羅州全氏: 2남 덕린德麟 및 3남(이름 미상) 요절. 2녀(중국인 악봉
춘岳逢春 처)

=부안 임씨扶安林氏: 4남 광속光續(광조光祖) 요절. ─광속의 후사로 광혁
光爀의 아들 정기晶基를 들임.

정기晶基: 진육심陳毓審의 딸과 결혼(석자진席子珍?) 3남 *정기는 1949년
이후 상해에서 졸.

─철웅鐵雄: 5, 6세에 정기晶基가 귀국하여 두고 옴 *개성 거주. 1993년
54세였음.)

─임근林根: 상해조선공장 근무(?)

─계생桂生: 제남濟南 산동예술학원 음악학부 부교수 *1993년 48세였음.

─광고光高: 대영大榮(택영澤榮의 종제從弟)의 아들 환표煥杓를 후사로 들이
고 이름을 광고光高로 고침.

3. 한영漢榮: 광현光鉉

4. 호영澔榮: 광목光睦, 광석光錫

5. 1녀: 파평坡平 윤진원尹鎭元의 처.

　　이 추정대로라면 창강은 그야말로 한국, 북한, 중국으로 흩어진 채 오랜
세월을 지내오느라 점차 기억이 닳고 해져 끝내 역사 속에서 묻혀버릴 운명
이 아닐 수 없었다. 그러나 그의 문학적 재능과 안목에 대해서는 김태준이
그의 시각에 의지해『조선한문학사』(조선어문학회, 1931)의 밑그림을 그려갔을
정도로 당대에 이미 인정받고 있었다. 그럼에도 불구하고 그에 대한 기초자
료는 아직도 온전하게 수집 정리되지 못하였다. 최근에야 그의 시문집이 16
번 간행되었음이 밝혀질[2] 정도이다. 참고로 그 목록을 들면 다음과 같다.

1. 1891,『화개시고(花開詩稿)』

　　『운산소호당시선(雲山韶濩堂詩選)』(임규영林圭永 편) 4권 1책.

2. 1912,『창강고(滄江稿)』14권 6책.(1905년과 1908년에 각각 편집한 기록이 있음.)

3. 1916,『소호당집(韶濩堂集)』15권 7책.

4. 1919,『소호당속집(韶濩堂續集)』3권 1책.

5. 1920,『정간소호당집(精刊韶濩堂集)』12권 4책.

6. 1920,『정간소호당집보(精刊韶濩堂集補)』9권 3책.

7. 1922,『소호당삼집(韶濩堂三集)』2권 1책.

8. 1922,『합간소호당집(合刊韶濩堂集)』21권 8책.

9. 1922,『합간소호당집보유(合刊韶濩堂集補遺)』2권 1책.

10. 1924,『소호당집속(韶濩堂集續)』5권 1책.

11. 1924,『중편소호당집정(重編韶濩堂集精)』12권 4책.

12. 1925,『차수정잡수(借樹亭雜收)』4권 1책.

15. 1926,『소호당전집(韶濩堂全集)』18권 6책.

14. 1926,『소호당전집보유(韶濩堂全集補遺)』2권 1책.

15. 1937, 『한국김창강집선(韓國金滄江集選)』(달이達李 편) 2권 1책.
16. 2002, 『김창강시문휘초(金滄江詩文彙鈔)』 −〈남통보南通報·문예文藝〉
재載−」(조붕趙鵬 편) 1책.

　그럼, 왜 이렇게 그는 소슬한 존재로 남아있는 것일까? 억측일지는 모르
겠지만, 여기엔 하나의 편견이 잠재해 있다고 생각한다. 무엇보다 그는 당
대 비주류 인물이었다. 송도 출신이었던데다 문벌의 낙수(落穗)조차 제대로
누리지 못했으며, 지우(知友)였던 영재(寧齋) 이건창(李建昌)이 먼저 세상을 떠
난 뒤로는 변변한 후원자 하나 없이 단신으로 환로를 다녀야 했다. 급기야
일본을 피해 중국으로 망명하였고, 조국을 떠난 망명객에 대한 연구자들
의 시선은 그리 따사롭지 않았다. 따라서 그가 『연암집(燕巖集)』, 『매천집(梅泉
集)』, 『자하시집(紫霞詩集)』 등을 비롯해 수많은 책을 간행하여 조선 문헌의 계
승에 힘을 쏟았지만 온전한 눈으로 보아주는 이는 그리 많지 않았던 것이
다. 역사적 비주류의 비애라고나 할까?
　필자가 창강을 접한 것은 박사과정 공부모임에서였다. 그곳에서 황현의
『매천야록(梅泉野錄)』을 읽어 가면서 끊임없이 만나게 되었던 사람이 창강이
었다. 『매천야록』의 최초 독자이자 교열자였던 창강의 흔적들은 계속하여
그에 대한 주의를 환기시켰고, 끝내 필자로 하여금 그의 시문 및 관련 자료
를 수집, 정리하도록 만들었다. 아직 이 작업은 진행 중이다. 본고는 그 여
정 가운데 얻어진 부산물로서, '미완고'로 끝날 수밖에 없는 한계를 갖고 있
기도 하다. 무엇보다 한 인물에 대한 연구사를 쓰기 위해서는 그에 대한 기
초자료의 온전한 습득을 절실히 요구하는 바, 아직 그의 시문 정리본(가칭
『정리본 소호당집(整理本 韶濩堂集)』)을 완성하지 못했기 때문이다. 필자가 이 원고
를 준비하면서 어려웠던 것도 바로 이 이유에서였다. 차후 온전한 자료의
정리와 연구에 대한 질책으로 이 '중간 보고서'를 제출하도록 허락받는다면

필자로서는 다행이 아닐 수 없다. 이 글을 준비하면서 가졌던 문제의식은 크게 세 가지였다.

첫째, 창강에 대한 시기적 시준(視準)과 학문적 과제는 무엇인가?
둘째, 지식인, 특히 전前 근대인의 경우, 그에 대한 분과적 조망은 온당한가?
셋째, 하나의 인물을 연구하기 위해 선결될 최우선 과제는 무엇인가?

2. 1960년 이후_추이의 경과

앞서 김태준이 『조선한문학사』를 기술하면서 창강의 눈을 많이 빌렸다고 언급했었다. 특히 한문학사에서 걸출한 인물이었던 연암 박지원에 대한 문학사적 등재는 창강의 공이 분명하며, 산문사와 주요 문장가들도 창강이 추려내었던 여한(麗韓) 9가(九家)를 중심으로 배치되고 있다는 점에서 그의 문학사적 공적은 지대하다고 할 수 있다. 현재 이뤄지고 있는 한문 산문에 대한 연구의 단초를 그가 천발(闡發)한 것이라 해도 과언이 아닐 것이다. 덕분에 창강에 대한 주목은 아주 이른 시기부터 시작되었다고 할 수 있다. 그러나 이 글은 분단 후 한국의 학계에서 진행된 연구 성과에 초점을 맞추고자 한다. 근대 학문적 방법론의 수용과 응용이 본격적으로 진행된 시기가 이즈음이라는 점이 가장 큰 이유이고, 실제 직접 볼 수 있는 자료의 상한선이 이 시기라는 것이 두 번째 이유이다.

이 글을 준비하면서 찾아진 연구 성과는 저·역서를 포함하여 모두 99편이다. 저서에 소논문이 포함되어 중복 산정되었다는 점에서 아주 정확한 수치라고 하기엔 곤란하지만, 그간 창강에 대한 저서가 4종(박충록[3], 오윤희[4], 최혜주[5], 장개원(章開沅)[6], 역서가 3종(박충록[7], 김승룡[8], 조남권[9])에 불과하기 때문에 그리 잘못된 통계라고 말할 수 없을 듯하다. 여하튼 이 99편은 각각 6~70년 대에 10편, 80년대 29편, 90년대 21편, 2000년대 39편으로 약간의 기복은 있지만 꾸준히 증가하고 있는 추세로 보인다.

창강은 1905년 '도중(渡中)'한 이래 그곳에서 생을 마감했기 때문에 그의 생애 흔적은 한국과 중국 양쪽에서 찾아볼 수 있다. 앞서 떠올렸던 기억과 추정된 가계도에서 보듯, 그는 한국, 북한, 중국에 걸쳐 자취를 남기고 있다. 그 탓에 그에 대한 연구도 3국에서 찾아볼 수 있다. 어쩌면 창강이란 인물은 일국 중심의 연구사 작성을 원천적으로 부정하고 있는 것이다. 하지만 현실적으로 그를 문학사 속에서 적극적으로 발굴하고 연구해 온 곳은 한국이다. 또한 우리의 현실적 과제 또한 한국에서의 연구 경향과 추동이기 때문에 한국쪽 연구 성과에 대한 분석이 무엇보다 요구된다고 할 수 있다. 따라서 앞의 통계를 연구자 출신국 및 논문 발간지에 따라 구분해 보면 다음과 같다.

- □ 1960~70년대(10편): 한국8, 북한1, 중국1
- □ 1980년대(29편): 한국27, 중국2
- □ 1990년대(21편): 한국15, 중국6
- □ 2000년대(39편): 한국15, 중국24

비록 통계가 모든 것을 말해주지는 않지만, 그 경과 추이를 일목에 파악할 수 있다는 장점이 있다. 위에 근거하면, 한국의 창강에 대한 연구는 1980년대에 급격히 증가했다가 다소 소강상태이고, 2000년대의 경우, 문학 12편, 역사 3편으로 분야별 연구가 심한 불균형을 이루고 있음을 확인할 수 있다. 한편 중국의 연구는 꾸준하게 늘다가 2000년대 급격히 증가했음을 볼 수 있는데, 여기엔 1998년 7월 21일, 남통에 〈김창강연구소(金滄江研究所)〉[10]가 개소된 것과 관련 있다. 양이 질을 담보하지는 않지만 적정한 연구 성과가 누적되어야 비등(沸騰)하는 것이 순리인 점에 비추어 볼 때, 작금의 창강 연구 상황은 다소 소슬한 느낌이다. 이 느낌을 빌미로 하여 시기별로 그 추이와 쟁점을 추출하여 보도록 하자.

3. 1970년대_네 가지 관점

이 시기는 '창강은 누구인가?'에 대하여 대답을 준비하고 있다. 가장 적은 논문이 발표된 시기이지만, 흥미롭게도 이 시기에 제기된 주제들은 차후 창강 연구의 핵심 키워드를 제공하고 있다. 이 때문에 이들 사이의 논란이나 방법론을 특기할 필요가 있다. 그것은 크게 네 가지 정도로 요약된다.

첫째, **애국**: 김상훈과 이병주[11]는 한시선집을 통하여 창강의 시를 소개하고 있다. 이 시들은 대부분 『대동시선(大東詩選)』에 수록되었던 것들이다. 이들은 '애국'에 포인트를 맞추어 창강의 위치를 비정하고 있다. 당시 남북한은 전쟁의 상흔을 이겨내기 위해 경제적 발전에 경주하고 있었고, 나름의 국가 체제를 갖추기 위한 노력이 진행되고 있었다. 학문적으로도 국사와 국문학 연구가 본격화하는 시기이기도 했다. 이 와중에 '애국'이란 주제는 당연한 추세였던 것으로 보인다. 이후로도 창강의 '애국'은 주요한 연구 테마가 된다. 한편 김약슬[12]은 **연보적 성찰**을 통하여 창강의 생애를 재구하고 있다. 그의 문제의식 또한 한말(韓末) 국가가 흥망하는 순간, 망명하여 이역에서 스러져 간 애국적인 사람으로서 창강을 주목하면서 촉발되었다.

둘째, **연암**: 권오돈[13]은 연암 이후 문장가를 거론하는 자리에서 창강과 운양(雲養) 김윤식(金允植)을 들고, 이들의 성취에 대하여 개관하고 있다. 주목할 점은 한국의 문장가를 거론하면서, 연암을 최고 수준에 놓고, 그 이후 계승자를 찾는 과정에서 창강이 거론되었다는 점이다. 이는 실제 창강이 연암에 대한 열렬한 찬미자라는 점에서도 일리 있는 해석이기도 하다. 하지만 창강을 창강 자체로 파악하는 데에 있어서 연암이 걸림돌이 될지 주춧돌이 될지는 차후 연구자의 몫으로 남겨진 것으로 이해된다. 한편 권오돈이 운양과 비교하듯이, 차후 연구자들은 창강을 동시대 조선인 및 중국인과 비교를 통하여 그의 몫을 찾아주는 방법을 즐겨 사용하게 된다.

셋째, 근대(文學):『여한십가문초(麗韓十家文鈔)』 가운데 창강의 문장을 번역하고 해제를 붙인 임형택[14]은 창강에 대해 "한문학 전통에 대해 얼마나 자신감이 넘쳤던가"를 보라 하고, 비록 문학의 사상성을 뚜렷이 인식하지 못한 한계와 달리 "문학을 도덕에 종속시키지 않고 문학 자체로 독립시켜 이론화하려 했다."는 점을 진일보한 것으로 평가한다. 이를 "어느 면에서 상업 부르조아의 진취적이고 경쾌하고 유흥적인 취미의 반영"으로 분석하지만, "끝내 근대적 국민문학의 지향이라는 역사적 과제를 짊어질 수 있을 만큼" 창강이 자기전환하지는 못했다고 비판한다. 그는 근대(文學)라는 시준으로 창강을 들여다보고, 문학사적인 자리를 잡아주고 있다. 근대계몽기 한문학의 '전환기적 성격'을 짚고 있다는 점에서 의미 있는 평가로 보인다.

넷째, 민족(意識): 역사학계의 창강에 대한 평가는 크게 두 가지로 나뉜다. 전통적인 역사학의 고증적 방법을 기반으로 일제에 학문적 저항을 하였던 대표적 사가(史家)로서의 평가[15]가 하나이고, 지방의식과 국가의식, 사대정신을 청산하지 못한 유교 사관으로 민족의식이 불철저한 사가라는 평가[16]가 다른 하나이다. 창강은 학부(學部) 편사국(編史局)에서 통사적 성격의 역사 교과서를 잇달아 편간해 내고, 직접『역사집략(歷史輯略)』(1905)을 편집해 낸다. 이를 두고 개혁기 역사서의 표본으로 보기도 하지만, 근대 사서로서의 함량이 부족한 데다 일본 식민사학에 감염된 모습이 나타나고 있다는 점에서 '사가(史家)'로서의 자질이나 성취를 의심받게 된 것이다. 차후 이 부분을 두고, 그를 '민족사학'으로 봐야 한다느니, '계몽사학'일 뿐이라느니, '식민사학의 잔재'라느니 하는 논란이 빚어진다. 한편 문학계에서도 창강이 전통적 유교 지식인으로서 도중했던 이력을 비추어서 과연 그에게 민족적 자의식이 있었던가, 아니면 중세 보편주의에 매몰된 중화주의자였던가 하는 논란도 빚어진다.

'근대'와 '민족' 이 두 가지 키워드는 국학에서 민족과 근대를 찾던 당대 사조적 경향과도 일치한다. '애국'은 창강이 처했던 시대적 환경으로 인하여 요구된 덕목이었고, '연암'은 창강의 위치를 문학사적으로 비정하기 위한 표지였다. 차후 연구는 이 네 가지를 축으로 혹은 단일한 문제의식으로, 혹은 중첩되거나 착종된 형태로 현현한다.

4. 1980년대_경계에 선 시각

이 시기는 '창강을 어떻게 볼 것인가'에 대하여 질의하고 있다. 지난 시기에 제기된 과제에 대한 실증적, 논리적 접근을 통하여 창강이 서 있는 경계점을 밝히고 있는 바, 이를 크게 두 가지로 나누어 보면 다음과 같다.

우국과 모화: 문학계에서는 창강의 시문학에 나타나는 의식을 우국(憂國)으로 볼 것인가, 모화(慕華) 혹은 중화의식(中華意識)으로 볼 것인가를 두고 날을 세우기 시작한다. 전자가 창강에 대한 기존의 입장을 이어받은 것이고, 후자는 창강이 도중했고, 식민지 상황에 대한 힘 있는 저항을 보이지 않는다는 점에 주목하여 전통적 지식인 범주에 머물렀다고 평가한다. 오윤희[17], 민병수[18], 주승택[19] 등이 앞 의견을 지지한다면, 정재철[20], 이혜순[21]은 뒷 견

해를 제기하는 쪽이다.

오윤희는 "문장으로 애국심을 승화시켜 순절(殉節)의 태도와 맞먹는 공을 세운 것으로" 평가하고, 이로부터 "빛나는 역사의식과 문장보국(文章報國)의 근거가 정립되었다"고 본다. '문장보국'은 창강의 우국충정을 논의할 때 거론되는 핵심어이다. 즉 문장가였던 창강은 문장으로 나라에 충정을 보답했다는 것이다. 그가 자신의 시문고 이외에 『김씨사보(金氏史補)』(1883), 『사민필지(土民必知)』(1895), 『숭양기구전(崧陽耆舊傳)』(1896)에서 『연암집(燕巖集)』(1900), 『신자하시집(申紫霞詩集)』(1907), 『매천집(梅泉集)』(1912), 『명미당집(明美堂集)』(1918), 『우아당고(尤雅堂稿)』(1923), 『야헌고(野軒稿)』(1924)까지 무려 46종의 문헌을 편간하고 있는 것을 보면, 문장보국이란 구호가 허명만은 아님을 알 수 있다.

그럼에도 문제는 남아있다. 창강이 도중한 이유가 모화적(慕華的) 사고의 소산은 아닌가 하는 것이다. 정재철은 창강의 우국시들이 저항적이기보다는 패배적 애원(哀怨)에 사로잡혀 있다는 점을 들면서 "그의 의식과 행동은 중국 중심의 유교적 보편주의를 지향하는 것으로 일관되었기 때문에 역사적 변혁기를 맞아 자신의 위치를 통찰하여 구태의연한 사고를 탈각함으로써 현실에 적절히 대처하려는 자기 혁신의 노력이 결여되었다."고 평가한다. 아울러 그의 개화적 면모를 개성 출신이었다는 데서 찾고, 그로부터 유로(流露)된 비판정신으로 조선의 역사를 객관적으로 볼 수 있었다고 본다. 허나 이 또한 자신이 살고 있는 자국 역사에 대한 분열적 태도라며 비판한다. 이혜순도 창강의 시를 수당(修堂) 이남규(李南珪), 매천(梅泉) 황현(黃玹) 등과 비교하며 논구한 자리에서 기자(箕子)에 대한 창강의 감정을 들면서 "자주적인 역사의식을 지닌 인물은 아니었고", "모화적 사고는 지나친 바 있다"고 평가한다.

그러나 전근대 지식인에게 중국 중심 보편주의를 벗어날 것을 요구하는 것이 온당한지는 의문이다. 자주와 사대가 과연 일도양단하듯 획정될 수 있는가 하는 것도 문제이지만, 창강의 생애를 차근하게 살펴온 연구자들이 뜻밖의 청구서(請求書)를 들이미는 것은 자신들의 전제된 논리 앞에서 꿰어맞추고 있는 것이 아닐까 하는 의문이 든다. 즉 그들은 당사자의 삶을 있는 그대로 보기보다는 어떤 틀을 먼저 상정하고, 거기에 맞는지 아닌지를 따져 평가하는 우를 범하고 있는 것이다. 특히 역사학계의 시비는 민족사의 '정통성'을 어디에서 재구성할 것인가 하는 문제와 직결되고, '국사' 자체의 성립 여부와 관련되기에 이 문제에 대하여 지극히 예민했다. 그래서 늘 창강의 도중의 이유는 시빗거리였다. 당시 국내에서 독립운동을 하였던 이들도 있고, 도중한 이들 가운데 항일운동도 하였건만 창강은 그렇지 못했다는 것이다. 그러나 당시 창강을 가장 잘 이해했었던 매천이 "섬 놈의 노예가 되기 싫어 떠나겠다"[22]는 창강의 목소리를 기록하고 있는 것은 도외시한 채, 항일투쟁을 기준으로 그 부족함을 탓하는 것은 아무래도 당사자의 처지를 고려하지 못한 느낌이 강하다.

실증과 민족: 역사학계는 창강의 역사학이 민족사학인지 여부를 판단하는 데에 논의를 집중했다. 지난 시기 쟁점이 연장된 셈인데, 크게 김려칠[23], 최혜주[24], 김항구[25] 등은 창강 역사학이 성취한 점을 긍정적으로 평가하는 데 반해, 김영하[26], 조동걸[27], 김철준[28], 정창렬[29] 등은 서로 편차는 있지만 비판적 태도를 견지하고 있었다.

김려칠은 개화기 역사 교과서 가운데 『역사집략』을 두고 "비록 중세적 편년체 사서이기는 하지만 사실(史實) 취급에 있어서 특이한 면을 갖고 있다."면서 그 책에서 '논평적 견해'를 덧붙이고 있는 점을 특기하고 있다. 즉 학문적으로 역사를 바라보고 있다는 점에서, 직서(直書)에 충실했던 저간의 역사와는 다른 모습을 보여준다는 것이다. 창강은 『신고려사(新高麗史)』에서도 홍유(洪儒)·배현경(裴玄慶)·신숭겸(申崇謙)·복지겸(卜智謙) 등에 '찬왈(贊曰)'을 부기하여, 이들 개국공신들의 자리를 잡아주고, 숭양(崧陽)의 기구(耆舊)들에 대한 열전에서도 '찬왈(贊曰)' 혹은 '택영왈(澤榮曰)' 등을 달아, 자신의 견해를 피력한다. 이는 역사와 인물을 다루면서 적극적으로 개입하는 학문적 자세를 보여준 것으로, 객관이란 이름 아래 사관(史觀)의 개입을 부정하는 실증주의적 태도와는 다소 거리가 있다. 민족주의 사학이 '민족'이란 하나의 이념을 사관에 적극 반영할 것을 요구하는 것에 비추어 보면, 창강의 역사학은 오히려 그 성격상 민족사학에 가깝게 다가가 있다고 할 수 있으리라. 창강은 실사에 즉하여 고증과 실증을 통해 사실(史實)을 드러내고, 또 그 안배나 서술을 직접 개입하며 비평하기를 마다하지 않았으니, 실증과 비평을 겸하려 했던 역사학자로 평가될 수 있는 것이다. 그런 점에서 김려칠의 지적은 의미 있게 보인다.

그러나 민족사학을 주창하는 쪽에서 볼 때, 창강의 역사학은 분명 소극적으로 평가받을 부분이 있었다. 단군(檀君)에 대한 소홀한 평가나 기자 조선의 적극 수용, 일본 사서의 수용, 역사서술의 전근대적 형식 등이 그러하다. 특히 단군에 대한 창강의 서술을 두고 내려진 평가는 창강 사학의 성격을 규정짓는 데에 결정적이었다. 조동걸은 『동사집략(東史輯略)』(1902)에 대해 분석하면서 "김부식의 『삼국사기』, 서거정의 『동국통감』, 『여지승람』 이래로 수록하고 있는(金氏三國史 徐氏東國通鑑 輿地勝覽以下 往往取之)" 단군 사적을 황당한 일로 언급하고 있다면서, 그것이 실증사학으로 포장되어 있지만 기실 일본 사서를 본 뒤에 벌어진 일로 분석하며 군국주의적 식민사학에 감염된 사례로 손꼽았다. 그러면서 논란거리가 많은 이 책을 학계에서 묵과해 온 것이 이상하다고 말한다. 이 평가는 90년대 주진오[30]에 이르면, "그(창강)는 과거의 사서에서는 중국사만을 중시해 왔다고 비판하면서 일본의 사서를 인용하고 있는데, 이것이 지나쳐서 정당한 고증 없이 무비판적으로 수용하고 있다. 이는 일본의 역사학에 굴종하고 있었던 당시 지식인들의 모습을 보여주는 것이다."라 하고, 뒤이어 "일제의 식민사관이 끼친 해독은 일본인들의 강요에 의해서 시작된 것만은 아니었던 것이다."며 역사학자로서의 창강의 오류(?)를 꼬집는다.

　정창렬은 이 문제를 접하면서, 일본에 대한 대항감 결여는 개화사상의 근대주의적 역사의식 때문일 것으로 추정한다. 즉 창강에게 "일본·서양은 근대 문명의 실현체로서 선망의 표적이었고, 청국은 비문명·비서양으로서 오히려 경멸의 대상이었던" 것이 아닌가 하며, 탈중국중심의 역사의식의 반영으로 평가한다. 또한 창강의 "지금의 천하는 옛날의 천하가 아니다. 지구상에 있는 나라가 백을 헤아리는데 각기 웅자를 과시하고 각기 그 이름을 높이고 있다"(『역사집략』 서문)는 언급을 통해, 그가 당시 국제질서를 이해하고 있었다고 평가한다. 사실 정창렬은 당시 근대적 역사학의 성립을 말하고 싶었고, 그 속내가 창강의 역사학에 대한 '너그러운 이해'까지 도달케 한 것이다. 그래서 일본 사서의 영향을 근대문명 따라잡기의 일환으로 평가한 것이다.

　창강의 역사학을 실증사학으로 평가하든, 근대 민족사학의 자장으로 끌어들이든, 친일 사학으로 비판하든, 계몽사학으로 규정하든 다소 냉정할 필요가 있을 듯싶다. 무엇보다 '민족'이 근대의 산물이라는 점에서, 전근대적 지식인에게 근대적 성취를 강요(?)하는 것이 옳을지는 좀 더 두고 볼 일이다. 또한 창강이 처했던 조건이 과연 역사를 기획하거나 재구성하는 위치에 있었는가 하는 것도 따져볼 일이다. 그런 점에서 1905년 중국으로 건너간 뒤의 역사학적 성과에 대한 재검토가 절실히 요구된다.

　1899, 『동국역대사략(東國歷代史略)』(1~6), 6권 3책.
　1899, 『대한역대사략(大韓歷代史略)』(7~8), 2권 2책.
　1902, 『동국집략(東國輯略)』 11권 3책.
　1905, 『역사집략(歷史輯略)』 11권 3책.

1914, 『한사경(韓史綮)』(악봉춘岳逢春 발발) 6권 3책.

1915, 『한국역대소사(韓國歷代小史)』(자단군지고려말自檀君至高麗末) 13권 4책.

1918, 『한사경(韓史綮)』(김택영金澤榮 발발) 6권 3책.

1922, 『한국역대소사(韓國歷代小史)』(자단군지한말自檀君至韓末) 28권 9책.

1923, 『이정한국역대소사(釐正韓國歷代小史)』 권책 미확인.

1924, 『신고려사(新高麗史)』 53권 14책.

위 목록에 의하면, 창강은 평생 통사만도 7차례에 걸쳐 편간했고, 고려사와 조선사에 대해서도 별도의 책을 집필한 것을 보면, 창강의 역사학 평가는 보다 종합적으로 진행될 필요가 있다. 즉 각 시기마다의 문제의식과 서술 내용 및 그 차이가 뜻하는 맥락을 추적하는 것만이 그의 역사학에 온전히 접근하는 길일 것으로 생각한다. 참고로 창강이 망명한 뒤에 서술한 역사서에 관심을 두고 연구한 이로는 최혜주 정도가 있다.

이 밖에도 창강은 고문(古文) 연구의 일환으로 주목받았고[31] 『숭양기구전(崧陽耆舊傳)』이 본격적으로 연구되기 시작했다.[32] 한편, 창강의 문학에 대한 본격적인 연구서가 박충록[33]에게서 나왔고, 그 영향 하에 김동훈[34]은 창강의 미학사상을 정리해 내었다. 맑스주의적 입장에서 세계관과 창작과의 관계를 축으로 문학작품의 미적 특성을 분석, 평가한 박충록은 1984년 김일성종합대학으로 교환교수로 가서 『소호당집(韶濩堂集)』을 읽고 그의 우국에 반해 연구를 시작했으며, 문집을 손수 노트에 베끼며 공부했노라고 필자에게 보여준 바 있다. 앞서 한국 쪽에서 창강을 '애국' 혹은 '우국'의 전통에서 바라보았던 것과 같은 계열에 서 있지만, 신해혁명 이후 중국의 부르조아 개혁에 동참했던 진보적 사상가이자 애국적 문화운동가로 평가하는 것이 특기할 만하다. 그래서 김동훈은 박충록의 성과에 힘입어 미학사상(한문학계에서 '미학' 운운하는 것은 90년대에 이뤄지는 것을 감안하면, 문제의식이 대단히 선구적이었음을 짐작할 수 있다.)을 "기일원론의 유물론적 자연관과 〈기선설(氣善說)〉의 관념적 윤리관에 기초하여 유가와 도가의 문학관의 합리적인 요소들을 섭취하였으며, 예술의 내용과 형식의 상호관계에서 사상 내용의 우위성, 작가의 기백 · 기량 · 세계관의 작품의 내용에 대한 결정적 작용, 예술표현의 정감적 기능, 신운설의 본체론적 의의 및 그의 함축미, 자연미, 운율적 미를 체계적으로 천명함으로써 동방고전미학의 우수한 전통을 계승 발양하였다"고 평가한다. '신운설'을 주목하면서 낸 결론으로서 다소 검토될 여지는 있지만, 일정한 철학적 입장과 창작관을 추출하고 그에 따른 미학사상을 도출한 것은 문학이론 연구방법론상 진전된 측면으로 보인다. 이 시기 박충록의『조선문학간사』(당시 『한국민중문학사』란 이름으로 열사람에서 간행되었음)가 국내에 소개되어, 민중적 관점에서 고전문학사를 새로 보는 계기를 마련하기도 했었음을 부기해 둔다.

5. 1990년대_사상과 문예론의 발견

이 시기는 '창강의 자리는 어디인가?'에 대한 고민을 깊이 하고 있다. 30여 년간 진행되어 온 연구들이 수렴되면서 창강의 문학사적, 역사학적 자리를 잡아주고 있다. 그 결과 창강에 대한 박사학위 논문은 3편이 제출되었다. 이 가운데 오윤희와 최혜주는 이 시기에 단행본으로 출간하여 그동안 진행된 성과를 집적시키고 있다.

왕숙의(王淑誼, 1995),『창강 김택영 산문 연구』, 서울대 박사논문.
오윤희(1996),『창강 김택영 연구』, 국학자료원.
최혜주(1996),『창강 김택영의 한국사론』, 한울.

그러나 앞선 성과의 정리일 뿐으로 창신(創新)의 면모는 또렷해 보이지 않는다. 그럼에도 이 시기 들어서 창강에 대해 사상사적 조망이 시작되니 그것은 특기할 만하다. 이 문제를 먼저 거론하기로 하자.

　사상의 발견: 앞서 우리는 창강을 이해하는 핵심어로 '연암'을 꼽은 바 있다. 이 시기 연암과 창강의 관계를 규명하려는 노력은 문학과 역사학 양쪽에서 공히 진행되었다. 김윤조와 유봉학이 그들이다. 김윤조는 근대계몽기 학술사가 어떻게 이어졌는가에 관심을 갖고 있었다. 특히 사우(師友)·문생·후손 등을 중심으로 학술 연구가 진행된 시기와, 근대적 의미의 학술 연구가 본격화하는 1930년대 사이의 공백을 채워줄 사람으로 창강과 운양(雲養) 김윤식(金允植)을 거론한다. 김윤조는 이들이 실학파의 성과를 계승하였고, 항일운동기의 주요한 학문 경향이 되었다고 평가한 뒤, 둘의 연암 계승 양상을 살펴보고 있다. 창강과 운양을 나란히 거론하는 것은 아주 이른 시기 권오돈에 의해서 수행된 바 있었다. 당시 소개 차원에 그쳤다면, 김윤조는 '연암'을 매개로 학술적 성과가 '계승'되고 있음을 밝혀보고자 했다. 하지만 『연암집』 간행의 서지적 검토에 그치고 연암을 어떻게 어떤 모습으로 이어받아 전했는지에 대한 구체적 실상을 밝히는 것은 후학의 몫으로 남겨놓았다. 이 한계는 유봉학에게서도 언명 자체로 그치는 모습으로 나타난다. 그러나 그는 당시 지식인의 지형도를 염두에 두고 북학사상(北學思想)과 개성지식인(開城知識人)을 연결 짓고, 창강의 사상사적 위치를 비정하고 있다. 그의 논의를 요약하면 이렇다.

　조선 건국 이후 정치적으로 소외되어 온 개성(開城)은 상업적 성공과 도시적 번영을 누리면서 개성적인 문화와 생활방식을 향유하며 '고도 문관(古都門關)', '개성 거족(開城 巨族)' 등으로 불리는 지주적 사족층이 등장하여 중앙 진출을 도모하였고, 그 결과 경화세족들과 교유하며 활동 범위를 넓히게 되었다. 이들은 전통 주자학은 물론 청조로부터 들어온 북학풍과 신체(新體)

의 문학까지 수용하며 개성(開城) 특유의 학문적 사상적 분위기를 조성하였다. 연암 일파와의 접촉을 통해 북학사상을 받아들여 나름의 진화를 거쳤고, 그 결과 최한기(崔漢奇)나 창강에게서 종합 정리되었는데, 창강은 개성인으로서의 자의식을 고수하여 서양 문물과 학술 수용을 통해 일가를 이루었던 최한기와 구분된다고 보았다.

개성(開城)의 학술적, 사상사적 소종래와 분위기를 밝히고 있다는 점이 흥미롭지만, 그 역시 스케치에 그치고 있을 뿐으로 개연성 언명에 머물고 있다. 아마도 유봉학이 말한 '나름의 진화'란 말을 화두로 삼아 송도(개성)가 당시 지식인 사회에서 갖는 사상사적, 학술사적 위치를 고민해야 할 것으로 보인다. 북학사상으로 평가해 버리기엔 석연치 않은 부분이 있기 때문이다. 특히 송도의 지성사를 고민할 때, 자유롭고 개방적인 학풍이란 언명을 습관처럼 언급하는 것은 그다지 생산적이 않다고 생각한다. 송도처럼 소외된 지역이 중앙에 손을 대기 위해서는 더욱더 원론적, 보수적이어야 하는 경우가 많기 때문이다. 실제 송도인들의 문집을 일별하면, 그들의 주자학적 견해가 뜻밖에도 평범하거나 더러 더욱 고집스러운 모습을 발견하게 된다. 앞으로 연구가 진행되어야 할 과제라 하겠다.

산문론의 발견: 창강의 산문론에 대해서는 일찍부터 김도련이 주목해 왔다. 그는 주로 고문창작의 표현기법 차원에서 자신의 견해를 피력하며 논의를 즐겼는데, 이 시기에도 '문기론(文氣論)' 전통 하에서 창강의 자리를 잡아주고 있다.[35] 문기론은 문장에 작가의 '창작 개성[氣]'이 반영되었음에 주목하는 이론으로서, 창작자, 창작품, 독자의 감수 등 세 가지 국면에서 발현된다. 김도련은 창강의 '문기론'이 창작품에 포인트가 있다며, 중국의 유대괴(劉大槐, 1698~1779)의 그것과 닮아 있음을 주장한다. 그는 이전에도 영재 이건창의 고문관과 비교하면서 창강의 창작론으로 '체(體)'·'법(法)'·'묘(妙)'·'기(氣)' 등을 주목했던 바 있다.[36] 이 가운데 '기(氣)' 부분을 확장시키

고, 창강을 문기론 전통 속에 위치시킨 것이다. 이 넷 사이의 우열이나 층차는 거론하지 않았다.

바로 네 가지 핵심 가운데 무엇을 주목할 것인가에서 연구자들의 논의가 갈라진다. 이의강[37]은 '체(體)'를 "쓰고자 하는 내용의 성격에 맞는 문체를 선택하는 것", '법(法)'을 "서술의 순차성을 준수하여 조리 있게 내용을 전개하는 것", '묘(妙)'를 "내용을 효과적으로 전달하기 위해서 다양한 문장의 변화를 구사하는 것", '기(氣)'를 "체(體)−법(法)−묘(妙), 이 세 가지의 조화를 통해 문세의 기(氣)를 발생시켜 독자를 압도하는 것"으로 개념 규정한 뒤, 이들이 '리(理)'에 의지하는 것이라고 분석한다. 이의강은 '기(氣)'를 형식 차원에서 파악한 것이다. 그런데 이의강의 초점은 산문의 창작 기법의 탐구와 그 작품적 실현 국면을 이해하는 데에 있었지, 그 이론적 체계화에 있지는 않았다. 따라서 이론적 논의는 여기에 머물고 말았다.

한편, 왕숙의는 김도련의 '문기론적 자리매김'을 기본적으로 수용하면서, '법(法)'과 '묘(妙)'에 주목하여, 창강이 산문은 법(法)에서 출발하여 궁극적으로 묘(妙)에서 완성되는 것으로 보았다고 했다. 그러면서 창강의 문학안(文學眼)은 '무엇'에 있지 않고 '어떻게'에 있었다고 평가한다. 내친김에 '무엇'에 주목했던 도학가들과 달랐다는 점을 강조하면서 '문장가'로서의 창강의 모습을 부각시키고 있다.

그동안 한시 혹은 비평 분야에 집중해 왔던 한문학 역량이 산문연구로 방향을 돌리는 데에 창강이 큰 역할을 하고 있음을 알 수 있다. 그런데 이러한 산문론의 재발견은 하나의 위험을 안고 있다. 기실 이 논의는 임형택이 창강을 두고 문학을 문학으로 보았고, 표현 방법에 주목했다는 지적에서부터 시작되었다. 그의 착안점은 근대 문학의 성립을 위해서는 문학 그 자체를 주목한 시선이 요구되었고, 거기에 창강의 논의가 눈에 띄었던 것이다.

그러나 이 시기 산문론 연구는 창작자가 배제된 작품 속의 신기(神氣)를 주목하고(김도련), 기법 차원에서 표현을 접근하며(이의강), '무엇(내용)'이 아닌 '어떻게(형식)'를 중심과제로 설정해야 한다(왕숙의)고 말한다. 이들은 문학은 '작품 자체'로 완결성을 지니며, 창작은 형식에 그 관건이 있다는 생각을 갖고 있는 듯하다. 이는 임형택이 도덕에 종속되지 않은 문학의 독립성을 구상한 것과는 다른 것이다. 시대적 과제와 멀어진 문학 연구가 공허한 수사의 울림으로 전락할 징조가 아닐는지 우려된다.

이 밖에 신운설(神韻說)을 통해 김택영의 미학사상을 구명하려는 노력이 왕사정(王士禎)과의 비교를 하게 만들었고,[38] 꾸준히 김택영의 한국사 인식을 전체적으로 관규(管窺)하려는 노력이 나타났다. 김택영의 사학사적 위치를 과도기적 '계몽사학'으로 규정하고(이만열[39]) 그러면서도 개혁적 · 근대 지향적 성격을 평가하여 민족의 독립과 자국사의 통사적 체계를 확립하고자 한 민족사학적 성격도 있음을 추출하며(최혜주[40]) 적극적으로 '민족사학'의 범주에서 다루기도 하였지만(현계순[41], 배현경[42]) 지난 시기보다 그 예리함은 많이 감소한 터였다.

한편 이 시기 중국 남통에서 『김창강연구(金滄江硏究)』란 부정기 간행물이 발간되어 중국인의 창강 연구를 자극 추동하고 있었음도 기억해 둘 필요가 있다. 이들이 창강 연구의 중국 내 메카로 자리 잡는 데에는 몇 년 걸리지 않았다.[43]

6. 2000년~현재_송도(松都)와 망명(亡命)

이 시기는 '창강은 어떤 존재였는가?'에 대하여 묻고 있다. 이 시기는 아직 진행 중인 시기로서 현재적 과제와 맞물려 있기에, 기왕의 논의들과 맞물린

연구를 먼저 언급하고, 차후 전망과 관련한 논제들을 거론하기로 하자.

먼저 한문학계에서 오윤희[44]는 수사법에 주목하여 창강을 재조명하고, 이의강[45]은 망명 뒤의 시 작품에 대한 탐구를 통해 그가 외척의 발호로 망국의 나락에 떨어지는 나라를 보며 그저 눈물만 짓고 싶지 않았던데다 늘 자신의 문재(文才)를 자유롭게 펼치고픈 욕망에서 망명한 것임을 밝히고 있다. 또한 그의 전(傳)에 담겨있는 충(忠)과 효(孝; 열烈)의 현양이 죽음을 강요하는 문벌사회에 대한 비판에서 기인한 것으로 평가한 논의도 제출되었다.[46] 즉 열녀와 충신의 장렬한 죽음의 극대화된 표현은 보편적 가치를 넘어서서 그 사회의 폭력을 고발하는 성격을 갖는 바, 창강은 이렇게 사람이 제대로 살 수 없도록 죽음과 고통을 강요하는 사회에 대한 비판을 전(傳)에 담아내었다는 것이다. 한편, 창강이 논했던 '수서(壽序)'에 대한 논의를 중심으로 문체를 탐구하거나[47] 창강의 역대 문장가에 대한 비평을 비판했던 심재(深齋) 조긍섭(曺兢燮)의 논의를 부각시켜, 그 쟁점을 중심으로 산문비평사를 재조명해 보고자 하는 논문[48]도 제출되었다. 이들은 창강 자체에 대한 논구는 아니지만, 창강을 통해 문체론적으로 비평론적으로 자극받아 논지를 펼친다는 점에서 크게 창강에 대한 연구 성과로 수렴될 수 있을 것으로 보인다.

역사학계의 경우, 특별한 논제 없이 『한사경』 번역본[49]이 제출되고, 창강이 편간한 『신고려사』에 대한 논구가 두 편 정도 제출되었다.[50] 특히 『신고려사』에 대한 논의는 그동안 『한사경』이나 『역대집략』 등에 집중된 논의를 확장하고 있는 듯이 보인다. 그러나 실상은 그렇지 않다. 『신고려사』를 주목하는 창강의 의식을 '고려유민의식'에 한정하고 있기 때문이다. 사실 이는 창강을 연구해 온 연구자들이 항용 '지방의식' 정도로 낮추어 평가해 온 항목이기도 하다. 과연 고려에 대한 주목을 그렇게 이해하는 것이 온당할까?

이와 함께 앞서 거론할 것은 이 시기 창강 연구는 뜻밖에도 소슬한 감이 없지 않다는 것이다. 그 이유를 짐작하자면, 학계의 문제의식이 전반적으로 개별화되고 탈중심화된 것과 관련이 있을 듯하나, 이 또한 확실하지는 않다. 분명한 것은 그동안 민족 혹은 근대를 중심으로 한 아젠다가 해체되어 가는 상황에서, 우국 혹은 애국, 민족 등의 주제 아래 다뤄져 온 창강이 이젠 주목의 대상에서 밀려났다는 것이다. 사실 이것은 연구 대상으로서의 창강의 잘못은 아니다. 창강은 본래 그 자리에 있건만 연구자들의 눈이 다른 곳을 바라보기 시작한 데서 빚어진 것일 뿐이다. 이제 새로운 관점에서 창강을 주목할 때가 된 것이다. 그럼, 새로운 가능성을 열어 보일 단초를 짚어보기로 하자.

고려와 송도: 앞서 과연 창강이 고려를 주목한 이유를 어떻게 봐야 할 것인지를 물었다. 또한 이는 지난 시기 고려유민의식으로 규정된 바 있다. 그러나 문제는 창강 자신이 '고려유민'으로 자처한 적이 없다는 점이다. 그에게 송도인으로서의 자의식이 강하게 드러나고는 있지만, 자신의 삶의 기준이 고려라고 규정지은 적은 없었다. 분명 창강은 송도에 대하여 강한 애정을 갖고 있었다. 『숭양기구전(崧陽耆舊傳)』(1896), 『숭양기구전(崧陽耆舊傳)』(1903), 『창강고(滄江稿)』(1912), 『소호당집(韶護堂集)』(1916), 『중편한대숭양기구전(重編韓代崧陽耆舊傳)』(1920), 『중리한대숭양기구전(重釐韓代崧陽耆舊傳)』(1922) 등을 통하여 송도의 인물을 재구성해 내었고, 『숭양기구시집(崧陽耆舊詩集)』(1910)을 통하여 송도인의 감성을 정리해 내었다. 또한 『신고려사』(1924)를 통해 송도가 고도(古都)로서 자리했던 옛 왕조의 역사를 재현하기도 했었다.

그러나 창강에게 송도는 하나의 방법이었다. 무엇보다 정신을 재생하는데에, 특히 다른 모든 수단이 힘을 잃었을 경우 개인의 존엄성과 신념을 긍정해 주는 힘이었다. 즉 자신을 성찰하고 역사를 되짚어 보며 현실을 읽을 수 있는 방법으로서 송도는 의미 있는 존재였던 것이다. 그는 송도를 통해 공간과 권력 차원에서 중앙(문벌)과 지역(소수)을 바라볼 수 있었고,[51] 시대와 역사 차원에서 고려와 조선을 새롭게 조망할 수 있는 기회를 제공받았다.

중국으로 건너간 뒤에도 끊임없이 송도에 대한 담론과 정서를 환기한 이유도 바로 송도가 지닌 시공간적 특징 때문이었다.[52] 이를 정치적 소외로 인해 부득이하게 취한 향수로 평가하는 것은 표면적인 해석일 뿐이다.

망명과 유민: 황재문[53]은 창강의 시를 연구하면서 제한적이지만 흥미로운 발언을 하고 있다. 즉 흔히 가계와 연관 지어온 '유민의식'을 시세계를 규명하는 전반 개념으로 도출한 뒤, 창강의 생각을 중세적인 세계질서를 전제했을 때 이해될 수 있는 사유라고 평가한다. 이를테면 한족(漢族)의 왕조가 천하의 중심에 있고, 번국들이 흥망을 거듭하며 왕조를 교체해 가는 질서 속에서 고려나 조선의 멸망을 바라보았던 것으로 본다. 그래서 근대의 국가 개념과 다른 각도에서 바라볼 것을 요구한다. 근대적 시야를 벗어나 중세적 지식인의 모습을 직시할 것을 요구하고 있다는 점이 주목되는 것이다. 여기에 대해 창강의 의식을 중화의식이나 모화의식으로 재비판하는 것[54]은 사실 의미 없을 듯하다. 전근대 지식인에게 중국은 세계 문명 전체였고, 그것을 벗어나 문명적 시각을 갖춘다는 것은 무리이기 때문이다.

그런데 황재문의 '유민의식'이나 이혜순(1986)의 '모화의식', 정재철(1987)의 '중화의식' 등은 창강의 망명과 관련하여 그의 의식을 해명하기 위한 고민 끝에 찾아진 것으로, 이 견해들은 부분적 진실을 담고 있을 뿐이다. 모두 창강의 의식을 어딘가로 귀속시키려는 시도들로서, 창강이 일구어낸 사상적, 문화적, 역사적, 문학적 성과들의 다양한 면모를 해명하기에는 부족한 것이다. 굳이 따진다면 창강에게 유민의식도 있고 중화의식도 있다고 해야 맞다. 유민의식도 과연 고려유민의식이나 조선유민의식이냐 하는 논란이 가능하고, 중화의식이 중국을 세계 보편으로 간주했던 전근대사회 지식인, 특히 다른 조선 지식인들과 어떤 차이가 있는지도 궁금하다. 결국 창강의 의식을 어느 하나로 귀착시키는 것은 오히려 실체적 진실을 가릴 위험이 있다. 따라서 그의 다양한 면모와 의식을 '당분간' 그대로 열어둔 채 각각의 의미를 해명하는 것, 그로부터 만들어질 '상(像)'을 직시하는 것이 필요하리라고 생각한다.

교류와 전제: 우리는 이 시기 한국과는 달리 많은 성과가 도출된 중국의 상황에 대해 간략히 짚어볼 필요가 있다. 앞서 언급했듯 이는 중국 남통에 〈김창강연구소〉가 개소된 뒤의 상황으로서, 남통시의 정치적, 경제적 고려가 문화적 방면의 교류 연구로 나타난 결과이다. 따라서 그 연구의 방향은 대부분 한중 지식인 교류에 머물고 있으며, 창강의 남통 생활에 한정되어 있다. 그러나 이는 한국의 연구 공백을 메꿀 수 있다는 데 그 의의가 있다. 그 최대의 성과가 바로 창강 탄신 150주년을 기념하면서 열린 국제학술회의였다. 당시 제출된 논문의 제목을 열거하면 다음과 같다.[55]

장개원(章開沅, 2003), 『澤榮─中韓文化交流的友好使者』

유택생(劉澤生, 2003), 「試析韓國詩人金澤榮的愛國思想」

장국굉(蔣國宏, 2003), 「金澤榮愛國主義思想散論」

박충록(朴忠祿, 2003), 「韓國近代愛國的散文作家金澤榮」

오윤희(吳允熙, 2003), 「金滄江的文學思想與詩歌創作」

추흠화(鄒鑫華, 2003), 「金澤榮的思想及其創作」

장영생(張榮生, 2003), 「金滄江: 彪炳韓中兩國文壇的漢文學家」

전건 · 최영화(錢健·崔榮華, 2003), 「評金滄江的漢學」

설평(薛平, 2003), 「從崔致遠金滄江審察中韓文化關係的歷史變化」

왕돈금(王敦琴, 2003), 「言志 · 言事」

김승룡(金承龍, 2003), 「試論新高麗史列傳的文學性」

진령(陳靈, 2003), 「金澤榮及其韓史綮」

전건(錢健, 2003), 「從韓史綮識金滄江的歷史批評觀」

이양자(李陽子, 2003), 「關于金滄江的紅蔘志」

추진환(鄒振環, 2003), 「金澤榮與南通翰墨林印書局」

예이중(倪怡中, 2003), 「金澤榮與俞樾‧嚴復」

우리자(羽離子, 2003), 「朝韓人和南通人的悠久友誼」

이 가운데 장건(張謇)과의 교류를 열거하면서 한—중 교류연구가 필요하다고 지적한 장개원과 창강이 근무했던 한묵림인서국(翰墨林印書局)에 대해 고구(考究)한 추진환의 논의가 인상적이다. 아울러 당대 중국 인사들과의 교유를 추적한 조붕[56], 문학이론 방면에서 귀유광(歸有光)과의 관련을 따진 문기련[57] 등의 연구도 주목할 만하다.[58] 그런데 이들의 교류적 시야는 한 가지 약점을 갖고 있다. 즉 편협한 중화주의적 시각이 그것이다.

예컨대 장안정[59]의 연구는 창강과 유월(俞樾)과의 교류를 다루고 있다. 몇 수의 시(詩)와 만사(輓詞)만으로 유월과 창강 사이에 높은 수준의 문화적 교류가 있음을 강조한다. 사실 망명하려는 사람이 자신의 후원자를 찾는 것은 당연하고, 이를 위해 상대에게 편지에서 존경과 우의를 서술하는 것도 의례적인 일이다. 그런데 그는 문면을 그대로 인정하고, 창강이 유월의 가르침을 받았다는 일방적인 교류를 계속 강조한다. 두 사람 사이의 불균형한 처지에 대한 고려 없이 자국중심주의적으로 서술하는 것은 그리 생산적이지 않다. 결론은 대부분 어느 일방의 우위 내지 시혜를 확인하는 것으로 끝나기 때문이다.

주지하다시피 국가나 민족은 근대의 산물이다. 물론 전근대 사회에도 국가와 민족적 실체는 있었지만, 근대와 같이 절대적 배타적이지는 않았다. 국가와 민족의 절대적 인정과 영역 속에서는 자국을 중심에 놓는 일이 당연하다. 상대를 정당하게 인정하지 않고 부속적인 하위로 배치하는 것이다. 중화주의적 시각에서는 동아시아의 모든 나라들이 중화 문명을 나눠가진 지류에 불과하다. 아무리 선의를 인정한다 해도, 그것은 대국이 소국을

받아 안는 은혜일 뿐, 상호존중과 호혜평등과는 엇갈린 길을 가고 있을 뿐이다.[60)]

아울러 지식인 교류를 접하는 한국 연구자들의 시각에도 문제가 있음을 지적할 필요가 있다. 창강의 시문에는 유월을 비롯해 엄복(嚴復), 도기(屠寄), 양계초(梁啓超) 등과의 교류 흔적이 전한다. 모두 근대기 중국의 선구적인 지식인들이다. 이에 대하여 특기하는 것은 사실 한국의 연구자들이다. 즉 그만큼 창강이 중국 지식인들에게 인정받았다는 증거로서 활용하며, 그들의 입을 빌어 자신이 연구한 창강의 성가를 높이려 한다. 그러나 사실 그 교류의 정도나 인정의 수준 여하를 살펴보면, 과연 그럴까 하는 의문이 들 정도로 자료가 희박하다. 한 가지 예로, 창강이 가장 의지했던 장건의 『장건전집』(남통, 장건연구소, 2002)을 보면, 창강에 대한 기록이 전혀 남아있지 않다. 왜 그럴까? 기록 수집의 소졸함을 따질 수도 있겠지만, 그것이 한국 지식인에 대한 당시 혹은 후대 중국인들의 평가가 아니었을까? 우리는 이것을 현실로 직시할 필요가 있다고 생각한다.

7. 2006년 6월_인문적 지식인

이제까지 창강에 대한 연구를 시대적으로 살펴보면서 당시 제기된 논점을 추려보았다. 주로 문학계와 역사학계의 논의를 살펴본 것은 저간의 사정이 그러하기도 하거니와, 필자의 시각도 또한 그곳에 한정되어 있던 탓이다. 그런데 근래 창강의 시문고를 정리하는 가운데 흥미로운 사실을 발견하였다.

창강은 1897년부터 <잡언(雜言)>이란 제목 하에 자유로운 글쓰기를 시도한다. 어떤 제목도 붙이지 않은 채 이러저러한 의견을 개진하고, 혹은 고증도 한다. 이 〈잡언〉은 1906년 본격적으로 서술되며 그가 생을 마감하기 직전까지 진행된다. 다시 말해 한국에 있을 때보다 중국에서 자신의 인문적 사유를 자유롭게 펼치고 있는 바, 그에게 중국이 갖는 의미를 재음미하게 하는 단초이기도 하다.

그런데 무엇보다 흥미로운 것은 그 논의의 주제들이다. 〈잡언〉 혹은 〈잡제〉 형식이 주는 자유로움 탓도 있겠지만, 창강은 이 형식 안에서 문장 쓰는 법, 문학사적 논제들, 역사적 행위에 대한 평가, 경학서에 대한 재점검, 사상적 논의에 대한 편린 등 인문학적 주제를 제한 없이 펼쳐 보인다. 이는 그가 어느 분과 학문에서 조망되는 것이 부당하다는 점을 말없이 웅변하고 있는 것이 아닐까?

그런 점에서 창강에 대한 논의 가운데 철학 방면의 연구를 보충할 필요가 있다. 우리는 제5장 '사상의 발견'에서 북학사상과의 관련성에 대해 살펴본 바 있다. 본래 창강은 1980년대에 이미 강화학파(江華學派)와의 친분(특히 이건창李建昌, 이건방李建芳, 박은식朴殷植)으로 인해 양명학(陽明學)과의 관련성이 제기된 바 있다.

김길환[61]은 강화학파의 이건승(李建昇), 이건창(李建昌)과 함께 다루면서, 창강이 "사물의 리(理)를 연구할 때에 실천이 없다면 토목으로 만든 인형과 다를 바 없다"고 하여 역행(力行)이 없는 지(知)의 허구성을 비판했다는 데 주목한다. 실학적 차원의 접근이라고 할 수 있다. 보다 철학적 차원의 논의는 유명종에게서 이뤄졌다. 그는 창강이 왕양명(王陽明)의 격물설을 독단이라고 할 만큼 순수한 양명학도는 아니요, 시문에서도 태주학파(泰州學派)의 사상을 이은 성령파(性靈派)가 아니라 신운파(神韻派)에 속한 것으로 보아 일종의 소극적인 동조자로 간주한다.[62] 즉 「격물해(格物解)」가 주희에 동조하지 않았고 성의(誠意)를 강조하였으며, 『고본대학』에 대한 태도도 주희와도 다르다는 것이다. 유명종의 논의는 차후 그의 다른 논저에서도 지속된다.[63]

김길락은 유명종의 논지를 이어받으면서 박은식과의 친분을 통해 창강이 강화학파와 사상적으로 만나고 있다고 거론한다.[64]

사실 창강은 『대학(大學)』 텍스트에 대해 남다른 관심을 보였다. 그는 '고본대학'을 텍스트로 하여 『고본대학장구(古本大學章句)』(1913)와 『고본대학사전(古本大學私箋)』(1918)을 엮고, 자신의 아들을 위해 친필로 『대학』(김현재 씨 소장)을 만들고 주점(朱點)을 찍어 가르쳤다. 문제는 그 해석 시각인데, 두 텍스트를 꼼꼼하게 따져보면, 양명학의 핵심 키워드인 '격물(格物)'에 대한 이해가 전혀 양명학적이지 않다는 것을 볼 수 있다. 『고본대학장구』의 경우, 일별하기만 해도 격물에 대한 이해는 물론 대부분의 주석이 기본적으로 주희의 입장을 따르고 있다. 다만 '고본'을 활용하고 있다는 점이 주희적 텍스트를 절대적으로 신봉하지 않음을 보여준다. 왜 창강은 그토록 '대학'에 주목했을까? 차후 연구과제라 하겠다.

위에서 보듯 창강은 사상적(철학적)으로도 문제적인 인물이다. 어쩌면 전근대 지식인 자체가 근대적 분과학문체계로 해석될 수 없으리만큼 종합적인 것이 아닐까? 지식인으로서의 창강은 이제 인문학자로서 재조명될 필요가 있다. 지방의 한계를 넘어서 동시대 역사를 주목했던 역사가로서, 문학을 문학으로 이해했던 문장가로서, 주류적 사상 질서에 의문을 품고 새로운 사상을 안고자 했던 사상가로서!

그럼, 인문적 지식인 창강을 복원하고 탐사하기 위해 현재 무엇이 필요할까? 본고는 앞서 '중간 보고서'임을 밝힌 바 있다. 이는 이 문제에 대한 해답과 관련이 있다. 1960년대부터 시작된 창강 연구는 2000년대 들어서 기이하게도 위축되었다. 그 이유인즉슨 창강을 둘러싸고 새로운 아젠다가 형성되지 않았던 것이 큰 이유이겠지만, 무엇보다 그에 대한 기초자료의 정리가 제대로 이뤄지지 않은 데 있다고 생각한다. 그동안 그를 논하는 자리에 기초로 활용된 자료는 『김택영전집』(아세아문화사,1978)으로서 특히 『합간소호당집』(1922)이었다. 그러나 창강의 시문고는 모두 16번 간행되었다. 특히 창강은 졸하기 전까지 『소호당전집』(1926)을 간행할 정도로 자신의 시문고에 애정을 기울였다. 특히 『남통보(南通報)』에 게재한 글들의 경우, 졸년(1927년)까지 간기가 붙어있기도 하다. 비록 전부가 실체적 진실을 정확하게 말해주는 것은 아니지만, 거꾸로 실체적 진실에 접근하기 위해 우리는 전부를 읽고 이해해야 하는 것은 아닐까? '전부'를 정리하는 가운데 새로운 시야가 열리지는 않을는지! 이를테면 창강을 국내의 경우만을 두고 보거나 하나의 텍스트에 국한시키는 경우, 그에 대한 온전하고 정확한 이해는 요원할 것이다. 따라서 이를 위해 앞으로 창강의 저작을 총결하고, 표점본 및 역주를 할 필요가 있다. 한 인물에 대한 온전한 이해는 그와 관련된 그에 대한 자료의 온전한 수집 정리가 전제되지 않으면 여전히 미완성일 것이기 때문이다.

[원제: 창강(滄江) 김택영(金澤榮) 연구의 현황과 과제, 2006]

제2장

인문학자 김택영과 잡언(雜言)

1. 창강학(滄江學)을 위한 고민들

이 글은 최근 10여 년간(2006~2017) 제출된 창강 김택영에 대한 연구를 성찰하고 과제를 제시하면서, 창강을 새롭게 읽을 거점으로 〈잡언(雜言)〉을 제안하고자 준비되었다.[65] 연구 검토의 범위를 '최근 10여 년'으로 한정한 것은 이미 2006년(3월) 〈창강 김택영 연구의 현황과 과제〉에서 1960년대 이후 2006년 2월까지, 약 백여 편의 논저(학위논문, 소논문, 번역서, 해제 포함)를 대상으로 10년 단위로 검토한 바 있어서이기도 하지만, 실제 '최근 10여 년'의 성취들은 그 이전의 성과를 뛰어넘는 시각과 진전을 보여주고 있기 때문이다. 그렇기에 이 시기의 성취를 점검하는 것만으로도 창강 연구의 방향을 가늠하는 데에 부족하지 않으리라 생각한다.

사실 '성찰과 모색'이란 주제는 학문력(學問歷)이 어지간히 쌓여있지 않으면 쉽지 않은 터이다. 그런 점에서 이 글은 많은 한계를 갖고 출발하고 있다. 비록 분에 넘치는 주제를 좇아 지난 연구 성과들을 검토하였지만 뜻밖에도 하나의 수확을 얻었으니, 그것은 바로 이제 '학문으로서의 창강학(滄江學)'이 어렴풋하게나마 그려진다는 것이었다. 무모한 도전을 했던 이에게 창강은 하나의 희망을 안겨준 셈이다. 이 글은 그런 희망을 갖도록 도와주었던 수많은 학자들의 노력을 다룬다. 어느 하나 소중하지 않은 것이 없으며, 혹여 필자의 무능과 소홀로 그들의 논지와 노력이 폄훼되는 일이 없기를 조심스레 기원해 본다. 이 글을 읽는 독자의 너그러운 혜량도 바란다.

먼저, 논의에 앞서 전제할 것이 하나 있다. 특정 인물, 특정 도시, 특정 문헌을 대상으로 이뤄지는 연구의 경우, 대부분 그 인물의 현양, 도시의 찬양, 문헌의 고평(高評)으로 마무리되기 십상이다. 이 글은 이런 방식의 논의를 위해 준비되지 않았다. 모든 시간, 공간, 인물의 실존은 절대적이지만, 존재는 역사적이며 상대적이다. 평가 역시 마찬가지이다. 사거 90년이 되는 인물을 거론하면서 흠결 없는 화씨지옥(和氏之玉)을 생각한다면 어리석은 일이리라. 그렇다고 박물관의 골동품이나 박제품과 같은 무미하고 건조한 연구도 거부한다. 이 글은 이 점을 분명히 알고 있다. 이 글은 우리 시대에 창강은 어떤 모습으로 읽혀지고 의미가 부여되어야 할 것인지를 고민한다. 그런 점에서 논의는 지극히 역사적이며, 이 글도 유한하다.

2017년 8월 한문학계 주최의 〈창강 김택영 사거 90주년 기념 학술회의〉가, 11월 한국사학계가 주관하는 국제학술회의인 〈김택영의 생애와 학문 세계〉가 열렸었다. 우리는 이로부터 '창강학'에 대한 관심이 뜻밖에도 더욱 근원적인 토대 연구에 귀착되고 있음을 확인할 수 있다. 특히 8월에 제출된 논제들에 대하여 거칠게 스케치를 하면 다음과 같다.[66]

① 「간재(艮齋) 문인의 김택영 비판에 대하여—혁재(赫齋) 서진영(徐鎭英)의 「독김택영문수필(讀金澤榮文隨筆)」을 중심으로」
② 「창강 김택영의 중국 망명과 역사 연구」
③ 「창강 김택영 연구와 번역을 위한 예비 작업—인문지리학적 시각 도입의 필요성」
④ 「창강 관련 신 자료 소개」
⑤ 「창강 김택영을 기억하는 사람들—창강 한시에 대한 비평을 중심으로」

위 발표들은 다양한 점에서 흥미로운 점을 제공하고 있었다. 각각에 대하여 간략한 논평을 곁들이면서, 작금의 창강 연구가 무엇을 지향하고 있는지에 대한 스케치를 해보도록 한다. 이를 통해 우리는 후술할 연구 성찰의 다음에 무엇이 올지를 가늠할 수 있으리라 기대해 본다.

①은 창강에 대한 비판을 통해 거꾸로 창강을 이해할 수 있으리라는 기대에서 출발한다. 간재 학파 가운데 서진영이 쓴 〈독김택영문수필〉을 학계

에 처음 소개하고 있다. 당시 김택영의 문집에 대한 비평적 열독이 이뤄졌고, 그 내용은 사상적 차원의 논의에 집중되었음을 밝혔다.

②는 역사가로서의 창강이 저술한 역사서를 조망하되, 특히 남통으로 우거한 뒤의 저술을 살피고, 그의 역사관을 검토하였다. 이른바 망명사학을 어떻게 평가할지를 제기했다.

③은 창강의 시문을 이해하는 데 있어서 인문지리학적 시각의 도입이 필요함을 제출했다. 특히『소호당집』을 번역하는 가운데, 창강이 살았던 실제 환경에 대한 이해가 전제되어야 함을 밝혔다. 특히 '송도'가 눈에 보이지 않았음을 지적했다.

④는 창강이 남통에서 살았던 흔적을 찾은 보고서로서, 특히 남통 주위의 지역까지 확장하여 창강의 행적 외연을 넓혔다.

⑤는 창강의 시문이 실린 국내 비평서, 시선집을 통해 당시 창강의 한시에 대한 당대인들의 공인과 수용 과정을 밝혔다. 근대 지식인들의 창강 수용 방식에 대한 연구였다.

이들은 각각 창강이 살았던 공간에 대한 세세한 정보들을 통해 삶의 행적을 정확하게 파악할 것, 근대계몽기 사람들의 창강에 대한 시선들—그것이 비판적이든 우호적이든—을 조망하여 균형 있게 바라볼 것, 창강이 연계된 다양한 방면의 자료들의 수집과 정리를 할 것— 문학이든, 사학이든 할 것 없이—을 제시하였다. 이런 수요들이 주목하는 것은 창강의 삶을 오롯하게 복원하고, 그가 숨 쉬었던 시공간의 정확한 복원이었다. 필자는 이 부분은 대단히 중요하다고 생각한다. 과문한 탓이긴 하지만, 창강의 시문, 편간서 등을 검토하면서, 그의 삶과 긴밀하게 연동시켜 당시 창강의 심태(心態)를 차분하게 찾아내어 분석한 글은 그다지 많지 않았다. 대부분 학자들 자신의 시각에 따라 눈길을 주었고 덕분에 창강에 대한 논의가 갈래갈래 나뉘게 되었다. 그러나 이젠 그것이 한계에 이르지 않았는가 싶다.

결론을 앞서 말하자면, 이제 창강은 하나의 학문으로서 '창강학'을 마련할 시점이다. 나름의 정의를 내리자면 "창강의 학문과 사상 및 그의 문하 및 교유자들을 통하여 계승되고 전파된 학풍 및 이와 관련된 활동 내용 일체"라고 요약할 수 있겠다.[67]

그리고 이후 창강학의 정립을 위해 근본적인 차원의 학문적 노력이 경주되어야 하는 바, 창강의 삶과 시문을 연계한 시문계년(詩文系年; 연보年譜, 간략 연보는 이미 소개되었음), 문집을 제외한 관련 문헌의 집일췌편(輯佚萃編, 문집편간 종류 및 과정은 이미 소개되었음), 그리고 창강의 삶을 인문학적 시각에서 재조명한 인물평전(人物評傳)의 작성이 필요하다. '연보', '집일', '평전' 세 가지를 통해 창강학은 다시 구성될 필요가 있다. 물론 그 과정에 학자들 간의 논쟁과 토론은 간단없이 수행되어야 하며 그들의 견해는 파편적 논지일지라도 존중받을 필요가 있다. 모두 부분적인 진실성을 갖추고 있기 때문이다. 이 글은 이 마음으로 지난 10여 년의 연구를 성찰하고자 했다. 혹여 논의 과정에서 본지를 곡해하거나 누락된다면 전적으로 필자의 책임이다.

2. 2006년~2017년_주제적 성찰과 방향의 모색

이제부터 2006년에서 2017년까지 진행된 창강의 연구를 살펴볼 것이다. 사실 10년 정도의 연구사를 정치하게 검토한다는 것은 쉽지 않은 일이다. 주마간산 격으로 스케치하는 정도가 될 것임을 미리 고백해 둔다. 그럼에도 대체적인 인상을 말하자면, 우리는 창강에게 근대계몽기 문학과 역사의 무게를 짊어지우기엔, 학계가 너무 소홀했음을 반성할 필요가 있다.

문학계의 경우 여전히 창강의 단편적인 문학 담론에 빚을 지고 있었다. 최근 창강에 대한 주목은 창강의 삶에 대한 애정과 시문에 대한 애호에서 비롯하기보다는 국제정세의 변화, 국내 학자들의 동아시아적 시야 확대에 기인한 바가 크다. 시야의 확대를 탓하는 것은 아니다. 그나마 다행이라고 생각한다. 게다가 최근 『소호당집』의 완역이 이뤄졌으니, 차후 창강의 연구는 더욱 추동될 것으로 보인다. 그런데 여전히 창강은 특정 범주와 개념으로만 규정되고 있을 뿐이며, 학문적으로도 문학계에 비해 여타 분야의 조망은 지극히 드문 형편이다. 그 이유가 무엇일까? 그렇다고 창강의 후반생을 살았던 중국의 학자들 연구도 그리 풍부하진 않으며, 대체로 기존의 논의를 재론하는 수준이다. 여기엔 국내 학자들의 게으름도 존재한다. 언젠가 중국학자들은 나에게 한국학자의 창강 연구를 보고 싶다고 했지만, 능력상 번역해서 제공할 수 없었다. 여전히 우리는 창강에게 미안함을 느낀다.

그간 창강에 대한 논저는 학위논문 4편, 소논문 64편('발표요지' 11편 포함), 저역서 11종이 제출되었다. 학위논문은 창강의 시문집을 총정리하고 그 간행 경위를 밝힌 논문 1편, 중국으로 건너간 뒤에 중국인들과의 교류를 다룬 논문 2편, 창강의 산문을 다루고 있는 논문 1편이다. 그 목록을 들면 다음과 같다.[68]

곽미선(2010), 「김택영의 망명시기 문학 활동 연구」, 연세대 박사.
최영옥(2011), 「김택영 문집의 간행경위와 이본고」, 성균관대 박사.
권태성(2012), 「창강 김택영의 산문 연구—논설류를 중심으로」, 충남대 석사.
양설(2017), 「김택영의 중국 망명기 교유시 연구—장건과의 교유를 중심으로—」, 서울대 석사.

창강은 1905년 중국으로 건너간 뒤 1927년 세상을 떠날 때까지 그곳에서 무려 22년을 지냈다. 56세의 늦은 나이에 중국 남통으로 옮겨 살았음에도, 그곳 사람들과 시문을 주고받았고, 더러 국내외 조선[韓]의 인물들과도 시문을 주고받았다. 그의 시문집이나 편간서의 주요 독자는 국내 지인 및 후배들이었기에, 국내인들과의 교유는 끊임없이 이뤄졌다. 그 덕분에 창강은 근대계몽기 주요 지식인으로 조망을 받았음에도 실제 그의 남통의 삶과 행적은 모호했고, 특히 수없이 간행된 문집의 간행은 복잡하기 짝이 없었다. 다행히도 위 연구들에 의하여 자료가 허락되는 한에서 나름 남통의 생활과 문집의 자취를 추적할 수 있게 되었다. 한양과 남통은 이제 연구가 시작된 셈이다. 그러나 아직까지 확인할 수 없는 곳이 있으니 '개성'이다. 그가 젊은 시절을 지냈던 곳이고, 1930년대까지도 그의 후배(제자)들에 의하여 창강이 기억되고 있었던 것을 생각하면(임봉식이 편찬한 『개성지』가 그러하다), 개성(송도)의 행적 탐색은 계속 추구될 필요가 있다.

이제 학위논문을 제외한 창강에 대한 연구를 모두 몇 가지 주제로 나누어 성찰해 보도록 한다. 이 주제는 논지의 방향에 의거해 분류했으며 더러 저자의 의도와 다를 수도 있고, 하나의 글이 다양한 주제와 연동될 수도 있다. 어느 하나의 주제로 귀속시켜 논의하는 것이 제한적임에도 추이를 가늠하기 위해 다소 위험을 무릅썼다. 논의의 편의를 위해 문헌, 남통, 송도, 문학, 시학, 정체성 등으로 나누어 살펴보았다.

1) 문헌

김승룡(2006), 「김택영의 송도 복원 작업의 의미—방법으로서의 디아스포라—」
김덕수(2009), 「영재 이건창의 한시 비평 연구—『운산소호당시선(雲山韶護堂詩選)』을 중심으로—」
허경진·곽미선(2009), 「김택영의 중국에서의 학술활동에 대하여」
곽미선(2010), 「김택영의 망명시기 문학 활동 연구」
김동훈 외(2010), 『김택영』

최영옥(2011), 「김택영 문집의 간행경위와 이본고」

김승룡(2012), 「근대계몽기 김택영의 남통 생활에 대한 소고-한묵림인서
국과 「상마한화도기」를 중심으로-」

최영옥(2012), 「창강 김택영의 중국망명과 출판사업 의식」

연변대학교 조선문학연구소(2013), 『20세기 중국조선족 문학사료전집5
(김택영한시)』

김민학(2014), 「중국 망명 시기 창강 김택영의 출판 활동과 그 의의: 문묵
췌편(文墨萃編)을 중심으로」

양설(2017), 「김택영의 중국 망명기 교유시 연구—장건과의 교유를 중심으로-」

창강의 시문집을 비롯해 편간했던 책들에 대한 정보는 김승룡(2006, 부록,
<김택영 간행 도서목록>)에 의해 제시된 뒤 각론의 형태로 연구되기 시작했다. 김
덕수(2009)는 창강의 최초 시집이라고 할 수 있는 『운산소호당시선』을 처음
으로 다루었다. 이 책은 『창강고』 보다 앞서 필사본으로 출현했으며, 창강
의 1872~1893년까지의 시를 수록하고 있다. 특히 영재 이건창의 필치로
쓰인 서문을 수록하고 있는 귀한 자료이다. 이후로 창강의 시문집의 편간
과정과 경위를 밝히는 작업이 지속적으로 진행되었으며, 최영옥(2011)에 의
해 창강의 문집이 원집, 보집, 속집의 구성을 지니고, 크게 초간본 『창강고
(滄江稿)』, 재간본 『소호당집(韶濩堂集)』·『소호당속집(韶濩堂續集)』, 삼간본 『정간
소호당집(精刊韶濩堂集)』·『정간소호당집보(精刊韶濩堂集補)』·『소호당삼집(韶濩堂
三集)』, 사간본 『합간소호당집(合刊韶濩堂集)』·『합간소호당집보유(合刊韶濩堂集補
遺)』·『소호당집속(韶濩堂集續)』·『차수정잡수(借樹亭雜收)』, 오간본 『중편소호당
집정(重編韶濩堂集精)』, 육간본 『소호당전집(韶濩堂全集)』·『소호당전집보유(韶濩
堂全集補遺)』·『소호당속집(韶濩堂續集)』으로 간행되었음이 정리되었다. 창강의
시문집은 연변 학자들에 의해 2010년, 2013년 번역되어 국내 간행되었고,

최근 한국고전번역원에서 『소호당집(韶護堂集)』이 완역되었다.

창강이 말년을 지냈던 중국 남통(南通)에서의 삶에 대한 베일이 조금씩 벗겨지기 시작했다. 2000년대 초반까지 한국 학자들에게 남통은 잘 알려지지 않은 곳이었다. 2002년 남통의 〈김창강연구소(金滄江硏究所)〉와 남통시가 주관하여 열렸던 〈창강 김택영 국제학술회의〉에 참가한 이래로 수집했던 자료를 기반으로, 김승룡(2012)은 창강의 남통 우거지(寓居地)인 차수정(借樹亭), 묘소 및 남통시의 근대적 면모, 한묵림인서국(翰墨林印書局) 시절의 추억을 정리하여 남통 생활에 대한 소묘를 제출했다. 창강이 살았던 즈음, 남통의 지식인들 및 자료에 대한 단편적 소개였지만, 처음으로 학계에 소개된 것이다. 이보다 앞서 곽미선(2010)은 창강의 망명 시기를 조망하면서, 남통을 중심으로 직접 자료 조사를 실시했다. 장인년(張麟年)의 『사해수미전(四海鬚眉傳)』에 수록된 '김택영전' 등의 존재를 알려주고, 『남통보(南通報)』, 『남통일문(南通佚文)』, 김택영의 친필편지 등을 수집하였다. 남통지역에서 창강의 흔적을 찾는 노력의 일환으로, 양설(2017)은 장건을 비롯해, 우금용(尤金鏞), 엄복(嚴復), 오증기(吳曾祺), 도기(屠寄), 여사면(呂思勉), 서윤(徐鋆), 장봉년(張鳳年), 장인년(張麟年), 주증금(周曾錦), 황개기(黃開基), 강겸(江謙) 등 남통과 상해 지역에서 활동하던 이들과 주고받았던 정황을 밝혀내었다. 이제 남통의 문헌들은 많은 부분 수집되었다.(〈남통〉과 연동된다.)

한편, 곽미선(2009)과 최영옥(2012)은 남통에서 창강이 편간했던 활동을 정리했는데, 특히 최영옥은 편간 활동 저변에 유교문화의 회복을 위해 도덕과 문장의 전수를 우선했다고 하면서, 이를 계기로 조선의 개성, 호남, 영남의 유교지식인들과 남통의 유교지식인 사이의 연계가 가능했다고 제시했다. 그런데 과연 창강이 재구성한 고전들이 모두 '유교'를 현양하기 위한 것이었을까? 여기엔 다소 의문이 있다. 여하튼 당대 지식인 사이의 연계가 책의 출판 과정과 관련되어 있음을 밝힌 것은 흥미로운데, 이는 김민학

(2014)이 『매천집』의 간행과 전파 과정을 추적하는 과정을 통해 실증된 바 있다. 이제 창강과 관련한 문헌자료의 수집, 창강이 관여했던 문헌들의 추적, 창강과 관계 맺었던 이들의 문헌 확인 등, 다양한 층위에서 창강 유관 문헌이 집적되기 시작한 것이다. 그러나 여전히 창강 당대인들(특히 조선)의 목소리를 전해주는 문헌에 대한 집적은 아쉬운 수준이다.

2) 남통

김용태(2007), 「임오군란기 한중 문인의 교유 양상─조면호(趙冕鎬), 김창조
　　　　　(金昌照)의 활동을 중심으로─」
곽미선(2009), 「창강 김택영과 중국 지식인들의 교유─망명시기 한시에 나
　　　　　타난 중국지식인을 중심으로」
왕돈금(王敦琴, 2011), 「金澤榮與張謇詩诗之比較」
김승룡(2012), 「근대계몽기 김택영의 남통 생활에 대한 소고─한묵림인서
　　　　　국(翰墨林印書局)과 「상마한화도기(桑廊閑話圖記)」를 중심으로─」
이진정(2014), 「창강 김택영 망명기의 중국우인과의 교유 계략(稽略)」
임준철(2017), 「김택영과 장인년(張麟年)의 교유와 자만시(自挽詩)─한중 자만
　　　　　시 비교(3)─」
강창규(2017), 「창강 김택영의 도중 이후 교유 소고」

　문헌자료의 수집은 자연스레 창강이 살았던 공간, 특히 남통과 송도에 주목할 수밖에 없었다. 송도의 경우 북한지역이라 접근이 용이하지 않기에 아직 직접 탐색은 난제이지만, 중국 남통은 상대적으로 용이했다. 앞서 〈문헌〉에서 살폈던 바와 같이, 김승룡(2012)의 남통 생활 스케치를 전후로 하여, 김용태(2007)는 임오군란기 조선에서 이뤄진 한중 지식인 사이의 교류

를 점검하면서(조면호, 김윤식, 김창조金昌照, 김택영/오장경吳長慶, 구심탄邱心坦, 주가록周家祿, 주명반朱銘盤, 장건張謇, 원세개袁世凱, 이연호李延祜) 자연스레 창강을 거론하지 않을 수 없었고(창강이 장건과 만났던 것이 바로 이즈음이다.), 곽미선(2009)은 중국에서 쓰인 교유시에 대하여 주목하였다. '교유시'는 인간관계망을 확인하는 데 유리한 시이다. 남통의 창강이 중국인들과 나눈 시들은 창강이 그 사회 속에서 어떤 비중을 차지하고 있었는지를 쉽게 가늠할 수 있는 기준이 되었다. 이진정(2014)이 교유를 주목하고 강창규(2017)가 연대별로 창강이 교유했던 중국인, 조선인들을 정리해 내고 있는 것도 같은 문제의식의 소산이다.

그러나 한편 '교유' 자체에 주목할 경우, 시적 특질에 대한 소홀이 자주 빚어지곤 한다. 그런 점에서 왕돈금(2011)이 장건의 시를 언지(言志)의 현실주의, 창강의 시를 언정(言情)의 낭만주의로 요약한 것은, 그 타당성을 차치하고 남통에서 지어진 창강의 시에 대한 심미적 분석이 시작되었음을 보여준다. 특히 임준철(2017)은 자만시(自挽詩)를 제재로 하여 김택영과 장인년(張麟年) 사이의 교유를 확인하기도 한다. 이들의 만남에 대해서는 〈상마한화도기(桑麻閒話圖記)〉와 사진을 통해 이미 확인된 바 있었고(김승룡, 2006), 장인년과의 관계(양설, 2017)는 상당 부분 거론된 바 있다(〈시학〉과 연동된다.). 이제 '교유' 사실을 넘어 '관계의 내용과 실질'이 눈에 들어오기 시작했다.

3) 송도

김승룡(2006), 「심원자(心遠子) 한재렴(韓在濂)의 학문과 문학에 대하여―18세기 송도지식인의 한 측면―」
이은주(2011), 「박문규(朴文逵)의 집구시집 『천유집고(天游集古)』 연구」
이은주(2012), 「1923년 개성상인의 중국유람기 『중유일기(中遊日記)』 연구」
노관범(2014), 「김택영과 개성 문인」

노관범(2015), 「근대 개성 문인 공성학의 지역 활동과 『춘포시집』」

노관범(2015), 「근대 초기 개성 문인의 지역 운동」

김승룡(2015), 「송도의 기억과 문학적 상상의 지향―『숭양기구시집(崧陽耆舊詩集)』에 대한 소고」

창강의 삶의 공간으로는 세 곳이 중요한데, 송도, 한양, 남통이 그것이다. 이 가운데 한양은 관직 생활을 지내면서 이건창, 김윤식 등과의 관계가 밝혀졌고, 시문집 속의 자료들을 통해서 어렵지 않게 파악될 수 있었다. 문제는 송도와 남통인데, 남통 역시 앞에서 살펴보았듯이 지난 10여 년간 간단없이 중국과 왕래하면서 자료가 소개되고, 생활도 확인되고 있다. 그러나 송도의 경우 여전히 어려운 점이 있다. 이와 관련해서는 실제 장소의 탐색을 통한 연구는 할 수 없고, '학맥' 연구과 같은 인물 연구를 통해 김택영을 전후로 한 송도지식인들을 조망하는 성과들이 제출되었다.

『숭양기구전(崧陽耆舊傳)』과 『숭양기구시집(崧陽耆舊詩集)』을 통해서 김택영에 의해 호명된 지식인들 가운데 왕성순(王性淳), 한재렴(韓在濂) 및 한시 작가들을 점검하고 있는 김승룡(2006, 2015), 김택영 '이전'도 시야에 두되 '이후'의 문인들을 찾아서 1910년대 이후 개성 학맥을 추적하고 있는 노관범(2014, 2015), 마찬가지로 박문규(朴文逵)와 개성 후학으로 창강을 존경했던 공성학(孔聖學)을 주목하고 있는 이은주(2012) 등이 지속적으로 '창강과 송도'를 관계 지우고 있었다. 여기서 개성을 부르는 호칭을 간략하게 정리하도록 하자. 아직 학계의 공인된 바는 아니지만, 개성은 행정적으로, 송도는 문화적으로 부르는 경향이 있다. 개성인들은 오히려 송도라는 이름을 사랑했다고 한다. 여하튼 송도의 인물(학자든, 시인이든, 문사이든, 명원名媛이든)이 학계에 포착되고, 특히 창강 '이후'가 확인되기 시작한 것은 이즈음이다.

특히, 노관범(2014)의 통시적 연구는 송도 학맥의 본격적인 시작을 위한 준비로서 의미가 크다. 1880년대부터 1930년대까지 김택영을 중심으로 결집했던 개성 문인들의 집합적인 존재 양태를 검토하면서『초암집(初菴集)』, 『서원가고(西原家稿)』,『김씨사보(金氏史補)』,『숭양기구전(崧陽耆舊傳)』,『숭양기구시집(崧陽耆舊詩集)』,『연암집(燕巖集)』등을 편찬할 때 도왔던 이들,『창강고(滄江稿)』,『숭양기구시집』을 간행할 때 도움을 준 사람들,『창강선생실기(滄江先生實紀)』에 참여한 사람들을 통해 개성 문인들의 규모와 특성을 검토하여, 최중건(崔中建), 박재현(朴載鉉), 왕성순(王性淳), 임규영(林圭永), 공성학(孔聖學), 김근용(金謹鏞), 이기소(李箕紹) 등을 추출했고, 바로 개성문인의 핵심이 '김택영'이었음을 역설적으로 보여주었다. 뿐만 아니라 1910년대 개성의 신 교육운동, 출판운동 등에도 최문현, 김진구, 손봉상, 박남철, 최중건, 김기형 등을 추려내고 있다. 이은주(2011)의『천유집고(天游集古)』연구는『숭양기구전』을 통해 확인된 문인에 대한 한시사적 점검까지 수행한 것이다. 이제 인물 정보의 파악에 머물지 않고, 이들의 문학세계를 조망하는 논구들이 시작된 것이다. (<시학><문학2-전(傳)>과 연동된다)

4) 문학1-산문론

곽미선(2009),「창강 김택영의 문도론과 고문작법의 실체」
최영옥(2009),「김택영과 증국번(曾國藩)의 문장론 비교―귀유광(歸有光)에 대한 비평을 중심으로―」
김우정(2013),「창강 김택영 수서(壽序) 연구―한중 지식인 교류 연구의 반성적 검토를 겸하여―」
윤지훈(2016),「귀유광에 대한 조선후기 문인들의 인식과 창강 김택영」
김진균(2016),「심재(深齋) 조긍섭(曺兢燮)의 도덕문장 추구 논리」

창강의 문학에 대한 논의는 크게 산문론, 전(傳), 시학으로 나누어 볼 수 있다. 각각 산문론은 청대 작가인 귀유광(歸有光)의 수용을 키워드로 하여 진행되었고, 전(傳)은 여성담론과 안중근전에 대한 주목이 주의를 끌며, 시학은 신운론(神韻論)에 입각하여 시를 독해하고 있는 점이 주목된다. 먼저 산문론의 경우, 이전에 있었던 창강의 고문론에 대한 논의가 반복되다가 최영옥(2009)은 창강이 귀유광을 중심에 놓고 신미(神味) 위주의 산문론을 펼쳤음을 확인시켜 주었다.

이후 김우정(2013)은 창강의 수서(壽序)가 조선 문인에게서 가장 많이 등장하는 데에 착안하여 주목한 뒤, 그 문학적 가치를 재차 살펴 보았다. 특히 그의 수서를 논하면서, 창강이 19세기 조선과 동떨어지지도 않았고, 그렇다고 근대로 나간 계몽가도 아니며, 중국의 자유로운 학풍을 접했으되 유학과 단절되지도 않았고, 서양의 신학(新學)을 부정하는 모습도 보였음을 거론하였다. (〈정체성〉과 연동된다.) 창작상 특정 장르 치중과 모델 지향의 저변에 놓인 의식 세계를 가능하면 균형 있게 따져보려는 태도로 읽힌다. 윤지훈(2016)도 창강이 사마천과 동렬에서 귀유광을 수용했음을 재론했으며, 김진균(2016)은 창작의 이면에 도덕문장을 추구하는, 미학적 추구의 문장관을 지녔다고 밝혔다. 귀유광을 매개로 진행된 산문론의 기저에 놓인 사상적, 미학적 질감이 무엇인지를 확인하는 논의가 진행되기 시작한 것이다. 차후 창강의 산문이 귀유광 등의 서정적 서사와 어떻게 미학적으로 만날지에 대한 연구를 기대하게 되었다.

5) 문학2-전(傳)

홍인숙(2008), 「근대계몽기 개신 유학자들의 성 담론과 그 의의-개가'론'/
열녀'담'을 중심으로-」

김승룡(2010), 「'다문화 사회'와 『숭양기구전』」

최영옥(2012), 「김택영의 안중근 형상화 검토」

김종철(2013), 「김택영의 안중근전(安重根傳) 입전과 상해」

김종철(2013), 「창강 김택영과 백암(白巖) 박은식(朴殷植)의 상해에서의 입전
　　　　　　활동」

윤선자(2014), 「일제강점기의 안중근전기들에 기술된 안중근 의거와 천주
　　　　　　교신앙」

김경미(2017), 「창강 김택영의 여성담론 연구」

　사실 창강이 학계에 주목받았던 것은 '전(傳)'의 창작과 닿아있다. 사마천
이 전을 사랑했듯이, 창강도 전을 통해 다양한 인물상을 제기하고, 오롯하
게 인간에 대한 애정을 담아내었다. 그가 한말 지식인의 세계에 들어설 때
에도 사관(史官)으로서의 재주가 있다고 알려진 데에 있었다. 『숭양기구전』
을 비롯해 『한사경』, 『한국역대소사』 등을 집필하게 된 것이 그 결과였다.
이즈음에 뜻밖에도 〈안중근전〉에 대한 논고가 집중적으로 나타났다. 1910
년 3월 26일 세상을 떠났던 안중근에 대한 관심이 그러했을 것이라는 짐작
은 되지만, 입전 과정에서 보여준 당대 지식인들이 주고받은 영향과 실제
창작의 수정이 이뤄지고 있음이 흥미로운 탓도 있었다.

　김종철(2013)은 학술발표 당시 창강과 박은식의 안중근전을 비교하고 영
향 관계를 추적하면서, 창강이 유민사관(遺民史官)으로서의 서술자 태도를
지니고 유교적 가치를 지향하며 기억해 줄 '역사의 독자'를 상정하고 있음
을 지적했다. 그의 입장은 이미 황재문(2010)이 김윤식, 박은식 등과 망국인
식을 검토하면서 제출했던 바, 창강이 유민으로서 역사서술을 통해 지식인
에 대한 문제 제기를 추구했다는 논지의 연장에 있다. (〈정체성〉과 연동된다) 이
후 논문으로 제출하면서 〈안중근전〉의 간행본별 내용의 개작 과정에 초점

을 맞추어 수정했다. 그보다 한 해 전에 이미 최영옥(2012)은 창강의 시문집
별 개작, 수정을 증명하는 일례로 안중근이 산삭을 통해 종교적 의미가 탈
색되고 지사적 면모가 강조되는 것을 살핀 바 있다. 이후 이에 대한 아쉬움
을 윤선자(2014)가 제출하기도 했었다.

이밖에 열녀전을 비롯한 창강의 여성담론을 두고, 홍인숙(2008)과 김경미
(2017)는 약간의 입장 차이를 보여준다. 곧 전자는 망국의 상황에서 여성관
이 전통적으로 퇴보하고 있다고 보는 데 비해 후자는 수절을 용인하는 보
수적 태도 안에 여성의 교육 필요성을 제기하는 등 내부에 균열이 보이고
있음을 지적하였다. 이런 '모순'된 모습은 여성담론에 그치지 않는다. 흔히
창강을 두고 전통적, 보수적 수식어가 붙는 경우와 근대성을 논의하는 맥
락의 사이에 보이는 공백의 재현일 뿐이다.

6) 시학

곽미선(2009), 「김택영의 한시를 통해 본 망명 전후 의식세계의 변모」
이등연(2012), 「근대 초기 한국문인 한시작품 속의 '중국·중국인' 형상 연구—
　　　　　　　유인석과 김택영을 중심으로」
황수정(2012), 「김창강과 황매천 그 정운(停雲)의 시」
김보경(2015), 「심재 조긍섭의 시 인식 고찰—근대 전환기 한시사의 새로운
　　　　　　　독법으로서-」
박수천(2016), 「창강 김택영 한시의 문학성과 그 시대적 의미」
한영규(2016), 「식민지시기 한국 한시선집의 존재상과 문학사적 의의—유
　　　　　　　백영(柳栢榮) 편 『팔가정화(八家精華)』(1939)를 중심으로」

이즈음 창강은 주로 '중국'에서의 모습을 포착당했듯이, 시학의 경우도

중국으로 건너간 뒤의 시에 보이는 의식 세계를 조망하거나(곽미선, 2009) 시 속의 중국 혹은 중국인의 형상에 대해 주목하는 논의가 있었다(이등연, 2012). 또한 황현 연구의 연장선상에서 창강과의 우정을 다룬 논구가 제출되기도 했다(황수정, 2012).

　주로 시의 제재 차원의 논의에 국한되던 시학 연구는 박수천(2016)에 와서 문예적 분석이 시도되었다. 그간 창강의 시학은 신운설에 기초한 것으로 알려져 있었다.(〈문학 1-산문론〉과 연동된다) 김보경(2015)이 조긍섭의 시 인식을 고찰하면서 우회적으로 창강의 신운설을 운운했던 바 있지만, 박수천은 창강이 중국으로 건너가기 전후를 비교하면서, 성률 등 형식적 조탁할 여유가 없는 망국/망명의 상황에서 감분(感憤)과 처초(凄楚)의 정서가 주조를 이룰 수밖에 없었으며, 이를 '신운적 창작'의 내질로 제시했다.

　시학의 포착과 창작 과정을 실제 추적하는 일은 고도의 심미안과 논리성을 갖추어야 하는 점에서 쉽지 않다. 특히 시 속의 감정논리를 추출해 내는 일은 예민한 감수가 요구된다. 이른바 '의식'과 시(주로 표면 내용, 창작 정황)를 직결시켰던 저간의 연구 태도와는 차이가 난다는 점에서 주목할 필요가 있다.

　이 밖에 식민지시기 한시선집을 집중적으로 탐사하고 있는 한영규(2016)는 유백영(柳栢榮)의 『팔가정화(八家精華)』에 수록된 창강의 시를 통하여, 창강의 시에 대한 동의가 지역적으로 확대되고 있음을 방증하고 있다. 다만, 단순한 기호를 넘어 시학적 공감까지 이어지고 있었는지는 더 따져볼 필요가 있다. 즉 시학 차원에서 창강은 여전히 심미적 대상으로 분석되지 못한 채, '발견'에 머물고 있는 셈이다.

7) 정체성

　김동훈(2005), 「김택영, 근대적 각성과 중국문인들의 영향」

김동훈(2006), 「구한말 중국망명문인들의 근대적 각성과 한·중 문화접
　　　　변—창강·단재·예관 의 경우」
곽미선(2009), 「김택영의 문학에 나타난 디아스포라와 정체성」
김월성(2010), 「창강 김택영의 사회관과 작품세계의 일단」
정재철(2011), 「구한말 동아시아 지식인의 문화비전—창강 김택영을 중심
　　　　으로—」
김진균(2012), 「근대한문학의 세 지향」
정재철(2016), 「김택영의 『연암집』 편찬과 그 의미」
이덕향(2016), 「창강 김택영의 중국체류기 한시 고찰—디아스포라의 관점
　　　　에서—」
김우정(2017), 「한국한문학과 민족주의—김택영을 예로 하여」

개성에서(본관은 화개花開) 태어난 창강은 조선에서 과거로 출신하고, 대한
(大韓)의 한양 학무국에서 관직을 지내다가 나라가 망해가는 즈음 중국 남
통으로 건너가 신해혁명 이후 중국 공민으로 입적하고, 그곳에서 조선복을
입고 한어(韓語)를 쓰며 조선의 옛/ 지금의 문헌을 정리/ 편간하며 한예(韓裔)
로 살다가 삶을 마감했다. 그가 죽었을 때 송도의 지구(知舊)들, 한양의 지우
(知人)들, 호남 및 영남의 동지(同志)들, 남통의 지인들이 모두 조문을 했다.
하다못해 『동아일보』에 부음이 실릴 정도로 그의 비극적 죽음은 하나의 사
건이었다. 과연 그는 개성인인가? 화개인인가? 조선인인가? 고려인인가?
'한인(韓人)'인가 '중국인(中國人)'인가? 전통인인가 근대인인가? 문인(文人)인
가? 학자(學者)인가? 창작자인가 편집자인가?
　창강의 정체성을 둘러싼 논의는 앞의 주제적 성찰을 모두 뒤덮을 만할
정도로 문제적이다. 비록 본격적으로 쟁론이 벌어진 적은 없다. 다들 점
잖게 자신이 바라보는 창강의 상(像)을 이러저러하게 제시하고, 그에 맞추

어 각자 분야별로 점검하고 의견을 개진하고 있을 뿐이었다. 이는 학자들의 미진(未盡)이라기보다는 창강과 관련한 기본 자료의 집일 및 생애의 연보적 파악, 창강의 시문을 비롯한 논저에 대한 분석 등등이 미성숙한 데에 기인한다. 그런 점에서 창강의 정체성을 둘러싸고 논의된 이즈음의 담론들은 차후 정체성 논의를 위해 중요한 자산이 되리라 생각한다.

창강(의 의식)을 어떻게 규정할 것인가? 시기순으로 살펴보도록 한다. 물론 담론들은 시기순으로 제시되진 않았다. 창강이 학계에 처음 등장했던 무렵부터 그의 의식을 모화니, 전통이니, 수구이니 하는 논의는 있었다. 다만 여기서는 '이즈음'의 논의만을 오려내어 보도록 한다. 김동훈(2005)으로부터 시작하자. 그는 창강은 강유위(康有爲), 엄복(嚴復), 장건(張謇) 등 계몽사상가들의 영향으로, 서구 물질문명과 유교 정신문명의 결합, 민족자주의 자본주의 상공업 발전에서 한국식 근대화의 출로를 찾았고, 진화론적 우주론에 입각하여 조선조의 역사교훈을 검토하고, 독립적 인격을 갖춘 근대적 사학가로 탈바꿈했다고 했다. 이는 '근대적 각성'이란 표현으로 제시되었다(2006). 창강의 탈전통적 맥락을 해석할 수 있는 기회를 제공한다고 보인다.

그러나 그 논의의 기저에는 중국의 근대(지식인)에 의해 근대화된 창강을 그리고, 문학사적으로 포획하려는 의지가 엿보인다는 점에서 주의할 필요가 있다. 기실 김동훈의 번역서(2010)는 그 실천이기도 하다. 이는 차후 창강의 실존을 '한중간(韓中間)' 경계에 놓인 디아스포라로 간주하되 결국 '중국인(조선족)의 문학'으로 간주한 곽미선(2009)의 논의와도 상통한다.

이에 대해서는 최근 김우정(2017)이 창강을 두고 '역외전파(域外傳播)'와 같은 '중국화된 인물'로 규정하고 조선족문학의 하나로 파악하려는 태도를 비판한 바 있다. 동아시아 보편주의와 서구의 근대주의가 혼잡된 시기에 보이는 창강의 다면성을 어느 일방으로 규정짓는 것이 타당한가 하는 의문을 던지고 있다는 점에서 주목된다.

아울러 김동훈의 '(중국영향) 근대의식'론은 이미 김월성(2010)에 의해 비판된 바 있다. 그는 똑같은 창강을 두고 신해혁명의 지지, 경제정책의 존중, 조선 역사를 교훈 삼는 '근대적 사학가'로 평가하되, 이는 멸청복명(滅淸復明)의 화이론적 차원의 지지요, 봉건왕조 통치의 공고를 위해 경제정책을 존숭했으며, 유민 의식에서 조선왕조 비판을 수행한 것으로 본다. 그의 논의 역시 불완전한 부분이 적지 않지만, 창강의 근대성이 복고적 태도에 기반했음을 거론하고 있다는 점에서 흥미롭다. 근대와 복고의 착종된 해석의 인소(因素)가 창강에게 모두 존재함을 방증해 주기 때문이다.

창강의 '복고의식론'은 이미 오래전에 제시된 바 있다. 이즈음 김진균(2012)이 이기(李沂)/유인식(柳寅植)은 신문명에 적응하고, 변영만(卞榮晚)/정인보(鄭寅普)는 신·구문명을 등거리로 유지했으며, 조긍섭과 창강은 구문명을 온존하려는 태도를 지녔다고 지적했고, 정채철(2011)은 복고의 내용을 유교적 성인의 도덕으로 서양의 세력에 맞서려는 문화 비전이었다고 정의하며, 창강이 『연암집』의 편찬 과정에서 순정한 작품을 추구하는 '복고적 문학관'을 지녔었다고 지적했다. 그런데 사실 '복고'는 옛날로 돌아가다, 옛것을 회복하다는 뜻인데, 창강이 보여준 동아시아 보편주의적 태도들을 이렇게 간주할 수 있을지는 의문이다.

한편, 창강이 지닌 '주변부적 성격'으로 인하여 제기된 개념이 '유민(遺民)' 또는 '이산(離散)' 등이다. 흔히 디아스포라로 불리기도 한다. 이는 중국으로 넘어간 뒤의 시를 규정하기 위해 도출된 개념이다. 황재문(2010)은 전통적 지식인의 망국인식을 비교하면서 창강의 역사 서술의 근저에 유민의식이 있음을 지적했다. 이전에 창강의 시와 유민의식을 결부 짓고, 개성 출신으로서 고려유민, 중국에 대하여 대한유민, 민국 수립을 의식해 황제유민으로 자처했다고 한 바 있다(2005). 이 논의는 뒷날 창강의 '도중' 이후를 분석하는 데 유용했다. 그러나 '자처'를 '의식' 수준으로 끌어올리는 것은 사실

많은 단계가 필요할 듯하다. 적어도 창강이 '유민론'을 제출한 적이 없기 때문이다. 그에게 '유민'과 같은 실존은 다른 차원으로 해석될 수 있으리라 생각한다. 즉 중심(권력개념)에서 소외된/당한 '주변인', 그리고 그것의 자각인 '소수자의식'으로 볼 수 있지 않을까? 소수자의식은 자각적, 주체적이라는 점에서 이른바 유민의식과 구분된다. 그래서 '유민의식' 운운이 쉽사리 나약하고 처완(悽惋)한 시적 정조로 표현되거나 수구적 퇴영, 혹은 불투명한 복고적 태도, 반근대적 문명 자세로 해석되는 것이 아닐까 한다.

그래서 우리는 '잠정적으로' 창강을 특정한 계열(문학이든, 사상이든, 국적이든, 문화이든)에 편입하지 말고, 그의 이중적/다면적 실존을 존중하여 '있는 그대로' 살펴볼 필요가 있다. 한 가지 더, 이덕향(2016)은 창강에게 '망명' 운운은 적절치 않아 보인다고 조심스레 의견을 제시하고 있다. 정치적 탄압을 받은 적도 없고, 중국적을 취득한 이후 역시 망명으로 개념할 수 없다는 것이다. 그래서 중간적으로 '도중'이라고 쓰자고 한다. 창강의 행적 규정을 미세한 지점부터 찬찬히 되짚어 보려는 시도이다.

끝으로, 위 주제들 이외에 사학, 경학, 번역학 차원의 논의들도 제출되었다. 『고본대학』과 관련한 경학담론의 검토와 번역학 차원이 논의가 그것이다. 다만 사학의 논의는 소졸했다. 창강이 한국학 차원에서 본격 등장하여 의식 세계를 논의하게 된 것은 『한사경』을 둘러싼 논쟁(최혜주, 1996)에서 빚진 바가 크다. 그로부터 스무 해가 지났다. 아쉽다. 참조 삼아 목록을 제시 해보면, 조남호(2007)의 「김택영의 천부경 주석 연구」, 최기영(2010)의 「1910년대 국내외 국학 연구의 동향」, 최석기(2010)의 「창강 김택영의 『대학』 해석」, 김유곤(2011)의 「한국유학의 대학 체재에 대한 이해(2)-고본대학 체제의 정합성을 인정하는 학자를 중심으로-」, 장회견(2016)의 「한역본(漢譯本)『사민필지(士民必知)』의 번역양상에 대한 연구」 등이 있다.

이런 주제적 성찰은 사실 다음 세 가지 방향과 맞물릴 때 의미 있는 검토가 될 수 있다. 곧 앞서 거론했던 바, 자료의 집일(집일췌편), 생애의 연보(시문계년), 인물의 평전(인물평전)이다. 그 필요성은 다음과 같다. '집일'의 경우, 정리본『창강집』을 구성해야 한다. 현재 한국고전번역원에 올라와 있는 자료는 창강의 문집 가운데 최종본이 누락되어 있다.『소호당전집(韶護堂全集)』(1926)이 그것이다. 이미 국내에 존재가 소개되어 있음에도 고전번역원에서 문집에 포함시키지 않은 이유는 알 수 없다. 아마 수집 과정에서 누락되었을 것으로 여겨진다. 아울러『황매천 및 관계인사 문묵췌편(文墨萃編)』(최승효)과 같은 방식으로 창강 관련 자료의 집일췌편이 이뤄져야 한다. 이를 위해 창강이 언급된 근대계몽기 문집 목록이 이미 소개된 바 있다.[69]

'연보'의 경우 김승룡의『송도인물지』의 부록, 양설의 학위논문에 수록된 연보 등이 전부이다. 이는 모두 행적을 간단하게 요약한 의사(擬似) 연보일 뿐, 진정한 연보는 아니다.『퇴계시문연월조편(退溪詩文年月條編)』(정석태)과 같은 방식의 시문계년 연보가 작성되어야 한다. '평전'의 경우 아직 저술되지 않은 상태이다. 이를 위해서는 지금까지의 논의들을 모두 포괄하면서도 어떤 인물상을 지향할 것인지에 대한 심도 있는 논의가 전제되어야 한다. 평전과 관련한 논의와 수요가 학계에 간단없이 제출되고 있고, 창강의 경우 기존의 전기적 사실 집록을 위한 프로젝트(책임자, 한영규)가 진행 중이기도 하다. 창강의 삶을 총체적으로 보여주는 평전의 등장이 멀지 않아 보인다. 사실 '세 가지'라고 했지만 위 모든 것이 집결되어 하나(평전)로 귀결된다. 그런 점에서 창강의 인간상에 대한 논의의 거점을 확보하는 것이 필요하다. 필자는 그 거점으로〈잡언〉을 주목하고 있다.[70]

3. 창강을 읽는 새로운 거점_잡언(雜言)

　'잡언'은 전통적인 잡록(雜錄), 잡기류(雜記類)의 전통에서 기반하고 있다. 고려시대 시화류에 보이는 잡록의 전통은 이후 조선시대 내내 주요한 발언의 양식으로 활용되어 왔으며, 시체(詩體)나 문체(文體)와 같은 기존 장르에 구애되지 않는, 아니 구애받지 않고자 하는 작가의 의식을 표현하는 주요한 통로였다. 창강의 〈잡언〉 역시 이런 전통적 글쓰기에서 멀리 있지 않다. 그도 자유로운 순간, 번득이는 영감을 포착하는 데에 장처가 있는 잡기류 양식을 통해, 형식에 구애되지 않는 글쓰기를 시도하고 있다. 이들 잡제(雜題) 사이에 논리적인 연결은 없다. 또한 같은 시기에 쓰인 글도 아니고, 순간적인 아이디어를 언급하고 있다는 점에서 너무 큰 의미를 부여하는 것도 주의해야 한다. 또한 아직은 왜 특정한 시기에 그런 고민을 집중적으로 했던가 하는 부분을 정확히 검증해 내기도 곤란한 측면이 있다. 이는 그의 생애를 치밀하게 재구성하는 과정에서 실증될 수 있다. 다만, 그 시기에 이런 잡제로 언명한 것은 어떤 특정한 사건 혹은 만남에서 기인할 것이라는 추정은 가능하나, 이 또한 지나친 억측도 경계할 일이다. 그런 점에서 창강의 〈잡언〉을 다루는 데에는 많은 제약이 따르며, 도출될 결론 역시 생산적일지도 자신하기 어렵다.

　창강의 〈잡언〉은 앞서 서술했듯이 한문학 연구에서 안내 역할을 톡톡히 해 왔다. 또한 익히 알려진 자료이기도 하다. 그럼에도 우리는 그간 〈잡언〉 전체를 통관하는 흐르는 정신과 태도를 읽어내는 데에 인색했다. 그 이유는 알 수 없다. 창강은 최소한 26년에 걸쳐서 간헐적이지만 지속적으로 잡언을 지었고, 그 내용의 수준과 언급의 외연도 낮은 수준은 아니다. 특히 잡언이 집중적으로 쓰인 것은 그가 '도중'한 뒤라는 점도 눈여겨볼 필요가 있다. 필자는 창강의 도중은 형식상 도피이지만, 내용상 그의 학문과 사상 실천에 새로운 문제의식의 예각화가 가능하지 않았을까를 추정한다. 이른바 전통지식인의 강제된 이산, 곧 디아스포라한 전통지식인의 의식 세계를 읽을 수 있는 단서를 찾을 수 있지 않을까 생각하는 것이다.

잡언은 1897년에서 1923년 사이에 쓰였으며 모두 120제이다. 창강은 주로 사상과 문학의 방면에서, 구체적으로는 경서를 읽거나 시문을 창작하는 과정에서 의문이 든 지점들을 하나씩 점검해 나간다. 이 과정에서 자신의 의견을 하나씩 정리해 나가며, 이 가운데 특정한 견해는 텍스트로 전화(轉化)시키기도 했다. 이를테면 잡제65는 『고본대학』에 대한 논의인데, 이즈음 『고본대학장구(古本大學章句)』를 간행하기도 하였다. 모든 잡언의 언명이 특정한 사안과 필연적인 연계가 있다고 볼 수는 없지만, 어느 정도 그의 학문 세계와 무관하지는 않다고 생각한다. 물론 잡언의 내용이 꼭 학술과 관련 있는 것은 아니다. 자신의 일상에서 느낀 소회를 아쉬움에 담아 전하기도 했다. 잡언의 창작 시기 및 수량, 주요 텍스트, 주제를 요약하면 아래와 같다. 논의의 편의상 〈잡언〉은 자료 형태로 제시한다.[71]

*1897(丁酉, 48), 잡언 1, 2제 / 朴殷植 *1905년 渡中

*1906(丙午, 57), 잡언 2, 2제 / 翰墨林印書局, 花開家稿

*1911(辛亥, 62), 잡언 3, 29제 / 辛亥革命, 屠寄

*1912(壬子, 63), 잡언 4, 24제 / 梅泉集, 滄江稿

*1913(癸丑, 64), 잡언 5, 8제 / 古本大學章句, 梅泉續集, 洪命憙

*1916(丙辰, 67), 잡언 6, 11제 / 校正三國史記, 困言, 韶護堂集, 文樸
　　　　　　　　잡언 7, 4제

*1917(丁巳, 68), 잡언 8, 2제 / 重編燕巖先生集

*1918(戊午, 69), 잡언 9, 18제 / 明美堂集, 古本大學私箋, 韓史綮

*1920^(辛酉, 71), 잡언 10, 5제 / 精刊韶濩堂集, 重編韓代崧陽耆舊傳
*1922^(癸亥, 73), 잡언 11, 14제 / 韶濩堂三集, 合刊韶濩堂集, 梁啓超
*1923^(甲子, 74), 잡언 12, 1제. / 王性淳 死, 林鳳植

* 자료
118. 有形之物 必有其盡 天地 形也 其惡得無其盡乎 盡而復生 如環無端
自天皇氏以前 所過之天地 不知其爲幾開闢 自邵康節所排十二會以後 將
來之天地又不知其爲幾開闢 天地之不能常存如此 文康節所排十二會之中
淸明之運不過三四會 天地之不能常泰又如此 夫天地尙然 而況爲吾人者安
可望長生 又安可望長樂而無苦乎 只可求無大罪而已矣

경학담론과 합리적 고전주의

창강이 경서를 대하는 태도는 '고전주의적'이라고 부를 수 있다. 전범을
선정하고, 그에 입각하여 논의를 전개하는 고전주의는 보편성에 기반한 보
수적 성격을 내적 자질로 갖는다. 흔히 정전(正典) 혹은 정전(定典)의 권위를
강조하기도 한다. 창강은 정전을 존숭하되, 그 상대적 가치를 인정하는 합
리적 고전주의적 태도를 갖고 있었다.

창강의 경학사상에 대하여 본격적인 논의를 한 것은 최근에 와서다. 그
의 『대학』에 대한 일련의 논의들(『고본대학장구』, 『고본대학사전』)을 점검했던
것인데, 사실 창강이 고본대학을 주목한 것을 두고, 기존 주자학적 『대학』
해석과 다른 무언가를 기대하며 이미 사상계에서 주목한 바 있었고, 나아
가 이건창과의 친분을 빌미로 하여, 창강을 강화학파(江華學派)의 계보 안에
넣기도 했었다.

전통학습, 즉 과거를 공부하고 일련의 지적 소양을 닦았던 지식인들은

모두 경서를 학문의 기본 텍스트이자 교양으로 삼았다. 그러나 경서를 공부했다고 이들을 모두 경학자로 논의하기는 어려운 일이다. 그래서 그간 창강은 경학자로서보다는 '유교적 문장가'로 불렸던 것이다. 그의 학술 본령이 경학적 세계에 대한 탐구보다는 시문을 어떻게 구사할 것인가에 놓여 있다고 판단되었기 때문이다.

그러나 그가 잡언에서 보여주는 일련의 태도들은 단순한 지적 소양을 넘어서는 수준의 지속성과 관심을 보여준다. 그는 『맹자(孟子)』, 『논어(論語)』, 『중용(中庸)』, 『대학(大學)』의 사서(四書)를 포함해 『서경(書經)』, 『시경(詩經)』, 『주역(周易)』, 『효경(孝經)』, 『예기(禮記)』 등에 대한 언명도 표명했고, 장재(張載)의 「서명(西銘)」이나 한유(韓愈)의 「원도(原道)」를 통해 '심(心)'에 대한 논지를 드러내고 있다. 그의 '심(心)'에 대한 논의를 '잡언'만으로 규정지을 수는 없고, 여타 관련 문헌과의 대조 속에서 그 특징이 드러날 것이기에, 그에 대한 해석은 잠시 남겨두도록 한다. 다만 그의 경서 메모는 사람의 마음의 영역에서 다룰 수 있는 '의(意)', '심(心)' 등을 논의하는 데에 상대적으로 많은 양이 할애되어 있음을 지적하고자 한다.

또한 왕수인(王守仁)의 '격물(格物)'에 대한 해석을 비판하고 주희(朱熹)의 『대학(大學)』 논의를 긍정하고 있는 모습을 보면, 그의 유가적 해석 체계는 주희의 그것을 좇고 있음을 확인하게 된다. 따라서 '고본'대학을 텍스트로 삼아 논의를 펼쳤다는 것에 집착하여 그의 생각을 확정할 수는 없다. 아울러 주희의 논의를 존숭하되, 그의 초기와 후기의 견해 사이의 차이를 읽어내고 있다는 점도 특기할 만하다. 즉 주희를 맹신하지 않고, 객관화했던 것이다. 어쩌면 이것이 그의 '대학'에 대한 책이 '고본'과 '장구'가 결합된 '고본대학장구'란 제명으로 탄생된 이유인지도 모를 일이다. 그의 경학담론은 시문의 이해와 연동되어 있다. 이것이 그의 경서 메모는 '경학' 자료만으로 다루는 것이 적절치 않을 수도 있음을 생각하게 한다. 그의 경학담론에 보이는 합리적 고전주의는 그의 고증 정신과 유관한 것으로 보인다.

* 자료

1. 孟子論舜不告而娶 有懟父母之語 舜大孝也 使告而不得娶 豈有怨懟之
理 蓋曰 以父之故 而終身不得娶 可怨之事也 故己寧負一時不告之罪 而不
敢陷父於終身可怨之地 懟之一字 蓋設辭也 非眞謂舜懟其父也

2. 孟子曰惻隱之心云云 斯語也 使後世儒者言之 則必曰惻隱之情 而不敢
曰心矣 蓋孔孟體道爲文 心竅大而活 故其言似疏而實該 隨叩而足 後人則
因文求道 心竅狹而死 故其言似密而實鑿 或與本眞日遠而不自覺耳

5. 吾儒之秉彝 順義理之心也 西敎之自由 順血氣之心也 二者之精粗懸矣
然義理之心 天下之人萬僅一二 血氣之心 天下之人萬則萬焉 故自由之敎
可以得力於競爭之世 而秉彝之敎難以得力於競爭之世

8. 先儒, 以佛家輪回之說爲狹 以爲 人死 其氣復爲天地之一氣 循環無限 今
若曰輪回 則是氣便有限而無以成天地 是固高論也 然天地雖是一氣 而其中
風氣·雲氣·電氣等 氣各分其類 則人鬼之氣 赤當爲一類 而爲輪回之感應
也 然則天下之人 雖未必皆輪回 而其有時而輪回者 決知其不可無矣

13. 孔子之道 只是中庸而已 只是誠而已 初無奇特驚異之功 而中庸之贊孔
子 上極于天 下極于地 有若浮夸者 何也 試問天下之人 有一刻能中庸者乎
有一息能誠者乎 此中庸之讚之所以不得不爾者也

14. 孝經 非孔子之書 乃周末諸子僞撰之最先出者也 孔子敎人 每就其不足

而言之 如曾子者於孔子弟子最有孝行 而非不足於孝者也 孔子何必勤敎之
且其言支離張皇 而又於每章之末 必引古書 不亦陋哉

33. 王陽明解格物爲正心 正字容或有說 物字安可謂之心 此明是武斷奉强
之說也 惟中庸首章解 稍似明透

34. 太極 道也 理也 在一陰一陽之請道之文 則道是太極也 在易有太極是
生兩儀之文 則太極是理也

36. 書易之文苦 孔子之文甘 史遷學其甘者 以爲疏蕩高潔神韻之文

38. 朱子說最平實可遵守 而未至於聖 則安得無初本定本之不同也 但初本
不棄而與定本同傳 此區區所以常竊歎羨者也

39. 曾子曰 唯 孟子曰 取之左右 逢其源 此皆聖賢之道之悟境也 若文字之
道尤貴有悟 不悟 雖終身爲之 只是皮殼而已

40. 三以天下讓 三者終也 一讓曰辭 再讓曰固辭 三辭曰終辭 天下者假設
之辭 言泰伯能讓其國 則雖天下之大 亦將能終讓之也 此卽聖人言語文字
活動處也 乃後人或强解三字 以求三讓之數 或强解天下二字 有若泰伯逆
讓 百年以後武王所得之天下者 何哉

46. 大學君子先愼乎德以下三節 連下是故二字 眞非今人情量之所及也 蓋
此法自先秦多有之 止于史公 而班固不能爾 況又益後於固者乎

48. 原道只言及誠意正心 而不及於格物者 以格物卽格誠意正心修身等之
物理 而非於誠意正心修身等之外別爲專門一位也 此韓子特明處 非疏也

56. 朱子·中庸注所謂盛水不漏者也 而其可疑者有二 中庸一書 精神在於誠
而愼獨節之註 何不表出誠字耶 誠者自成云云 誠者物之終始云云 上下二
節 所以明先成己後成物之次序 則誠者自成句之注 宜曰 誠者人之所以自
成 而今乃曰 誠者物之所以自成 徑洩物字 以奪成己之秩序 此豈是刻板之
有悞耶

57. 西銘一篇 大旨儘好 而文體却卑 其雜引典故 有似乎偶儷功令之文 使生
於穎考叔申生以前 則不能作此文乎 橫渠文字甚勁 朱子嘗自歎無其筆力 而
此文乃如此 亦世級使之然爾 使漢儒以橫渠之意 而爲此文 豈不醇然古乎

58. 先儒譏佛氏觀心之說 以爲以心觀心 則是心有二也 此恐太刻 卽以吾
儒之誠意正心言之 所以誠之正之者 孰爲之非心乎 旣是心則是爲以心誠意
以心正心 何獨不可曰以心觀心乎

59. 程子解中庸九經之一字爲誠 則大學之至善字亦可以誠解之

61. 心是氣而不離乎理 性是理而不離乎氣 太極是理而亦不離乎氣

62. 秦誓 斷斷兮無他技 謂 斷斷一技之外 無所謂技也

64. 吾道譬之佛家 孔子 佛也 顏曾思孟 菩薩也 程朱 祖師也 祖師之言 豈
能盡合於佛旨 而無一二少差乎

65. 古本大學 必欲改之 則只可將淇澳詩以二節 移置于聽訟節之上

77. 道心是義理涵養之心 四端是秉彝流出之心 自聖人以外 有時或有人心 七情屬於血氣 而人心爲七情之總名 七情爲人心之細目 無論聖與凡流 無時不有

78. 謂情本善 可也 謂情專善無惡 不可 程伯子曰 惡亦不可不謂之性 觀此 可以知情之說矣

79. 非氣理無所依 非血氣性無依所

80. 仁義禮智之性具於心 則心亦性 性亦心也 然性合理氣 而理爲主 心合 理氣 而氣爲主 又性之主體在於仁 心之主體在乎智 此其微分也

81. 孟子所言皐陶執瞽瞍 論執其罪之謂也 非捕執也 若曰捕執 則瞽瞍已 閉在囹圄中矣 舜安得竊負而逃乎

82. 孔門弟子所記論語檀弓之屬 神韻之文也 太史公學之 孟子七篇 波瀾之 文也 韓昌黎學之 若歐陽永叔 雖學太史昌黎 而氣力不足 不能似之 至於婉 宕而已 自茅坤推歐爲學太史 自後之人靡然從之 無異辭 亦一可笑 與其謂 歐爲學太史 毋寧謂蘇文忠爲學太史 蘇文如方山子傳之類 豈非眞太史之遺 韻乎

85. 大學之明德 一言以道曰 昭明天德 而己 與詩之秉彝 · 書之降衷 · 論語 之仁 · 中庸之天命之性 · 孟子之仁義 左傳之天地之中一

101. 古本大學誠意章中 帝典節以下 至穆穆文王節 似是後儒所亂 蓋誠意
以下六條 固當覆解詳說 以窮極其旨趣矣 若明德 · 新民 則誠意 · 正心 ·
修身 · 齊家 · 治國 · 平天下 即其所覆解詳說者世 何必更措他語 繁瑣支離
如功令科臼之文乎 止之一字之覆解 尤爲可疑耳

창작담론과 고증 정신

창강은 자신이 오십 년간 한유(韓愈)의 문장을 읽었지만 그의 경지에 도달
하지 못했다고 고백한 바 있다. 그의 문학담론을 보면, 『사기(史記)』 등 진한
(秦漢) 이전의 문장과 『시경』 등을 전범으로 삼아 학습하였음을 볼 수 있고,
이후로도 중국이든 조선의 문학사를 거론할 때면 늘 전범이 되었던 텍스트
의 창작 정신에 비추어 평가하고 정리했다. 한유, 소식(蘇軾), 귀유광(歸有光)
등을 '사마천(司馬遷)을 잘 배운 사람'으로 견주고, 조선은 박지원(朴趾源)을 거
론하곤 했다. 그렇다면 과연 그는 어디에 주안(主眼)을 두었던 것인가?

이미 앞선 학자들의 연구에서 지적하듯이, 그는 시문에서 신리(神理), 신
운(神韻)을 주목했고, 이를 위해 간단없이 자신의 시문의 일부를 수정하기를
주저하지 않았다. 그래서 그의 시문은 최초 간행본 『창강고』에서, 최종 간
행본 『소호당전집』에 이르기까지, 글자 하나하나를 점검하지 않으면 안 된
다. 같은 시제 아래에 시편의 수가 달라지기도 하고, 더러 시가 산삭되면서
제명이 달라지기도 한다. 문장의 일부를 수정하는 것은 다반사이고, 열전
의 경우 평어 자체가 사라지기도 한다. 간행상의 편의나 사정에 의한다고
이해되는 부분도 있지만, 궁극적으로 그의 창작 정신은 글자 하나하나 배
려하고, 정확하게 시문의 신리를 흐르도록 하려는 진지함이 내재되어 있는
것이다. 이를 학문에 견주면, 텍스트의 자구의 의미를 검증하고 문맥을 확
정하는 고증학과 통한다. 창강이 학문으로서의 고증을 수용했다는 증거는

분명하지 않다. 물론 잡제92에 모기령(毛奇齡)이 거론되고 있음은 확인할 수 있다. 다만 시문을 구성하는 기초단위로서 자구의 안배에 대해 치밀하게 따지는 정신을 유지했던 것은 분명하다. 기실 이는 굳이 고증학의 세례를 받지 않아도 되는 창작 정신이기도 하다. 『숭양기구전』을 수차례 개고(改稿)하는 동안, 그는 늘 주희가 죽기 얼마 전까지도 『대학』의 문장을 수정했다는 점을 상기하면서, 자신의 노력에 고전적 의미를 부여하기도 했었다(『중리한대숭양기구전重釐韓代崧陽耆舊傳』 서序). 이 또한 고증적 정신으로 봄 직하다.

'태사공(太史公)의 문(文)은 시(詩)다'라는 언명에서 확인되듯이, 그에게 시와 문장을 관류하는 원리는 서로 통했다. 신리(神理), 신운(神韻) 등이 구현되어야 한다. 그러나 구현방식은 시와 문은 다르다. 창강은 문과 관련해서는 조자(助字), 기승전합(起承轉合) 등과 같은 구성요소와 방식을 주목하고, 시와 관련해서는 성조(聲調), 시체 등과 같은 율격과 안배방식을 주목했다. 창강은 성조(聲調)와 같은 울림은 문에도 필요하다고 지적한다. 이처럼 시와 문의 차이를 인식하고 실제 창작을 통해 검증하고자 했다. 그의 고증 정신은 비평 과정에서도 나타났다. 이건창(李建昌)의 시 〈화석정(花石亭)〉, "종이창은 새벽빛에 푸르스름하고, 닭이 울 제 강물이 차올라라(紙窗曉色靑 鷄鳴滿江水)"를 두고서, '명(鳴)'자를 '성(聲)'자로 고쳐서는 안 된다고 하고, 옛사람의 시 "한낮의 골목, 닭 울음도 나른하네(午巷鷄聲嬾)"를 두고는 '성(聲)'자를 '명(鳴)'자로 고쳐서는 안 된다고 했다. 즉 글자에 고착되어 시의 신운 혹은 기(氣)를 흐려서는 안 된다는 지적이다. 전체를 바라보면서 부분 자구의 적확성을 따지는 정신이 엿보인다. 사족이지만, 학문으로서의 고거학(考據學)과 시문 창작으로서의 고증 정신은 비슷하면서도 별개이다. 창강은 시문 사이의 차이를 명징하게 인지했으며 창작하기 위해 고증 정신을 갖추고자 했다. 이런 그의 창작 정신은 시문비평을 사적(史的)으로 수행하면서, 차후 문학사를 구성할 수 있는 단초가 되기도 한다.

* 자료

3. 詩有聲先而意隨者 如明月松間照 若就明字 易以皎字或寒字 可能有天
然之意乎 亦有意先而聲隨者 如愁思看春不當春 若將一春字作椿字 讀則
雖利口 必不能諧律矣

4. 吾邦字音 蓋昉於三國子弟入唐學之時 久後與中國少不同 安徽王饒生
聞余讀書曰 某字某字 是中國之古音 夫中音有古今之變 則東音何獨不然
故今之不同者 卽互失其本音故也 惟吾邦入聲字音 似與中國絕異 然徐而
尋之 特其音太猛而已 亦未嘗絕異也

6. 讀古人之文 須昭昭乎其有香入鼻矣 須昭昭乎其有味入口矣 須昭昭乎
其有色入目矣 須昭昭乎其有聲入耳矣 彼徒讀而不知此四者 吾末如之何

9. 凡文字 心竅材力俱宏大 然後方能包涵衆體 詩之李杜 文之韓蘇 是也
近世惟歸熙甫王貽上二人 爲差强人意者乎

12. 或謂 秦漢以上文 無起承轉合之法 夫起承轉合 言之序也 焉有無序而
可以成言者 宜曰 秦漢以上 起承轉合益深活 而不如後之淺局耳

15. 文字之道無限 故不能無修改 孔子吾不知爾 自孔子以外 必皆改之 觀
於裨諶草創 子羽修飾 可知

16. 文字之才之量之淺有二 太速者一 一作不能改者一

18. 算數有加倍之法 古文亦然 須一層加一層 一節加一節 至於無復可加

方佳

20. 詩固是聲響 而文亦有聲響 如古之莊周·太史公 後之昌黎·東坡 皆聲之最壯者 在吾東則朴燕巖其庶幾乎

21. 詩 揚且之皙也 五字中虛字居三 余嘗試減一且字讀之 神理便蕉萃矣

22. 有理有法之文 長而似短 無理無法之文 短而似長

23. 詩之理致精工者 苦思可以致之 至於神韻 非苦思之所可致 雖作者 亦有時乎不自知其所以然 余嘗與尹愚堂 賞峨眉山紅牧丹花六十一本 笑言曰 彼其光氣神采 可摸捉乎 王貽上之詩似之 愚堂聞之 欣然述爲一說

24. 秦漢以上之文 其神天然 其氣沛然 王李諸人學之 不得其神而只效一毛 不得其氣而只爲拳踢 卒之入於六朝浮靡而止矣

25. 兵法不過是多方以惧 文章不過是多方以活

28. 初學作文者 於或開或合 或出或入 或起或伏 或深或淺 或擊或誘 或擒或縱之類 皆可留心 而其尤當先留心者有二 一曰段落不可不清 一曰機關不可徑洩

30. 凡文字 平易中有奇變 是爲眞奇變 質樸中有光輝 是爲眞光揮

35. 余性好昌黎文 五十年無一日不讀 或亮讀之 或以意讀之 然至其所爲文

多似歐王曾者 由力薄也 亦由韓文包衆體故

37. 太史公之文便是詩

41. 歐陽公文力摹史遷神韻 然而無史遷長驅大進之氣力 故終近於弱 古今
善學史遷者 惟昌黎 · 東坡 · 震川三人

42. 世多以爲震川學廬陵 非也 震川是專主太史公 而旁及昌黎東坡南豐者
故能樸實 能虛非 能長驅大進

43. 王貽上詩 自是後代詩之偏調 不可得列於大家之數 然格法旣極脫麗 而
調律之妙尤不可及 其調律之妙袁隨園已說之詳矣

44. 焉哉乎也之而故則等語助字 雖似乎俚 而至妙之神理實在於是 尙書周
易之文罕用此 用之自孔子始 而司馬史尤多用之 今之人 或以務去此等語
助字爲高勁 是將不愛鍾王米蔡之書 而獨愛蒼頡之篆者耶

45. 平準書云 先是 往十餘歲 太史公自序云 唯唯 否否 不然 旣曰先是 而
又曰往 旣曰否否 而又曰不然 今人能爲此否

50. 龔定菴辨別李白詩僞作 定爲二百餘篇 未知二百篇者能刊傳否 李詩
橫逸之中亦大靜眞 而僞作狂淺之詩之亂之 足爲深痛 定菴眞能作快事耳

51. 古文之妙 惟在乎行之以神 苟神矣 淺可使深 弱可使强 易可使難 小可
使大 安用艱文澁句爲哉 然神不徒至 要在於理 此不可不察

60. 七言詩句 長不用典 則易入於淺俚瑣細 王子猷所云 昂昂若千里之駒
泛泛若水中之鳧者 無從以見 若五言不必多用典 多用典 則有何昭曠閑遠
之味乎

63. 世之爲文者 或設心作意 强生其字 强險其句 以爲有氣 如此則孔孟太
史韓蘇文從字順之文 不得爲有氣 而李夢陽‧李于鱗輩狂惑之文 獨爲有氣
其可乎哉 求文之氣 須於起承轉合 得其序; 反覆出入 極其變; 墜抗長短 激
其勢 如此其庶幾矣 過此以往 甘苦疾徐之妙 則非言詮之所及矣

66. 後世之詩 不可專以正宗責之 宋之詩 若以東坡爲第一 則吾韓之詩 亦
當以申紫霞爲第一

84. 然字固反語辭 而亦爲轉語之辭 故字固承接辭 而亦爲微轉之辭 此二字
大有神理 惟西漢以上人知而用之 而然字之多用 貨殖傳是也 故字之多用
深衣篇是也

86. 知詩易 知文難 能詩易 能文難 故古今來詩人多 而文人少

87. 詩之工也 在於聲調 意趣雖好 而聲調不好 則不得爲工 如曹子建詩 清
晨登隴首 爲千古傑句 以其有天然悠久之味也 假如以曉易晨 以上易登 以
頭易首 可能有天然悠久之味乎 然聲調之妙在乎心口之間 商量咀嚼以自解
而難以言傳 故今吾雖塞說如右 而得人之唯唯或難矣哉

89. 古詩須善用平仄調用之粘法 然後聲調方諧 如老杜詩 弟姪何傷淚如雨
若作弟姪何上淚似雨 則不可 看射猛虎終殘年 苦作看射猛虎送殘年 則不

可 又如上四字平可 而下四字平不可 內七字仄或可 而外七字仄不可 其妙唯在於外句之多用平聲 此其大略也 將老杜東坡古詩詳看 則可以知矣 然古詩短篇之粘法 不可不致精如上說 至歌行大篇 奔放滂沛 一氣呵成者 則有時乎不爲粘法所縛耳

90. 古詩粘法 在故韓中世以前 雖無名於詩者亦能知之 自中世以後 雖有名於詩者 或不能知 詩道之久湮如此

91. 余嘗見中州近世七言古詩數十韻 其外句下三字皆用平聲 此反局滯無變動 非古人制詩之本意 不如平仄相間而平爲多也

92. 毛奇齡謂 入聲十七韻 皆可輾轉相通 此殊有見 考諸東坡古詩 可知

93. 往者李寧齋賞余花石亭詩 紙窗曉色青 鷄鳴滿江水 曰 鳴若作聲 便不成詩 余嘗擧此以語人曰 識解如李公 然後方可論人詩文 其人曰 然則前人詩 午巷鷄聲嬾 非歟 余笑曰 聲若作鳴 便不成詩

97. 古來以文字完美爲成家者 其語頗妙 人之所居 自棟柱門戶 以至日用什物 無所不備 方得爲家 故詩文之衆理具備 無有欠罅者似之 乃近日書坊雇文之人 刊人詩文 動稱大家 夫成家亦甚不易 而況大家乎 所謂無知妄作者此也

102. 李忠武公用龜船破日本 此世之恒言也 然忠武公之於日本 所以能百戰而百勝者 乃其制勝之計策 千變萬化 愈出愈奇之所爲 豈龜船之爲哉 如果龜船之爲也 則以日本人之精巧 豈不朝受敗夕倣製乎(俗或謂 龜船如今

西洋之潛艇 非也 龜船詳見李公行錄 何嘗有沒水之形制哉)

104. 漢高祖大風歌之雄 爲千古帝王詩之第一 然如使漢祖作文 則其能然乎 文難於詩 此其明證也

108. 所惡乎諸子史漢之僞體者 以其求氣於字句 而不求氣於章篇也 自孟子以下 其言長長 則必有章有篇 不於章篇之間妙行其氣 則何以達其辭而感動人心哉 夫所謂文氣者 豈減字截句 爲勾爲棘之所得致者哉

동아시아와 조선(韓), 그리고 사적 재구

자국 문학을 사적으로 재구성하는 일을 두고 민족주의적이라고 평가할 수도 있겠다. 분명히 그런 의도가 있으리라 짐작된다. 그래서 역사는 늘 특정한 공동체가 생명을 유지하는 한 존속될 수밖에 없다. 창강이 조선의 문학사를 의식했는지 여부는 확실하지 않다. 그가 『여한구가문초(麗韓九家文鈔)』를 엮은 것을 보면 그럴 수도 있겠다는 생각이 든다. 그러나 이것만으로 그가 동아시아 전통과 연동하여 조선의 문학을 거론하고 있는 태도가 어떤 것인지를 명확하게 언명하기는 쉽지 않다. 오히려 그가 본래 사재(史才)가 있었던 사람이란 점을 의식하는 것이 유용할 듯하다. 창강은 『한국역대소사(韓國歷代小史)』를 간단없이 시기별로 간행했다. 당시 대한제국의 말기, 망국을 겪으면서 지식인들은 역사에 눈을 돌렸었고, 이 가운데 창강은 통사에 주목했었다. 그가 일본사관에 기인했다는 '기자 조선'을 『한국역대소사』에 수록할 수밖에 없었던 이유가 바로 '통사'에의 욕망과 관련된다. 단군과 '천부경(天符經)'을 거론한 이유도 마찬가지다.

창강의 '사적(史的) 욕망'은, 시문을 거론할 때면 동아시아 전통을 더듬다가 끝내 자국의 시문 운운으로 마무리하곤 하였다. 물론 창강의 시대에 '개념으로서의 동아시아'는 존재하지 않았다. 그러나 '실체로서의 동아시아'는 존재했다. 그 이전에는 '중국'이 문명 그 자체였던 터이지만, 서구 열강의 동아시아 약탈이 시작된 즈음, 대한(大韓)에 대한 일본의 식민화가 시작되고 있었기에 창강의 눈에는 중국과 다른 일본이 눈이 들어오기 시작했다. 그래서 대작(代作)이지만 일인(日人)에게 주는 서간도 지었고, 잡제88처럼 중국, 조선과 함께 일본의 시가 가진 성률을 거론하기도 했다. 사실 지금 논의되는 '동아시아담론'의 처음이 바로 창강이 살았던 그즈음이기도 하다. 그런 점에서 창강은 '전통으로서의 동아시아'를 실제 속에서 어떻게 창신해 내었는지를 점검할 수 있는 의미 있는 리트머스일지도 모른다. 작금의 동아시아담론은 신자유주의 사회에서 동아시아 각국의 평화공존을 모색하는 담론이다. 반면 창강은 전통으로서의 동아시아에서 과연 조선은 어떤 몫을 갖고 있는지를 주의한다. '공존의 범주 안에서 자국의 몫을 확인'한다는 입장인 것이다. 따라서 그를 두고 친일적 사관을 지녔다고 비판하는 논의는 괄호를 친 채 논의될 필요가 있다.

창강이 거론하고 있는 '한(韓)' 문학사의 주요한 인물들을 들면 다음과 같다. 시는 이장용(李藏用), 이제현(李齊賢), 차천로(車天輅), 이수광(李睟光), 이호민(李好閔), 신위(申緯), 이건창(李建昌), 황현(黃玹) 등이고, 문은 김부식(金富軾), 이제현(李齊賢), 이색(李穡), 권근(權近), 김종직(金宗直), 최립(崔岦), 신흠(申欽), 이정귀(李廷龜), 장유(張維), 이식(李植), 김창협(金昌協), 박지원(朴趾源), 홍석주(洪奭周) 등이다. 특히 그가 편찬한 『여한구가문초(麗韓九家文鈔)』는 엄복에게 '정벽(精闢)'하다는 평가를 받기도 했다. 창강은 명대 이후 중국의 문을 평가하면서는, 명대에는 방효유(方孝孺), 귀유광(歸有光), 당형천(唐荊川), 후방역(侯方域), 위희(魏禧), 청대에 증국번(曾國藩), 황준헌(黃遵憲), 양계초(梁啓超) 등을 거론한다. 흥미로운 것은, 이들의 평가 잣대는 여전히 한유, 소식, 구양수 등과 같은 인물들이다. 이들은 '하나의 고전', 전범이었다. 이는 고려, 조선의 인물을 평가하는 데서도 동일하게 나타난다. 앞서 거론했던 '고전주의적 태도'의 문학적 발현인 셈이다.

무엇보다 자국을 뜻하는, '오방(吾邦)'이란 표현은 잡언2에 처음 나타난다('오한吾韓', 잡제29). 1905년 '도중'했으니, 그 이듬해 쓴 잡언에 등장한 셈이다. '자국'의 의식은 그가 디아스포라한 뒤 받았던 예기치 않은 선물일지도 모른다. 창강에게 남통은 동아시아의 전통 속에서 자국을 알게 해준 고마운 곳인 셈이다. 이산(離散)의 역설이다.

* 자료

88. 宇宙間聲調之同 猶人性之同 泰西之詩 吾不知己 如日本之詩之工者 其聲律之諧未嘗異於中國‧朝鮮 吾嘗見森槐南大來之詩 而知其然耳

4. 吾邦字音 蓋昉於三國子弟入唐學之時 久後與中國少不同 安徽王饒生 聞余讀書曰 某字某字 是中國之古音 夫中音有古今之變 則東音何獨不然 故今之不同者 卽互失其本音故也 惟吾邦入聲字音 似與中國絶異 然徐而 尋之 特其音太猛而已 未未嘗絶異也

26. 朴燕巖文置之昌黎集中 往往幾不可辨 然而所作絶少 何也 昌黎之文 將 學其奇崛 則常患乎力疲 將學其平易 則又患乎辭俚 此其所以不能多作也

27. 嚴幾道見余所撰麗韓九家文曰 貴國之文 甚有奇氣 有時往往出 敝國 今人上余曰 比之於物 多用者敝 少用者完 中國文字 開闢久遠而用多 故自 厚而入於薄 敝邦文字 開闢較晚而用少 故尚或有厚者耶 幾道輒詡爲精闢

43. 王貽上詩 自是後代詩之偏調 不可得列於大家之數 然格法旣極姸麗 而
調律之妙尤不可及 其調律之妙袁隨園已說之詳矣

47. 賈太傅文 氣魄之雄厚 機軸之變動 未必遠讓史遷

49. 陶靖節閑情賦 極工極姸之中 亦能極淡極高 卓爲六代之第一 乃昭明太
子指爲白玉之瑕 此無乃慕陶之甚 而反入於迂酸耶

52. 高麗文之傑作 當以金文烈公溫達傳爲第一 吾韓之文傑作 可傳之多 莫
如朴燕巖 其次金臺山三韓義烈女傳序 亦足爲千古絕調 又張溪谷漢祖不封
紀信論是也

53. 吾邦之文 三國(新羅・百濟・高句麗)高麗專學六朝文 長於騈儷 而高
麗中世金文烈特爲傑出 其所撰三國史 豐厚樸古 綽有西漢之風 其末世李
益齋 始唱韓歐古文 李牧隱以益齋門生 始唱程朱之學 而其文多雜奏疏語
錄之氣 自是至吾韓二百餘年之間 有權陽村・金佔畢・崔簡易・申象村・
李月沙諸家 而皆受病於牧隱 張溪谷・李澤堂二公 一時竝蒔 以洗其陋 而
陋未盡祛 至農巖則祛盡矣 然又稍病乎弱 朴燕巖承農巖之雅 而昌大雄變
之 自後洪淵泉以下 去益愈淸 而元氣亦隨而稍薄 此余之選麗韓九家者也
如吾韓黃江漢 頗長於記事 而他體皆短 趙東溪・洪沆瀣 雖皆能跳出於陋
而矯枉過直 病於佻薄 故選不及之矣 張溪谷・李澤堂二公 一時竝蒔 以洗
其陋 而陋未盡祛 至農巖則祛盡矣 然又稍病乎弱 朴燕巖承農巖之雅 而昌
大雄變之 自後洪淵泉以下 去益愈淸 而元氣亦隨而稍薄 此余之選麗韓九
家者也 如吾韓黃江漢 頗長於記事 而他體皆短 趙東溪・洪沆瀣 雖皆能跳
出於陋 而矯枉過直 病於佻薄 故選不及之矣

55. 余初疑金文烈三國史多仍三國本文 故能豐雅矣 後讀其惠陰寺記 見其與三國史同爲一手筆 然後疑始破耳

66. 後世之詩 不可專以正宗責之 宋之詩 若以東坡爲第一 則吾韓之詩 亦當以申紫霞爲第一

67. 李益齋之詩 以工妙淸俊 萬象具備 爲朝鮮三千年之第一大家 是以正宗而雄者也 申紫霞詩 以神悟馳騁 萬象具備 爲吾韓五百年之第一大家 是以變調而雄者也

68. 車五山詩之敏富 亦一代間氣之才也 同時略與之相先後者 李芝峰也

69. 世或短車五山詩專主豪健 以余觀之 五山詩不止於豪健 而時亦能出纖妍 但其捷敏太甚 故多平熟而少湛深 此其短也 蓋五山之生 與王弇州同時而詩亦畧與相似 抑亦一時之風氣耶 然其平熟之病 將爲王所笑矣

70. 李五峰龍灣詩 天心錯莫臨江水 廟算凄凉對夕暉兩句 橫絶古今 雖李杜亦當斂衽 又韓人曉行詩 霜如雨下鴈何去 月在天涯鷄不休 當與李詩爭雄而惜不知其誰所作也

71. 王漁洋詩 九疑淚竹娥皇廟 字字離騷屈宋心 使今人爲之 當日屈子 而不能日屈宋 蓋屈宋同倡詞賦 二人而一體也 又其音調 屈宋與屈子有大間 非漁洋之才識超絶 其孰能知此而胆敢之乎

72. 唐荊川菊花詩 蕭條三徑猶含露 悵望深秋似有人兩句 可與林和靖園林

半樹枸 列爲兩雄

73. 朱晦菴文學韓愈 而別爲平正精密之文 詩五言學唐 而七言則多宋也

74. 晦菴詩 睡起悄無人風驚 滿窓綠直逼韋柳 短髮無多休落帽 長風不斷
且吹衣 句法絕妙 似老杜

95. 寧齋高靈歎 · 喂馬行二篇 置之孔雀行 · 長恨歌諸樂府中 可能辨否

96. 寧齋嘗向余有歎言 性質不靈 不能作驚人詩 傍有一客 盛稱姜古懽詩
寧齋笑曰 古懽詩 吾亦爲之 惟所謂驚人詩不可爲 詩能至於驚人 則雖傳一
篇於世 可也 何必百千篇 寧齋此言之激 正猶白居易願爲李商隱子者也 然
人之才性各異 互有長短 則實有如此者矣

98. 韓文公之推許李杜詩至甚者 以其神化之空靈也 若氣力 則韓豈後李杜哉

99. 李寧齋記事之文 氣骨雖不及朴燕巖 · 洪淵泉 然亦一近世之良手也 而
其所撰黨議通略一書 蕪疏頗多 不似出於其手 此無他 以其涉於時諱 心懷
畏難 但述諸說 不加精裁故也 覽者宜諒之

100. 黃梅泉之詩 長於文數倍 眞所謂別才也 其得意作 如五峰石壁 琢磵嘐
嘐 屛十絕句等諸篇 其奇警淸雄 將誰與之敵乎
105. 李寧齋原論 · 論己亥禮說 論啓運宮禮說三篇 在吾邦爲百世之大議論
而文亦稱之 其中啓運論尤鑱削精妙 可與王半山并其驅耳

106. 中州爲胡夷所入主 則政令風氣皆柔弱 而文章亦從而如之 元・淸是也

107. 明代之文 元氣尙盛 如方正學・歸太僕之倫 皆無愧爲韓蘇之後勁 至淸則氣逐大萎 始則惟謹守法度 而爲簡淡之文以藏拙矣 久則幷失其法 或爲諸子史漢之僞體以欺人 或爲騈儷之卑體而反罵昌黎爲村 又久則流爲報館之稗文 韓蘇正脈 逐如大風吹物 一往于廣漠之空際 而不知其何時復返也

109. 侯壯悔之文 其辯不窮 奇氣橫逸 如千里駒之就途 雖其名在於淸文人之班 而其生長於明時 則乃明之餘氣也

110. 侯壯梅・魏叔子之文 幷主於氣 而魏不及侯 而其太有心於氣 而痕跡顯出也

111. 近日多見曾滌生文 蓋其文頗近南豐 而終未盡脫諸子僞體之惡習 尤疏於記事 宜其 不能深知震川而詆之耳

112. 高麗之詩 專尙唐人神韻 淸亮佳麗 而至李牧隱 始變爲應鐘之音矣

113. 高麗李文眞公藏用丹楓詩 廢院瞞旰秋思苦 淺山搪(挨)夕陽明 格調高妙 眞出人意之表 高麗文集 多不能傳 未知此公之集能得傳否 惜余只見此二句也

114. 高麗之詩詞・騈儷・章疏 皆勝於韓朝 惟韓歐古文之體 至其末季始出 故韓人受而昌之爾

115. 李益齋文 往往有似詩人之文者

116. 牧隱之詩文 健之中有癦痾 而文爲尤甚 而後人怵於大名 認癦爲古 惟
金淸陰先生斷之日 大而不精 此所謂一抑一揚之婉論也 然旣曰不精 則所
謂大者亦豈爲眞大也耶

117. 崔簡易之文 時時禀竊左國章句 又或減字拗句 似乎簡勁 然徐而看之
實大支離‧大孤陋‧大窒塞之文也

119. 吾邦有良史二 金富軾氏三國史 徐居正氏東國通鑑 是已 若鄭氏高麗
史 則稗史也 不得名爲史

120. 江西諸子僞體之文出 而韓歐文體亡 當是時 廣東黃遵憲獨保守韓歐
之脈 以傳於梁啓超爾

4. 인문학자로서의 가능성

우리는 창강이 동아시아 전통을 어떻게 흡수하고 녹여내었는가를 주목
할 필요가 있다. 특히 그에게 붙이는 '동아시아 전통'이란 언급을 '중국'이라
는 일국적 경역(境域)에서 논의되는 것은 옳지 않다고 본다. 지난 2002년 남
통에서 김택영을 두고 열렸던 학술회의를 경계로, 우리는 중국학자들이 바
라보는 창강에 대한 시각은 '중한문화교류(中韓文化交流)의 우호사자(友好使者)'
라는 점에 머물고 있음을 알게 되었다.[72]

그로부터 16년이 지난 2018년 지금, 남통은 한국 학계와 많이 가까워졌

다. 그렇지만, 그들에게 창강은 어떤 존재일까? 그가 남통으로 건너간 것은 도왜(島倭)의 노예가 되기 싫어서 망국의 신하로서 떠나갔던 것인데, 과연 그의 아픔을 저들은 얼마나 알고 있고, 우리는 재현해 내고 있을까? 물론 망국의 상처를 비애의 정서로 표현한 창강의 감정을 주목할 필요는 있지만 거기에 매몰될 것은 아니다. 그보다 그의 언명 근저에 놓인 정신세계를 들여다볼 필요를 있다고 생각한다.

그런 점에서 〈잡언〉의 학술담론들은 창강을 다르게 볼 수 있도록 도와준다. 앞서 훑어 내린 〈잡언〉의 내용으로 미루어 볼 때, 창강은 망국의 한을 간직하고 중국에 우거한 조선, 즉 한(韓)의 유민에 머물지 않는다. 우리는 그에게서 동아시아 전통과 조선(한)의 길항적 이해 속에서 당대 역사 문화를 고전적으로 이해해 나간 인문학자로서의 가능성을 읽는다. 비록 당시 보편세계가 '중국(중화문명)'이었던 탓에 그 이상을 상상하는 것은 쉽지 않았을 터이지만, 그가 보여준 안목은 일본의 역사 성과를 수용하고 서양의 기독교를 의식하면서 새로운 문명을 모색하고 있었다. 그것이 '근대'인지는 불확실하다. 그래서 쉽게 근대주의자로 규정할 수도 없다. 그가 보인 고전주의적 태도를 수구적, 복고적이라고 제한할 수도 없다. 이를테면(많은 학자들이 주목하고 있는) 남통에서 보여준 감성세계는 비록 근대화 되어가는 문명 건설을 제 것으로 체화하지는 못 했지만, 최소한 인지하고 있었고, '변화'의 흐름을 '자기 방식'으로 타고 있었음을 볼 수 있다. 특히 비범구(費範九, 1887~1967)와 같은 젊은이들과 만나고 있었던 점이 그렇다. 처음 중국을 찾았을 무렵, 그는 유월(兪樾, 1821~1906) 등을 찾는 등, 청국의 원로 문인과의 관계를 맺고자 하는 상고적(尙古的) 태도를 갖고 있었지만, 그의 후원자였던 장건(張謇, 1853~1926)도 그보다는 7년 연하요, 그에게 『신고려사』를 빌려 갔던 청말 역사학자인 도기(屠寄, 1856~1921)도 그보다 4년 연하였으며, 남통이 맺어준 또 하나의 인연인 양계초(梁啓超, 1873~1929)는 그보다 23년 연하였던,

'젊은이'였다. '젊은 중국'을 몸소 경험한 곳이 바로 남통이었던 것이다. 그의 안목과 정서는 많은 부분 '젊은 변화'에 침윤되고 있었던 것이다.

* 자료
120. 江西諸子僞體之文出 而韓歐文體亡 當是時 廣東黃遵憲獨保守韓歐之脈 以傳於梁啓超爾

'인문학자'란 시대의 변화와 호흡하고, 세상과 어울릴 때 가능한 덕목이요 수식이다. 창강은 송도(松都)에 있을 때나, 한양(漢陽)에 있을 때나, 그리고 남통(南通)에 있을 때에도, 늘 세상과 만나고 있었다. 송도에서 찾았던 기구(耆舊)들의 흔적들, 한양에서 느꼈던 대한(大韓)의 세기말적 징후들, 그리고 남통에서 보았던 젊은 기운들, 그 어느 것도 도외시하지 않았고 그에 맞서 '정직하게' 대응하고자 했다. 그가 학습하고 거론했던 수많은 전통 고전들과 창작 실천들은 그로부터 배양된 소양이요 소산이었다. 이를 통해 그는 자신을 '(근대적 의미의) 인문학자'로 성장시켰던 것이다. 그가 성취해 내었던 수많은 저작물들은 그 편린일 뿐이다. 그래서 그는 자신이 '위학자(僞學者)'가 되어서는 안 되고 끊임없이 전진하는 학자가 되기를 원했던 것이다.

* 자료
19. 爲學者 假使千年生 須千年進 千年之中 又須月進日進 余閱歷於半世之間 多見學者十年後猶十年之前 二十年後猶二十年之前 無甚有進 此將如之何

끝으로 창강에 대한 짧은 소견을 밝히면서 마무리하고자 한다. '창강'을 살펴보면서 우리는 곧잘 어느 일방에 서거나, 혹은 어떤 결론에 내리는 데에 주저하지 않는다. 하나의 정리된 명제가 도출되어야 한다는 강박증에 걸린 것처럼 나름의 레테르를 붙이지 않고는 쉽게 붓을 내려놓지 않는 것이다. 그 순간, 우리는 이 일방, 저 결론, 그 명제들이 창강을 균형 있게 이해하기 위한 '임시 작업'임에 동의할 필요가 있다.

사실 창강은 사상적으로 보수와 혁신, 망국과 관련하여 망명과 독립운동, 역사의식과 관련하여 고려와 조선, 지역과 관련하여 송도와 한양과 남통, 이상적 조국은 어디인가에 따라 대한과 중국, 근대문명에 대한 입장에서 전근대와 근대 등의 경계에 서 있다. 곧 편면적으로 이해하기 곤란한 지점들이 있는 것이다.

학문분과로서도 문학, 역사, 사상의 경역을 한데 지니고 있기도 하다. 또 도대체 왜 그렇게 기록하고 편집했던가? 기억과 기록을 통하여 희망했던 것은 무엇일지? 등등, 창강을 해명하기 위해서는 다양한 시선의 공존과 착종을 인정할 수밖에 없다. 이런 경계와 모순과 혼돈을 아울러 이해하기 위해 근대적 의미의 인문학자[73]로서 이해하고자 한다. 특히 그 자신이 지역적 소수자, 역사적 소외자, 정치적 주변인, 국제적 망명자로서 갖는 신체적 한계 속에서도 인간과 생명에 대한 애정을 잊지 않았던 존재임을 기억하고, 분과 학문을 넘어 통합적 시야를 갖고자 한다. 이로부터 다시 창강학이 출발하기를 기대해 본다.[74]

[원제: 창강 김택영 연구의 새로운 모색-인문학자로서의 가능성, 2018]

제3장

조선의 문화적 게토, 송도(松都)

1. 디아스포라와 창강

  이 글은 근대계몽기 지식인 창강(滄江) 김택영(金澤榮, 1850~1927)의 송도 복원 작업에 대한 의미를 스케치하려는 시론이다. 원래 나는 '한국문학사의 외연과 디아스포라(離散)'란 학술주제에 초청받았고, 기획 측은 소수집단 문학층의 하나로서 국경을 벗어난 작가와 작품을 '디아스포라'란 제명 하에 포괄하는 논의를 기대했던 듯하다. 허나 여기에는 이미 답안이 전제적으로 잠복하고 있었다. 즉 국외자(망명자)의 문학을 우리 것(민족문학사, 한국문학사)으로 포괄하여 의미를 부여해야 한다는 것이 그것이다. 이것은 그들의 원망 여하와 상관없이 문학사가들이 항용 과욕을 부리는 문학사적 폭력이다.[75]

  무엇보다 본고는 그에 답할 준비가 되어 있지 않다. 디아스포라 문학을 다루어 본 적이 없기 때문이다. 그러나 '디아스포라'란 주제는 흥미로왔다. '고향상실'이 작가에게 상처를 주기도 하지만 새로운 시공간을 부여하여 사물을 다르게 바라볼 수 있도록 도와주기 때문이다. 그런 점에서 디아스포라는 착근처(着根處, 주로 과거)에 대한 새로운 조망을 가능하게 하는 '방법'으로 이해될 필요가 있다. 이 글은 이 과정을 '디아스포라'한 창강이 송도를 마주한 태도에서 확인하고자 한다.

  창강은 전 생애에 걸쳐 유민(遊民)의 삶을 살았다. 그것을 이건방(李建芳)의 묘갈명을 통해 확인해 보자. 여기에서 우리는 창강의 생애는 물론 그의 '디아스포라'적 존재형태를 볼 수 있을 것이다. 이 글은 창강의 삶을 잘 요약하고 있는 글이기에 다소 길게 인용하도록 한다.

> 구한국 통정대부 중추원 참서관 김택영이 병으로 중국 남통주의 우사에서 죽으니, 정묘년 2월 모일이다. 아들 광고(光高)가 개성에서 부고를 듣고 달려가 겨우 하관하는 것만 보았다. 통주의 대부 장숙엄(張叔儼, 장찰張

察)이 실로 그 초상을 보살펴 4월 모일에 그를 낭산 밑에 장사 지내니, 당나라의 낙빈왕(駱賓王) 송나라의 문천상(文天祥) 부장 김응(金應)의 무덤이 그 아래에 있었다. 그가 일찍이 이곳에 놀러 왔다가 좋아하게 되었으니, 이곳에 묻은 것은 그의 뜻을 따른 것이다. 이에 비를 세우고 〈한국시인김창강지묘(韓國詩人金滄江之墓)〉라고 하였다. 강절(江浙)의 명사로서 장사에 모인 자가 수백 명인데 모두 예에 따라 치전(致奠)하고 갔다.…중략…그는 자가 우림(于霖)이요, 창강은 그 호다. 대대로 개성에서 살았고 본관은 화개(花開)다. 그 선조 인황(仁璜)이 고려 때에 벼슬하여 화개현에 봉해졌기 때문에 관향을 삼았다고 한다. 7대조 섬(暹)은 나이 17세에 누님을 위하여 그 남편의 원수를 죽이니 열사의 기풍이 있었고, 여러 대를 내려와 정권(正權)에 이르러 아들이 없어 종형 석권(錫權)의 아들로 양자를 삼았는데, 이가 곧 그의 부친이다. 이름은 익복(益福)이요, 개성부 분감역의 직함을 얻었으며 장자(長者)로 일컬어졌다. 어머니는 파평 윤씨(尹氏)다.

그는 철종 경술년(1850)에 태어나서 겨우 약관에 개연히 고문장을 사모하더니 일찍이 귀유광(歸有光)의 글을 읽고 문득 깨달음이 있어 이로부터 학문이 날로 진취하였다. 평양과 풍악산을 두루 유람하고 이윽고 서울로 나아갔다. 당시 영재 이건창(李建昌)이 문장으로 이름이 뜨르르했고 문예 공부를 하던 사람들이 다 그에게 귀의했는데, 영재가 그의 시를 보고 크게 놀라며 다른 사람에게 칭찬하여 말하기를, "백년 내에 이같이 지을 사람이 없으리라"고 했다. 사람들은 처음에 어리둥절하다가 한참 지나서야 그 말을 믿게 되었다. 이로써 이름을 크게 떨쳐 광양의 황현(黃玹), 회인의 박문호(朴文鎬) 등과 더불어 좋은 벗으로 사귀고, 모두 영재 집의 손님이 되어 풍류를 날리고 문아(文雅)를 닦아 명성이 공경들 사이에 자자해졌다. 그런데 운수가 기박하여 과거를 여러 번 보았으나 합격되지 못하다가 신묘년(1891)에 비로소 사마시 진사가 되었다. 갑오정변에 김홍집(金弘集)

이 불러 의정부 편사국 주사가 되었고, 이듬해 정부가 내각이라 개칭하자 드디어 내각 주사가 되었으며, 조금 후에 중추원 참서관 겸 내각 사적 과장이 되었다. 병신년(1896)에 부친상을 만나 복을 마친 뒤에 학부 편집 위원에 임명되고, 계묘년(1903)에 통정대부에 제수되었다.

이때에 영재는 의를 지켜 기꺼이 출사하지 않다가 곧 죽었고, 황현과 박문호는 고향으로 돌아가버렸는데, 그만 홀로 관직에 있으면서 교제가 더욱 넓어지고 명성도 더욱 높아졌다. 그러나 모두 겉으로만 존경할 뿐, 막상 그의 시문에 대하여 옳게 알아주는 자가 없었다. 그는 이 때문에 실의하여 스스로 울적한 나머지 장계직(張季直)과 만나볼 것을 생각했다. 장계직의 이름은 건(謇)이고 중국 통주(通州, 남통南通) 사람이다. 앞서 임오군란 때 청국 장수 오장경(吳長慶)이 원조한다는 명분으로 군대를 이끌고 서울로 들어올 때 따라왔었다. 당시 참판 김윤식(金允植)의 집무실에서 그를 만나 시를 이야기하다가 매우 칭찬하고 깊이 사귀더니, 돌아간 뒤에도 서로 편지가 끊어지지 않았다.

창강은 사람됨이 온순하면서도 강하고, 안으로 굳고 참을성이 있으며, 일에 부딪혀서는 결단성이 있어 뒤를 돌아보지 않았다. 외환이 날로 심하여 나라가 곧 망할 지경에 이르른 것을 보고, 이에 관직을 버리고 처자를 데리고 상선편으로 상해에 도착하여 계직을 만났다. 계직은 이미 과거에 올라 관직이 한림이었는데, 때마침 서구 세력이 날로 성하므로 신학으로 자강하고자 하여 그의 형 숙엄과 같이 서국(書局, 한묵림인서국翰墨林印書局)을 창설하여 동서 서적을 수집하고 있었다. 이에 그로 하여금 거기에서 교정을 보도록 하고 월급을 받아 생활하게 하였다. 이렇게 통주에 우거한 지 수십 년, 남방 사람들과 사귀었고, 그의 시문고를 여러 번 발간하여 세상에 내놓았다.

그는 죽기 두어 달 전에 스스로 수염과 머리카락을 베어 주머니에 넣어

남기면서 고향 부모의 묘 아래에 묻어달라고 하였다. 그가 죽을 때에 계직이 먼저 죽었기 때문에 오직 숙엄만이 남아서 그 유족을 위로하며 친척같이 대해 주었다고 한다. 그는 처음 왕씨(王氏)와 결혼하여 1남 1녀를 낳았지만 아들 광렴(光濂)은 백부에게 양자 가서 일찍 죽었고, 딸은 주사 이희초(李熙初)에게 출가했다. 전씨(全氏)를 재취하여 오직 1녀를 낳았는데 남창 악봉춘(岳逢春)이 그 사위다. 끝으로 임씨(林氏)에게 장가들어 아들을 낳으니 그가 광속(光續)으로 나이 11세에 요절하여, 친척 동생 대영(大榮)의 아들 광고(光高)를 양자로 삼고, 다시 족손 정기(晶基)로 광속의 뒤를 잇게 했다. …하략…[76]

이건방의 기록으로부터 간취할 점은 크게 두 가지다. 56세(1905)때 이후로 20여 년을 남통에서 살았고, 그가 죽자 중국인들은 조사를 헌정했고, 남통의 낭산 아래에 묘소를 마련해주었다. 이것은 그가 국경을 넘어 디아스포라했음을 확인시켜 준다.

다음으로 창강은 오래도록 과거에 급제하지 못했고, 그를 알아주었던 이건창도 먼저 잃은 데다, '도중'하면서 지우 황현과도 떨어지는 아픔을 겪었으며, 인생의 큰 기쁨이라 할 수 있는 아내와 자식 복도 없었으며, 끝내 적손이 없이 양자로 대를 이을 수밖에 없었다. 그의 삶은 고독과 불우로 요약할 수 있을 것이다. 즉 고향을 삶의 안정과 귀착을 원하는 곳으로 정의할 때 그는 어딘가에 귀착할 곳을 찾지 못한 채 '홀로' 유민으로 살았다고 할 수 있다. 이를 눈으로 보이는 국경을 넘어 탈주한 디아스포라와 구분하여 내적 디아스포라로 부르기로 하자. 그는 외적으로 고향을 상실하고 내적으로도 고향을 찾지 못하여, 이중의 디아스포라를 겪었다고 할 수 있으리라.

사실 그는 조선(韓)에 살면서 고향 송도가 지닌 역사적 무게와 현실적 처우의 가벼움 사이에서 갈등하고 있었다. 끊임없이 과거를 보아 관직을 하고자 했던 것은 당시 과거만이 유일한 세상과의 통로였던 탓이지만, 과감하게 떨치고 고향으로 내려간 황현에 비하면 무언가 관직에 대한 미련이 읽혀진다. 그러나 실제 조선이 개국 후 70여 년 뒤에야(1470, 성종 원년) 과거 응시를 허락할 정도로 송도인을 차별했고, 이것은 왕조가 유지되는 날까지 지속되어, 문과방목(『조선인명사전』, 조선총독부 간행) 급제자 14,620명 가운데 개성인이 60인(그것도 갑과는 4인, 거의 병과 급제자다)에 불과했었고, 게다가 고종조 파견된 개성 유수까지도 지역 차별 철폐를 계속 상주하고 있었던 것을 보면(의례적인 정치적 제스춰로 본다 해도), 창강의 '미련'을 환로(宦路)에의 집착으로 해석하는 것은 불공정한 느낌이 든다. 여하튼 이런 간극은 그에게 오히려 송도 옛사람들의 자취를 더듬어 찾도록 자극했고(송도에서 역사와 사람이 있었음을 알고, 알리기 위해), 끝내 사관으로서 고향에 집착한다는 비난을 감수해야 했다 그 결과 산출된 것이 『숭양기구전』이다.

　　수년 전 필자는 창강이 송도 인물에 대하여 주목한 것을 평가하면서 '고려유민의식의' 소산이란 종래의 통념을 그대로 받아 서술했었다.[77] 물론 "개인적 처지(출신 포함) 탓에 역사의 비주류에 관심을 가질 것은 가능할 터이나, 고려와 개성에 주목한 의식지반에 보편적 인간애가 자리잡고 있다"는 단서를 달아 고려유민의식에 갇히지 않는 의식을 읽고자 했다.

　　과연, 송도가 고려의 고도(古都)인 점은 인정되지만, 송도에 대한 주목을 고려'유민의식'과 등치시킬 수 있을까? '유민(遺民)'이란 '남은 혹은 남겨진 백성(사람)'이란 뜻으로 늘 귀착처를 상정한다. 그래서 앞에 '고려' 혹은 '조선'이란 시(공)간적 수식어가 따라붙는다. 그리고 결론은 그 시(공)간을 향한 감정과 마음을 확인하는 데서 끝나고 만다. 그런데 창강의 경우, 특히 송도에 대한 생각은 고려로 귀착되지 않는다.[78]

　　그럼 그가 송도를 선택하여 어떻게 이용하고 무엇을 얻었을지가 궁금해진다. 과연 '송도'는 창강에게 어떤 의미가 있었던 것일까? 이것을 위해 조선의 비(非)송도 지식인들이 갖고 있던 송도·송도인에 대한 생각을 살펴보고, 송도인(창강이 선택하여 편집하고 입전했던 모습)이 주목하거나 보여준 송도·송도인의 이미지를 검출한 뒤, 이를 바탕으로 창강이 '송도'를 통해 획득한 성과와 '송도'의 의미를 가늠해 보도록 하겠다.

2. 박제된 회고에서 살아있는 역사로

이미 과거가 되어버렸지만 송도(개성)는 한국(남한) 상품의 단가를 낮추기 위한 생산비용 절감의 돌파구로서 공단으로 개발된 바 있다. 의사소통이 가능하며 값이 싼 노동력을 쓸 수 있고 지가가 낮으면서도 소비지와 아주 가깝다는 한국 쪽 계산과 공장을 무상으로 지어주고 임대료까지 챙기는 데다 노동자도 숙련시킬 수 있고 돈까지 벌 수 있다는 북한 쪽의 이해가 맞아떨어지면서 생겨난 조화였다. 게다가 문화적 고도(古都)인 것 또한 관광코스로 개발되면서, 점차 송도는 이제 하나의 상품이 되었다. 상품화되기 이전 송도는 거의 잊혀진 존재였다. 그렇다면 상품화로 인한 등장을 그나마 송도의 기억을 되살리고 있다는 점에서 반겨야 할 것인가. 아니면 빈곤과 억압의 이미지까지 덧씌워져 한 겹 더 비틀린 모습으로 다가오지 않는지 반문할 것인가.

이처럼 현대 사회에서 자본주의적 요구하에 상품으로 부활하듯이, 조선 지식인 사회도 나름의 요구 하에 송도를 일정한 상 안에 가둬두려 했다. 이를 반복적으로 표현되고 급기야 고정된 상을 갖게 된 데서 확인할 수 있는 바, 크게 회고의 공간, 상인의 고장으로 나눠볼 수 있다.[79] 특히 망국의 가련하고 안타까운 옛 도읍지로서의 이미지, 즉 화려했던 영화는 사라진 쓸쓸한 풍경은 조선 건국 이래로 반복적으로 재생되어 왔다. 그 예를 들어보자.

푸른 기와 비늘인 양 백만 가호가 벌여있고
그때 노래와 춤 누가 화려한가 다투었지.
영웅이 한번 떠나자 풍류도 사라지고
마당 가득히 벽돌 조각이요 납가새꽃 피었구나.

碧瓦鱗鱗百萬家　　當時歌舞鬪繁華
英雄一去風流盡　　礫成場蒺有花[80]

　서거정(徐居正, 1420~1488)이 송도를 회고하면서 지은 시이다. 기와집이 즐
비하고 풍악 소리 요란하며 번화하기 짝이 없던 송도가 이젠 음악 소리며
사람 소리도 사라지고, 그저 벽돌과 풀만이 나 있는 곳으로 변했다는 것이
시의 내용이다. '영웅(英雄)'이란 왕업을 일구는 주체를 뜻한다. 이처럼 왕도
(王都)로서의 위치를 잃고 그저 깨어진 벽돌과 제멋대로 풀이 자란 공간으로
서의 이미지는 끊임없이 재생된다. 서거정으로부터 150여 년 흐른 뒤 신흠
(申欽, 1566~1628)은 이를 좀 더 자세하게 묘사하고 있다.

　예부터 영웅은 성쇠를 거듭했나니
　찾아온 길손 서러워 한참을 서 있노라.
　조용히 핀 꽃과 가냘픈 풀도 해마다 비슷하고
　대궐 같은 집과 이름난 정원도 곳마다 어릿한데
　밭물은 거친 보를 에돌며 흐느끼고
　들새는 옛 궁궐을 바라보며 구슬피 운다.
　처량한 선죽교 길에서
　무정한 천지에 눈물만 흐릅디다려.

從古英雄遞盛衰　　客來惆悵立多時
閑花細草年年似　　甲第名園處處疑

壟水曲縈荒堞咽　　野禽啼向舊宮悲
凄凉善竹橋邊路　　天地無情淚自垂[81]

　시인을 가장 슬프게 하는 것은 꽃도 풀도 해마다 피고, 집도 정원도 곳마
다 여전한데, 이 고장에 자리했던 나라는 온데간데없이, 보는 거칠 대로 거
칠어졌고 궁궐을 찾는 이는 들새뿐인 풍경이다. 변하지 않는 것과 변해 버
린 것 사이의 대조 속에서 시인은 세상의 무정한 마음을 읽고 있다. 그래서
비록 '영웅'의 성쇠가 세상사의 상식임을 알지만, 저절로 떨어지는 눈물을
주체할 수 없었던 것이리라.
　한편, 이런 우울한 회고적 정서는 비단 비송도인에게서만 나타나는 것은
아니다. 송도삼절의 한 명인 차천로(車天輅, 1556~1615, 자는 복원復元, 호는 오산五山)
의 시를 들어본다.

　닭 잡고 오리 잡은 일 끝내 어떻게 되었나
　오백 년 세월이 북을 한 번 던질 사이처럼 지나갔네.
　역수는 사직을 돌려보내 주었고
　영웅도 산하를 보전할 힘이 없었구려.
　이제는 망국에 인적조차 드물건만
　예전처럼 거친 대에는 달빛이 부서지네.
　일찍이 어질고 능한 자에게 나라를 지키도록 했다면
　정녕 나라 안에 병란은 일어나지 않았으리.
　操鷄搏鴨竟如何　　五百光陰一擲梭
　曆數有歸輪社稷　　英雄無力保山河
　只今亡國人煙少　　依舊荒臺月色多
　蚤使賢能扶九鼎　　未應邦内動干戈[82]

이 시 역시 흥망의 역수(曆數)가 차서 사직을 돌려주게 되었고 그곳을 지킬 '영웅'도 이젠 나라를 지킬 힘이 없어 망국의 길로 걸어가고 말았음을 회고하고 있다. 경련에서 '지금(只今)'과 '의구(依舊)'를 대조하면서, '인걸은 간 데 없고 산천만 의구하네'란 싯귀에 어울리는 장면을 포착해 내고 있다. 그런데 우리는 차천로의 시를 읽으면서 앞선 서거정과 신흠의 시와는 다른 분위기를 감지할 수 있다.

앞 시들이 번성했던 옛 영화와 달라진 송도를 보며 침울한 애상에 잠기고 마는 데 비해, 이 시에서는 일반적인 회고 정감과 다른 아쉬움이 보인다. 특히 역사에 대한 가정을 설정하고 있는 미련에서는 그런 정감이 강하게 배어 나온다. 이것을 일단 '송도 정감'으로 불러보자.[83] 송도인의 목소리를 통하여 송도는 조금씩 다른 모습을 가지기 시작한다.

이제 창강의 작업을 둘러볼 필요가 있다. 그는 『숭양기구시집』에서 63명 337수의 시를 편집하고 있다. 본래 마권(馬權, 자는 여경汝經)이 편집한 것을 창강이 수정 보완하고 창강의 제자인 임광윤(林光潤, 자 중실重實)과 장시순(張時淳, 자 순후順侯)이 참정(參訂)하였다.[84]

이 시집에 수록된 시 가운데 송도(산천, 고적)와 관련된 시를 들어본다.

이내 걷히자 얼굴 내민 태양 아래 개주가 드러나니
집집마다 고기비늘인 양 푸른 기와 물결이라.
봄날 교외의 향그런 풀 사이로 송막의 말이 뛰놀고
산성 푸른 버들에는 절강의 배가 매였구나.
오직 포조의 〈무성부〉가 없다 해도
응당 전당강 곡조는 있어야 할지니.
사무치게 생각날손, 이녕이 그린 그림 속에
저녁 구름 속 누각은 예나제나 시름겨웠나니.

煙消日出見開州　　萬室鱗鱗碧瓦流
芳草春郊松漠馬　　綠楊山郭浙江舟
但無鮑照蕪城賦　　應有錢塘曲子謳
想殺李寧圖畵裏　　暮雲樓閣古今愁[85]

먼저, 한재렴(韓在濂, 1775~1818, 자는 제원霽園, 호는 심원자心遠子)의 시다. 그는 당시 임경한(林景翰, 자는 군간君幹, 호는 향천香泉)의 글씨, 임고자(臨皐子)의 그림과 함께 개성의 삼기(三奇)로 꼽혔다. 〈중경회고〉는 모두 일곱 수로서, 위 시는 그네 번째 시다. 그가 송도의 산천, 유적 등을 고증하여 찬술한 사찬 읍지 『고려고도징』의 서시로도 바쳐져 있다.[86]

회고시 일반이 지닌 수심(愁心)을 이해하고 본다면, 수련부터 시상은 아주 밝다. 이내가 사라지고 태양을 받으며 나타난 송도의 모습은 번화 그 자체이다. '집집마다 고기비늘인 양 푸른 기와 물결이라(萬室鱗鱗碧瓦流)'는 앞서 서거정의 〈송도회고〉 기구에서 보이는 구절과 동일하다. 그러나 후자가 '마당 가득히 벽돌조각이요 납가새꽃 피었구나(甃礫成場薺有花)'를 강조하기 위해 대조되는 화면으로서 포착했던 것인데 비해, 전자는 그렇지 않았던 것이다. 함련의 봄날 분위기는 송도에 생명이 약동하고 있음을 보여준다. 늘 퇴락의 정조 속에 머물렀던 송도와는 사뭇 다른 정조다.[87] 이제 장창복(張昌復, 자는 길초吉初, 호는 행계杏溪, 영조조 사람)의 시를 보도록 하자. 그는 회고의 공간으로 가장 사랑받은 만월대를 이렇게 노래하고 있다.

옥궤 금상이 놓였던 곳
나무하고 소치는 아이들이 오르네.
번화로움은 외로이 떠나간 새요
패업은 홀로 돌아오는 중꼴이라.

달이 충신의 집을 비추고
이내가 태조의 능을 차갑게 하네.
차고 기우는 것 원래 수가 있나니
하늘이 성군을 보내 일으키리.

玉几金床地　　樵兒牧竪登
繁華孤去鳥　　伯業獨歸僧
月照忠臣宅　　煙寒太祖陵
盈虛元有數　　天遣聖君興[88]

　　장창복은 경기전 참봉으로 직함이 내렸으나 벼슬에 나아가지 않고 송도에서 후학을 가르쳤던 인물이다. 뒷날 남산사(南山祠; 숭남사松南祠)에 배향되기도 했다. 이 시에서 회고의 마음은 그다지 중요한 정서가 아니다. 본래 옥궤나 금상이 놓였던 자리에 지금은 '초아(樵兒)'나 '목수(牧竪)'가 오르내리지만, 이것은 모두 수(數) 탓이다. 따라서 굳이 슬퍼할 것도 기뻐할 것도 없다. 언젠가 하늘은 성군을 보내어 왕업을 일으킬 것이기 때문이다. 스러진 망국을 애처로와하지 않고 천운의 움직임으로 변전시켜 시상을 조락(凋落)의 정서로 떨어뜨리지 않고 있다.

　　이외에 백응현(白膺絢, 자는 회경繪卿, 호는 우남愚南, 순조조 사람)이 지은 〈중경 회고(中京懷古限韻)〉(『숭양기구시집』 2권)에서는 "도가 동방에 전해져 갈 길을 제창하자, 숭산의 맑은 해에 이내가 트였네(道轄東方偶指南 崧山晴日廓煙嵐)"라면서 학문적 연원이 송도로 전해졌음을 노래하고 있다. 이들에 의해 그려지는 송도는 왕업과 학문의 고장으로 재현되고 있다. 조선의 지식인들에 의해 애상적 회고로 그려지던 송도는 송도인의 손에서 차츰 우울한 박제의 빛깔을 벗어던지고 역사와 문화가 숨 쉬는 살아있는 모습으로 그려지기 시작한다. 한편 송도는 애상적 회고의 공간으로서뿐 아니라 상인의 고장으로도 표현되었다. 이는 송도인에 대한 편견과도 닿아있다.

3. 장사치에서 사람으로

조선은 고려를 멸망시킨 뒤, 송도에 70여 년간 과거 응시를 원천적으로
차단했고 특별히 유수를 파견하여 직할지로 관리했다. 그 이유인즉슨 왕
도를 삼보(三輔)처럼 호위하는 것이었지만 기실 특별관리했던 것으로, 언제
고 조선의 국가권력에 위협적인 존재로 의식하고 있었기 때문이다. 창강이
『숭양기구전』 「충의전」 서문에서 밝힌 내용은 조선 사회에서 송도를 어떻게
사고했는가를 일러주는 하나의 증좌로 읽을 수 있다.

> 조선이 일어난 초기에 우리 고을의 인사들은 복종하지 않았다는 이유로
> 재앙을 당했다. 그 지나온 시간이 이미 오래되어 기쁘게 교화됨이 벌서
> 깊었건만, 세상 사람들은 여전히 우리 고을 사람들이 아직 교화되지 않
> 은 부분이 있다고 의심하며 마치 호랑이가 우리를 떠났어도 여전히 그
> 우리를 미워하는것과 같다고 갖다 댄다. 어쩌면 그리도 생각이 천박한
> 가? 그래서 이 때문에 충의전을 짓는다.[89]

이와 관련한 기록은 조신준(曺臣俊, 1573~?, 자는 공저公著, 호는 영내寧耐, 무민옹無悶
翁)의 『송도잡기(松都雜記)』를 인용하고 있는 『중경지(中京志)』(두문동조杜門洞條)의
기록이 상세하다. 이에 의하면 다음과 같다. 조선이 부득불 법으로 송도의
과거 응시를 정지시켰고, 이른바 '수민(讐民)'을 일반 백성과 다르게 차별했
던 것은 이해하지만, 세월이 지날수록 그 정도가 더욱 심해져서 도덕이나
문장이나 충효나 절의로 뛰어난 사람들이 대부분 하급 관직에 묻혀서 제

뜻을 펼치지 못하고 있다며 이런 대우가 타당한 것인가 하고 반문하고 있다.[90] 덕분에 송도 지식인들은 장사를 시작한 이들이 많았다. 그것을 임창택(林昌澤, 1682~1723, 자는 대윤大潤, 호는 숭악崧岳)의 〈충성스런 장사치(忠發賈)〉에서 확인할 수 있다.

> 이랴, 이랴! 말에 오릉비단을 싣고
> 남쪽으로 큰 고개 넘고 동쪽으로 바다에 이르네.
> "당신은 어느 고장 사람이요?"
> "제 집은 숭산 아래랍니다."
> 부디 오릉의 신을 신고
> 백이의 곡식을 먹고픈저.
> 돌아오는 길 한켠에 삿갓쓰고 행인을 피하니
> 뉘라서 고려의 백성인 줄 알리요.[91]

여기에는 원주가 달려 있다. 그 내용인즉슨 "조선 초기에 개성 사람들은 고려에 대한 절조를 지켜 스스로 세상에 나가기를 끊은 뒤 장사로 생계를 꾸리는 사람이 많았다(本朝初開城人守節自鋼 多業賈爲生 故時有忠發賈之語)"고 했다. 그 말의 진위 여부는 차치하고, 적어도 송도인들이 상업에 종사하게 된 연유는 조선 사회의 폐쇄적인 금고책에 영향받은 것은 맞을 듯 싶다. 따라서 송도인들에게 장사하는 것은 자랑스러운 일이 못 되었다. 오히려 숨기거나 기피할 대상이었다. 이런 태도는 창강이 살았던 시기까지도 이어진 듯하다. 창강이 왕성순(王性淳, 1869~1923, 자는 원초原初, 호는 우아당尤雅堂, 경암敬菴)의 모친 김 숙부인을 위해 지어준 묘지명에는 이렇게 되어 있다.

내가 어릴 적에 우리 개성의 묘도문자(墓道文字)들을 살펴보니 그 부조(父

祖)들을 상인이라고 쓴 것이 있지 않았다. 대저 우리 고을은 땅은 좁고 인구는 많아서 살아가는 것이 악착하여 형세가 장사하지 않을 수 없다. 사람들이 다 아는 바인데 지금 왜 없어졌는가, 숨긴 것이다.[92]

창강은 이후에서 애써 장사하는 것을 숨길 것이 없으며, 사농공상 사민은 모두 선왕의 정민(正民)이라고 힘주어 말한다. 즉 장사하는 것을 천하게 여길 것은 아니라는 것으로, 송도인들의 상처를 합리화하여 그 명분을 만들어 주려고 했다. 묘지명에서도 왕성순이 자신의 아버지가 금천에서 장사했다는 것을 숨기지 않았다고 칭찬하고 있다. 어쨌든 송도인에게 장사한다는 것은 일종의 발설하기 꺼리는 기휘 대상이었다. 그래서인지 『숭양기구시집』에 실린 시 가운데 〈충성스런 장사치〉를 제외하고 장사치(賈客)를 노래한 시는 없다. 그러나 비송도인의 경우는 달랐다. 신정(申晸, 1628~1687, 자는 백동伯東, 호는 분애汾厓)과 정두경(鄭斗卿, 1597~1673, 자는 군평君平, 호는 동명東溟)의 시를 들어본다.

낙엽 지는 관하에 느릅나무 누래졌는데
변방의 기러기 모두 날아간 농땅 구름은 멀기만.
송도의 장사치 천 리를 멀다 하지 않고
고운 옷 모두 싣고 삭방까지 이르렀구료.
霜落關河楡葉黃　　邊鴻度盡隴雲長
松都賈客輕千里　　盡駄褕衣到朔方[93]

장사치 해마다 산을 오르고 또 오르더니
올해 다시 용만으로 가는구나.
압록강 서편에 장터가 열리니

요동의 비단 사서 돌아오겠지. (제1수)

賈客年年山上山　　今年又復往龍灣

鴨江西畔開場市　　賣得遼東錦繡還

송도의 장사치 나그네 되어 멀리 길 떠날 제

문 앞의 수양버들 가지 하나 꺾어들었지.

천 리 밖 어느 동리 어귀에서 문득 만났더니

깊은 밤 낙타교에 돌아오는 말소리 들리는구나. (제2수)

松都賈客客行遙　　去折門前楊柳條

千里忽逢同里閈　　夜深歸語槖駝橋[94]

　위 두 시에 공통적으로 나타나는 송도의 '고객(賈客)'은 천 리를 멀다 하지 않고 험한 산을 넘어서 멀리 변방까지 가서 물건을 바꿔오는 장사치로 그려져 있다. 장사치의 감정이든, 그를 기다리는 여인의 심정이든, 그 무엇도 그려져 있지 않다. 이들은 장사치가 장사를 위해 유랑하는 악착같은 면모에 관심이 있을 뿐이다. 이는 송도인, 특히 송상(松商)에 대한 일면적 이해일 뿐이다. 창강이 최순성(崔舜星)을 주목한 것은 이런 편견을 넘어 송도 상인이 지니고 있는 고매한 인품을 전하기 위해서였다. 그 전의 일부분을 들어본다.

　최순성은 자가 경협(景協)이요, 본관은 양천이다. 그의 집안은 대대로 내려온 업으로 누만의 재산을 모아 고을의 부잣집이 되었다. 하루는 그가 강개하게 스스로, "나는 본디 가난이 부유함만 못하다는 것은 알았지만 유독 여지껏 산재(散財)가 축재(蓄財)와는 어떠한지 모르고 있었다."라 말하고 이에 가산을 모두 계산하여 한 해 동안 제사 · 빈객 · 의식으로 들어갈 만큼만 빼고 수만 민(緡)의 돈을 마련하여 별도로 저축하고 '급인전(急人錢)'이라고 이름했다. 가까이는 친척 · 친구로부터 멀리는 다른 고을에 이르기까지 알고 지내는 사이든 그렇지 않든 간에 진실로 궁색하고 곤란한 사람이라면 돈을 내어서 베풀었는데, 상례와 장례에 부의할 경우에는 금단(衾單)과 관, 탈 것의 경우에는 말똥받이, 옷으로는 심의와 단령을 도와주었고, 톱·도끼·가래·호미 따위까지 도와주었다. 흉년을 만나면 곳집을 모두 털어서 진휼했다.[95]

최순성의 아들 최진관(崔鎭觀)도 부친을 본받아 급인전을 만들어 어려운 사람을 도와주었다고 한다. 이런 모습은 장사를 위해 천리를 멀다 하지 않고 가는 고객과는 영판 다른 모습이다. 창강이 「임휼전」을 마련한 것도 송도 상인에 대한 편견을 겨냥한 듯하다. 그래서일까? 서문에서 세상의 생명치고 욕심이 없는 것은 없으며, 욕심이 있으면 재물을 아끼지 않음이 없는데, 더러는 형제간에 다툼까지 벌어지니 이웃 사람을 돕는다는 것이 과연 쉬운 일이겠는가 자문한 뒤, 열전 말미에 자신의 속내를 털어놓는다.

논평한다. 우리 고을은 땅이 좁고 사람은 많다. 그래서 습속에 장사하는 이가 많고 검약하기가 대략 옛 주나라 때 사람들 같으니, 내가 어찌 재산을 모아 산재할 수 있는 사람으로 최순성 같은 이를 많이 볼 수 있었겠는가? 그런데 최순성은 비단 재산을 모아 산재할 수 있는 사람만은 아니요, 달인이자 장자로서 겸손하면 이익이 쌓이고 가득 차면 손해를 초래하는 이치에 밝아 귀신에게 해를 입지 않을 자라고 하겠다.[96]

'우리 고을'은 당연히 송도를 가리킨다. 앞서 왕성순의 모친에 바쳐진 묘지명에서 거론했던 내용과 흡사하다. 문제는 장사 그 자체를 부정하는 것이 아니라, 장사를 통해 모은 부를 산재하여 이웃을 도울 수 있는 인간적인 사람으로서 송도인의 모습을 그려내고 있다는 점이다. 장사치에서 사람으로의 전환이다.

'사람'으로서의 송도인의 복원은 학행(學行, 23명), 문사(文詞, 13명), 서화(書畫, 6명), 충의(忠義, 13명), 순량(循良, 4명), 효우(孝友, 22명), 임휼(任恤, 1명), 기절(奇節, 3명), 무용(武勇, 6명), 기술(技術, 1명), 정렬(貞烈, 8명), 가자(歌者, 3명), 명원(名媛, 1명) 등 다양한 방면으로 진행되었다. 창강의 작업은 무엇보다 송도인들을 다양한 각도에서 종합적으로 조망하는 것이 가능한 일이며 실제 그런 사람들이 '있다'는 것을 실존적으로 보여주었다.

그가 이들에게 들인 정성은 『숭양기구전』(1896), 『숭양기구전』(1903), 『창강고(滄江稿)』(1912), 『소호당집(韶濩堂集)』(1916), 『중편한대숭양기구전(重編韓代崧陽耆舊傳)』(1920), 『중리한대숭양기구전(重釐韓代崧陽耆舊傳)』(1922) 등으로 간행하며 끊임없이 수정 보완했던 데서도 알 수 있다.[97] 송도인의 시에 대해서는 초간(1910)으로 끝났던 것에 견주어 본다면 그가 송도인의 실존 자체에 두었던 마음의 무게를 짐작할 수 있으리라.[98]

4. 방법으로서의 송도(松都)

창강은 송도를 회고의 공간에서 역사와 문화가 살아있는 고장으로, 송도인을 장사치에서 이웃을 배려하며 다양한 모습과 재능을 가진 사람으로 표현하고자 하였다. 다시 요약하면, 그는 회고와 장사치의 앙상한 송도를 사람이 사는 공간으로 바꿔보려고 했던 것이다. 그것은 『숭양기구시집』을 통해 정감, 정서 차원으로 구체화되었고, 『숭양기구전』을 통해 인물서사로 완성되었다. 아울러 『조선오현문초(朝鮮五賢文抄)』를 통해 '서경덕(徐敬德)'에서 '김헌기(金憲基)'로 마무리되는 성리학적 계보를 만들어 냄으로써 송도를 사상사적으로도 자리매김하고 있다.[99] 이를 통해 송도는 정서적으로, 서사적으로, 사상사적으로 복원되며 새로운 모습을 갖추게 되었다.

차후 이런 노력은 임봉식(林鳳植)의 작업들, 예컨대『고려인물지』(1937),『개성지』(1937) 등으로 다시 세상에 모습을 드러낸다. 이 두 책의 내용을 보면,『고려인물지』는 창강의『신고려사(新高麗史)』(1923) 열전과『고려계세충신일사전(高麗季世忠臣逸事傳)』(1920)을 그대로 수록한 뒤『고려사』에서 몇 부분을 추가한 것이고,『개성지』의 제영은 대개 창강의 시와『숭양기구시집』의 시를 수록하고 있다. 즉 창강의 송도 복원 작업은 그의 사후(1927) 10년이 지난 뒤에도 계속 진행형이었던 것이다. 그럼 창강은 왜 송도를 복원하였던가? 도대체 이렇게 송도를 복원하여 무엇을 얻었던 것일까?

앞서 거론했듯, 흔히 이것을 창강의 '고려유민의식'으로 해석한다. 그러나 창강 연구사[100]를 돌이켜 볼 때에도 언제부터 창강의 의식을 고려유민의식으로 규정했는지 분명치 않고, 문제는 창강 자신이 '고려유민'으로 자처한 적이 없다는 점이다. '송도인으로서의 자의식'은 강하게 노출될지언정 스스로 고려의 유민임을 내세운 적은 없었다.[101] 따라서 창강의 송도는 어떤 개념적 규정을 하기보다는 '송도에 대한 주목' 자체를 문제 삼는 것이 유용하다.

논의를 위해『신고려사』를 들춰보며 약간 우회해 보도록 하자. 창강은『신고려사』에서 조선적 시야에 가려진 고려사의 상처를 수습하고, 가능하면 고려적 시야에서 역사를 재배치한다. 물론 이 또한 창강의 시준(視準)일 뿐, 그것을 정당하다고 평가할지는 아직 미지수다. 가장 두드러진 예로 고려를 망하게 만들었던 이들, 즉 조준(趙浚), 정도전(鄭道傳), 윤소종(尹紹宗), 남은(南誾), 남재(南在), 조박(趙璞), 오사충(吳思忠), 배극렴(裵克廉) 등을 제 52권의 '반역열전'에 안치하고,『고려사』의 반역열전에 있던 우왕과 창왕을 본기로 끌어올렸다. 적어도 '고려적 시야'에서 고려 인물이 배치된 것이다. 나아가 고려를 멸망시키고 오만하게 '승조(勝朝, 勝國)'란 이름을 부여한 조선의 건국 세력들을 역성혁명의 주모자로 비판한다. 그것이『한사경(韓史綮)』이다. 이로 인한 유림과의 마찰은 역사학계에서 이미 잘 알려진 바다.[102] 이는 창강이 '고려(사)'를 통해 '조선(사)'을 다시 바라보았다는 것을 뜻한다. 그는 '고려'란 통로(방법)를 통해 그 나라(조선)의 신민이라는 제약을 넘어서 역사현실의 진실을 볼 수 있었던 것이다. 이처럼 명분·윤리 이전에 존재하는 실체적 진실에 대한 욕망을 추동한 힘은 어디에서 나왔을까? 필자는 그것을 그의 디아스포라적 상황이 이끌어 냈다고 생각한다.

디아스포라는 자신이 정신적, 육체적으로 활동할 적절한 장소(공간)의 부재를 뜻한다. 그래서 디아스포라에 처한 지식인은 공간 대신에 시간에 투자하여 문제를 제기하고, 기존의 영토를 장악하고 있는 이들에게 공격당하여 차츰 잠식해 간다. 그것이 이른바 '디아스포라적 의식'이다. 즉 디아스포라한 지식인이 '디아스포라' 자체를 그냥 현실적, 물적 조건으로만 받아들이는 것은 디아스포라적 의식이 아니다. 실제 외적으로 디아스포라하지 않았더라도 자신의 존재론적 조건이 '디아스포라'와 다름없는 것으로 생각하여 그에 맞게 정신을 벼려 나가고 현실을 비판하는 것이 디아스포라적 의식이다. 창강의 경우 이중의 디아스포라를 경험했다고 앞서 언급한 바 있다. 이 가운데 중국으로 건너가기 이전의 모습은 통념상의 디아스포라는 아니다. 그러나 우리는 앞서 "어딘가에 귀착할 곳을 찾지 못한 채 '홀로' 유민으로 살아가는 경우, 이를 보이는(국경을 넘어) 디아스포라와 구분하여 내적 디아스포라로 부르자"고 약속했었다. 이를 이제 지금 말하는 용어로 고쳐 말하면, 창강은 내적이든 외적이든 디아스포라적 의식을 지닌 지식인이라고 말할 수 있을 것이다. 그래서 그가 선택한 '송도'는 궁극적으로 '송도'로 끝나지 않고, 그로부터 다양한 사유[103]를 전개할 수 있었던 것이다.

다시 말해 디아스포라적 존재였던 창강에게 송도는 하나의 방법이었다. 무엇보다도 정신을 재생하는 데에, 특히 다른 모든 수단이 힘을 잃었을 경우 개인의 존엄성과 신념을 긍정해 주는 힘이었다. 즉 자신을 성찰하고 역사를 되짚어 보며 현실을 읽을 수 있는 방법으로서 송도는 의미 있는 존재였던 것이다. 송도는 아주 유용한 방법이었다. 무엇보다 공간과 권력 차원에서 중앙(문벌)과 지역(소수)을 바라볼 수 있었고, 시대와 역사 차원에서 고려와 조선을 새롭게 조망할 수 있는 기회를 제공했다. 중국으로 건너간 뒤에도 끊임없이 송도에 대한 담론과 정서를 환기시킨 이유도 바로 송도가 지닌 시공간적 특징 때문이었다.

그런데 방법이란 그것 자체가 목적은 아니요, 통로다. 따라서 그의 의식을 '송도의식'으로 규정하는 것 또한 위험하다. 창강의 작업은 송도를 넘어선 지점에서 움직이고 있기 때문이다. 앞서 송도에 애정을 쏟아 복원하고 있다 했지만, 복원 자체의 성취는 차치하고 송도를 방법으로 택하여 얻어낸 지적, 인문적 성취야말로 창강에게 더욱 중요한 것이 아니었을까.

그는 송도를 방법으로 취하여, 중앙 문벌로부터 소외된 자신의 처지를 이해하고, 자신의 '거처'(즉 물질적 거처. 사상적 거처는 송도가 아닌 한양이 아니었을까?)였던 송도를 활용하여, 송도를 복원하는 한편, 중앙(문벌)과 다른 세계의 사람과 정서를 재생시켰다. 또한 실제 국경을 넘어서 '도중'한 뒤로는 한(韓, 조선)을 다시 이해하고 사랑하여, 조선의 문적을 편집 간행하는 일을 끊임없이 수행했던 것이다. 참고문헌을 보면, 1905년 이후, 56세 망명자가 수행한 일이라고는 생각할 수 없을 정도로 아주 많은 책을 간행하고 있었다.

그는 송도에 살면서도 잊었던 혹은 상실했던 송도를 되찾기 위해 송도에 정성을 기울였고, 남통에 살면서 상실한(실질적으로) 조국 한(韓)의 역사와 문화를 부여잡기 위해 노력했다. 그에게 '고향상실'이란, 새로운 시야를 틔워준 고마운 선물이었던 셈이다.

[원제: 김택영의 송도 복원 작업의 의미, 2006]

제4장

또 하나의 디아스포라, 남통(南通)

1. 창강을 위해 모인 사람들

하나의 기억으로 이야기를 시작해 본다. 2002년 10월 말, 가을 한 자락을 스치는 바람을 맞으면서 중국 강소성(江蘇省) 남통(南通)의 낭산(狼山) 기슭에 올랐다. 흙을 쌓아 올린 무덤 앞에는 석비가 서 있고, 무덤 뒤로는 돌담을 둘렀으며, 위쪽에는 조롱박 모양의 '호로봉(葫蘆峰)'이 보였다. 서쪽으로는 소나무 언덕이 있어 바람을 막아주고 있었다.

이전에는 서로 알지 못하였던 한국인 몇몇과 남통인들은 모두 한 무덤 앞에 나란히 섰다. 그들은 무덤의 주인공을 향해 묵념을 하고 가만히 탄식도 하다가 묘역이 바라보고 있던 안개에 싸인 장강 어딘가를 바라보고 있었다. 어디선가 흐느끼는 소리, 동행한 할머니의 울음소리였다. 그녀는 창강 김택영의 외증손녀. 창강의 벼루를 소중히 간직하고 있다고 하던 분이다. 물론 그분 역시 창강을 본 적은 없었다. 중년의 나이 든 부부는 이 모임의 주빈으로 참석한 창강 집안의 종손인 김현재(金賢宰) 씨 부부. 그리고 다소 왜소해 보이는 창강의 외손 김계생(金桂生) 씨. 이분은 현재 산동음악대학 교수로 있다. 중국인이다.

그로부터 6년 뒤, 2008년 여름, 다시 찾은 낭산의 묘역은 그대로였다. 다소 세월에 얼룩이 진 안내판과 불에 그을린 자욱이 남아있는 비석, 바로 조금 전까지 벌초를 하느라고 형클어져 널려있던 풀들을 제외하면, 창강은 이곳에 묻힌 뒤로 아무 일도 없었다는 듯 그대로였다. 잠시 머물렀다 손에 잡히는 소주잔으로 영령을 위로하고 돌아서는 순간 묘역으로 오기 전 '차수정(借樹亭)'에 들렀을 때 느꼈던 서러움이 밀려왔다. 불과 10년도 안 되는 사이에 창강에 대한 시선이 달라져 버린 것에 대한 안타까움과 함께 미안함이 밀려왔다.

그간의 사연은 이렇다. 창강이 마지막 머물렀던 '차수정'은 현재 '김창강고거(金滄江故居)'란 이름으로 남통 문물보호단위였다. 문화재로 관리되고 있으니 집 소유자는 자랑할 만도 한데, 그는 오히려 문물보호단위 설정으로 인해 재산권 행사를 하지 못하는 데에 불만을 품고서 그 집의 정문을 폐쇄한 채 옆으로 터서 음식점 홀로 사용하고 있었다.

정문 옆에 박혀있는 '김창강고거'란 팻말을 뗄 수는 없고, 그렇다고 아무런 보상도 마련하여 주지 않는 정부를 믿고 있을 수는 없기에 나름 고육지책으로 생업의 장소를 '차수정' 옆 벽으로 뚫어 마련한 것이다. 우리가 찾았던 그날, 낯선 사람들이 '김창강고거'를 찾아오자 집주인은 더욱 화가 나서 집을 보여줄 수 없다고 했고, 그 소리를 듣고 있던 장건연구소(張謇研究所) 관계자는 쓸쓸히 돌아서서 앞서 갈 뿐이었다.

2002년 '차수정'을 처음 방문했을 때에는 주위 상가나 집들은 모두 헐려 있었고, '김창강고거'를 중심으로 작은 공원단지를 만들 예정이라고 했었다. 안내받아 들어간 집은 사면이 방으로 둘러져 있고, 그 사이로 네모진 마당을 둔 전형적인 중국집이었다. 집주인의 호의로 안쪽까지 들여다보았고, 그는 이 집이 '김창강고거'라는 데에 다소 흥분 섞인 목소리로 자랑스러워했다. 그런데 그 사이 무슨 일이 일어났던 것인가? '이방인'에 대한 저들의 두 가지 감정 사이에서 혼란스러움을 느끼면서, 그 사이에 일어난 일을 짐작하려면 창강이 남통에서 어떻게 살았던가에 대한 이해가 전제되지 않으면 안 될 것 같다는 생각이 들었다. '자랑스러움'과 '불만' 사이에는 창강에 대한 평가가 착종되어 있었기 때문이다. 과연 남통에게 창강은 어떤 존재였을까? 또 창강에게 남통은 어떤 곳이었을까?

이 글은 창강이 남통에서 생활한 모습을 포착하고자 준비되었다. 남통으로 우거한 뒤의 창강을 이해하기란 쉽지 않은 일이다. 특히 국내 남아있는 자료가 제한되어 있고, 그 후손들마저 이리저리 흩어져 있어 창강의 향취를 맡기가 여간 요원하지 않다. 언젠가 창강이 아들에게 가르치기 위하여 엮었던『대학』을 본 적이 있다. 포켓판 크기의『대학』은 창강의 필적에다 붉은 글씨로 주요한 핵심이 적혀있었다. 이 책을 손에 드는 순간, 그가 뒤늦게 본 자식을 위해 애썼던 따스한 부성애가 전해졌었다. 이런 기억마저 이젠 희미해져 그의 목소리를 들을 수 있는 것은 그가 남긴 책들과 다른 이들의 기억뿐이다. 사실 그가 집필한 일련의『대학』관련 메모나 책들, 즉『대학장구사전(大學章句私箋)』,『고본대학장구(古本大學章句)』등은 이런 인간미와 연결될 때 건조한 경학서를 넘어서 일상의 공간으로 돌아오리라 생각한다.

아직도 2002년 남통에서 열렸던 '김창강국제학술연토회(金滄江國際學術研討會)'에 참가했던 기억이 새롭다. 당시 남통의 김창강연구소는 장건 후손의 도움을 받아 야심차게 국제학술회의를 개최하였다. 비록 한국 측 참가자는 소수에 불과하였지만, 남통 지식인들의 참여는 뜻밖에 열정적이었다. 그들은 이국에서 온 이방인에 대하여 아낌없는 찬사를 부여하였고, 그와의 추억을 떠올리기에 여념이 없었다. 분명하진 않았지만, 창강이 갖는 자리가 이방인 이상이었다는 점만은 분명했다. 이 느낌은 창강과 남통의 관계가 그저 망명지라는 데에 그치는 것이 아니라는 생각까지 미쳤다. 한 인물을 오롯하게 복원하는 일은 참으로 힘겨운 일이다. 이 글은 차후 '김택영평전'을 집필하기 위한 준비 단계로 기획되었다. 그런 점에서 집필 방식과 서술 문제를 일반 논문 집필 방식과 다르게 가져보려고 한다.

우리는 창강이 56세의 나이로 남통으로 넘어가 1927년 세상을 떠날 때까지 살았던, 남통의 모습으로부터 시작한다. 그리고 창강의 직장이었던 한묵림인서국(翰墨林印書局)에 대한 추억들, 끝으로 '사진' 한 장에 보이는 창강의 젊은 벗들과의 기억을 환기하는 것으로 마무리한다. 본고에는 사람과 그가 살아가는 공간의 관계를 살피려는 마음이 깔려있다. 특히 그 공간이 역사적 공간이요, 중국 최초로 근대적 조망 하에 기획된 공간이고, 그 안에서 스무 해 남짓 살았다면, 그 도시공간의 어떤 속성이 그에게 영향을 끼치지 않았을까 하는 가정으로부터 출발한다.

   그럼, 창강이 생활했던 남통은 당시 어떤 모습이었던가 하는 것으로부터 논의를 시작하도록 하자.[104]

김창강묘(金滄江墓, 낭산狼山)

2. 남통으로의 이주

   남통은 본래 통주(通州)로 불렸다가, 청말 광서 34년(1908) 시향회(市郷會)가 성립하고, 선통 3년(1911) 현회(縣會)가 성립함으로써 근대적 모습을 갖추어 갔다. 선통 2년(1910), 통주를 통주성(通州城), 여사진(呂四鎮), 여동진(余東鎮), 여서진(余西鎮), 석항진(石港鎮), 금사진(金沙鎮), 서정진(西亭鎮), 평조진(平潮鎮), 유교진(劉橋鎮), 당갑진(唐閘鎮), 관영진(觀永鎮), 사안진(四安鎮), 경화진(竟化鎮), 흥인향(興仁鄉), 기안향(騎岸鄉), 여중향(余中鄉), 삼락향(三樂鄉), 삼익향(三益鄉), 백포향(白浦鄉), 유해사향(劉海沙鄉), 간목향(墾牧鄉) 등 21개 구역으로 나눈 뒤, 각각 자치회가 구성되고, 남통현으로 총괄되었다. 차후 진(鎮)은 시(市)로 불리며, 이른바 통주성이 통주시(通州市) 혹은 남통시(南通市)로도 불리지만, 일반적으로 '남통'이라 하면 광역시처럼 주변의 다른 시도 포함한 구역을 가리키는 것이다. 창강이 남통으로 건너간 지 9년째가 되는 1914년 현재, 남통시는 114,686명의 인구를 지닌 도시이고, 이를 포함한 남통현은 1,284,607명의 인구를 갖고 있었다.

1913년, 장건은 60세의 나이로 그해 9월 북경에서 농상부총장을 맡게 되었다. 이즈음 원세개(袁世凱)는 국무원에서 전국의 천여 개가 넘는 자치기구가 있는데, 공비(公費)를 탕진하면서 일을 제대로 수행하지 않고 있다며 지방자치에 대하여 비판하며 이를 정지시킬 수 있다고 위협하고 있었다. 당시 국무총리였던 웅희령(熊希齡)은 장건에게 남통의 자치 성과를 보고하도록 하고, 이를 전국 지방자치의 모범사례로 전하도록 하였다. 이에 장건은 강겸(江謙)에게 이 일을 맡기면서 남통에서 일으켰던 각 사업을 순서대로 안배하여, 1986년부터 1914년까지 정돈하도록 하였다.

남통은 장건의 근거지이자 자신이 힘써 노력하여 '근대적 도시'로 성장시킨 곳이었다. 흔히 도시화는 국가사업이었지만 남통만큼은 사업의 대부분이 장건과 그의 형 장찰에 의하여 기획되고 추진되었다. 더러는 이들이 자금을 출연하는 방식으로, 더러는 수많은 사람의 자금을 공모하는 방식으로 진행되었는데, 특히 남통의 근대화는 다른 도시와 달리 이 형제를 빼놓곤 이야기할 수 없다.

이 보고서는 『남통 지방자치 십구년의 성적(南通地方自治十九年之成績)』이라는 제목으로 한묵림인서국에서 간행되었다. 이 책자의 원래 제목은 '남통지방자치성적(南通地方自治成績)'이었지만, 장건이 '십구년(十九年)'이란 말을 넣어서 초기의 근대적 면모로의 변화임을 보이고자 하였다고 한다. 그런데 이 책이 나올 무렵 웅희령 내각이 물러나고 장건조차 농상부총장에서 물러났던 데다, 원세개가 전국 현의 자치와 시향 자치를 정지시켜서, 이른바 자치의 모범사례 보고서로 준비된 이 책자는 끝내 한묵림인서국의 창고 안에서 묵히는 신세가 되고 말았다.

흥미롭게도 이 책이 포괄하는 시기는 1905년 가을 창강이 남통에 도착하여 적응할 무렵이었다. 창강은 가장 활발하게 근대적 모습을 갖추어 가던 남통을 목격하였던 셈인 것이다. 창강이 살았던 남통의 환경을 보여줄 자료가 그다지 많지 않은 상황에서, 이 책자는 당시 남통의 모습을 대체적으로 그려볼 수 있는 단서를 제공해 주고 있다. 이 책자에 나오는 남통의 각종 기구를 개관하는 것만으로도 1910년대 남통의 근대적 성장과 분위기를 상상할 수 있기 때문이다. 이 책은 1896년 대생사창(大生紗廠)을 시작으로 1914년까지 남통의 근대성과를 '실업(實業)', '교육(敎育)', '자선(慈善)', '자치(自治)' 등으로 분류하였다. 각 부분의 집필자로는 '실업'은 속왈관(束曰琯), 강도민(江導岷), 장덕순(蔣德純) 등이 책임을 맡고, '교육'은 우침(于忱), 고공의(顧公毅), 마휘백(馬翬伯), 손윤강(孫潤江), 장용(張庸) 등이 맡았으며, '자선'은 왕란생(王蘭生), 송용연(宋龍淵), 설형(薛衡) 등이 맡았고, '자치'는 우진성(于振聲), 손소경(孫紹璟), 유위(劉偉), 비사홍(費師洪), 엄일남(嚴逸男) 등이 맡았다. 앞서 밝혔듯 총책임자는 강겸(江謙)이었으며, 이정(李禎)에게 보내어 한묵림인서국에서 간행하도록 하였다. 집필진 가운데 송용연은 창강이 남통에 처음 우거할 무렵 생활의 소소한 부분을 도와주었던 사람이고, 비사홍은 『소호당속집』(1919), 『정간소호당집』(1920), 『중편소호당집정』(1924) 등의 간행에 후원자로, 혹은 작서자(作序者)로 간여한 사람이며, 강겸은 『매천집』(1912)에 서문을 써주었던 사람이다. 책에서 거론하고 있는 기구를 보이면 다음과 같다.

■ 실업(實業)
대생방사유한공사(大生紡紗有限公司)
통해간목공사(通海墾牧公司)
광생기기착유고빈유한공사(廣生機器鑿油股份有限公司)

한묵림인서고빈유한공사(翰墨林印書股份有限公司)

대달내하소륜공사(大達內河小輪公司)

여사동인태염업공사(呂四同仁泰鹽業公司)

대생제이방사유한공사(大生第二紡紗有限公司)

부생잠상염직공사(阜生蠶桑染織公司)

대달륜보공사(大達輪步公司)

택생수리공사(澤生水利公司)

이생양주공사(頤生釀酒公司)

자생철창(資生鐵廠)

자생야창(資生冶廠)

달통항업전운공사(達通航業轉運公司)

대중통운공사(大中通運公司)

대함염잔(大咸鹽棧)

복신면창(復新面廠)

혜통공잔(惠通公棧)

대유진공사(大有晉公司)

대총전화공사(大聰電話公司)

■ 교육(教育)

사범학교(師範學校) 부속 소학교(小學校).

여자사범학교(女子師範學校)

여공전습소(女工傳習所)

유치원(幼稚園)

현립제일고등소학교(縣立第一高等小學校) 제이第二.

여중삼익향고등소학교(余中三益鄉高等小學校)(석항시石港市, 여동시余東市, 기안항騎岸

鄕, 서정시西亭市, 경화시竟化市, 평조시平潮市)

초등소학교(初等小學校)

보모전습소(保姆傳習所)

제일유치원(第一幼稚園)

금사시시립제일여자소학교(金沙市市立第一女子小學校)

공립중학교(公立中學校)

사립농업학교(私立農業學校)

측후소(測候所)

방직전문학교(紡織專門學校)

도얼전습소(鍍鎳傳習所)

은행전수학교(銀行專修學校)

갑종상업학교(甲種商業學校)

의학전문학교(醫學專門學校)

국문전수과(國文專修科)

갑종사범강습소(甲種師範講習所) 을종(乙種).

단급교수연습소(單級敎授練習所)

법정강습소(法政講習所)

순경교련소(巡警敎練所)

감옥학전습소(監獄學傳習所)

선강연습소(宣講練習所)

청장전습소(淸丈傳習所)

맹아학교(盲啞學校)

여사시시립야학교(余四市市立夜學校)

금사시야간학교(金沙市夜間學校)

간목향향립반일학교(墾牧鄕鄕立半日學校)

박물원(博物苑)

군산기생대(軍山氣象臺)

도서관(圖書館)

열보사(閱報社)

부녀선강회(婦女宣講會)

통속교육사(通俗敎育社)

■ 자선(慈善)

현치적곡창(縣治積穀倉)

신육영당(新育嬰堂)

현치보영국(縣治保嬰局)

양로원(養老院)

현치휼리국(縣治恤釐局) 부속 유과회(儒寡會)

남통현의원(南通縣醫院)

동인당(同仁堂)

남통빈민공장(南通貧民工場)

제량소(濟良所)

의영(義塋)

금사시유민공창(金沙市游民工廠)

대생방사유한공사(大生紡紗有限公司, 대생사창大生紗廠)

통해간목공사(通海墾牧公司)

의학전문학교(醫學專門學校)

양로원(養老院)

통주사범학교(通州師範學校)

남통도서관(南通圖書館)

하나의 도시를 건설하기 위하여 필요한 교육, 실업, 자선 관련 기관을 개인적인 기획 하에 꾸려낸다는 것은 대단히 드문 일이었다. 그래서 중국 도시사에서도 남통은 특이한 사례로 기록된다. 우리는 당시 근대적 면모로 일신해 가던 남통을 창강이 마주했다는 사실에 주목한다. 그의 눈에 비친 남통은 어떤 모습이었을까? 창강이 남통과 첫 대면을 한 곳은 가을 깊은 천생항(天生港)이었고, 가장 인상 깊었던 것은 방직사업이었다.

천생항구에 느지막 배를 묶을 제
단풍잎 국화꽃 가을이 그지없네.
천고의 조가에서 수레 돌린 자들이여
부디 궁사가 통주에 온 것 보시게.
天生港口晚維舟　　紅葉黃花不盡秋
千古朝歌回轍者　　請看窮士到通州[105]

강서의 공적 입으로 전해지는데
하루아침에 던지고 해진 신으로 가뿐할시고.
뉘라서 알랴, 당계의 사창 안에서
실실이 짜지며 크게 경영하고 있음을.
江西茂績口碑成　　一日抛來敝屣輕
誰識唐溪紗廠裏　　絲絲織出大經營[106]

1905년 10월 4일 통주에 도착한 뒤, 대생사창(大生紗廠) 안에서 장찰에게 준 시이다. '궁사(窮士)'의 처지인 자신을 환대해 준 장찰에게 고마움을 표하면서, 특히 공장 안에서 쏟아져 나오는 직물에 대한 놀라움을 '대경경(大經營)'이란 말로 요약하고 있다. 당시 방직공장은 대부분 상해 등지에 있었고,

이들은 일본 자본에 의하여 경영되고 있었다. 중국인의 손으로 직접 경영되는 방직공장은 남통의 대생사창이 유일했다고 한다. 그런 점에서 남통의 대생사창은 이른바 민족자본의 상징이요, 장건이 가장 처음 남통에 일으킨 실업이자, 남통 경제의 근간이었다. 창강이 목격한 남통은 '대경영' 중이었다. 이로부터 10년 뒤, 다시 찾은 '천생항'을 두고 그 눈부신 변화를 '겹겹의 화려한 누각 다투어 솟았고(重重綺閣鬪崢嶸)'라고 노래하였다.

겹겹의 화려한 누각 다투어 솟았고
옛 항구 새 모습으로 어느새 바뀌었네.
내가 남쪽으로 온 지 얼마나 되었나
동쪽으로 흐르는 큰 강 예제 같구나.
어렴풋이 이지러진 달에 닭 정강이 엿보고
부스스 거친 갈대 소리에 기러기 울음 뒤섞였네.
늙은이 산에 오르는 일 하지 못함에 한탄하며
저 물결 너머로 다시 산 이름이 무엇인지 묻는다오.

重重綺閣鬪崢嶸　舊港新居已變更
自我南來幾多歲　大江東去古今情
朦朧缺月窺鷄腔　淅歷荒蘆雜雁聲
老脚嗟違登覽事　隔波猶復問山名[107]

천생항은 창강이 처음 남통으로 들어오던 곳이었다. 그래서 이 시에 보이는 '동쪽으로 흐르는 큰 강 예제 같구나(大江東去古今情)'나 '저 물결 너머로 다시 산 이름이 무엇인지 묻는다오(隔波猶復問山名)'는 심상한 말이 아니라, 고향을 그리는 마음과 미련에 다름 아니다. 천생항엔 지금도 "만리장강유차입해(萬里長江由此入海)"란 표지가 붙어있고, 남통(통주)으로 들어가는 길목이다.

현재는 천생항보다 아래에 위치한 곳에 경제기술개발구가 만들어져 있지만, 근대 당시만 해도 이곳은 남통의 길목으로서 번화한 곳이었던 것이다.

천생항해관(天生港海關)

아쉽게도 창강의 시에서, 남통의 근대 문물 자체를 볼 수 있는 경우는 별로 없다. 이따금 남통인의 전기를 써주면서 그들의 직업과 배경을 설명할 때 남통의 이모저모를 간단히 언급하고 있을 뿐, 그의 눈에 근대적 면모는 구체적인 형상으로 자리 잡지 못하고 있다. 아마도 식민화 되어가던 고국을 떠나온 낯선 이방인의 눈에는 생기발랄한 이국의 문명도시가 그다지 눈에 들어오지 않았던 듯하다. 그러기엔 아내와 딸만 데리고 훌쩍 떠나온 자신의 처지를 늘 자신의 서글픈 감성이 휘감고 있었다. 그래서 그가 자주 찾았고, 훗날 묻혔던 낭산을 올라가 이렇게 읊었던 것이다. 그리고 그 마음은 남통에서 생활하는 내내 종신토록 외로움으로 붙어있게 된다. 다음 시는 낭산에 놀러 가서 지은 시이다.

명산 한 조각 푸른 바다에 떨어지더니

저 하늘가에 너울너울 봉황이 춤추누나.

강물이 거꾸로 외로운 벽 그림자 열고

하늘 열린 바다에 바람 불어 상서론 노을빛 흩네.

범왕의 궁전에 황금은 천한 것

열사의 의관에 푸른 풀은 향기로운데,

숲속 귀신은 혹시 나의 고달픔 알려나

천 척 높은 난간에서 조심스레 서성이노라.

名山一片落蒼茫　　空際翩翩舞鳳凰

江水倒開孤壁影　　海天吹散瑞霞光

梵王宮殿黃金賤　　烈士衣冠碧草香

林魈倘憐吾憊否　　危欄千尺怕彷徨[108]

　낭산(狼山)은 낭오산(狼五山)으로 불리던 곳으로 백랑(白狼)이 살았다고 전해지며 백랑산(白狼山)이라고도 부른다. 일설에는 산의 모양이 이리를 닮아서 붙여진 이름이라고도 한다. 낭산이란 이름은 당나라 고승 감진(鑒眞)이 일본으로 가려고 낭산을 가다가 풍랑을 만났다는 기록에서도 보이듯이 오래되었다. 뒷날 '랑(狼)' 자가 좋지 않다고 하여 '랑(琅)'으로 고쳐서 '자랑산(紫琅山)'이라는 이름도 있다. 낭산은 군산(軍山), 검산(劍山), 마안산(馬鞍山), 황니산(黃泥山) 등과 함께 하나의 풍경구를 이루는데, 그 안에 지금 창강의 묘가 앉혀 있다. 높이 106.94미터의 별로 높지 않은 산은 편안한 모습으로 이방인의 몸을 품고 있었다.

창강은 장건의 안배로 한묵림인서국(翰墨林印書局)에서 생활하게 되었다. 사실 남통의 근대적 기관 가운데 아주 이른 시기에 지어진 곳으로 자가(自家) 인쇄시설을 갖춘 출판사였다. 이곳은 창강의 남통 생활을 규정하였던 결정적 환경이다. 창강은 이곳에서 자신의 문화적 자부심과 능력을 펼쳐나가며 이방인으로서의 몫을 담당해 나갔다.

3. 한묵림인서국의 추억

창강은 남통에 도착하여 장찰, 장건 형제가 세를 낸 집에서 살다가, 2년이 지나 그 집의 왼편에 세를 내어 이사를 하였다. 통주성 동남쪽 빈하처(濱河處)였다. 남통의 중심부는 하나의 호하(豪河)가 둘러 흐르고 있다. 마치 섬처럼 해자를 두르고 있는 듯한데, 그 안의 땅이 일견 보기에 둘로 나뉘어져 있다. 창강은 큰 쪽의 동남쪽 물가에 거주지를 마련했던 것이다. 이쪽이 본래 통주성이다. 창강은 자신이 '창강(滄江)'이라고 자호하였지만 물가에 살았던 적은 없었는데, 우습게도 머나먼 이국에서 진짜 '창강'이란 호에 걸맞게 물가에 살게 되었다고 씁쓸하게 자조한 바 있다.[109]

이후 8년 뒤(1915, 을묘) 남통성 안 허가항(許家巷) 셋집에서 허가항 서남쪽으로 이사 간다. 이 집이 '차수정(借樹亭)'이다. 이 집의 서편 옆집은 본래 명나라 유민인 포장행(包壯行)이 지은 것으로 '석포(石圃)'라고 하는데, 집 안에 여정수(女貞樹) 한그루가 높이 솟아있어 종일토록 창강의 집까지 그늘을 드리웠다. 그늘이 본래 자기 것이 아니기에 돌려주어야 한다는 데서 붙인 이름이었다.[110]

차수정(借樹亭, 김창강고거金滄江故居)

　창강은 이곳에서 죽을 때까지 지낸다. 이곳이 지금 '김창강고거(金滄江故居)'라고 남아있는 곳이다. '창강지실(滄江之室)'과 '차수정(借樹亭)'의 중간쯤 되는 곳, 지금의 어른 걸음으로 약 10여 분 걸리는 장소에 한묵림인서국이 자리하고 있었다.

　청조 광서 28년(1902), 장건은 민립 사범학교를 건립하였다. 그러나 그곳에서 쓸 만한 교과서가 없었던 탓에 수시로 편집하여 책을 만들어 교재로 사용하였고, 그 인쇄 또한 애써 상해로 보내어 충당하였지만 그렇게 용이하진 않았다. 그래서 그해 주식을 모아서, 남통 남문 밖 서원(西園) 옛터에 출판인쇄소를 만들어 책의 소용에 대고 인쇄 기술을 전수할 수 있도록 하였다.[111] 서원은 본래 전 통주지사였던 당중면(唐仲冕)이 세웠던 곳인데, 그곳에 '한묵림'이란 세 자의 편액이 있었던 탓에 그것으로 출판인쇄소의 이름으로 삼았다.[112] 활자를 구매하고 인쇄공을 모으며 이듬해 한묵림인서국을 열었다.

　애초 계획한 자본액은 약 25,000량으로 매 주는 5량, 모두 5천 주를 모으려고 하였다. 처음 주식을 공모하였을 때는 590량을 모았고, 1907년이 되어 23,550량을 더 모아 총 24,140량의 자본금을 모았다. 본래 장건을 비롯한 5인이 합자하였는데, 주식회사법에 따라 장건이 총재가 되었다. 출판한 책들은 양강총독(兩江總督)의 비준 아래 상해의 미국 영사를 통해 판권을 보호받았다. 한묵림인서국의 제원을 보면, 인쇄소 15칸, 발행소 5칸, 기숙사 23칸, 창고 3칸, 장비실 3칸, 인쇄기 7대 등이었다. 직원의 수를 보면, 1903년 4인으로 출발하여, 창강이 합류했던 1905년 7인, 1906년 10인으로 1913년까지 6~9명 사이를 유지하고 있었고, 인쇄공 및 견습생의 수는 12인으로 출발하여, 1906년 21인을 넘기더니 24~34명 사이를 유지하였다. 1904년까지 적자이던 것이 1905년 흑자를 낸 이후로 1909년 한 해를 제외하고는 매년 흑자 폭이 확대되어 갔다.[113]

그럼 이곳에서 일한 사람들은 누가 있을까? 일단 한묵림인서국의 최고 책임자는 장찰이었다. 그는 본래 1902년 강서성(江西省)에서 학당을 감독하다가 1904년 장건의 요청으로 남통에 와서 장건의 일을 돕고 있었다. 한묵림인서국을 맡아 경영할 즈음 제정장(諸貞壯)을 초빙하여 일을 맡겼다. 제정장(諸貞壯, 1875~1932, 이름은 종원宗元, 자는 정장貞長·진장眞長·장공長公·가지迦持, 호는 대지大 至)은 청말민초의 시인으로서 민국정부의 교육부비서까지 지낸 인물이다. 그가 초빙한 인물이 이효부(李曉芙, 이름은 정禎, 자는 소호筱湖·효부曉芙, 호 고리苦李, 절강 소흥 사람)로서, 창강의 시문에 자주 등장하는 사람이다.[114] 그는 1904년 한묵림인서국에 와서 일을 시작하였다. 당시 나이 27세였다.

추진환(鄒振環)의 보고에 의하면[115] 정식으로 초빙되어 편교(編校)하였다고 문헌에 기록된 사람은 창강 한 사람뿐인 듯하다고 한다. 엄복도 1909년 3월 15일자 일기에서 한묵림인서국의 직원을 거론하면서 이효부, 김창강, 호재방(胡梓方), 후의(侯毅) 등을 언급하고 있는데,[116] 이효부는 앞서 말한 이정이고, 호재방은 강서 연산(鉛山) 사람, 후의는 강서 무석(無錫) 사람으로 엄복의 문생이었다.

한묵림인서국(翰墨林印書局)

　한편, 창강은 한묵림인서국에서 일하던 초기에 중국어를 하지 못해 눈짓 손짓으로 대화를 하였고, 이따금 함께 일하던 동료들과 놀러 가기도 하였다. 「유한묵림서국연지기(遊翰墨林書局蓮池記)」에 보면 게향인(揭向寅, 강서 동향東鄕 사람)과 왕여굉(王汝宏, 강소 무석無錫 사람)등과 연지를 배타고 노는 장면이 나온다. 이들이 교서(校書)에 지친 창강을 이끌어 연지로 이끌고 와서 배를 타는 장면을 창강은 유희적으로 이렇게 포착하고 있다.

　이날 조금 더웠다. 나는 서국의 북창 아래 앉아서 인쇄지를 교정 보고 있다가 끝날 무렵 하늘을 보니 저녁 무렵이 되었다. 게향인 군이 문득 나를 부르더니 창밖의 연지를 가리키고 종종 걸어 나갔다. 생각에 같이 놀자는 듯하여 뒤따라갔더니 게 군은 보이지 않고 왕여굉 군만 연지 서북 구석에 서 있는 모습만 보였다. 그는 배를 굽어보고 있다가 나를 보고는 손을 불렀다. 내가 가서 게 군이 어디로 갔는지 묻자, 왕 군은 남쪽을 바라보며 손으로 가리켰다. 통주에 온 지 얼마 되지 않아 아직 중국어를 할 수 없어, 나를 상대하는 사람들은 대부분 눈짓 손짓으로 하고 말로 하는 경우는 드물었다. 이제 다시 게 군의 소재를 물으려는데, 그가 죽간 하나를 들고 오는 것이 보였다. 아마 상앗대로 쓰려는 듯했다. 이제 왕 군이 먼저 배를 타고, 내가 다음에 탔으며, 게 군이 그 다음에 났다. 배가 복사나무에 매어져 있기에, 내 손으로 그 줄을 풀었다. 그제야 게 군이 싱앗질을 하며 배를 연지 가운데로 몰아갔다.[117]

　서로 언어가 통하지 않는 동료끼리 눈짓 손짓으로 어색하게 대화하는 모습도 재미있거니와 낯선 이방인의 지친 심사를 달래주려고 배를 띄워 같이 놀고자 했던 왕 군 등의 마음도 정겹게 다가온다. 또한 말로 하지 않았기에 무작정 뜻으로 짐작하고 달려갔다가 그 사람이 보이지 않자 당황하는 창강의 모습도 여실하여 창강의 조금은 긴장된 태도를 읽을 수 있다. 왕여굉은 한묵림서국에서 일을 한 지 여러 해가 되었고, 계향인은 지리에 정통한 사람으로 우연히 창강과 같은 방에서 일하고 있었다. 창강에게 이들과의 유희는 잠시나마 이방인으로서의 외로움을 달래주었던 듯하다. 그래서 창강은 유희의 장면 끝에 사람의 됨됨이에 대해 서술하면서 고마움을 남겨 두기도 하였다.[118]
　계향인처럼 한묵림인서국은 문재(文才)나 다른 재주를 지닌 자들이 오가는 곳이었다. 창강이 선대인의 시집인『석여춘헌시초(惜餘春軒詩草)』에 서문을 써주었던 송연년(宋延年)도 금석학에 능한 인물로 한묵림인서국을 자주 찾아오던 사람이었다.[119]
　이로부터 14년이 흐른 경신년(1920), 창강이 서국의 젊은 친구들에게 써준 시를 보면 낯설고 어색함은 사라지고 가끔은 농담을 하고 더러는 격려하는 등 많이 여유로워진 모습을 찾아볼 수 있다. 그 시를 한두 수 들어본다.

　노인이 젊은이를 부러워하니
　자네를 두고 말한 것이 아니랴!

유리 꽃 그림자 옆에서

부드러운 손은 안진경의 글씨를 흉내내네.

老人羨年少   非君之謂歟

琉璃花影畔   棉手仿顔書

글솜씨는 고인을 엿보니

자네의 대담함이 기특하구나.

마침 자랑산을 보니

밤 내내 우레가 치는도다.

綴文睨古人   奇君膽能大

會看紫琅山   --夜雷擊破[120]

첫 번째 시는 태가모(邰家模, 자는 범오范吾)에게 준 시이고 두 번 째 시는 풍우서(馮右書, 자는 달명達銘)에게 준 시이다. 창강은 젊은 벗들이 지닌 장점에 맞게 태가모에겐 글씨로, 풍우서에겐 문장으로 격려하고 있다. 이 밖에도 왕세록(王世祿)에게는 명월처럼 길이 환한 존재가 되기를 바라고(淡淡唐溪水 其中有明月 君心我知之 與彼長映發), 고정선(高廷選)에겐 술 잘 먹는데 얼굴 붉어지지 않는 비결이 있는지 은근히 떠보듯 장난스럽게 농을 던지기도 하였다(高生數馬足 人言能飲酒 飯酒亦何術 紅潮不曾有).

창강이 근무하던 즈음부터 한묵림인서국은 본궤도에 들어섰고, 훗날 1926~7년 사이 장강과 창강의 죽음을 연이어 겪으면서 쇠락의 길을 걷게 되었다. 특히 창강 사후 고정 교서원이 없었다고 한다. 창강에게 있어서 한묵림인서국은 삶터로서뿐 아니라 중국 내 자신의 존재근거였음과 동시에, 한묵림인서국에게도 창강은 안정적 편간 활동을 위한 소중한 존재였던 것으로 보인다. 그래서 한묵림인서국은 창강에게 작업량을 비교적 적게 부여

하면서 20년이 넘게 봉급을 주었으며, 이는 당시로서는 대단한 지원이었다고 평가된다.[121]

그럼, 창강은 한묵림인서국에서의 생활을 통하여 무엇을 이루었고, 그것은 어떻게 평가될 수 있을까? 이를 위하여 한묵림인서국에서 편집하거나 간행한 서적 및 글들을 차분히 검토하는 것이 필요할 터인데, 본고는 아직 글 전체를 분석하지는 못하였다. 여기서 창강이 직간접적으로 간행에 관여한 책의 이름을 들어 그 편린을 엿보도록 한다.[122]

年月	書名	編著	序/跋	卷册
1906.10.	花開家鎬		/김택영	4권1책
1907.03.	申紫霞詩集	申緯	張謇(題)/김택영	6권2책
1910.04.	崧陽耆舊詩集	김택영	金思默/王性淳	2권1책
1912.03.	梅泉集	黃玹	黃開基/김택영	7권3책
1913.05.	梅泉續集	黃玹	郝爾泰/김택영	2권1책
1913.05	開城家稿	王粹煥	/김택영	4권1책
1913.08.	古本大學章句	김택영	김택영/岳逢春	1권1책
1914.08.	韓史綮	김택영	江謙/郝爾泰·王性淳 梁啓超·王性淳/楊貽·徐鋆 王性淳·曹兢燮·超秉瑜·金謹鏞	6권3책
1915.	麗韓十家文鈔	王性淳		11권2책
1915.春	韓國歷代小史 (自檀君至高麗末)	김택영	王性淳/達李 김택영	13권4책
1915.08	朝鮮五賢文抄	王性淳	김택영/成純永 達李/河謙鎭/王性淳·黃瑗	5권1책
1916.	中華遊記	李炳憲	超秉瑜·김택영/文樸·李炯	2권1책
1916.01.	困言	曹兢燮	김택영/安鍾鶴·李燁	1권1책
1916.11.	校正三國史記	김택영		50권4책
1917.02.	重編朴燕巖先生文集	朴趾源	김택영/김택영 達李/김택영	7권3책
1918.春	明美堂集	李建昌	趙鎬來·김택영/李祥奎	20권8책
1918.	讀易隨記	李建昌		1권1책
1918秋	韓史綮	김택영	김택영/김택영	6권3책
1918.08.	韓史綮	김택영	達李/김택영 趙鎬來·김택영/李祥奎	1권1책
1919.04.	古本大學私箋	金壽五	曹兢燮/김택영	3권1책
1919.12.	南厓先生遺集	李黃中	김택영	1권1책
1920.01.	李甘山詩選	김택영	김택영/曹兢燮	1권1책
1920.09.	高麗季世忠逸事傳	김택영		2권1책
1921.09.	尤雅堂稿	王性淳	梁啓超·王性淳/楊貽·費師洪	11권3책
1922.	釐正韓國歷代小史	金憲基	曹兢燮/王性淳	8권4책
1922.06.	新高麗史	김택영	張謇	28권9책
1923.01.		김택영	김택영/曹兢燮	2권1책

1923.02.		李齊賢	河謙鎭·曺兢燮/王性淳	10권4책
1923.12.		王性淳	曺兢燮	6권2책
1923.		김택영	김택영	
1924.05.		김택영	김택영	53권14책

　이상은 창강의 편집물 가운데 그의 시문집을 뺀 목록이다.[123] 이 안에는 의뢰를 받아 간행된 것도 있을 수 있지만 주로 그의 생각 및 입장과 일치하는 책들로 여겨진다. 이들은 이른바 '창강의 고전' 재구성이라고 볼 수 있다. 이제현, 고려사 등 고려문인 및 고려사에 대한 관심, 『숭양기구시집(崧陽耆舊詩集)』 및 『숭양기구전(崧陽耆舊傳)』을 통한 송도 인맥의 확인과 『요천선생집(堯泉先生集)』, 『우아당고(尤雅堂稿)』, 『조선오현문초(朝鮮五賢文抄)』 등을 통한 잊혀진 지성사의 복원, 『매천집(梅泉集)』 및 『명미당집(明美堂集)』 등 당대인에 대한 재평가, 연암의 발견, 『한국역대소사(韓國歷代小史)』 및 『한사경(韓史綮)』을 통한 일반사 및 조선사에 대한 재검토 등등은 각각 하나의 연구 주제를 이루면서 창강의 한묵림인서국에서의 활동의 의미를 다각적으로 파악하도록 요구한다.

　필자는 창강의 작업과 태도를 소수자의 주변부 고전의 재구성을 통한 집단기억의 복원과 투사라고 생각하고 있다. 특히 식민의 아픔을 개인 원한 차원에 머물지 않고 문화적으로 승화시켜 내려 한 창강의 노력에 경의를 갖고 있다. 그러나 아쉽게도 후원자의 죽음과 개인사적 불행으로 인해 목숨을 스스로 끊어야 했다.[124] 어쩌면 이미 예정된 강제된 이산자의 비극적 종말이 아닐 수 없다. 이 부분에 대해서는 추후 논의할 과제로 남겨 두기로 한다.

4. 남통의 젊은 벗들 - 「상마한화도기(桑麻閒話圖記)」

창강이 남통에서 누구를 만났고 그들과 어떤 이야기를 주고받았는지를 알 수 있는 방법은 그의 시문집이 주요한 근거가 된다. 하지만 거꾸로 남통 인 가운데 창강을 어떻게 평가하고 있었는지에 대한 논의는 창강의 기술만 으로는 부족하다. 비록 후인의 편술이지만, 창강의 죽음을 두고 엮어진『창 강선생실기(滄江先生實紀)』(1934, 김광현金光鉉 편, 정인보鄭寅普·공후익孔厚翼 서, 공성학孔聖 學 발, 2권 1책)에는 창강에게 관심을 보였던 남통인들의 궤적이 남겨져 있었 다.『창강선생실기』 및 열전에 수록된 남통인들을 출현 순서대로 살펴보면 다음과 같다.[125] 앞의 표제는『창강선생실기』에 나오는 그대로이다.

· 서부(徐郙)

자는 송각(頌閣). 강소 가정(嘉定, 지금 상해시에 속함) 사람. 1838년에 태어나서 1862년 장원으로 수 차례 향시(鄕試) 회시(會試)의 고관을 지냈다. 안휘(安 徽) · 강서(江西) 학정(學政)을 맡았었고, 병부 및 예부상서, 협판대학사(協辦 大學士)를 지냈다. 창강이 남통을 갔을 때, 서씨는 아마도 세상을 떠났을 것이다. 창강의 시문집에 제한 시는 아마 창강이 남통으로 오는 친구를 통해 제영을 부탁하였던 듯하다. 현재 창강과 서부가 만났다는 기록은 확인되지 않는다.

· 엄복(嚴復)

생략

· 심동방(沈同芳)

강소 무진(武進, 상주常州) 사람. 본명은 지현(志賢), 자는 유경(幼卿), 호는 월

약(越若). 1894년 진사, 한림원(翰林院) 편수(編修)를 지냈고, 일찍이 외직으로 하남 당현(唐縣) 지현(知縣)을 지냈다. 글씨를 잘 썼고, 시문에 능했다. 저서에 『난소집(鑾簫集)』이 있다. 청말 장건의 요청으로 통주에 와서 함께 학교 교육사업을 일으켰다.

· **도기**(屠寄, 1865~1921)

강소 무진(武進) 사람. 자는 귀보(歸甫) 혹은 사우(師虞), 호는 경산(敬山). 1892년 진사, 일찍이 경사대학당(京師大學堂)에서 교습(敎習)을 맡았고, 광아서국(廣雅書局)에서 책을 교열했었다. 사학에 정통하여 『몽올아사기(蒙兀兒史記)』 등을 지었다. 1907년 장건의 요청으로 통주로 와서 국문전수과(國文專修科)를 세웠고, 이때 창강과 교분을 맺었다.

· **장찰**(張詧, 색옹嗇翁)

이 이름에는 착오가 있다. '색옹(嗇翁)'은 장건(張謇)의 호이다. 장찰의 자는 숙엄(叔儼)이고, 호는 퇴암(退庵)이며, 퇴옹(退翁)으로도 불렸다. 장찰(1851~1939)은 일찍이 후보지현(候補知縣)으로 강서에서 지현을 맡아보다가, 승진하여 강서성 학당(學堂) 감독(監督)이 되었다. 1904년 고향으로 돌아와 장건을 도와 지방자치사업을 일으켰다. 그는 창강과 일찍이 1882년에 조선에서 알고 있었다.

· **유월**(兪樾)

생략.

· **양계초**(梁啓超, 1873~1929)

광동 신회(新會) 사람. 자는 탁여(卓如), 호는 임공(任公). 중국 근대사상가이

자 학자. 1922년 중국과학사(中國科學社) 제7차 연회(年會)를 남통에서 개최하였던 일로 창강과 알게 되었다 『창강선생실기』에 실린 양계초가 창강에게 준 편지는 이때에 쓴 것이다. 이후 양계초는 『여한십가문초(麗韓十家文鈔)』에 서문을 지어주었다.

· **전호보**(錢浩寶, 1884~1963)

이름은 호(灝). 호재(浩齋)는 그의 자, 통주(通州) 사람. 일찍이 통주사범학교(通州師範學校)와 남경고등상업학교(南京高等商業學校)에서 공부했고, 뒷날 고향에서 남통상업학교(南通商業學校) 학감(學監) 등을 지냈다. 창강은 일찍이 그의 초청으로 백포진(白浦鎮) 동향가(東鄉家)에 갔다가 「가원기(可園記)」를 지어준 적이 있다. 그의 아버지 전학명(錢鶴鳴, 자는 구고九皐)의 행장이 『여한십가문초(麗韓十家文鈔)』에 수록되어 있다.

· **용가**(龍珂)

정운가(程韻珂), 자는 복도(卜陶), 호는 조수(早叟), 시문에 능했고 통숭해태총상회(通崇海泰總商會)에서 일했다.

· **습고행**(習告行)

습간추(習艮樞, 1877~1937). 자는 위사(位思), 호는 고행(苦行), 남통 사람. 1902년 거인(舉人). 청말 일본에 유학하였고, 공부는 마치고 고향으로 돌아와 장건을 도와 지방자치사업을 일으켰다. 일찍이 절강 용천(龍泉) 등의 지현을 지냈다가 곧 돌아왔다. 시문으로 자오(自娛)하였고, 저서에 『고행루시문연어집(苦行樓詩文聯語集)』이 있다. 창강은 「고행독서루기(苦行讀書樓記)」를 지은 바 있다.

· **비사홍**(費師洪, 1887~1967)

자는 범구(範九), 통주 평조진(平潮鎭) 사람. 청조 제생(諸生)으로, 일찍이 상해상무인서관(上海商務印書館)에서 일한 적이 있다. 저서에 『담원루시집(淡遠樓詩集)』, 『연욱헌려어(延旭軒儷語)』등이 있다.

· **송지유**(宗之瑜)

자는 위천(渭川), 강남 남창(南昌) 사람. 어려서 장사를 익혔고, 장찰이 강서에서 벼슬할 때에 그를 도와 전곡(錢穀)을 담당하여, 진휼의 일을 주관하였던 일로 5품 관함(官銜)을 받았다. 뒷날 추천받아 남통으로 와서 지방건설사무를 도왔고, 1934년 남통에서 죽었다.

· **설형**(薛衡)

자는 영생(郢生), 남통 사람. 1902년 거인(擧人). 일찍이 남통현(南通縣) 농회(農會) 등에서 일한 적이 있다. 시문에 능했다.

· **고상**(高湘)

자는 초추(楚秋), 청조 제생(諸生). 안휘 귀지(貴池) 사람. 일찍이 통숭해태총상회(通崇海泰總商會) 부회장(副會長)을 지냈다.

· **육기문**(陸期汶)

육문(陸汶, 1887~1931). 자는 경건(景騫), 태주(泰州, 창강은 양주揚州라고 불렀다.) 동도(東淘) 사람. 어렸을 때 통주(通州) 득기포장(得記布莊)에서 배웠고, 뒤에 남통에 의기포장(宜記布莊)을 설립하였으며, 토포업(土布業)에 종사한 여가에 시사를 즐겼다. 남통의 명사 장봉석(張峰石)과 교분이 두터웠고, 이를 통해 창강과 어울릴 수 있었다. 1926년 그의 부인 은수진(殷秀眞)이 죽고,

이듬해 창강의 만시를 지을 적에 아직도 상중이었기에, 서명에 '기(期)'자를 넣었던 것이다.

· 주회영(周匯瀛)

자는 경당(景唐), 호는 소루(小樓), 통주 사람. 1844년에 태어났으며, 공생(貢生)이었다. 감천(甘泉) · 탕산(碭山)의 동지(同知), 해문현(海門縣) 훈도(訓導)를 지냈다. 90여 세를 살았으며, 남통의 기석(耆碩)으로 꼽힌다.

· 서윤(徐鋆, 1885~1936)

자는 관순(貫洵), 호는 담로(淡廬), 남통 사람. 북양정부의 교통부에서 일하다가 뒷날 사직하고 고향으로 돌아와 마음을 가라앉히고 책을 쓰며 날마다 시를 읊조리며 지냈다. 저서에 『담려시여(淡廬詩餘)』 등이 있다.

· 풍희우(馮熙宇)

자는 광구(光九), 공생(貢生)으로 뽑혔고, 직예(直隸) 지현(知縣)을 지냈다. 그의 거처가 창강의 차수정(借樹亭)과 아주 가까웠다. 혹자는 차수정이 바로 풍씨의 집에 세를 얻었다고도 한다.

· 양이(楊詒)

자는 곡손(穀孫), 통주 사람. 직공생(職貢生)으로, 숙사(塾師)로 평생을 살았다. 시문에 능했고 시문집이 있다. 1897년에 태어났다.

· 고상기(顧償基, 1882~1955)

자는 황여(貺予), 호는 환공(幻公), 남통 사람. 어려서 가학을 이었고, 사장(詞章)을 주도했으며 고문사(古文辭)에 능했다. 남통의 중학교, 사범학교 교

사를 역임했고, 남통현(南通縣) 교육회(敎育會) 회장(會長)도 지냈다. 『고황여
기념문집(顧貺予紀念文集)』이 있다.

· **구경성(瞿竟成)**

자는 경인(鏡人), 1912년 남통사범학교 본과를 졸업했다. 통주 여서(余西)
사람.

· **전면(錢冕)**

자는 관군(冠群), 통주 사람. 예공생(例貢生)으로 5품 한림원(翰林院) 공목(孔
目)이 되었다. 남통 지방의 신사(紳士)였다.

· **전훤(錢煊)**

미상.

· **악봉춘(岳逢春)**

창강의 사위. 생평 불상(不詳).

· **송약문(宋躍門)**

이름은 용연(龍淵), 약문(躍門)은 그의 자, 통주 사람. 통주사범학교(通州師範
學校) 서무주임(庶務主任), 남통양로원(南通養老院) 원장(院長)을 지냈다. 창강
이 처음 남통에 이르렀을 때 생활의 많은 부분을 송씨가 안배해 주었다.
1856년 태어나서 1920년에 죽었다. 창강은 그를 위해 「송약문묘표(宋躍門
墓表)」를 지어주었다.

· **진성남**(陳星南, 1862~1928)

이름은 기수(祺壽), 성남(星南)은 그의 자, 호는 난환(蘭寏), 강소 단도(丹徒, 진
강鎭江) 사람. 늠공생(廩貢生)으로, 평생 책을 짓고 공부하는 것을 낙으로
삼았다. 남통도서관 초대관장 장경운(張景雲)이 죽은 뒤, 장건의 초빙으로
도서관장을 맡았다. 그의 아들 방회(邦懷, 자는 보지保之)도 창강과 교류가
있었다.

· **전숙**(錢肅)

생평은 창강의 「전숙전(錢肅傳)」에 보이는데, 다른 사항은 불상(不詳).

· **진명은**(陳銘恩)

미상.

· **주제림**(周際林)

미상.

· **황개기**(黃開基, 1870~1917)

자는 근석(根石), 호는 노산(魯山) 혹은 몽담(夢曇), 안휘 휴령(休寧) 사람. 부
친 황덕홍(黃德鴻)이 피난하여 통주로 오게 된 뒤로 남통에 우거하였다.
시와 술과 친구를 좋아하였고, 후선교유(候選敎諭)가 되었다. 일찍이 절강
영파현막(甯波縣幕)에 있다가 오래지 않아 남통으로 돌아와 전질업(典質業)
을 하였다. 저서에 『몽담유고(蒙曇遺稿)』가 있다.

장건(張謇), 유월(俞樾), 엄복(嚴復), 양계초(梁啓超), 도기(屠寄) 등 전국적 명사
를 제외하면 낯선 인물들이다. 이들은 창강의 죽음을 두고 만사를 보내고,

낭산의 장례식에 참가할 정도로 창강에게 우의를 가지고 있었다. 하지만 여전히 창강이 남통에서 이들과 어떻게 어울렸는지에 대한 느낌은 막연하였다. 창강은 어떤 옷을 입고 지냈으며, 어떤 이들과 어울렸을까? 앞서 한 묵림인서국 앞의 연지(蓮池)에서의 추억을 더듬었던 바 있다. 그러던 차 한 장의 사진을 찾았고[126] 그 사진 속의 창강은 뜻밖에도 살아있는 인물처럼 가깝게 다가왔다.

통주성(通州城) 북동쪽 2리 복훤교(福萱橋)에서, 1907년(정미) 정월 19일.

이 사진이 어디서 누구와 찍었는지 알 수 없었는데, 그 단서를 『창강고』의 「상마환화도기(桑麻閱話圖記)」에서 찾을 수 있었다. 「상마환화도기」는 『창강고』에만 실려 있고 그 이후 간행된 시문집에는 누락되어 있다. 앞서 살펴보았던 「유한묵림서국연지기(遊翰墨林書局蓮池記)」, 「시진창강실기(是眞滄江室記)」 등과 같은 해에 쓰였다. 창강이 묘사한 정황을 들어본다.

통주 사람 장봉년(張鳳年, 협정峽亭), 장인년(張麟年, 봉석峰石) 형제와 그의 사촌 장증(張增, 익지益之), 서윤(徐鋆, 관순貫恂)·안휘 사람 황개기(黃開基, 노산魯山), 운남 사람 나명(那明, 습생拾生), 나 한국인 김택영(金澤榮, 우림于霖), 모두 일곱 사람은 네 줄로 늘어섰다. 서쪽을 바라보면서 제1열에 봉석과 관순이 함께 땅에 쭈그리고 앉았는데 앞에 갈대 삿갓을 놓아둔 채 봉석은 도끼로 나무를 쪼개고, 관순은 오른손 검지를 뻗어 그것을 가리키며 빙그레 웃고 있다. 제2열에, 나는 오른손에 지팡이를 잡고 있는데 지팡이가 내 키를 넘는다. 왼손은 익지의 손을 잡고 있다. 협정은 내 오른쪽에서 손을 들어 하늘을 가리키고 있다. 제3열에, 내 털모자를 벗어 쓰고, 두 손으로 소고삐와 피리를 잡고 있는 자는 노산이다. 제4열에, 두 손으로 가래자루를 쥐고 있는 자는 습생이다. 나 다음으로 다섯 사람은 모두 서 있다.[127]

창강의 목소리에 기대어 사진을 보면, 제1, 2열에 있는 사람의 동작과 시선은 정확히 일치한다. 앉아 있는 두 사람, 한 사람은 나뭇가지에 도끼를 대고 있고, 다른 한 사람은 손가락으로 그것을 가리키고 있다. 뒷줄의 가운데의 창강은 한 사람의 손을 잡고 있고, 다른 손은 키를 넘는 지팡이를 잡고 있다. 창강의 왼쪽에 있는 사람은 손을 들어 하늘을 가리키고 있고, 오른쪽에 있는 사람은 함께 그곳을 응시하고 있다. 창강을 통해, 저들이, 1열은 서관순과 장봉석이고, 2열은 장협정과 창강, 그리고 장익지임을 알 수 있다. 이 글이 이 사진을 염두에 두고 지은 것임을 확인할 수 있는 것이다.

창강의 이야기는 계속되며 제3열의 황노산, 제4열의 명습생을 거론한다. 서두에서도 일곱 명이 함께 자리하였다고 말한 바 있다. 그런데 사진에는 두 줄로 찍혀있는 5명인데, 창강은 7명으로 기술하고 있으니, 이를 어떻게 이해해야 할 것인가? 다행히도 장천일(張天一)의 회고[128]를 통해 의문을 풀 수 있었다. 회고하던 당시 장천일은 87세(2012년 현재, 생존한다면 99세)로서,

사진 속 장봉석의 아들이다. 그는 부친이 젊은 시절에 찍었던 사진의 유리 원판을 잘 간직해 오던 중, 집안 청소를 하다가 부주의로 떨어뜨려 깨뜨리게 되었고, 이것을 사진관에서 복원하는 과정에서 제3, 4열의 두 사람이 사라지고, 다섯 사람만 남은 사진으로 남게 되었다고 전했다.[129] 유리 원판이란, 필름이 나오기 전에 유리에 감광제를 발라서 촬영한 뒤 얻어진 원판으로서, 중국에서는 1960년 초까지도 사진관에서 사용했다고 한다. 근대초기 청조 궁중에서 찍었던 자희태후(慈禧太后) 등의 사진도 모두 이런 방법으로 촬영되었다. 장천일은 아울러 창강과 부친 사이에 진행된 필담도 책으로 엮어놓았는데 문혁(文革)을 거치면서 모두 사라졌다고 전해주었다.

사진 속에서 사라진 두 사람은, 창강의 기록에 의하면 운남에서 와서 남통에 우거한 나명과 안휘에서 온 황개기인데, 나명에 대해서는 알 수 있는 기록이 없고, 황개기는 창강이 그의 전기를 써준 적이 있다.[130] 사진 속의 장협정과 장봉석은 형제간으로 시에 능했고 당시 '강동이준(江東二俊)'으로 불렸던 젊은 엘리트였다. 장익지도 사(詞)에 뛰어난 재능을 보였던 인물이다. 서관순은 남통에서 가장 부유한 집안 출신인데도 시서를 공부하였다고 한다. 이들 가운데 황노산과 장협정은 당시 38세로 창강보다 20세가 적었고, 가장 어린 장익지는 겨우 20세를 지난 나이였다. 창강에겐 모두 후배격인 인물이었고, 창강이 남통에 온 지 얼마 안 된 즈음에 교분을 맺었던 것이다. 창강이 장협정·장봉석 형제에게 준 시를 들어본다.

나 장씨 형제와 함께
성머리에서 손잡고 다니노니,
한가을 나무숲만 한결같이 보이고
저녁기운이 정녕 영겨있어라.
호탕할손 매화 꽃소식이요

모호할손 눈 내리는 마음이네.

좋은 날 좋은 벗과 함께 하니

참된 승경이 남방을 지켰구나.

吾與二張子　　城頭携手行

寒蕪一以眺　　夕氣正相縈

浩蕩梅花信　　迷離雨雪情

良辰兼好友　　眞勝守南榮[131]

　사진을 찍었던 1907년 같은 해에 써준 시이다. '한무(寒蕪)'라고 했으니 가을이 깊어 갈 즈음 남통성 남쪽에 올라가 바라보며 지은 것인데, 장씨 형제를 '호우(好友)'라고 부르며 친근감을 표현하고 있다. 이 밖에도 창강은 장봉석이 자기 거처인 침홍정(枕紅亭)이란 정자의 서쪽 공터에 파초를 심은 뒤에 '녹천벽(綠天壁)'이라 이름 붙인 뒤에 시를 써 주기를 원하자, 그에 이렇게 시를 써주었다.

　작약이며 장미 향기가 쌓이고

　침홍정은 백년 만에 열렸어라.

　봄바람 이제부터 불면 일이 더욱 많을 텐데

　다시 새로이 파초를 마음껏 심었구나.

芍藥薔薇香雪堆　　枕紅亭子百年開

春風從此增多事　　更把新蕉滿意栽[132]

　형은 붉기가 작약과 같고

　동생은 푸르기가 파초와 같구나.

　의연히 붉든 푸르든 모두 잊은 곳에

나 노래하고 너희 답하며 시만 가득 담노라.

大張嫣紅如芍藥　　小張恣綠如芭蕉
依然紅綠相忘處　　我唱爾酬詩滿瓢[133]

　이 시도 1907년 봄에 쓴 시이니, 사진을 찍은 정월에서 가장 가까운 시기에 쓴 시이다. 이 시는 모두 5수로서 『창강고』와 『합간소호당집보유』에 수록되어 있다. 그런데 『창강고』(1911)에 수록된 시 가운데, 제2수가 『합간소호당집보유』(1922)에는 빠지고 이곳에 수록한 두 번째 시가 수록되어 있다. 그리고 제목에 '장봉석은 자신의 거처인 침홍정 서쪽에 공터를 개간하여 파초를 심고는, 그 벽에 '녹천'이라고 쓴 뒤, 나에게 시를 지어달라고 요청하였다. 내가 그 요청을 받아들이고, 아울러 장협정에게도 지어주었다(張峰石於所居枕紅亭西拓隙地種芭蕉 題其壁曰綠天 索余賦之 余應之兼屬峽亭)'라고 하여 '장협정'을 특별히 거론하고 있다. 본래 장봉석의 요청에 의해 이 시를 지었지만, 추후 보완하면서 장협정도 아울러 거론한 듯한데, 여하튼 창강에게 장씨 형제는 늘 하나로 생각되면서 우의를 다졌다는 것을 추정할 수 있다.[134] 다시 사진에 대한 창강의 목소리로 돌아가 보자.

　아, 이들은 모두 재주가 있지만 세상에 아직 쓰이지 않은 자들이다. 그 몸은 한가롭고 여유로워 농부나 시골 노인과는 본래 그다지 멀지는 않다. 그러나 한가롭거나 여유로울 수 없는 것이 있다 해도 또한 커다란 우환까지 이르지는 않았다. 더구나 도시의 번잡하고 요란함을 싫어하고 전야의 한가롭고 홀가분함을 즐거워하니, 이를 위해 기탁했던 것이다. 하물며 나는 벼슬길 진흙탕에서 세상의 운세가 재앙이 드는 동안 상처를 많이 받고 끝내 4, 5천 리 넘실대는 바다 너머에서 떠돌고 있음에랴? 이것이 내가 저들이 나를 이끌고 부축하며 위로해 주는 데에 깊이 감동하여 감히 임시의 일이요 순간의 즐거움으로 삼아 꿈속의 한번 배부른 일로 치부하지 못하는 이유이다."[135]

앞서 창강이 설명한 바에 의하면, 장봉석은 나무하고, 서관순은 그것을 가리키고, 장협정은 하늘을 가리키고 있다. 화면에 없는 황노산과 명습생은 일단 논외로 하자. 사진을 찍기 위한 포즈로는 다소 생뚱맞은 감이 있다. 이를 두고 당시 구구한 말들이 많았던 듯하다. 장봉석은 진짜로 나무를 하려는 것이 아니라 시늉하는 것이고, 서관순은 장봉석의 마음을 알고 있다는 듯이 웃고 있다고 하며, 장익지는 미공자임에도 농삿일을 기꺼이 하기에 창강이 일부러 손을 잡았던 것이고, 장협정의 손은 농삿일을 짓지는 않겠노라 다짐한다거나 아니면 마음이 오롯하고 깊은 즐거움을 표현한 것이라고 말했다.[136] 하지만 창강의 마음은 그렇지 않았다. 이들은 재주가 있음에도 아직 세상에 쓰이지 않은 젊은이들로서, 도시의 번잡함을 싫어하고 전야의 한가로움을 즐겨하는 마음을 '기탁'하느라고, 그런 포즈를 취한 것이라고 하였다. 장봉석 등의 포즈도 흥미롭거니와 창강의 해석도 재미있다. 허나 그의 속마음 한구석에는 고국을 떠나 머나먼 타국에서 살아가는 이의 아픔을 갈무리하고 있었으니, 그 때문에 젊은이들이 잡아끄는 대로 나와서 저들의 위로를 뿌리치지 못했다고 고백하고 있다. 비록 조금씩 남통의 생활에 익숙해지고 남통 젊은이들과 어울리지만, 아직 남통은 그에겐 낯선 공간이었다.

5. 생활공간으로서의 남통

이 글은 애초 창강이 남통에서 만났을 근대적 면모에 대한 반응을 살펴보고, 그가 지녔을 '근대성'을 어림해 보자는 하는 의도를 갖고 있었다. 남통처럼 본격적인 '근대화'의 길을 들어선 곳에서, 그것도 가장 활발했던 시기에 창강은 우연히도 남통에 '이방인'의 자격으로 찾아가게 되었다. 일제의 식민사업으로 인하여 '강제된' 이산이었던 탓에 낯설고 어색한 모습으로 살아야 했다. 비록 책을 편집하는 일에 불과하였지만, 남통 근대화의 기록과 유전(流傳)의 핵심부라고 할 수 있는 한묵림인서국에서 새로운 문명의 모습과 사람들을 접하였고 남통 지식인들의 주목을 받았다. 그런 분위기 속에서 그가 일군 성과가 앞서 제시한 목록과 같은 편간서들이었다. 이를테면 연암을 호명한 방식이 근대적 생산성과 관련되는 것 등이 그것이다. 허나 그에게 이런 시도가 '근대성'으로 인지되었는지 여부는 확실하지 않다. 앞서 보았듯 남통의 근대적 면모가 창강의 시문 속에서 하나의 풍경으로조차 구체적으로 언급되고 있지 않다는 사실이 그 증좌이다. 그런 점에서, 창강이 발견했다고 여겨지는 연암의 '근대성'도 사실은 근대문명에 대한 주목이라기보다는 '실용적' 차원의 착안이었을 가능성이 크다.

그동안 창강 연구에서 '남통'은 '이국'이란 이름을 대변하는 것이었을 뿐, '남통' 그 자체로 그려진 적이 없었다. 창강이 중국에서 펼친 문학 활동이나 편집 활동에 대해서도 대부분 남통이란 공간의 성격과는 다소 거리를 두고 연구가 진행된 한계를 갖고 있었다. 남통의 실상에 접근하기 위한 자료적, 공간적 제한이 큰 이유였다. 다행히도 근래 남통을 답사하고, 창강의 시문집을 총괄하는 성과 등이 나타나면서, 창강의 남통 생활과 문학 활동에 대하여 더욱 실체적으로 접근할 가능성이 높아졌다. 또한 그 덕분에 이전에 뜻도 모르고 수집했던 자료의 가치를 한결 새롭게 확인할 수 있었다. 이를테면 『남통 지방자치 십구년지성적(南通地方自治十九年之成績)』이 그 예이다. 또한 문헌적 자료에 한하지 않고, 남통인들의 구술(口述)과 같은 전언 역시 창강의 남통 생활을 재구하는 데에 큰 도움이 된다는 사실도 확인하였다. 그리고 남통인들에 대한 간략한 정보라도 확인됨으로써 창강의 인간적 교류에 대해 보다 밀착된 논의가 가능하게 되었다. 이를 통해 창강이 '도중'한 이후의 삶과 문한(文翰)을 복원할 수 있으리라 기대해 본다. 이제 조금씩 '남통'이 창강의 생활공간으로 들어오고 있다. 하지만 이글은 스케치하듯 관련 자료를 엮었기에 다소 산만한 풍경 읽기에 그쳤다. 많이 아쉽다.

[원제: 근대계몽기 김택영의 남통 생활에 대한 소고

-한묵림인서국(翰墨林印書局)과 「상마한화도기(桑麻閑話圖記)」를 중심으로-, 2012]

제2부

아,
송도사람이여!

제5장

『숭양기구전』, 잃었던 사람들

1. 전(傳)의 개수(改修)

'전(傳)'은 한 인물의 일대기를 서술하되 작가적(作家的) 포폄의식(褒貶意識)이 개입된 것인 바, 사마천(司馬遷)의 『사기(史記)』 열전(列傳) 이래 동양문화권에서 고유하게 자리 잡은 전기양식이다. 고려시대 이후로 사전(私傳), 탁전(托傳)이 지어져 왔고, 소설과의 교왕(交往) 양상 및 그 성격에 대해 기존의 연구 성과에서 누누이 거론되어 왔다. 본고는 창강의 인물전을 접근함에 있어서, 장르사적 접근보다는 그 대강(大綱)을 탐색하고자 한다. 전통 전(傳)의 생명력이 소진되고 근대소설(신소설)의 산생을 목도(目睹)하는 즈음에 남달리 인물전의 창작에 몰두했던 창강(滄江) 김택영(金澤榮, 1850~1927)의 생각은 무엇이었을까 하는 것이 주된 관심이기 때문이다. 그의 입전관 및 입전의식의 근저에 흐르는 사유에 대한 검토는 근대계몽기 지식인의 진정성을 볼 수 있는 계기가 되리라 생각한다.

창강이 살았던 시기는 주지하다시피, 한국(韓國)이 제국주의 열강에 의하여 식민화되는 시기였다. 그는 1905년 '도왜(島倭)'의 노예가 되기 싫어[137] 중국으로 건너갔고, 그 탓에 그의 사적은 흐릿해지고 학맥은 단절되었다. 현전하는 그의 전(傳)은 문집(文集)과 전집(『숭양기구전』, 『고려계세충신일사전』) 등에 전하는 바, 문집만도 10여 회가 넘는 간행 과정에서 새로운 인물의 입전은 물론이거니와 동일 인물의 전(傳)도 수 차례 개수(改修)되었으며, 묘지명(墓誌銘)[138] 및 중국인에 대한 전을 빼더라도 대략 260여 명의 인물을 입전하고 있다. 여기에 『신고려사』의 열전까지 포함하면, 그 양은 유례없는 것이 된다. 53권의 『신고려사』 가운데 30~53권이 열전인데, 창강은 『고려사』 열전의 내용을 산삭 혹은 개수하여 '창강의 전'으로 만들었다. 그는 『삼국사기』를 교정(校正)한 적도 있으니, 그의 전(傳)은 한국역사 전체를 관류한다고 해도 좋을 것이다. 이 점은 그의 전(傳)에서 역사성이 배제될 수 없음을 보여준다.

창강의 전(傳)에 대한 개수(改修) 노력은 두드러졌다. 예컨대 개성인물전의
경우, 『숭양기구전(崧陽耆舊傳)』(1896), 『숭양기구전(崧陽耆舊傳)』(1903), 『창강고(滄
江稿)』(1912), 『소호당집(韶護堂集)』(1916), 『중편한대숭양기구전(重編韓代崧陽耆舊傳)』
(1920), 『중리한대숭양기구전(重釐韓代崧陽耆舊傳)』(1922) 등의 간행 과정에서 끊
임없이 수정 보완하고 있다. 창강은 자신의 개수 노력을 다음과 같이 해명
한 바 있다.

> 경신년(1920)에 나는 예전에 지은 『숭양기구전(崧陽耆舊傳)』을 다듬고, 『한
> 대숭양기구전(韓代崧陽耆舊傳)』으로 이름을 바꾸었다. 하루는 그 책을 펼쳐
> 보다가 채 다듬어지지 못한 부분이 여전히 많았고, 이미 다듬었던 것도
> 또한 미진한 부분이 있었다. 아! 문자(文字)의 의리는 끝이 없고, 한 사람
> 의 총명에는 한계가 있는 법. 그래서 현명하고 지혜로왔던 주희(朱熹)조차
> 오히려, "문자는 고칠수록 더욱 좋아진다"고 했던 것이다. 더구나 나같이
> 재주가 보잘것없고 나이 들어 쇠약해진 사람은 말해 무엇하겠는가? 오
> 직 이 구구한 평생의 본마음이란 차마 잘못을 숨겨가며 그릇됨을 이룰
> 수는 없다는 것이었기에 남들의 빈정거림과 비웃음을 피하지 않고 다음
> 과 같이 거듭 수정했다.[139)

문장의 개수(改修)를 주희에 견주었던 바, 「중수숭양기구전서(重修崧陽耆舊
傳序)」[140)에서도 정이천(程伊川)이 60세에 『역전(易傳)』을 완성한 일을 거론하며
자신의 입장을 밝히고 있다.[141) 잦은 개수를 거쳐 많은 인물전을 지은 이유
는 과연 무엇일까? 창강의 변명처럼 기록하기 좋아한 기록벽(記錄癖) 탓인
가? 또한 전(傳)에 보이는 소외된 계층, 차별받는 지역에 대한 애정은 어떻
게 이해할 것인가? 본고는 창강의 입전관으로부터 이 문제의 실마리를 풀

어가고자 한다.[142]

2. 준선(峻選)과 포폄(褒貶)

창강은 『신고려사』를 찬술하면서, '잡철(雜綴)'을 통해 자신의 편집 의도를 남겼다. 여기에 그의 입전관을 알려줄 단서가 있어 흥미롭다.

> 옛부터 사가(史家)의 열전은 반드시 덕행(德行), 재지(才智), 공명(功名), 사업(事業)이 있는 사람을 취한다. 정인지의 역사는 그렇지 않아, 덕행도, 재지도, 공명도, 사업도 없으면서 고관대작을 지냈으면 열전의 자리를 차지한 것이 많다. 그 역사를 무람(蕪濫)되다고 함이 또한 마땅하지 않은가? 이것이 내가 많은 부분을 산삭한 이유이다.[143]

> '사찬(史贊)'은 사마천의 『사기』에서 시작한다. 그런데 『사기』 열전은 천 년 동안 취한 인물이 몇몇을 넘지 않으니, 이른바 '준선(峻選)'인 것이다. 따라서 매 인물마다 찬(贊)을 붙일 수 있었다. 『신고려사』의 열전은 『고려사』의 무잡(蕪雜)함을 엄히 산삭하여 이뤘으되, 끝내 『사기』의 '준선(峻選)'에 비할 바가 아닌즉, 일일이 억지로 찬하는 일이 어찌 가당하겠는가? 그래서 다만 문열공(文烈公) 김부식(金富軾)의 『삼국사기』 찬례(贊例)를 따랐다.[144]

첫째, 입전 대상의 엄정한 선택. 창강은 사마천의 열전을 '준선(峻選)'이라고 하여, 자신의 입전 모델로 삼았다. 준선(峻選)의 기준은 덕행(德行), 재지(才智), 공명(功名), 사업(事業)이었다. 고관대작을 지냈다고 하여 입전될 수는 있겠지만, 그것이 필수적 전제는 아니다. 명신과 공신을 중심으로 한 조선 후기의『국조공신록』(영조대),『인물고』,『국조인물고』(이상 정조대) 등 관찬 인물고와 확연히 다른 맥락에 서 있음을 볼 수 있다. 또한 그는 열전마다 사찬(史贊)을 모두 붙이지 못한 이유가『고려사』의 입전인물이 준선(峻選)이 아니었다고 해명한다. 창강은『고려사』의 입전인물이 적절치 못하다고 생각했지만 그렇다고 다시 가릴 수도 없었던 것이다. 이는 창강 자신이 '준선(峻選)'하여 찬술한 고려 말 충신전, 개성인물전, 그 외 역사 인물전의 9할 이상에 '외사씨왈(外史氏曰)', '논왈(論曰)', '찬왈(贊曰)', '택영왈(澤榮曰)' 등을 붙이고 있음과 좋은 대조를 이룬다.

> 정인지 역사의 열전은 좋은 점도 많지만, 단점 또한 많다. 「고조기전(高兆基傳)」의 경우, 처음엔 "성품이 강개하다"고 하고서 끝에 "자신을 굽혀 김존중(金存仲)에게 투합(偸合)했다"고 하여 동일한 인물전 속에서도 시비(是非)와 포폄(褒貶)이 서로 모순된다. 이런 것이 한둘이 아니니, 이처럼 엉성할 수 있는가?[145]

> 정인지의 역사는 왕조가 바뀔 때 개절(改節)한 자를 위해 입전한 것이 많아 유달리 의로운 뜻이 없다. 개절(改節)한 사람으로 기술할 만한 일이 있으면, 「본기(本紀)」나 다른 사람의 전(傳)에 덧붙이면 될 것을, 무슨 면목으로 뻔뻔히 고려 명신의 반열을 차지한단 말인가? 그래서 이제 개절(改節)한 사람 가운데 더욱 죄악이 나쁜 사람을 가려 「반역전(叛逆傳)」에 싣고, 나머지는 산삭하여 훗날 찬사자(撰史者)를 기다린다.[146]

둘째, 입전대상의 시비(是非) 포폄(褒貶)의 일관성 및 공정성. 포폄에 있어서 '절의(節義)'는 중요한 기준이었다. 창강은 고려를 배반하고 조선에 붙좇았던 인물들을 위해 특별히 '반역전(叛逆傳)'의 말미에 자리를 만들었으니,

『신고려사』 52권 반역열전의 '조준(趙浚), 정도전(鄭道傳), 윤소종(尹紹宗), 남은(南誾), 남재(南在), 조박(趙璞), 오사충(吳思忠), 배극렴(裵克廉)'이 그것이다. 이는 제신열전 첫머리의 '홍유(洪儒), 배현경(裵玄慶), 신숭겸(申崇謙), 복지겸(卜智謙)'에게 바쳐진, "이제 홍유 등 4인은, 그 지혜가 현주(賢主)를 알아볼 만하여, 분발 추대해 어짊으로 포악을 바꿔 세상을 살렸으니, 밝고 위대한 그 이름을 역사에 드리웠다. 아! 잡배(雜輩)들이 나라와 임금을 사고팔며 부귀만 줄기차게 도모하는 것에 귀감이 될 것이다"란 사찬(史贊)[147]과 짝을 이룬다. 개국충신전과 망국반역전으로 고려의 흥망성쇠를 꿰뚫고 있는 바, 창강의 포폄은 엄정했다.

객관성이란 공의(公義)와 관련된 것일 터, 입전자의 의식이 순 개인적 호오(好惡)에 치우치지 않고 공정할 수 있는가가 선결 요건이다. 이 점에서 창강은 정치적, 지역적 편파의 질곡에서 벗어나 있었기에 비교적 공정한 입장에서 서술할 수 있었다. 덕분에 그는 유림으로부터 "김택영은 이씨의 신하가 아니더냐?"는 비판을 받기까지 했다.

창강의 입전(立傳)은 인물 선택의 엄준함(峻選)과 시비포폄(是非褒貶)의 일관성 및 공정성이 그 요강(要綱)이었다. 비록 『신고려사』의 일러두기이지만, 『숭양기구전』을 찬술하면서도 스스로 사관(史官)을 자임하고 있었던 점에 비추어 볼 때, 이 두 가지는 그의 입전관 대강(大綱)을 보여준다고 하겠다. 이에 그의 『숭양기구전』은 "훌륭한 곳은 종종 구양수(歐陽脩)의 오대사와 합치된다."[148], "소호당 대부가 쓰셨으니 또한 필시 정치(精緻)한 의리로 재단하고 지극히 엄정하게 매듭지었을 것이다. 어찌 믿기 어려운 것이 그 안에 들어 있을 수 있겠는가?"[149]고 일컬어졌고, 조긍섭(曺兢燮)에 의해 "이 책의 체재는 정사를 본떴으되 그 실상은 달라 표창은 있어도 징계가 없다. 이것이 기구전(耆舊傳)이 되는 이유이다"고 지적받으면서도 "세상을 경륜한 불후의 사업"[150]으로 평가받았던 것이다.

3. 소수자와 인간애

  창강의 입전 인물은 대개 지역적으로 개성 출신,[151] 정치적으로 나라를
지키려는 애국자 및 당대 역사의 비주류, 계층적으로 중인·평민·천민,
그리고 여성 등의 비중이 상대적으로 높다. 본고에서는 이들을 '소수자'[152]
로 부르고자 한다. 소수자란 다수자의 상대적 표현일 뿐, 다수에 대한 열등
은 포함되지 않는다. 현실 속에서 소수자는 늘상 홀시(忽視)되기 일쑤이고
이들을 거론하는 사람조차 배척받기 다반사이기에, 그들의 삶이 수면 위로
떠오르기란 지난한 일이다. 소수자에 대한 관심과 부각은 '존재'에 대한 긍
정 및 이해를 근원적으로 깔고 있다. 인간존재에 대한 근원적 신뢰와 배려
에서야 그들을 시야에 담을 수 있기 때문이다. 관찰자의 처지를 제일의(第一
義)로 하여 당자(當者)의 시각을 평가함이 혹여 당자(當者)의 인간적, 개방적,
진취적 면모를 곡해할 우려가 있음은 바로 이 때문이다.

  창강이 개성의 기구(耆舊)들을 『숭양기구전』으로 엮자, 사관(창강은 1895년 내
각기록국内閣記錄局 사적과장史籍課長을 역임했다)으로서 출신 지역에 집착함은 공정
치 못하다고 비판이 잇따랐다.[153] 그 비판에 대해 창강은 다음과 같이 대답
한다.

  우리 숭양(崧陽)은 고려의 도읍지이요, 조선이 도읍을 정했던 것도 또한
  이 고을이었다. 땅이 한경(漢京)과 백 수십 리이어서 끌어당겨 삼보(三輔)로
  삼아 중요하게 여겼으니, 이곳 사람이 어찌 영남과 호남 출신만 못하겠
  는가? 서경덕(徐敬德)과 송상현(宋象賢)의 위대한 이름이 세상에 알려져 있
  으니, 내가 본디 감히 사사로이 하는 것은 아니다. 그밖에 다른 어진 사
  대부와 은둔한 군자들도 찬란하여 세상에 전해질 만한 사람이 많지만,
  어떻게 우리 숭양에 이런 사람이 있는 줄 알겠는가? 오호라! 이는 나의

책임이다.[154]

개성은 조선왕조 최초의 도읍지이요, 삼보(三輔)의 하나이며, 서경덕(徐敬德)의 학행(學行)과 송상현(宋象賢)의 충의(忠義)가 있었건만 그들의 사적을 거론조차 하지 않음은 사관의 임무를 저버린 것이라고 했다. 인물의 행적에 비해 빈약한 서술을 두고 균형 잡힌 시각을 요구한 것이다. 조선은 한양으로 천도한 뒤, 개성에 유수(留守)를 파견하여 특별관리하고, 개국 후 70여 년 뒤에야(1470, 성종 원년) 과거 응시를 허락할 정도로 차별했던 바, 이는 왕조가 유지되는 날까지 지속되었으니,[155] 고종조에 개성에 대한 차별 철폐를 상주한 개성 유수의 장계에서도 확인된다. 창강은 이런 정치적 차별이 고착된 편견 탓이라고 비판한다. 충의전(忠義傳)은 편견에 대한 문제 제기였다.

> 조선이 일어난 초기에, 우리 고을의 인사들은 복종하지 않았다는 이유로 재앙을 당했다. 그 지나온 시간이 이미 오래되어 기쁘게 교화됨이 벌써 깊었건만, 세상 사람들은 여전히 우리 고을 사람들이 아직 교화되지 않은 부분이 있다고 의심하며 마치 호랑이가 우리를 떠났어도 여전히 그 우리를 미워하는 것과 같다고 갖다 댄다. 어쩌면 그리도 생각이 천박한 가? 그래서 이 때문에 충의전을 짓는다.[156]

창강은 개성 출신으로 학행(學行) 23명, 문사(文詞) 13명, 서화(書畵) 6명, 충의(忠義) 13명, 순량(循良) 4명, 효우(孝友) 22명, 임휼(任恤) 1명, 기절(奇節) 3명, 무용(武勇) 6명, 기술(技術) 1명, 정렬(貞烈) 8명, 가자(歌者) 3명, 명원(名媛) 1명 등을 입전한다. 개성 출신 인물에 대한 입전이 지역적 소수자에 대한 창강의 애정이었다면, 정치적 소수자에 대한 배려는 『고려계세충신일사전(高麗季世忠臣逸事傳)』과 조선[韓]의 맥(脈)을 유지하고자 했던 인물과 당대 및 역사의 비주류에 속한 인물의 입전으로 구체화된다. 이는 그의 역사서술 의식과도 맥이 닿아 있다.

> 정인지(鄭麟趾)의 『고려사(高麗史)』를, 군자들은 '역사가 아니다'고 말하는데, 무엇 때문인가? 대저 사람이란 제 몸을 바로잡은 뒤에 남의 부정(不正)을 바로잡을 수 있다. 정인지 같은 자는 단종의 대신임에도 반역하여 세조에 붙좇고, 단종을 죽이자는 의론을 맨 먼저 주장했으니, 이는 개돼지도 먹지 않을 바이다. 하물며 그의 역사는 친자(親者)를 기휘(忌諱)하는 것 이외에 보잘것없고 허무맹랑한 잘못이 많음에랴? 내 홀로 여기에 분개한 지 어언 4, 50년이다. 하루는 시강 왕원초(王原初; 왕성순王性淳)가 편지를 보내서 "『고려사』가 한심한 지 오래되었습니다. 그대께서 마음이 없을 수 있겠습니까?"라 하니, 나는 감동하여, 문득 쇠혼(衰昏)하고 폐락(廢落)함을 잊은 채 수정했다. 서거정(徐居正)의 『동국통감(東國通鑑)』을 가져다 성긴 부분을 채우고, 『춘추공양전』, 『춘추곡량전』의 의리를 끌어다 기휘(忌諱)를 통하며, 석지(釋志), 유학(儒學), 문원(文苑), 은일(隱逸), 유민(遺民), 인국(隣國) 등의 전(傳)을 추가 기입하여 빠진 부분을 기운 뒤 구양수(歐陽脩)의 『신당서(新唐書)』의 고례(故例)를 취하여 명명(命名)했다. 나라 안 군자들이 듣고서 끄덕이고 의론을 주고받으며 격려해 주었다. 이것이 그 본말의 대강이다.[157]

『고려사』의 충신전(忠臣傳)이 질적 양적으로 약화되어 있음에, 창강은 조선에 붙좇지 않고 고려에 절의를 바쳤던 인물들을 위해 특별히 전집(專集)을 마련한다. 통상 '고려유민의 것'이라 불리는 의식의 근저에 '절의(節義)'를 바탕으로 한 직필이 있었던 것이다. 창강의 입전은 의리(義理)의 춘추학과 만난다. 그는 "좌전(左傳)은 사학(史學)이요, 공양(公羊)과 곡량(穀梁)은 경학(經學)

이다. 사학은 기사(記事)에 상세하나 도리가 부족하고, 경학은 의리가 뛰어나되 기사는 오류가 많다"[158]고 주희의 평가를 받은 『춘추공양전』, 『춘추곡량전』을 자신의 직필 입각점으로 삼았다. 그가 『한사경(韓史綮)』에서 이성계의 역성혁명을 직필하자, 이에 대한 반박과 비난이 언론을 통해 들끓었다. 그때 창강이 태극교 본부와 곡성 유림에게 반박하며, "유림들은 유독 공양씨, 곡량씨 두 사람의 『춘추』는 보지 못했는가?"[159]라 하여 곡량씨와 공양씨의 춘추필법을 끌어들인다. 사실 이는 『춘추좌씨전』에 근거한 역사관에 대한 비판이기도 했다.

창강은 고려의 좌절당한 충신인 정몽주(鄭夢周)를 비롯한 110여 명(여기에는 무사 48인이 포함된다.)을 입전하고, 외세에 맞서 항쟁 순절했던 김면(金沔), 최우순(崔宇淳), 황현(黃玹), 홍범식(洪範植), 장인환(張仁煥), 안효제(安孝濟), 안중근(安重根) 등 14명을 입전한다. 이들이 당대 및 역사의 주류층이 아니었음은 물론이다.

아! 노복(奴僕)의 생애는 매질과 욕을 모면하면 다행이다. 하물며 예법을 배웠겠는가? 오직 그는 예법을 배우기에 부족하기때문에 세상에서도 또한 일찍이 예법으로써 가혹하게 꾸짖은 적이 없었던 것이다. 김귀손의 행적은 바로 인륜에서 사모하는 바로서 어느 것인들 예법이 아닌 것이 없었다. 이 사람이야말로 진정한 사대부이거늘, 그래도 노복이라 부르겠는가?[160]

김귀손(金龜孫)은 사가의 노복(奴僕)으로 어려서 어머니를 여의고, 장성하자 어머니의 신주(神主)를 방안에 모셔두고 조석으로 제를 올렸으며, 아버지의 등창을 입으로 빨기도 했다. 아버지가 죽자 여묘살이는 물론 계모도 잘 섬겨서 정려(旌閭)로 표창되었다. 논평에서 보듯이, 창강은 신분의 존비(尊卑)

에 상관없이 덕행(德行) 그 자체를 두고 입전하였다. 그들이 화사(畵史, 「호귀복胡貴福」)이건, 헌 옷가지를 팔든(「이형식李亨植」) 관계없이, '행(行)'의 성격 자체를 가지고 인물을 선정한 것이다. 정열전(貞烈傳)의 고준실(高俊實) 아내 송씨(宋氏, 천민)에서도 보듯이 이런 원칙은 다른 열전도 예외가 아니었다.

이밖에 가자(歌者), 서화(書畵)와 같이 예술적 분야에서도 우평숙(禹平淑), 왕석중(王錫中), 손선달(孫先達), 한호(韓濩), 한명상(韓命相), 임경한(林景翰), 한종락(韓宗樂), 이상권(李尙權), 장기교(張基喬) 등의 인물을 입전하였다. 서화전의 한종락과 장기교는 오세창(吳世昌)의 『근역서화징(槿域書畵徵)』에도 누락되어 있는 바, 서화사의 공백을 채울 수 있는 자료로서도 가치 있다 하겠다.

창강의 열녀전, 효우전, 정열전에는 많은 여성이 등장한다. 물론 그는 여성주의자가 아니었다. "남자가 억세고, 여자가 부드러운 것은 하늘이 부여한 성품이다. …… 남자는 밖에서 바깥일을 하고, 여자는 집안 일을 다스리며, 남자는 처와 첩을 아울러 지니지만, 여자는 한 지아비에게서 삶을 마감한다"[161]고 한 바와 같이, 남녀 간 윤리에 있어서 전근대사회의 규범을 좇고 있었다. 그러나 창강은 여성의 '입장'에서 이해하려 했다. 그가 여론에 따라 정열전을 산삭했다가 다시 복원하는 과정을 보면,[162] 비록 제한적이지만 여성의 삶에 따스한 시선을 보내고 있었음이 분명하다. 그가 전근대 지식인이라고 볼 수 없을 정도로 여성의 처지를 배려하고, 그 감정을 소중하게 여겼음을 귀유광(歸有光)의 정녀론(貞女論)에 대한 반박에서 볼 수 있다.

귀희보(歸熙甫; 귀유광歸有光)가 정녀(貞女)를 의론하면서 정경(正經)에 근거를 대고 "여자가 아직 혼인하지 않았는데, 그 남편을 위하여 죽고, 또 개가하지 않음은 육경(六經)에 나오지 않는다. 사위가 친영(親迎)하지 않고, 부모의 명도 없이 분음(奔淫)한 것이니, 예(禮)가 아니다"고 했다. 이 논의는 참으로 옳다. 그러나 누가 저 변절(變節)이 그 사이에 숨어있을 줄 알겠는가? 세상의 가난한 집 여식으로 민며느리가 된 경우, 앞으로 시아버지가 될 사람에게 시아버지라고 부르며, 시어머니가 될 사람에게 시어머니라고 부르며, 남편 될 사람과 함께 상을 같이하여 밥을 먹고, 뜨락에서 함께 즐기며, 교분이 익고 정분도 도타워지길 10여 년, 혹은 7, 8년, 혹은 3, 4년이 지난 뒤에 바야흐로 함께 초례(醮禮)를 치른다. 저 앞으로 남편 될 사람이 글을 읽고 행실을 닦는 사람이 아니라면, 10여 년, 혹은 7, 8년, 혹은 3, 4년 사이에 친한 나머지 사합(私合)하지 않을 수 없으니, 그래서 민며느리로서 초례를 채 치르기도 전에 회임한 경우를 더러 듣기도 했다. 대저 사합(私合)했은 즉 부부라고 해야 옳을 것인가? 부부가 아니라고 해야 옳을 것인가? 그래서 정열(貞烈)한 여성은 더러 이런 변절(變節)의 상황을 만났을 때, 남편 될 사람이 죽으면 수절(守節)하고 시집가지 않는다. 부모와 형제자매, 그리고 이웃 마을 사람들은 그 사실을 모르고 시집가기를 권유하는데, 그때마다 여자는 "첩은 박명(薄命)한 사람입니다. 어디 간들 명(命)이 박하지 않겠습니까? 시집가지 않는 것이 낫습니다"고 대답한다. 진정 사합(私合)한 은정(隱情)을 부모에게, 형제자매에게, 이웃 마을 사람들에게 말할 수 없어, 오직 속으로만 제 애간장만 썩히면서 짐짓 다른 말로 둘러대어 찬정(簒情)한 일을 숨기는 것이다. 그러므로 혼인을 허락받고 부모 곁에 있는 여자는 의당 귀유광의 논의를 따를 것이지만, 혼인을 허락받았으되 민며느리로 지내는 경우 귀유광의 논의로 얽어맬 수 없다.[163]

'변절(變節)'은 개절(改節)과 달리, 절의를 지킬 정황이 다소 변칙(變則)인 것을 뜻한다. 윗글의 문제상황은 혼인을 허락받았으되, 상대 남자가 갑작스런 죽음을 당해 홀로 된 약혼녀가 수절한 것이다. 혹은 회임까지 했을 수 있는 상황이다. 이를 어떻게 평가할 것인가? 귀유광은 당연히 그런 법례가 없으니 비례(非禮)요, 분음(奔淫)이라고 했다.

창강은 그럴 수 있다며, 민며느리를 가정한다. 가난한 집의 여자가 시집 갈 집에서 생활하면서 앞으로 식구가 될 사람들에게 부모와 남편의 호칭을 함은 당연하며, 약혼남과 친하게 지내다 관계를 맺을 수도 있다는 것이다. 이런 '변절(變節)'의 상황에서 그 여성은 약혼남을 위해 수절할 수 있고, 게다가 관계를 맺어 회임을 했다면 차마 부모 형제에게 말할 수도 없을 터, 그 여성의 마음은 오죽 애간장이 타겠는가 하고 이해한다. 이 '변절(變節)'은 현대 미혼모 혹은 혼전 관계 후 연인이 죽은 상황에 상당한다. 예(禮)로 재단한 귀유광과 달리 여성 당사자의 삶을 긍정하고 이해하려는 것을 볼 수 있다. 논평의 말미에 "나는 우리 집에서 직접 보았다"[164]고 한 것을 보면, 창강은 이런 경우를 체험한 듯하다. 그는 경험적 사실 속의 진리성을 개방적으로 수용, 규범 속의 원칙과 생활 속의 사실을 영활(靈活)하게 운용하여 여성의 처지를 배려했다. 창강의 당대 사회적 소수자의 입전이 인간에 대한 근원적 애정에서 비롯된 것임은 물론이다.

4. 충(忠)과 열(烈)_현양과 역설

사람은 살아 있다는 것만으로 존중받을 가치가 있으며, 삶에 대한 노력은 그 어떤 것보다도 우선순위에 놓는다. 전쟁처럼 살아남기 위해 남을 죽여야 하는 경우도 있지만,─그래서 전쟁은 악(惡)이다.─그것은 특수한 경우에 해당할 뿐, 모든 인간에 대한 애정은 '살림[生]'으로 표현됨이 마땅하다. 그런데 사회윤리의 이름으로 죽임이 찬양된다면 그것은 어떻게 이해할 것인가?

창강의 전(傳)에 보이는 입전의식은 크게 충(忠)과 열(烈)을 요체로 한다. 시대적 계층적 소재의 다양성에도 불구하고, 충(忠)과 열(烈)의 범주를 벗어나는 작품은 그다지 눈에 띄지 않는다. 군이 추리자면 학행전(學行傳), 문사전(文詞傳), 서화전(書畵傳), 기절전(奇節傳), 가자전(歌者傳), 명원전(名媛傳), 가족열전(家族列傳) 등이 충열(忠烈)을 직접 다루지 않는다고 하겠으나, 그 또한 충열(忠烈)이 개입되어 서사의 골간을 이루며, 남성에겐 충(忠), 여성에겐 열(烈)이 담론으로 제시된다. 그래서 창강의 전은 다소 진부해 보인다. 그러나 그 투식성을 재단하기에 앞서 그가 충(忠)과 열(烈)을 어떻게, 그리고 그를 통해 무엇을 발언하려 했는지를 짚어보는 것은 그의 인물전 이해에 관건이 되리라 생각한다. 먼저 창강의 「절부설(節婦說)」을 보자.

> 고금의 책을 살펴보니, 과부가 죽지 않고 수절한 것과 남편을 따라 죽은 것을 똑같이 절부(節婦)라고 했다. 우리나라는 그렇지 않아서, 오직 순사(殉死)해야 절부(節婦)라고 일컫고 정려로 표창했다. 저 고달프게 메마른 가슴으로 외로움을 안고, 밤낮으로 시린 한(恨)을 품은 채, 차디찬 방에서 몰래 죽어 가는 사람들은 대개 거론조차 하지 않고 인몰(湮沒)시키니, 어찌 된 것인가? 대저 순사(殉死)는 한때의 괴로움이요, 죽지 않는 것은 종신(終身)의 괴로움이다. 종신의 괴로움과 한때의 괴로움 가운데 어떤 것이 심한가? 만일 부녀의 도리를 반드시 순부(殉夫)로 귀일시킨다면 더 이상 논의할 것이 없겠으나, 어느 세상에 열녀(烈女)가 꼭 젊은 사람에서 나오고, 늙은 사람에서 나오지 않았던가? 나는 이 때문에 죽지 않는 것이 진정 괴롭고도 어려운 것임을 더욱 알게 되어, 감히 저것을 무겁게 여기고 이것을 가볍게 여기지 않는다. 더구나 저 죽을 수 없는 사람이 마음으론 기필코 죽으려면서도 의리상 죽을 수 없는 이유가 있음에랴?[165]

순사(殉死)보다는 수절(守節)하는 과부가 좀 더 괴롭다고 하며, 우리나라에서 순사자(殉死者)를 절부로 평가하는 것을 이해하기 어렵다고 했다. 죽음과 고통의 대가로서 절부(節婦)에겐 정려(旌閭)가 주어진다. 정려는 일개인의 명예(?)가 아니라, 가문, 지역 전체의 영광이었다. 그런데 그 사적을 보면 한결같이 가혹(苛酷)하기 짝이 없음에 당황하게 된다.

김이익(金以益)의 아내 이씨(李氏)는 왜놈에게 능욕(凌辱)을 당했다고 하여 강에 몸을 던졌고, 차상민(車尙敏)의 아내 김씨(金氏)는 남편의 복수를 한 뒤 7년 만에 첫딸을 시집보내고서 목을 매었고, 박석주(朴碩柱)의 아내 황씨(黃氏)는 남편의 복수를 한 뒤 강도의 배를 갈라 간을 꺼내 제사 지내고서 굶어 죽었고, 고준실(高俊實)의 아내 송씨(宋氏)도 남편의 복수를 한 뒤 원수의 간을 꺼내 제사 지냈고, 현석기(玄錫祺)의 아내 김씨(金氏)는 객사한 남편을 따라 죽으려다, 시부모를 다 봉양한 뒤 자살했고, 김이상(金履相)의 아내 이씨(李氏)는 남편이 죽자 굶으며 누웠다가 벌레가 몸에서 나오더니 죽었고, 김이서(金履瑞)의 아내 양씨(梁氏)는 남편이 죽자 그 후사(後嗣)를 구한 뒤 1년 있다가 독을 먹고 죽었고, 이효석(李孝錫)의 아내 조씨(趙氏)는 남편이 죽자 대상(大祥)을 치른 뒤, 아편을 먹고 자살했고, 한성목(韓聖睦)의 아내 전씨(田氏)는 남편이 병에 걸리자 단지(斷指)로 피를 내어 먹이고, 그가 죽자 독약을 먹었다가 시부모의 권유로 후사를 세우고 50년을 살고 죽었다. 창강 '절부론'의 전형일 터, 전씨는 정려의 장계(狀啓)가 올라갔으나 조선이 망하는 바람에 정려를 받지 못해, 창강의 안타까움(?)을 산다.

어느 날 밤, 남자가 그(이한석)의 방을 들어서니, 김씨가 몸으로 칼을 받으며 소리치고 남자를 붙잡았는데 팔을 좌우로 벌려 가로막았다. 이한석은 이 틈에 달아났다. 남자가 가고 난 뒤, 집안사람들이 되돌아 와 모여서 김씨를 보니, 칼을 맞아 뻣뻣하게 누워 있었다. 코가 베어지고 눈알이 튀어나왔으며 온몸에 유혈이 낭자했다. 다들 크게 놀라 김씨를 안고 통곡을 하는데, 김씨의 목구멍 속에서 마치 "나는 죽습니다"란 소리가 나는 듯하더니 얼마 안 있어 죽고 말았다.[166]

이한석의 아내 김씨가 강도의 칼에 난자 당하면서 구한 남편은, 아내가 죽어가는 동안 도망가고 집안 사람들도 달아났다. 강도가 가버린 뒤에야 남편과 가족들이 돌아와 보니, 김씨는 코가 베어지고 눈알이 튀어나왔으며, 온몸에 피가 철철 흐른 채 죽어가고 있었다. 이 상황에서 김씨는 너무나 극적이게도 '죽는다'는 말까지 남긴다. 남편과 가족의 도망은 사실상 여성에게 내맡겨진 전근대사회의 구조적 모순을 상징한다. 김씨는 시집온 뒤 신랑의 눈빛조차 거역하지 않았다고 한다. 그런 순종 일색의 여자가 갑자기 용감무쌍한 지킴이로 변하고 결국 장렬히(?) 목숨을 바쳤던 것이다. 창강이 앞서 「절부설(節婦說)」에서 의문을 품었던 바, '우리나라에선 죽어야 절부가 된다'고 한 실례인 셈이다. 결국 절부(節婦)란 여성 당자(當者)를 위해 존재하는 덕목이 아니었다. 창강이 순사(殉死)보다 수절(守節)의 고통에 비중을 두면서 절부론을 펼친 이면에는 기실 '죽음'을 강요하는 세상에 대한 우회적 고발이 숨겨져 있었던 것이다.

창강의 전(傳)은 왜 이렇게 여성의 몸을 학대했을까? '절의(節義)'를 숭상한 탓인가? 우리는 앞서 창강이 지닌 여성의식을 산견(散見)한 바 있다. 여성의 마음을 헤아리던 그가,[167] 이토록 가혹한 표현을 남겨 둔 이유는 무엇인가? 이런 가혹함은 충신(忠臣)의 죽음 서술에도 나타난다.

황거정은 이숭인을 길에서 붙잡아 몽둥이 수백 대를 때렸다. 그래도 이숭인이 죽지 않자, 그를 말 위에서 가로로 싣고 수백 리를 치달려 가니, 마침내 살이 문드러져 죽고 말았다.[168]

유극량은 말에서 내려 땅바닥에 자리를 깔고 앉으며 "이곳이 내가 죽을 곳이다"라 말하고, 활을 당겨 적을 쏘았다. 한참이 지나자 오른손 손가락 이 빠져버렸다. 이에 활을 땅바닥에 내던지며 "장사의 힘이 다했구나"라 말하고, 그만 눈물을 주르르 흘리며 노래했다. 노래가 끝나자, 다시 활을 끌어다 이빨로 활을 쏘았는데, 이빨 역시 빠져버렸다. 결국 그는 적에게 살해당하고 말았다.[169]

이숭인이 말에 매달려서 살이 문드러져 죽었다는 야사를 전(傳)에 수용함 으로써 이숭인의 의로운 죽음을 부각시키는 장치로 활용했다. 유극량의 죽 음에 이르는 과정 역시 마찬가지다. 활을 당기던 손가락이 빠지고, 이빨도 빠지고, 결국 살해당한 유극량, 그를 두고 창강은 싸움터였던 임진강을 지 날 때마다 유극량의 혈전(血戰)이 생각나서 머리가 절로 꼿꼿이 서지 않은 적이 없다고 하였다.[170] '작살(斫殺)'(「김연광(金鍊光)」) '격살(擊殺)'(「정몽주(鄭夢周)」) 이란 표현을 직설적으로 던진 것 또한 마찬가지의 효과를 위해서였다. 처 절한 죽음의 대가로 이들에겐 시호(諡號)와 배향(配享)의 은전이 내렸다.

그런데 당연히 포상 칭송되어야 할 '절의'이지만, 죽음이 찬양받고 처절 한 가혹함마저 불사하지 않음은 무엇 때문일까? 창강은 기회가 있을 때마 다, 당대 사회의 병폐가 문벌숭상(門閥崇尙) 혹은 가문 중심의 체제에 있다고 꼬집었다.

조선의 정치 폐단을 돌아보건대, 지나치게 문벌을 숭상하여 이름난 조상 이 없는 사람은 벼슬길에서 밀쳐지고 있다. 이에 궁벽진 시골의 한미한 집안사람은 밤낮으로 사모하는 바가 오직 이름난 조상에 있어 족보를 속이고 가록(家錄)을 거짓으로 꾸미며 분분히 잘못 찬술하고 있으니, 나의 모자란 재주로 3, 40년 동안 주워 모아 살피고 변증했지만 어찌 스스로

시원스럽게 여길 수 있겠는가? 그래서 부득이 그 가운데 오직 약간 명을 추려서 이 책을 만들었다.[171]

문벌숭상의 시류에 맞추기 위해 시골 선비조차 족보를 속이거나 가록(家錄)을 왜곡하는 일들이 일어나는 상황, 그 자신도 또한『숭양기구전』의 이색(李穡) 열전 탓에 그 후손에게 위협을 받고 관직마저 사면한 적이 있었지 않은가?[172] 정려와 사당(祠堂)이 그 집안의 출세를 보장하듯이, 여성과 남성에게 강요된 정열과 충의의 덕목은 그 개인을 위한 것이 아니라 가문을 위한 것이었다. 그 가혹함의 강화는 가문의 영달을 위한 노력이 더욱 거세짐을 반영한다. 특히 사회적으로 여성은 남성에 의해(이한석의 아내 김씨에서 보듯이) 정열(貞烈)을 강요 혹은 착취당하는 상황에서, '열녀(烈女)'에 새겨진 여성의 피울음은 사실 체제의 강요와 남성의 대리만족[173]에 의한 것이었고, 이를 전근대 여성이 갖는 이중의 속박(束縛)이요, 소외(疏外)라 할 것이다.[174]

창강의 전(傳)에 나타난 열녀와 충신의 장렬한 최후 장면, 가혹한 표현의 이면엔 그 고통과 죽음을 부추기는 문벌 중심의 전근대사회에 대한 통렬한 비판이 깔려 있다. '충(忠)'을 봉건왕조에 대한 헌신성의 물화(物化)라고 할 때, 사가(私家)의 영리(榮利)와 행복을 권하는 문벌 사회에 대하여 헌신성의 강조는 당연하다고 할 것이다. 그런데 표현상 더 가학적으로 충성을 강요하거나 더욱 가혹한 고통을 경험하도록 요구한다면, 이는 분명 보편적 가치인 '충(忠)', '효(孝)', '열(烈)'의 제시를 넘어서 당대 사회의 강요와 폭력을 고발하는 성격을 띤다. 창강은 이렇게 사람이 제대로 살 수 없게 만드는, 다시 말해 죽음과 고통을 강요하는 사회에 대한 통렬한 비판과 질타(叱咤)를 전(傳)으로 담아낸 것이다. 그 자신은 전근대적 세계관을 지녔음에도 그가 창조한 인물이 보인 사실성과 영활함은 세계관의 한계를 넘어 현실 체제의 모순을 포착했던 바, 이를 창작 방법의 승리로 읽을 수 있을 것이다.

'삶(살림)'이 인간에 대한 존엄성의 인정이고 그에 대한 배려이기에 이를 긍정하고 강화하려는 노력은 아무리 강조해도 지나치지 않다. 인간의 삶에 대한 애정을 바탕으로 소수자의 건강함을 읽어내고 특히 체제모순의 고리를 문벌숭상으로 파악하여 그것을 '보편[충忠, 열烈]'의 이름으로 자행된 죽음의 강요로 표현해 낸 창강의 전은 충(忠), 열(烈)이란 낡은 그릇에 인간애에 바탕한 문벌 비판이라는 당대적 의미를 담은 것으로 평가할 수 있다.

5. 시적 굴곡_전을 여는 열쇠

창강은 보편적 인간애를 바탕으로 당대 및 역사의 지역적, 정치적, 계층적 비주류였던 인물의 삶을 입전하였다. 소수자를 시야에 담으면서도, 잊지 않았던 준거는 '절의(節義)'였던 바, 이는 그가 살았던 근대계몽기 지식인들의 변절 상황과 무관하지 않을 것이다. '절의'의 구체적 현현인 '충(忠)'과 '열(烈)'의 현양(?)이 하나의 역설로 읽히는 것도 그 때문이다. 그렇기에 창강의 인물전이 갖는 진정성은 다시금 강조해도 지나치지 않을 듯하다.

창강의 인물전은 대개 다음과 같은 특징을 지닌다고 할 수 있다. 첫째, 당대 역사성을 간취하여, 사실의 엄정성(「황진」, 고려충신전)에 바탕한 진실성을 확보했다. 둘째, 입전 대상 인물에 대해 전범적인 접근이 아니라, 대상 자체가 지닌 생명력을 따라(「안중근」, 「박지원」, 「황현」) '경과'를 관찰하고 있다. 그로부터 수많은 인물을 창조하되, 각각이 개성 있는 전형(典型)을 만들어 낼 수 있었다. 셋째, 견문(見聞)을 구성하고 표출함에 있어서, 작가의 경험적 진술과 객관적 서술 간에 긴밀한 대대(待對)가 이뤄지면서, 때로는 '나'가 직접 등장하기도 하고 때로는 전혀 등장하지 않은 채 담담하게 써 내려가, 독자 스스로 그 건조한 듯한 문체 속에 들어 있는 속울음을 알도록 해 주었다.(『고려계세충신일사전』 2권 전체) 넷째, 서사의 구성에 있어도, 인물의 외모보다는 행적을 먼저 배치하여 덕행을 앞세웠던 바, 이는 그가 문장은 인품에서 나온다고 했던 것과 동일한 맥락에 선다.

그런데 창강의 인물전이 전범성을 띤 문체를 유지하면서 각 인물마다 생명을 불어넣을 수 있었던 것은 그가 "태사공의 문장은 바로 시다."[175] 그리고 "시는 원래 가락진 소리이지만, 문도 또한 가락진 소리이다."[176]라 주장하듯이 문장에 감정의 굴곡을 담아냈기 때문이 아닐까? '문장의 시성(詩性)', 문장의 '성향(聲響)', 이는 창강의 전을 여는 또 하나의 열쇠일 것이다.

본고는 창강 인물전에 대한 스케치에 불과하다. 당대 여러 가지 글쓰는 양식들과의 상관성 및 전통 전(傳)과의 변별점 등에 대해선 논의할 수 없었다. 이 부분은 필자의 능력이 미치지 못했음을 고백하며 훗날의 연구를 기약한다.

<부록> 창강(滄江)의 인물전 개황

1. 고려충신전

인물	崧陽耆舊傳(麗季忠臣逸事傳)			滄江稿 (1912)	韶薤堂集 (1916)	高麗季世 忠臣逸事傳 (1920)	韶薤堂三集 (高麗季世 忠臣逸事傳 正悞) (1922)
	北京大本 (1896a)	慶尙大本 (1896b)	高麗大本 (1903)				
鄭夢周	○	○	○	○	○	○	
李穡(李種學)	○(○)	○(○)	○(○)				
禹玄寶	○	○	○				
李崇仁	○	○	○	○	○	○	
金震陽	○	○	○	○	○	○	
徐甄	○	○	○	○	○	○	
崔瑩	○	○	○				
吉再	○	○	○	○	○	○	
金澍(金濟)	○(○)	○(○)	○(○)	○(○)	○(○)	○(○)	
趙狷	○	○	○	○			
鄭矩(元宣)	○	○	○				
南乙珍	○	○	○				
李養中	○	○	○	○	○	○	
車原頰	○	○	○			○	○
車仁頰	○	○	○				
武士四十八人	○	○	○	○	○	○	○
元天錫	○	○	○	○	○	○	
崔添老(崔邁)		○	○				
李皐(李集)	○	○					
林先味 外2人	○	○	○	○	○	○	
具鴻 外14人	○	○	○				
文益漸					○	○	
金自粹	○	○	○		○		
崔瀁	○	○	○				
尹忠輔	○	○	○				
朴諶(朴自完)	○(○)	○(○)	○(○)				
鄭溫(河自宗)	○	○	○				
趙承肅	○	○	○				
閔由誼	○	○	○				
安瑗	○	○	○				
李行(趙瑜)	○	○	○				
崔七夕	○	○	○				
田貴生(田祖生)	○(○)	○(○)	○(○)				
申晏	○	○	○			○	
朴愈	○	○	○				

人物							
金若時	○	○	○				
尹璜	○	○	○				
李瓊	○	○	○				
孫登(河檠)	○	○	○			○	
崔清	○	○	○				

※ 註1) 『高麗季世忠臣逸事傳』은 南京大本(1922)을 저본으로 했다.

2. 개성인물전

구분	인물	崧陽耆舊傳(1903)	滄江稿(1912)	韶護堂集(1916)	韶護堂續集(1919)	精刊韶護堂集(1920)/精刊韶護堂集補(1920)	重編韓代崧陽耆舊傳(1920)	韶護堂三集(1922)/合刊韶護堂集(1922)	重釐韓代崧陽耆舊傳(1923)	韶護堂全集(1925)
學行	徐敬德	○	○	○			○		○	
	金履道	○	○				○		○	
	馬義慶	○	○				○		○	
	李慶昌	○	○				○		○	
	金玄度	○								
	金靜厚	○	○	○(忠義)			○		○	
	尹忠甲	○								
	崔繼林	○								
	金斗文(張昌復)	○(○)	○(○)	○(×)			○(○)		○(○)	
	金時鐸(許增)	○	○	○			○			
	高敬恒	○	○				○			
	張玄聞(李春韡)	○(○)	○(○)				○(○)		○(○)	
	趙有善	○	○				○		○	
	韓敬儀	○	○							
	馬游	○								
	韓光鎮	○	○				○			
	金憲基	○	○	○			○		○	
	金天復	○								
	任相翼	○	○							
	姜文豹	○	○							
文詞	田禹治	○(技術)	○(技術)	○(技術)			○		○	
	車天輅(車雲輅)	○(○)	○(○)	○(○)			○(○)		○(○)	

제5장 『숭양기구전』, 잃었던 사람들　**187**

구분	인물	崧陽耆舊傳(1903)	滄江稿(1912)	韶濩堂集(1916)	韶濩堂續集(1919)	精刊韶濩堂集(1920)/精刊韶濩堂集補(1920)	重編韓代崧陽耆舊傳(1920)	韶濩堂三集(1922)/合刊韶濩堂集(1922)	重輯韓代崧陽耆舊傳(1923)	韶濩堂全集(1925)
文詞	曺臣俊(朴民瞻)	○(○)	○(○)	○(×)			○(○)		○(○)	
	馬尙遠	○								
	石之珩	○	○			/				
	金普	○	○							
	林昌澤	○	○	○			○		○	
	韓在濂	○	○	○	○				○	
	李祖憲						○		○	
	朴文逵	○	○	○			○		○	
	李建昌		○	○	○		○		○	

구분	인물	崧陽耆舊傳(1903)	滄江稿(1912)	韶濩堂集(1916)	韶濩堂續集(1919)	精刊韶濩堂集(1920)/精刊韶濩堂集補(1920)	重編韓代崧陽耆舊傳(1920)	韶濩堂三集(1922)/合刊韶濩堂集(1922)	重輯韓代崧陽耆舊傳(1923)	韶濩堂全集(1925)
書畫	韓濩	○	○	○			○		○	
	韓命相		○	○			○		○	
	林景翰	○	○	○			○		○	
	韓宗樂	○								
	李尙權	○	○	○			○		○	
	張基喬								○	
忠義	宋象賢	○	○			/○				
	劉克良	○	○			/○		/○		○
	金鍊光	○	○	○			○		○	
	朴鐵壽	○								
	高洽		○				○		○	
	金漬外3人	○(○)	○(○)				○(○)		○(○)	
	田見龍	○	○				○		○	
	徐佑申	○	○	○			○		○	
	李綏邦(金興祖)	○								
循良	金明彦	○	○	○					○	
	金漢卿	○	○	○					○	
	李文欽	○	○						○	
	朴遠炯								○	
任恤	崔舜星	○	○	○		○/○	○	/○	○	
奇節	李㙉	○	○				○		○	
	薛繩儒	○	○	○			○		○	
	朴履恒							○/	○	
武勇	朴奎晃	○	○	○			○		○	
	李護軍	○	○							
	金弘淵		○	○		○/	○	/○	○	

구분	인물	嵩陽耆舊傳 (1903)	滄江稿 (1912)	韶濩堂集 (1916)	韶濩堂續集 (1919)	精刊韶濩堂集 (1920)/精刊韶濩堂集補 (1920)	重編韓代嵩陽耆舊傳 (1920)	韶濩堂三集 (1922)/合刊韶濩堂集 (1922)	重繤韓代嵩陽耆舊傳 (1923)	韶濩堂全集 (1925)
武勇	朴遇彩	○							○	
	勇	○	○	○		○/	○		○	
	玄必觀	○								
技術	李毖	○	○				○		○	
貞烈	金以益妻李氏	○	○				○		○	
歌者	禹平淑	○	○	○		/○		/○		○
	王錫中	○	○	○		/○		/○		○
	孫元達			○		/○		/○		○

구분	인물	嵩陽耆舊傳 (1903)	滄江稿 (1912)	韶濩堂集 (1916)	韶濩堂續集 (1919)	精刊韶濩堂集 (1920)/精刊韶濩堂集補 (1920)	重編韓代嵩陽耆舊傳 (1920)	韶濩堂三集 (1922)/合刊韶濩堂集 (1922)	重繤韓代嵩陽耆舊傳 (1923)	韶濩堂全集 (1925)
貞烈	李漢喆妻金氏	○								
	車尙敏妻金氏	○	○				○		○	
	朴碩柱妻黃氏	○					○		○	
	高俊實妻宋氏	○					○		○	
	玄錫祺妻金氏	○	○				○		○	
	金履相妻李氏 金履瑞妻梁氏	○								
名媛	黃眞	○	○	○		/○		/○		○
孝友	閔伯和	○	○						○	
	姜千年	○	○	○			○		○	
	韓舜繼 (安慶昌)	○(隱逸)	○(隱逸)	○(隱逸)			○(隱逸)		○	
	林應井	○					○		○	
	韓大用 (韓孟連)	○(○)	○(○)				○(○)		○(○)	
	林千壽	○	○	○			○		○	
	金象觀						○			
	趙以義	○					○		○	
	金宗祿							○/	○	
	馬最常	○	○				○		○	
	金尙黙	○	○				○		○	
	鄭泰燮							○/	○	
	李亨植	○	○	○			○		○	
	胡貴福	○	○				○		○	

구분	인물								
孝友	金龜孫	○	○				○		○
	河繼源妻崔氏	○	○				○		○
	張敨妻趙氏	○							
	權泳妻林氏	○	○				○		○
	趙絅溫妻朴氏	○	○				○		○
	金履恪妻曺氏		○				○		○

일러두기1) 『崧陽耆舊傳』은 高麗大本(1903)을 저본으로 했다.

일러두기2) 歌者傳과 名媛傳은 원래 「開城雜事(혹은 崧陽雜事)」로 분류되어 있다.

일러두기3) 인물전의 '소속 구분'이 다른 경우, 해당 문집/전집란의 ( )속에 차이 나는 내용을 기입했다.

　　　예) 田禹治:『崧陽耆舊傳』:○(技術)

일러두기4) 『重編韶濩堂集精』(1924)에 「崔舜星」, 「金弘淵」, 「崔錫朋」이 수록되어 있다.

3. 역사인물전

구분	인물	滄江稿(1912)	韶濩堂集(1916)	韶濩堂續集(1919)	精刊韶濩堂集(1920)	精刊韶濩堂集補(1920)	韶濩堂三集(1922)	合刊韶濩堂集(1922)	韶濩堂集績(1924)	重編韶濩堂集精(1924)	借樹亭雜收(1925)	韶濩堂全集(1925)
歷史人物	陳光世	○	○				○	○				
	金河			○			○	○				
	朴趾源	○	○				○	○				○
	申緯		○				○	○				○
	鄭芝潤	○	○				○	○			○	○
	金鼎集	○										
	李黃中	○	○				○	○				○
	姜瑋	○	○				○	○				○
	普淵		○									
	李鉉軾	○	○				○	○				
	白岐鎭	○										
	崔駿烈	○	○		○			○		○		○
	金光錫	○	○		○			○		○		○
	黃玹	○	○				○	○				○
	安孝濟			○			○	○				○
	洪範植			○			○	○				○
	張志淵	○						○(補)				○
	張仁煥(田明雲)	○										
	鄭在洪	○										

구분	인물											
歷史人物	李僑	○	○									
	史	○	○		○			○		○		○
	人	○										
	物		○									
	李在明(金貞益)	○	○									
	王性淳								○			○
	崔益翰								○		○	
	金種驥										○	○
貞烈	都明珠	○	○					○(補)				○
	趙烈婦	○	○									
	田孝婦			○								
	盧光舜								○			○
家族	金行一	○						○				
	金肇權	○	○									
	金光濂							○				○
中國人	陳銘思		○			○						
	周際林		○		○				○			○
	錢肅	○	○		○			○(補)	○			
	黃開基	○										
	于東彪					○		○				○
	鄭之沅								○			○

일러두기1) 陳銘恩 이하 6人의 傳은 滄江이 南通 寓居時 만났던 中國親友들의 家傳이다.
일러두기2) 『合刊韶護堂集補遺』(1922)에 수록된 인물전은 『合刊韶護堂集』 란에 '○(補)'라고 표시했다.

[원제: 창강 김택영의 전(傳) 연구-입전의식을 중심으로, 2001]

보론,
조선의
이방인들

'송도'라는 표상이 조선 전국을 유령처럼 배회하고 있다. '송도인'이란 누구를 말한 것인가? '송도인'은 조선어로 '개성사람' 곧 '개성에 거주하는' 상태를 나타내는 말에 지나지 않는다 …… 정체를 알 수 없는 자, 역사가 없는 자, 이름 붙이려 해도 붙일 수 없는 자, 그렇기는 하지만 어쨌든 조선에 거주하면서 '분수도 모르고 특권을 요구하고 있는' 성가신 자들, 그들이 '송도인'이다. '조선의 송도인'은 여러 가지 경계선을 가볍게 넘어 돌아다니는 '유목민적 삶'의 실천자가 아니다. 오히려 여러 가지 경계선에 포위되고, 고립되어 있는, 정신분열적인 삶을 강제당하고 있는 존재이다.[177]

1. 이주(移住)와 정주(定住)

하나의 상식으로부터 시작하자. 일반적으로 사람은 더 나은 삶을 위해 자신의 거처를 옮긴다. 정치적 이유에서건, 경제적 이유에선, 사회적 이유에서건, 대부분 '더 나은' 삶을 지향한다는 점에서는 동일하다. 물론 강제적으로 '더 열악한 상황'으로 추방당하거나 고립당하는 경우도 있다. 이는 강제적 폭력, 외압에 의한 결과이다. 그런데 따지고 보면, 더 나은 삶을 위해 옮겨간 경우도 정치적, 문화적, 경제적 이유에 '압박당한 것'으로 볼 수 있다. '고향(故鄕)'을 떠나 타지로 이주(移住) 혹은 이동(移動)하는 것은 웬만한 결심을 하지 않고는 쉽지 않기 때문이다. 특별히 '방랑벽'을 가진 사람을 제외하면, 사람들은 대부분 자신의 거처에 정주(定住) 혹은 정착(定着)하며 삶을 영위하고자 한다. 사실 '방랑'이 '벽(癖)'으로 되는 경우도 천성적이라기보다는 지극히 사회적인 이유에서 기인하는 경우가 많다. 따라서 이주는 특정한 상황에 구속 혹은 강제된 경우라 해도 과언이 아닐 듯싶다. '여행'을 아름다운 행위로 보는 이유는 '출발지'와 '도착지' 사이를 오간다는 점이지만,

그 떠남의 궁극은 '출발지로의 되돌아옴'이라는 점에서, 이 또한 정주적 삶의 한 방식에 불과하다고 할 수 있다. 출발지와 도착지, 이주와 정주, 이것이 지금 우리 논의의 키워드이다.

이주와 정주는 수평공간적 개념이다. 공간은 그 형태적 특성으로 인해 동등한 가치를 지닌다고 착각을 일으킨다. 그러나 실제 현실(역사)에선 중심과 주변이란 권력적 공간으로 배치되며, 이를 통해 끊임없이 이주와 정주 사이에는 출발지와 도착지 사이의 융입, 동화가 일어난다. 비록 우리가 '생산적 혼종'을 바라지만, 그것은 기대일 뿐 현실은 그렇지 못하다. 공간 사이엔 언제나 권력이 작동하기 때문이다. 그래서 '혼종'은 현실에 대한 서사이기보다는 문화 사이의 다양한 연대 혹은 교류, 그리고 생산을 위한 '전략'일 수밖에 없다. 그래서 우리는 혼종의 한 사회적 형식이라고 할 수 있는 이른바 다문화 사회가 '다(多)'라는 양적 개념으로 그 공평성, 대등함을 앞에 내세우지만, 실상은 소수가 다수에게, 비주류가 주류에게 편입되어 녹아드는 사회일 위험이 크다는 점에 동의하지 않을 수 없다. 물론 다문화 사회에 대한 이론적 논의들은 인간의 다양한 삶의 방식에 대해 동등한 가치를 부여하고, 함께 살 수 있는 공동체적 삶을 지향한다는 점에서 긍정적이며 이를 실천하는 노력도 참으로 소중함을 부인하지 않는다. 따라서 그 이론 및 실천의 결과를 평가하는 데에 지극히 조심스러울 수밖에 없다. 그러나 공간의 권력의지는 우리의 상상 이상으로 현실 속에서 폭력적으로 작동한다. 우리의 역사에서도 그런 정황을 포착할 수 있다. 우리의 역사적 삶은 직접적으로든 간접적으로든 고스란히 문헌 텍스트 안에 들어 있다. 이를 우리는 '고전(한문이든, 한글이든)'으로 부른다. 따라서 현재적 과제의 실천 과정에서 나타날 다양한 오류를 최소화하고 좀 더 현실성 있는 실천을 가져오기 위하여 우리의 전통 자산(텍스트)은 전략적 차원에서 새로운 '고전'으로 소환될 필요가 있다. 그런 점에서 본고는 조선 사회의 이방인이었던 송도인에 대해 탐사한 김택영의 『숭양기구전(松陽耆舊傳)』을 다문화 사회를 읽는 시선의 자산으로 새롭게 읽고자 한다.

송도(개성)와 한양(서울) 사이는 현재 자동차로 한 시간도 안 되는 짧은 거리에 불과하지만, 그 사이엔 역사적으로 고려와 조선의 역사적 거리, 사회적으로 비주류와 주류의 차별과 복종, 지배의 권력적 폭력, 그리고 세계사적으로 자본주의와 사회주의의 이념적 공백이 존재한다. 적어도 조선시대 내내 송도인은 끊임없이 한양으로 진입하려 했고 그것은 언제나 실패했다. 적어도 집단적 의미로서의 송도는 한양을 대표로 하는 조선에서 이방인의 게토였다고 할 수 있다. 본고의 주제인 '다문화 사회'는 국경을 넘나드는 '이방인(異邦人)'을 염두에 두고 있다는 점에서 일국 내 특정 지역인을 중심으로 한 논의는 다소 초점이 흐려졌다는 혐의가 있을 수 있다. 그러나 우리는 고전시대에 국경을 넘는 이주자에 대한 기록은 물론, 그들의 목소리를 온전히 전해주는 자료조차 뚜렷하지 않다. 사실 본래 이방인 탐사는 특정 영역 안에서의 다성성(多聲性)을 확인하려는 것이 목적이리라. 그런 점에서 본고는 조선의 이방인이었던 송도인의 모습을 다양한 각도에서 포착하고 있는 『숭양기구전』을 주목하지 않을 수 없다.

2. 고향은 무엇인가

논의에 앞서 '송도인'은 조선 사회에서 어떤 존재였던가? 과연 '이방인'이었는가? 그들도 조선인이 아니었는가?하는 의문을 던져본다. 그들은 조선인이고자 했고 스스로 노력도 많이 하였다. 그러나 그들에 대한 '차별'은 조선시대 내내 일관된 정책이었고, 그 정책 탓에 송도인 스스로 '열등감'에 사로잡혀 있었다. 송도인들은 오직 조선의 주류 지배층의 이익을 해칠 때에만 회유 차 조선의 자식으로서 불리면서 거역하지 않기를 강요받았다. 그래서인지 송도인에 대한 기록은 희미해지고 읍지(邑誌)나 가승(家乘)에 편언척자(片言隻字)로만 전해졌다. 『숭양기구전』 발문에 기록된 김택영(金澤榮)과 이건창(李建昌) 사이에 나눈 대화를 잠시 엿들어 보자.

> 소호생(韶濩生, 김택영의 호) 자네의 문장은 역사가의 재주가 있네. 자네를 사관(史館)에 두고서 한 시대의 역사를 짓도록 하면 더욱 좋지 않겠는가?[178]

갑작스럽게 질문을 받은 김택영은 한숨을 쉬면서 "우리 숭양(崧陽, 송도)은 고려의 도읍지요, 조선이 도읍을 정했던 것도 또한 이 고을이었다. 땅이 한경(漢京, 한성)과 백수십 리여서 끌어당겨 삼보(三輔)로 삼아 중요하게 여겼으니, 이곳 사람이 어찌 영남과 호남 출신만 못하겠는가? 서경덕 공과 송상현 공의 위대한 이름이 이 세상에 알려져 있으니, 내가 본디 사사로이 하는 것은 아니네. 그밖에 다른 어진 사대부와 숨어 사는 군자들도 찬란하여 세상에 전해질 만한 사람이 많지만, 어떻게 우리 숭양에 이런 사람이 있는 줄 알겠는가? 아, 이는 나의 책임이다."[179]라고 말한 뒤, 4백년 동안 송도에 살았던 사람들에 대한 기록을 모아 『숭양기구전』을 지었다고 하였다. 1885년 3월 3일의 기록이다.

이를 두고 혹자는 김택영이 자신의 '고향에 집착한 것이 아닌가 하는 의문을 던졌다. 그러자 이건창은 혹자에게, "자신의 재주를 사사로이 하지 않고 세상에 사용할 수 있었다면 저 4백년 동안의 어진 사대부와 숨어 산 군자들이 또한 어찌하여 나라의, 세상의 사람이 되지 못하고, 오직 숭양만의 인물이었겠는가?"[180]라며 세상이 받아주지 않은 상황에서 취했던 부득이한 행동이었다고 변호한다. 나아가 "숭양의 기구(耆舊)가 이처럼 어질고 많음에도 세상에서 역사를 논하는 자들이 그들이 누구인지조차 알지 못하고 있다."[181]며 허물하고 있다. 이건창의 지적은 크게 두 가지이다. 하나는 김택영이 사재(史才)를 세상에 펼칠 수 없었던 부득이한 상황이고, 다른 하나는 송도의 인물을 살펴주지 않았던 세상의 편견들이다. 이 탓에 김택영이 송도인을 기록한 일은 사사롭고 편벽된 행위로 간주될 수밖에 없었다.

사실 이건창은 김택영에겐 특별한 존재였다. 김택영이 낯설고 후원자 하나 없는 한양에 갔을 때, 그를 알아주고 식자층에 소개해 준 이가 이건창이었다. 그는 나이가 김택영보다 두 살 아래였지만, 먼저 문과에 급제하여 정계와 문단에서 유력한 인물이 되어 있었다. 그래서인지 김택영은 이건창에게 각별한 후의를 갖고서, 그를 『숭양기구전』 안에 입전한다.

이건창은 본관이 전주요, 태어난 장소는 강화였다. 그의 조부 이시원(李是遠)이 개성 유수를 지낼 적에 어머니 윤씨(尹氏)가 유수부 관아에서 임신했고, 산달이 차자 강화(江華)로 가서 분만했다. 당시 강화는 개성(開城), 수원(水原)과 함께 유수가 파견된 곳으로 한양 주위의 핵심 관리 지역의 하나였다. 유수는 특별관리를 할 지방에 파견되는 관원이었다. 이 덕분에 이건창은 개성을 지나거나 송도인을 만나면 남다른 우의를 보였다. 그를 송도인으로 '입전'하자, 혹자들은 그가 과연 송도인인지에 대하여 의문을 던졌다. 다음은 김택영의 답변이다.

내가 봉조(鳳朝, 이건창의 자) 학사와 함께 고문을 강론하고 연마한 지 서른 해, 이로써 그가 역대에 보기 드문 기재(奇才)임을 알았다. 대개 우리 조선 근세의 고문을 말하면, 홍석주와 김매순 두 사람이 있는데, 이 학사를 넣어 셋으로 할 만하다. 역사를 기술하는 법에 인물의 고향을 기록할 때 반드시 그가 나고 자란 곳을 따른다. 우리나라 사서는 『삼국사기』 이외에 대부분 그의 본관을 기록하는데, 이는 큰 잘못이다. 그래서 이제 특별히 이 학사를 숭양의 기구 속에 넣어서 뒷날 우리나라 역사를 짓는 사람이

혹시 그 뜻을 취하기를 기대한다.[182]

'고향'이란 자신이 나고 자란 곳이라는 사전적 정의를 받아들인다면, 김택영의 '고향론'(역사기술에 있어서)은 지극히 상식적이다. 그러나 본관을 위주로 생각하는 사람이라면 예제(禮制)에 맞지 않다고 할법한 일일 것이다. 그런데 이것은 역사기술에 한정할 문제만은 아니다. '고향'이란 정주(定住), 정착(定着), 머묾의 공간이다. 본관이 대대로 전해지고, 자신의 실제 출생지와 상관없이 '본관의 사람'으로 인식된다는 것은 정착을 본위로 생각하는 사회에서는 당연한 논리이다. 그러나 머물 수 있는 조건이나 상황이 마련되어 있지 않다면, 예컨대 '그곳'이 자연적이든 인위적이든 '뽑혀져' 없어졌다면 어떻게 될까? 그때도 그곳을 자신의 삶터라고 인정하고 선언해야 할까? 항용 '어디 사람'이라고 불리는 호명(呼名)은 무엇을 근거로 하는 것일까? 아니, 해야만 하는 것일까? 흥미롭게도 이건창의 출생지는 강화이다. 그를 송도인으로 호명한 근거를 '나고 자란 곳'이라 하였지만, 이는 '출생 장소'에 결정적 이유가 있는 것도 아닌 것이다. 사실은 삶터로서 송도에게 마음을 주었던 것을 이렇게 표현한 것으로 이해하는 것이 온당할 것이다.

삶을 영위하는 곳, 그곳을 고향으로 생각하는 것은 일종의 이방인적 사유이다. 영원한 정착지를 전제하지 않고, 이주의 자유를 인정하며, 어딘가에 들러붙지 않은 사상적 유동성(流動性)을 꿈꾸는 태도이다. 거창한 이념적 해방과 자유의 갈구와 같은 선언적 프로퍼갠더는 없다. 그저 송도를 내 삶의 실질적 근거지로 받아들이고 있는가 그렇지 않은가가 판단 기준인 것이다. 김택영이 '비판을 각오하고' 이건창을 송도인으로 기록한 '무리수'에는 그에 대한 애정과 함께, '본관적 고향'으로 상징되는 정주의 컨센서스에 일정한 의문을 던진 것이라고 보인다. 돌아보면, 『숭양기구전』의 송도인들은 기성 논리에서 배제되거나 거세된 인물들의 모음이다. 대부분 유리낙척(遊

離落拓)이 기본적인 '자질'처럼 되어 있다. 기성의 질서를 정주의 컨센서스가
지배하는 공간이라고 본다면, 그에 맞선 '송도인의 모습'엔 이주의 컨센서
스가 투영되고 있는 것이다.

3. 이방인과 송도인

  일전에 김택영의 입전의식을 송도인에 대한 서술도 포함하여 '작자의 소
수자에 대한 애정'이라고 정리한 바 있었다. 작자가 인간 존재에 대한 근원
적 신뢰와 배려를 갖추어야 송도인을 비롯한 사회적 소수자들을 창작의 시
야에 담을 수 있을 것이라고 보았기 때문이다.[183] 김택영은 송도인을 그려
내기 위한 자신의 노력을 이렇게 요약한 바 있다.

  나는 선친 이래로 이 땅에서 생활한 지 몇십 년이다. 일찍이 강산을 유
  람하면서 옛날을 우러르고 지금을 굽어보다가 그 사람들의 자취가 사라
  질까 걱정한 나머지 옛 지지(地誌)들에 근본하고 여러 묘지문이나 행장을
  살피며 노인들의 견문을 참고하는 한편, 비사(祕史)나 오래된 기록의 글
  자 하나 간찰 한 조각에 이르기까지 내 눈으로 그냥 지나치지 않은 곳이
  없었다. 그리하여 성종 때부터 위아래로 4백년 동안 80명 남짓의 사람을
  찾아내서 그 행실과 사적을 찬술하여 벌여놓고 그 이름을 '숭양기구전'
  이라고 했다. 모두 다섯 번의 더위와 추위를 지내면서 비로소 대요(大要)
  를 정하여 글자 하나 적는 것도 힘써 삼가고 조심했다. 감히 구차하게 뒷
  날 국사를 주관하여 나라가 다스려지고 어지러우며 이롭고 실패하는 일
  을 토론하는 자가 혹여 이곳에 마음을 둘까 하고 기대하지는 않았다.[184]

가장 눈에 띄는 고백은 기록의 글자 하나 간찰 한 조각까지 직접 확인하고, 궁벽진 산이나 황폐한 언덕, 외딴 고을을 몸소 다녔다는 부분이다. 기록을 확보하기 위한 김택영의 노력을 보여주는 구절이지만, 그만큼 자료가 부족하여 해당 인물의 존재는 물론 그에 대한 온당한 평가마저 요원하다는 점을 암시하고 있다. 학행전(學行傳) 「장현문(張玄聞)−이춘위(李春韡)」의 논평 부분을 보도록 하자.

> 천하가 어지러워지는 것은 형률에 의지하고 교화를 펴지 않은 데에 있다. 형률이 기승을 부리면 부릴수록 백성은 다스려지지 않게 된다. 이제 저 장현문과 이춘위는 시골에서 때를 만나지 못하여 다북쑥이 구르듯 고달프게 살며 아직 한 자의 땅, 채찍질 한 번 할 권세조차 지닌 적이 없었지만, 그대로 제 분수에 편안하고 명리를 탐하지 않으며 효성과 공경으로 힘껏 밭을 갈고 제 분수를 벗어난 적이 없었다. 그 행실로 몸가짐을 갖추고 그 덕화가 사람들에게 이르렀으니, 옛날 향당(鄕黨)의 가르침이라 한들 여기에서 무엇을 더 보태겠는가? 그래서 나는 이들을 드러내어 세상에서 백성을 다스리려는 사람들에게 알리는 것이다.[185]

이들처럼 제 몫을 다하면서도 세상과는 거리를 둔 채 부유하는 존재로 살았던 이들은 『숭양기구전』 곳곳에 들어있다. 영·정조 사이에 큰 선생으로 강학을 주도했지만 스스로 "나는 젊은 시절 생각이 참 많았지만 지금은 거의 식어버렸다"[186]며 부득이했던 자신의 처지를 우회적으로 말한 조유선(趙有善), "학문이 옛 전적에 통달하고 늙어서도 학문에 게을리하지 않으며 집안에서 부모 섬기기를 극진히 했지만 당로자 가운데 아는 이가 아무도 없었던"[187] 김한기(金憲基) 등 송도 지성사의 축선(軸線)을 구성할 만한 송도인들은 '부유(浮游)'하고 있었다. '부유'는 떠돎이다. 풀을 찾아 떠도는 적극적

이동은 없다. 그러나 특정한 땅에 자신을 뿌리박지 않음(혹은 못함)으로써 현실을 제 3자의 눈으로 직시할 수 있으며, 학문 또한 누군가에 기대지 않은 자득(自得)의 방식을 취하게 만든다. 먹이를 찾아 흐르는 유목적 적극성은 없지만, 사방으로 흐를 가능성은 내포하고 있는 셈이다. 서경덕(徐敬德)을 위시한 송도의 학행(學行)들이 '자득'한 경우가 많은 것도 이 때문이다. 서경덕의 경우, 그의 학문을 자득한 것인지 장재(張載)에게 기원한 것인지를 두고 논란이 있을 정도로 자득의 모습을 보이고 있었으며[188], 강문표(姜文豹)는 "책을 보는 데 있어 쉬지 않고 탐구하여 사색하였는데, 스스로 깨우쳐 얻은 바를 함부로 자랑하지 않고 오직 묵묵히 알고 있을 뿐이었고"[189], 김천복(金天復)은 "표일하고 쇄락하여 권세와 이익을 바라는 마음이 전혀 없었다. 앞뒤로 고을 벼슬아치가 여러 번 그를 부르려 했지만 끝내 그의 뜻을 꺾을 수는 없었다. 책을 읽으면 반드시 그 근원을 탐구하고 요체를 다져서 새로운 뜻을 깨닫는 것으로 만족했고"[190], 마희경(馬義慶)의 "학문은 주역에 깊어서 천시나 인사에 있어 길한지 흉한지 미리 알기도 했다. 집안은 본래 가난하여 텅 비었어도 가난을 근심하지 않았고, 오직 거문고와 서책, 그리고 산수로써 스스로 즐기기"[191]도 하였다.

'자득(自得)'은 세상과의 거리를 주체적으로 만들어 가는 과정이다. 많은 경우 세상이 오히려 당자(當者)와 거리를 두지만, 그 거리는 당자에게 세상의 흐름을 직면할 수 있는 기회를 제공하였다. 송도 최고의 학자였던 김헌기처럼 "끝내 올리지 못한 상소문"에서 다음과 같이 당대 현실을 비판할 수 있는 용기도 주었다.

순조 연간 나라의 정치가 해이하고 기강이 무너져서 날로 사치했다. 또한 평안도의 홍경래가 봉기했다가 얼마 전 토벌되었지만, 백성들은 아직도 어수선하여 나라 안이 뒤숭숭했다. 김헌기는 '……오늘날 나라가 위

태롭고 어지러운 형세를 크게 요약하자면 나라는 텅 비었는데, 사람의 욕심이 횡행하고 있다는 것이다. 이 지경에 이른 이유를 캐보면 첫째, 편파적이고 사사로이 함이 고질화되어 조정이 화합하지 못한 것, 둘째, 사람을 쓰는 것이 공정하지 않아 준재들이 많이 버려지는 것, 셋째, 선비를 뽑는 데 법도가 없어서 인재가 진작되지 않는 것이다.'라 하고, 국가가 위태로워 망할 것을 걱정하고 근검절약을 몸소 실천하며 조정의 신하를 독려하고 지방 부서를 살피며 관리를 감원하고 포흠과 빚을 탕감하여 어진 선비를 예우하며 옛 제도를 회복하고 새 제도를 제정할 것 3천여 언을 서술했다.[192]

이 상소문은 본래 김헌기의 벗 가운데 언관이 그에게 요청하여 써준 것이지만 끝내 올려지지 못했다. 언관이 보기에 그 내용이 심각하였던 탓이다. 이러한 충직함은 김이도(金履道)처럼 무속에 경도된 습속을 개조하기 위해 송악산을 비롯한 송도 주변의 산에서 음사(淫祠)를 직접 불태워 버리는 격한 행위로 나타나기도 하고[193], 마유(馬游)처럼 "타고난 성품이 강직하고 방정하며 기개가 있고 엄준해서 일에 한 터럭이라도 명예를 가까이하여 의리를 해치는 것을 오물처럼 보았다. 여러 차례 고을을 위하여 위법한 일을 살펴서 밝히고 자주 유수의 과실을 경계하여 바로잡았는데, 공적인 일이 아니면 관리들과 서로 만나지 않기"[194]도 하였다.

특히 흥미로운 존재는 '최순성(崔舜星)'이다. 흔히 송도인을 떠올리면 '송상 (松商)'을 말할 정도로 송도인에게 상인의 이미지는 매우 두텁다.[195] 본래 '상인'이란 이방인의 전형적인 역할이었다. 이들은 토지에 들러붙지 않음으로써 이동의 지속성을 확보한다. 세상의 많은 것들과 접촉하고, 더러 혈연, 지역, 직업에 매이지 않기에 그 어떤 것들과도 유기적으로 결합될 수 있다. 주류사회의 정주자(定住者)들과 관계를 맺지만, 그들과 친족적, 지역적으로 매여있지 않기에 이들은 외부자로서 객관적이라는 평가를 받는다. 최순성은 대대로 누려온 업을 통해 누만의 재산을 모았다. 그러나 산재(散財)의 가치를 깨닫고는 급인전(急人錢)을 두어 궁핍한 사람들에게 돈을 나누어주기 시작하였다. 흉년에 진휼하는 것은 당연한 일이었다. 평소 돌아다니기를 좋아하여 어린 종 하나 데리고 팔도를 유람하다가 어려움을 하소연하는 사람을 만나면 누구라도 도와주어 구제한 사람이 아주 많았지만 자랑하는 낯빛을 띤 적은 없었다.[196] 최순성은 '떠남'을 통해 얻어진 만남을 거부하지 않았다. 자신을 찾아온 이에게 그 어떤 '인연의 선'들을 묻지도 않은 채 선의로 도와주었다. 김택영이 '장자(長者)'니 '달인(達人)'이니 평가하였지만, 이는 그가 이방인의 전형적인 특성을 갖고 있기에 가능한 일이었다. 어딘가에 정주하지 않는 태도가 이주의 자유를 구가하며 새로운 인간관계와 정신세계를 창조할 가능성을 갖고 있음을 최순성은 잘 보여준다.

4. 타자와 저항

송도인이 가진 이방인으로서의 모습들에 대해 당시 조선의 주류사회는 어떻게 생각하였을까?『조선왕조실록』이나『일성록』등을 보면, 송도인은 서북인과 함께 늘 시혜적 조용(調用)의 대상이었다. 즉 다른 지역보다 차별받고 있기에 이들의 등용을 위해 개성 유수들은 기회만 있으면 보고서를 올렸다. 그러나 특용(特用)의 예는 그다지 눈에 띄지 않는다. 이는 항용 공간상 중심과 주변 사이에 권력관계가 형성되어 있음을 보여준다. 그러나 더욱 끔찍한 것은 송도인들을 '집단적인 상'으로 포착한다는 점이다. '송도'는 황량한 고적을 통해 망국의 설움을 회고해 보는 장소였고, 송도인은 경박하고 잇속 빠른 장사치에 불과하였다. 집단적 타자화된 송도인들은 시간이 흐를수록 더욱 고착화되는 상(像), 편견, 선입견, 고정관념에 좌절해야 했다. 이것이 『숭양기구전』을 통해 송도인들이 '인정투쟁(認定鬪爭)'을 벌일 수밖에 없는(?) 정당한 이유이다. 그들은 자신에 덧씌워진 오해를 풀기 위해 다각도로 항변했다. 흔히 도술을 부리는 술사로 알려진 전우치(田禹治)를 '문사전(文詞傳)'의 첫머리에 올려놓은 것은 일종의 편견에 대한 도전이었다. 김택영은 이렇게 말한다.

> 전우치의 시를 내가 거두어 본 것은 두 편이다. 그 하나는 제목이 없고 다른 하나는 삼일호(三日湖)에 제한 것으로 그 시는 다음과 같다.

> 늦가을 연못에 서리 기운 맑은데
> 바람에 실려 퉁소 소리 전해오네.
> 푸른 난새는 이르지 않고 바다 하늘 공활한데
> 서른여섯 봉우리에 밝은 달이 휘영청 하여라.

> 그의 생각과 운치가 맑고 신선하며 가락이 맑음을 보건대, 정녕 한 시대를 훨훨 날아다닐 시인이 되겠거든, 이에 한순간의 재주놀음으로 세상에서 도사라는 지목을 받고 말았다. 일찍이 조선시대에 도교를 둔 적이 없었는데, 어찌 이른바 도사가 있겠는가? 우습다.[197]

'선입견'에 휘둘리지 않고 자신의 눈으로 직접 시를 본 뒤 그 시를 지은 사람의 인품을 추정하는 것은, 한호(韓濩)의 글씨를 보고 인품의 고매함을 말했던 것[198]과 같은 맥락이다. 특별한 행적이 전하지 않는 전우치를 두고 그의 시 두 편에 의지해 문사전에 입전했던 것을 보면, 김택영은 그의 정체성에 대한 나름의 확신이 있었던 것으로 보인다. 무엇보다 조선이 '도사(道

士'라는 존재가 있을 수 없는 유교 사회였고, 실제 자료가 전해주는 내용은 전혀 '도사적(道士的)'이지 않았기 때문이다. 당대 역사 현실에 대한 식견과 실제 작품 및 자료를 읽을 줄 아는 능력이 전우치를 문사전 첫머리에 당당히 둔 것이다. 어쨌든 '전우치'는 존재에 대한 인정투쟁의 일례에 불과하다. 특히 조선 주류사회의 이념적 푯대였던 충과 효에 관련된 충신전, 효우전, 정열전의 경우는 서문마다 송도가 4백년 동안 소외되어 왔음을 암시하며, 송도가 조선의 부분임을 증명하려 한다.

기특하도다, 우리 고을에 열녀가 많음이여! 4백년간 지지(地誌)에 수록된 인물이 적어도 1백명을 밑돌지 않으니, 아마도 성조의 풍교가 치우쳐 이루어 놓은 것이요, 산천의 지기가 유독 이곳에 모였기 때문이 아니겠는가?[199]

우리 고을에는 예부터 효자가 많았으니, 대개 지기(地氣)가 그렇게 만든 것이다. 그런데 3, 4백년 사이에 두 명의 효자(강천년姜千年, 임응정林應井)가 특히 뛰어났는데, 시대가 너무 멀어 그들의 평소 언행은 상론할 수 없다. 사나운 맹수를 엎드리게 하고 진귀한 수박을 바치며 피리 속에 피가 들었다는 이야기 같은 것은 지금까지도 어린이들이 다들 말한다. 아아! 크나큰 순종과 지극한 정성이 아니라면 그 누가 이와 같은 감응을 만나고 사람들이 만세에 상서로이 여길 수 있겠는가?[200]

우리 태조대왕은 궁술이 고금에 절묘하여 고려시대에 여러 차례 활을 쏘아 큰 공업을 세웠고, 우리 고을의 궁마는 팔방에 정경(精勁)하다고 일컬어지니, 어찌 그 땅의 배양의 힘이 아니겠는가? 4백년간 활쏘기로 이름이 있던 사람은 서우신(徐佑申)이 최고요, 최석봉(崔錫朋)은 그 다음이라 한다.[201]

우리 고을은 고려 때 문충공 이제현(李齊賢)이 태어난 곳으로 그 문사(文詞)의 아름다움을 우리나라 역대 문장의 조종이 된다. 조선시대에 이르러서도 그 남은 풍모와 운치가 아직도 이어져 잦아들지 않았으니 그 땅의 기운 덕이라고 말하지 않을 수 있겠는가?[202]

위에 인용된 글을 일별해도 송도는 자신의 오래된 역사와 그 속에서 배출된 인물들을 근거로 자신의 존재감을 강변(強辯)하고 있다. 타자에게 있어서 '인정'이란 주류사회 안에서 그들의 정치적, 문화적, 사회적, 경제적 참여를 허용받는 것이며, 사회 구성원으로서 자신들의 문화적, 사회적 권리를 얻는 것, 그리고 자신의 존재, 성과, 업적 등을 제대로 평가받는 것, 나아가 자신들의 '차이'와 그것에 대한 존중을 받는 것 등을 의미한다.

조선의 창시자인 태조의 궁술에 기대어 어느 송도인이 조선 궁술의 최고였다고 말하는 것은 일견 유아적(幼兒的)으로까지 보이지만, 공식적인 인정 즉 과거 봉쇄가 풀리는 것이 조선 건국 이후 70여 년이 지나서야 이루어진 사정을 짐작하고, 한 왕조의 수도였던 송도가 중심에서 주변으로 전락한 상황을 고려한다면 그 호소의 절박함은 충분히 이해할 수 있으리라. 특히 임진왜란 등 국난에 처하여 목숨을 바친 유극량(劉克良)[203]과 송상현(宋象賢)[204]의 비장한 최후는 조선의 주류/중심에 의해 만들어져 비주류/주변에 강요되던 자신에 대한 열등한 이미지, 부정적인 선입견과 고정관념들에 저항하던 송도인의 절규에 다름 아니었던 것이다.

5. 다문화 사회와 고전

고전(古典)은 특정한 집단의 가치관을 반영하며 그 집단의 정체성 형성에 기여한다. 기실 모든 고전이 모든 시대, 모든 계층과 집단에서 절대적 구속력을 가지는 것은 아니다. 따라서 고전의 '목록'이 시대적, 사회적, 계층적 요구에 따라 변하는 것은 당연하다. 『숭양기구전』은 '주변인'(김택영 역시 주변인이었다.)이 '주변'(송도와 송도인)에 대해 긍정하는 마음으로 쓴 '주변의 텍스트'(이제껏 『숭양기구전』은 고전지성사에서 주인공으로 논의된 적이 없었다. 그저 참고자료였을 뿐이다.) 라는 점에서, '이방인'을 핵심 키워드로 이주와 정주 사이에서 동요하고 부유하는 존재에 대한 토론장에서 거론되어도 좋으리라. 한편 『숭양기구전』의 편제를 보면, 본래 『송도지(松都志)』, 『송도속지(松都續志)』 등에서 '인물(人物) / 재행(才行) / 충신(忠臣) / 효자(孝子) / 효부(孝婦) / 열녀(烈女)' 등으로 분류되던 것이 '학행(學行) / 문사(文詞) / 서화(書畵) / 충의(忠義) / 순양(循良) / 효우(孝友) / 임휼(任恤) / 기절(奇節) / 무용(武勇) / 기술(技術) / 정열(貞烈) / 가자(歌者) / 명원(名媛)' 등으로 좀 더 세분화되었다.

개인의 덕목과 특징을 세부적으로 포착하고 있다는 점에서, 또 주류가 원하는 덕목에만 한정하지 않고 송도인이 '소유'한 덕목을 발굴하여 그것을 있는 그대로 분류하고 있다는 점에서 진전되었다고 평가할 수 있겠다. 여기엔 송도인의 다양한 목소리를 담아내는, 미시적 다성성(多聲性)이 확보되어 있다.

하지만 이들의 다성성이 '인정투쟁'의 그늘 아래 덮이면서, 경계의 영역을 확보하며 새로운 지점을 창조해 내는 생산성까지 나아갔는지에 대한 평가는 유보해야 할 듯싶다. 무엇보다 『숭양기구전』의 송도인들이 진정 송도 '만'의 사람들이었는지 아니면 조선 주류가 원하는 인간형은 아니었는지 꼼꼼히 따져봐야 하겠기 때문이다. 아울러 김택영의 입전 태도와 전통사회, 고려와 조선, 지역과 중앙 등등에 대한 생각을 점검하는 일도 병행되어야 하리라. 『숭양기구전』은 이주(移住)와 정주(定住)의 마인드가 착종된 텍스트가 아니었는지!

자, 이제 '다문화 사회'에 대한 단상을 끝으로 마무리를 짓고자 한다. 익히 알고 있듯이 '다문화 사회'를 거론하는 문화적 이유는 이주로 인하여 야기된 이종(異種) 문화 사이의 혼종(混種)이 일굴 창조성을 주목해서다. 이민이나 망명, 탈주나 추방, 혹은 사상적 교류와 토론 등으로 인해 하나의 문화 주체는 다른 문화 주체들과 어울릴 가능성을 갖게 되고, 이들은 서로 영향을 주고받으며 아름다운 사회를 이루리라 기대한다.

사회학자들은 우리 사회가 국내 거주 외국인이 백만 명을 넘어서며 다인종, 다문화 사회로 진입하였고 이로 인해 이루어진 다양한 인적 구성원은 국가의 발전과 문화 창출의 인프라가 될 수 있지만 때로는 '한국 속의 세계'는 문화 충돌과 배타의식, 차별 등을 수반해 사회 불안의 요소가 될 수 있어 이에 대한 예방과 문제해결에 사회적 관심을 모을 필요가 있다고 지적한다.[205] 아마 '다문화 사회'를 하나의 키워드로 삼아 기획되는 다양한 인문적 논의들도 이런 사회적 변화에 대한 학계의 대응일 것이다. 과연 '다문화 사회'라고 규정지을 수 있는 '선'은 어디일까? 우리 사회는 '현실 다문화 사회'인가? 확언할 수 없다. 다만 현재의 논의는 '현실의 해석'이기보다는 '앞으로 일어날(물론 일어나고 있다고 믿는) 상황을 예비'하는 듯 보인다. 앞으로도 우리 사회는 다른 자본 사회처럼 자본의 세계화에 따라 외국 노동자의 '유입'이 더욱 많아질 것이다.(이를 국가는 '노동시장의 유연화'라고 부른다.) 이들을 두고 우리는 '다문화 사회'를 논의하고 있는 것이다.

이제 질문을 바꿔보자. 이들은 '문화적으로 의미 있는' 이주자들인가? 이점은 매우 중요하다. 비록 국가정책 차원에서든 국제 인권 차원에서든 다문화 사회를 논의하지만 그 핵심들인 '사람(이주자)'들이 문화적 혼종을 이뤄 다문화의 창조성을 보여줄 수 있는가? 아니면 주류 문화의 단일한 팽창을 가져올 것인가? 이것이 이른바 다문화 사회론의 성패를 결정하게 될 것이다.

우울하게도 본고는 여기에 회의적이다. 실제로 이주자들은 출발지와 도착지 사이에서 오가며 경계에 포획된 영역의 빈틈을 채우며 생산적 창신을 발휘하기보다는, 궁극적으로 이곳에 정주하기를 희망하는 경향이 짙고 결국 이곳의 문화에 '융입(融入)'될 위험이 크다. 그들이 돈을 벌려고 온 사람이든, 정치적 자유를 찾아온 사람이든, 아니면 문화적 교류를 위해 온 사람이든, 궁극적으로 그들은 소수자/주변인으로서 다수자/중심자의 권력/폭력에 휘둘릴 것이며, 웬만한 노력과 시간이 지나지 않고서는 그들의 처지 극복(극복된 모습이 무엇일지도 의문이지만)조차 요원할 것이기 때문이다.

흔히 다문화 사회론의 하나인 '용광로론'이나 '샐러드보울론'에는 '건강한 이주자'의 모습은 보이지 않는다. 그나마도 이들은 다행이다. 끝까지 낯선 손님으로 대접받다가 결국엔 신체적으로든 정신적으로든 추방당하는 사례 역시 우리 주위에서 심심치 않게 볼 수 있기 때문이다.(근래 네팔 이주 노동자 미누의 추방과 베트남 이주여성의 참혹한 상황을 보라!) 이 부분에서 필자는 이주자의 경계 가능성에 대해서도 의심(의문!)한다. 다문화 사회(적어도 두 문화 사이를 횡단하며)를 전제하며 거론되는 경계인론 혹은 디아스포라론, 경계적 사유의 문화적 혼종성과 창조적 생산력 등은 극소수 이론가들의 전략적 구호에 불과할지도 모른다는 불안감마저 있다.

21세기 한국 사회는 이전과 무척 달라져 보인다. 민족, 민중, 근대의 확실성에 의문을 가하고 새로운 시준(視準)의 개발 및 적용 가능성을 다양한 차원에서 제기한 지 이미 스무해가 넘었다. 이문화간(異文化間) 혼종과 화합, 그리고 창조적 생성을 다루고 있는 다문화 사회론 역시 그 연장선상에 있다. 이 이론의 핵심은 '이방인'에 대한 탐구이다. 따라서 구체적인 사람에 대한 논의가 그 이론의 가능성과 한계를 밝혀주리라 믿는다. 우리가 21세기 '다문화 사회' 현실 속에서 『숭양기구전』을 '고전'으로 호명한 것도 그것이 '소외된 사람'에 대한 서사였기 때문이다.

[원제: 다문화 사회와 숭양기구전(崧陽耆舊傳), 2010]

제6장

『숭양기구시집』, 잊혔던 감성들

1. 개성(開城)_개경(開京)_송도(松都)

본고는 김택영(金澤榮)이 편집한 『숭양기구시집(崧陽耆舊詩集)』의 간행경위와 그 시적 특질의 일단을 규견할 것을 목적으로 한다. 하나의 퍼즐을 맞추다 보면, 띄엄띄엄 존재하던 얼굴이 하나의 상으로 또렷하게 다가온다. 그 순간은 새로운 세상을 보는 듯한 희열에 빠지곤 한다. 또한 '불연속'이리라 생각하던 것이 '연속'된 유기체였음을 확인하는 순간, 또 다른 희열을 맛보게 된다. 그것은 생명의 창조에 버금가는 기쁨을 준다.

『숭양기구시집』을 대한 순간 맛본 희열은 바로 위 두 가지였다. 기실 송도는 그간 우리의 관념 속에서만 존재했다. 고려의 수도였다는 송도, 그곳 사람들이 장사에 능했다는 것, 그래서 '개성사람'은 깍쟁이라는 수식어가 항용 달리곤 했다. 그런데 우리는 그들이 왜 장사를 하였고 조선 내내 어떤 인물들과 문학 활동을 했는지에 대해서는 여전히 오리무중이었다. 가끔씩 송도를 유람했던 기록들이 소개되지만, 그것은 유람자들의 입장에서 바라본 견문기일 뿐 송도 혹은 송도사람 그 자체와는 아무런 상관이 없었다. 또한 김택영이 『숭양기구전』이란 열전을 통해 그곳의 인물들을 드러냈지만, 아직도 이들이 과연 무엇을 남겼는지, 그 내용은 무엇이고, 저들의 감성은 무엇을 지향하는지에 대해서는 의문투성이였다. 이에 대한 의문은 끝내 김택영의 또 다른 송도인에 대한 집적물인 『숭양기구시집』을 들춰 보게 만들었다.

이 글은 이 책의 간행 경위와 내용 소개 및 시집에 수록된 작품의 목소리가 어디를 향하고 있는지를 일차적으로 점검할 것을 목적으로 한다. 337수의 시를 수록하고 있지만, 이를 하나의 시적 특질로 꿰어 말하기엔 다소 어려운 부분이 있고, 4백 년간의 시간적 폭을 갖고 있는 감성의 연속에 들어 있는 미감을 단언하듯 포착하기가 쉽지 않은 탓이다. 무엇보다 이 시집에서 거론되고 있는 인물이 대부분 낯선 이들이었다. 그들 하나하나에 대한 정보가 부족한 지금으로서는 주어진 텍스트 안의 시에 대한 표면적 감지에만 의지해야 하는 한계도 있다. 그러나 이런 한계를 갖고 있음에도 이 시집을 일람하면 우리는 '송도'가 살아있음을 확인하게 된다. 이 글은 그 '살아있음'을 확인하는 시도 가운데 하나이다.

송도를 기억하는 태도에 따라서 이곳을 부르는 이름은 차이가 난다. 첫째, 고려의 수도였다는 점에 착안하여, 역사 속의 수도의 하나로서 살피는 태도가 있다. 주로 '개경(開京)'으로 지칭하며 역사 문헌 속의 모습을 포착한다. 역사학, 도시학 차원의 논의가 그러하다. 둘째, '송상(松商)'으로 불리는 특정한 집단을 중심으로, 상업적, 경제적 차원의 논의를 끌어내는 태도가 있다. 이들은 주로 '개성(開城)'으로 불린다. 경제사나 경영학 차원의 논의가 그러하다. 셋째, 고도로서의 지역적, 문화적 특성에 주안(主眼)하여 박물관적 관심을 보이는 태도가 있다. 이들은 주로 '송도(松都)'라고 부른다. 문화학, 지역학 차원의 논의가 그러하다.

사실 위 구분은 절대적인 것은 아니다. 논자들은 이런 구별 없이 그냥 '개성', '개경', '송도' 혹은 '송경(松京)'을 섞어서 부르기도 한다. 그러나 의식적으로 구분하든 그렇지 않든 간에 이름이 사용되는 맥락을 보면, 그 이름의 아래에 놓인 시선들은 차이를 암묵적으로 가지고 있는 것으로 보인다. 이를테면 '개성공단'에서 문화적 의미나 역사적 의미를 간취하기는 어렵지 않겠는가?

김택영은 이 가운데 '숭양(崧陽)'이란 이름을 애용했다. 숭산(崧山), 즉 송악산(松嶽山)의 남쪽에 자리 잡은 땅이란 뜻이다. "송경(松京)"의 '송(松)'과 "숭양(崧陽)"의 '숭(崧)'은 모두 송악산을 가리킨다. 본고는 이 가운데 '송도'를 선호한다. 이곳의 기억을 문화적 접근을 통해 헤아려 보려는 것이 집필 방향과 맞아떨어지기 때문이다. 그럼, 먼저『숭양기구시집』의 간행 경위를 살펴보도록 한다.

2. 『숭양기구시집』의 간행 경위

『숭양기구시집』은 어떤 경로를 통해 자료를 수집하고 간행되었을까? 이를 김택영의 고제자(高弟子)인 왕성순(王性淳)의 발문을 통해 확인하도록 하자.

지난 해 창강 선생은 『숭양기구전』을 저술하고는 다시 기구들이 남긴 시를 모았지만 아직 이루지 못한 채 경사(京師)에서 벼슬을 살았다. 십여 년을 지내다 세난을 피해 회남으로 옮겨 살았는데, 내게 편지로 부탁하여 그 유시(遺詩)들을 거둬 모으고는 산정을 더하여 장차 세상에 공간하려고 했지만 재력이 없음을 걱정하였다. 수원 관찰사 김사묵 공이 이를 듣고 탄식하며 먼저 출연하여 창도하니, 이에 본군의 군수 및 군중 여러 신사들이 이어 호응하여 간행의 일이 바야흐로 이루어졌다. 아! 천하가 경쟁하는 날을 당하여 시서육예(詩書六藝)의 글이 창고에 제쳐지지 않은 것이 거의 드물다. 하물며 숭양(崧陽) 기구들의 시가 쓸쓸한 처지에 놓인 것은 말할 것도 없으리라. 그런데 선생은 시국에 내쫓겨 세상을 유리하며 곤핍하기 말할 수 없는 상황임에도 오히려 정성껏 이를 잊지 않고 있었다. 김 공은 이 고장에 한때 벼슬하며 지나간 데 불과하니 과객이 여관을 스치는 것과 같은 데도 그 일을 개연히 생각하고 의를 낯빛에 드러내며 선생의 뜻이 이뤄지게 만들었다. 옛말에 '옛 나라 옛 도읍이라 바라보니 느껍다.'고 했으니 아마 선생을 두고 말한 것이리라. 『좌전』에 '산에 나무가 있으니 목공이 헤아린다.'고 했다. 아마도 김 공을 말한 것이리라. 감탄하던 나머지 문득 그 본말을 기록하여 후인들이 알게 하련다. 한(韓) 융희

경술 4월 1일.[206]

이에 의하면, 김택영은 왕성순을 통해 송도 기구들의 유시(遺詩)들을 모아 주도록 부탁을 하였고, 이때 모아진 시를 간행하고자 했지만 여의치 않아 경기관찰사인 김사묵(金思默)에게 부탁을 하여 재정을 마련했던 것으로 보인다.[207] 또한 『숭양기구시집』은 『숭양기구전』의 후속 작업으로 진행되었음도 알 수 있다. 사적(事迹)을 중심으로 집필된 '전(傳)'과 달리 '시(詩)'를 중심으로 모아진 '시집(詩集)'은 『숭양기구전』처럼 송도에 사람이 살고 있었음을 확인하는 또 하나의 기획물이었던 것이다. 간행 부탁을 받았던 김사묵의 증언에는 김택영의 목소리가 더 직접적으로 드러나 있다.

> 근래 창강자(滄江子)는 시국에 즐겁지 않아 나라를 떠나 회남(淮南)에 살았다. 하루는 편지를 수원의 치소로 내게 보내왔는데, 그 내용은 이렇다. "나는 개성에 있을 때에 선배가 본군의 시를 수집하여 『송경풍아(松京風雅)』라고 이름한 책을 구해 내용을 덧보태거나 덜고는, 인하여 속집하여 '숭양기구시집'으로 이름을 고쳤다. 회남으로 온 뒤 그 속집한 것이 더러 미비하여 학사 왕원초(王原初)에게 부탁하여 나를 대신해 수집하도록 했다. 이제 완전하고 정밀해졌다. 대개 서화담(徐花潭) 선생 이후로 덧붙인 잡류에 이르기까지 시는 모두 337수이다. 다만 간행할 재력이 없으니 이를 내가 아쉬워한다. 저 개성은 수원이 관할하는 고을이니, 이 시집의 간행은 또한 그대의 직무이다. 그대는 오히려 부세나 국방의 일이 아니라고 하여 도모하지 않을 수 있겠는가? '송경(松京)'과 '숭양(崧陽)'은 모두 개성(開城)의 별칭이다.[208]

김택영의 부탁을 받은 김사묵은 개성 군수 박우현(朴宇鉉)을 비롯하여 개성의 제언(諸彦)들을 모아 책을 간행한다. 그에 협조한 이들의 이름이 '동간록(同刊錄)'이란 이름 아래에 다음과 같이 기록되어 있다. 동간록은 이전 국가나 유력가문이 문집을 간행하는 것과 달리 여러 후원자들의 출연을 통해 이뤄지는 근대적 방식의 출판 방식으로서, 김택영은 동간 방식으로 『매천집(梅泉集)』, 『연암집(燕巖集)』 등 조선의 문집을 중국 남통의 한묵림인서국(翰墨林印書局)에서 간행할 수 있었다. 『숭양기구시집』 역시 한묵림인서국을 통해 간행되었다.

『숭양기구시집』의 동간록(同刊錄)

김사묵(金思默), 경기관찰사(京畿觀察使)

박우현(朴宇鉉), 개성군수(開城郡守)

김여황(金麗煌), 비서감승(祕書監丞)

김진구(金鎭九), 시종원분시종(侍從院分侍從)

한정호(韓廷鎬), 중추원의관(中樞院議官)

김수영(金壽榮), 영동현감(永同縣監)

손석권(孫錫權), 공릉령(恭陵令)

박원형(朴遠炯), 철산군수(鐵山郡守)

박수림(朴守林), 형조정랑(刑曹正郎)

김근용(金謹鏞), 풍경궁참서관(豊慶宮叅書官)

정재동(鄭載東), 성균진사(成均進士)

고한주(高漢周), 성균진사(成均進士)

김종환(金宗煥), 성균진사(成均進士)

최기조(崔基肇), 성균진사(成均進士)

공성학(孔聖學), 의릉참봉(義陵叅奉)[209]

대체적인 간행 경위는 위와 같은데, 한 가지 의문이 다시 생겨났다. 즉 '송경풍아(松京風雅)'란 책의 존재인데, 사실 이 책은 현전하지 않는다. 간행된 적이 없기 때문이다. 또 '전배(前輩)'는 누구인가? 그동안 우리는 '숭양기구시집'을 김택영의 저술 혹은 편집으로만 알고 있었기에 갑자기 혼란스러워졌다. 그런데 그동안 유의하지 않았던 대목이 눈에 들어왔다. 바로 책의 편저자를 표지하는 모두(冒頭)였다. 특이하게도 모두는 권1과 권2가 달랐다.

□ 卷1.
韓木川馬 權汝經 輯.　　花開金澤榮于霖 修輯
　　　　　　　　　　　　沃野林光潤重實
　　　　　　　　　　　　結城張時淳順侯 參訂
□ 卷2.
　　　　　　　　　　　　韓花開金澤榮于霖 輯
　　　　　　　　　　　　沃野林光潤重實
　　　　　　　　　　　　結城張時淳順侯 參訂

이에 의하면, 흔히 김택영의 편집, 간행으로만 알려져 있던 이 책은 사실 17세기 원집(原輯)한 이가 있었다. 그는 마권(馬權)이다. 권1은 마권이 원집한 것을 김택영이 수집하고, 그의 제자들인 임광윤(林光潤), 장시순(張時淳) 등이 참정한 것이다. 권2는 김택영이 별도로 수집하고, 역시 그의 제자들이 참정한 것이다. 그럼 마권은 누구인가? 다행히도 그에 대한 행장을 임창택(林昌澤)이 마련해 놓았다. 임창택에 의하면 1718년(무술)에 54세의 나이로 세상을 떠난 마권은 고려 말 신정군(新定君) 마경수(馬坰秀)의 후손으로, 조부는 마인호(馬仁浩), 부 마상진(馬尙進)과 모 윤씨(尹氏)의 아들로 태어났다.[210]

공은 휘가 권(權)으로 자는 여경(汝經)이다. 타고난 품성이 준직하고 풍채
는 훤칠하였다. 살림은 검소하였고 사치를 달가워하지 않았다. 남들에
게 의리로 대하기를 우선하면서 재물이 모자란 사람을 도와주었는데, 그
가 평소에 즐겨한 일들을 남들은 따를 수 없었다. 누군가 가난하여 학업
을 마칠 수 없는 사람이 있거든 데려다 묵게 하고 먹여서 학업을 마치도
록 했고, 혹여 추위에 떠는 자가 있으면 자기 옷을 벗어 주었다. 이 탓에
제법 많았던 재산이 그가 죽어 염습을 하던 날에 상자에 남은 옷이 없었
다. 구도(舊都)에 문장을 지은 사들이 앞뒤로 이으며 다들 유집이 있었지
만, 자손이 비천하여 능력이 간행할 수 없었더니, 산일된 것이 열에 여아
흐레였다. 이를테면 오산 차천로 부자는 문장으로 가장 세상을 울렸건만
이제 전하기는 것은, 이재(頤齋)는 시 몇 편이요, 오산(五山)은 시 십 수 편
이며, 『창주집(滄州集)』 약간 권뿐이다. 다른 사람은 어이 말할 것이 있겠
는가? 공이 이를 슬퍼하여 개연히 간행하여 전하겠다는 마음을 먹고 드
디어 끝까지 힘껏 찾아서 각 사람마다 시 약간 편을 모아서 한 권을 이
루고는 '송경풍아(松京風雅)'라고 이름붙인 뒤 장차 간행하려고 하였으나
끝내 이루지는 못했다. 그가 의리에 용감하고 천품이 이와 같았다. 공은
능력 있는 자를 보면 질투하지 않고, 선하지 않은 자를 보면 몹시 미워하
였다. 항상 발연히 세상을 분해하는 마음이 있었으니 마치 광질이 발병
한 듯하였다. 남들과 천하의 열사 기남자를 논의할 때면 일찍이 팔을 걷
어붙이고 이야기하지 않은 적이 없었다. 무술년 모월 모일에 병으로 졸
하니 나이 54세였다.[211]

임창택은 마권의 아들 마징하(馬徵河)와 친하게 지내면서 마권 부자와 교
유했다. 그의 기억에 의하면 마권은 항상 간담을 털어놓으며 자신과 망년
우를 맺었다고 한다. 아들의 친구와도 흉금을 털어놓을 정도로 소탈했던

풍모를 짐작할 수 있다. 이런 연분으로 그는 마권의 행장을 기록하게 되었고, 이를 통해 우리는 다행히 '송경풍아'의 편집 경위와 그것이 미처 간행되지 못한 채 원고로 남아있던 것을 김택영이 구하여 증감하고 산정하여 '숭양기구시집'을 엮어냈음을 알 수 있었다. 그러나 마권의 편집은 권1에서 그치고, 권2부터는 김택영(왕성순은 김택영의 부탁으로 자료를 수집, 보완했다.)이 수집한 것이다. 이 책은 시대순으로 엮여 있어 순서를 따라가면 송도의 지식인들의 서정세계가 보인다. 즉 시로 쓴 송도 지성사인 셈이다. 송도시사(松都詩史)! 이제 그 내용을 관규(管窺)해 보자.

3. 『숭양기구시집』의 구성과 내용

『숭양기구시집』은 모두 2권으로 구성되어 있으며, 권1은 서경덕(徐敬德)에서 임창택(林昌澤)까지, 작가 30인의 시 182수를 수록하고 있고, 권2는 장창복(張昌復)에서 황진(黃眞)까지 작가 31인의 시 155수를 수록하고 있다. 도합 61인의 시 337수를 수록하고 있다. 그 내용을 표로 보이면 다음과 같다.

區分	姓名	字/號	本貫	朝代生年	收錄作品	備考
1	徐敬德	可久/花潭	唐城	성종/기유 (1489)	-大興洞 -聞鼓刀 -溪聲 -次申企齋光漢韻 -送朝京使 -山居 -次韻答李留守龜齡 -次靈通寺板上韻	
2	金履祥	仲吉/心適堂	金海	연산/무오 (1498)	-上沈宰相 -家弟履道, 與州中諸生焚松嶽淫祠, 就理禁府, 旋蒙釋喜賦 -孝陵道中 -客至	

3	田禹治		潭陽	중종시	-無題 -三日湖	
4	車軾	敬叔/頤齋		중종/정축 (1517)	-題鉢淵 -題海山亭	
5	韓舜繼	仁淑/市隱	交河	명종시	-花谷憶徐先生有感 -山水歌	
6	金鍊光	彦精/松巖		중종/갑신 (1524)	-絶命詩 -夜月 -秋夜作 -殘春醉題 -奉別李副學珥辭職歸石潭 -謝梧陰尹令斗壽來訪升堂拜家母 -夜中候鷄排悶 -待舟昇天津 -次延安平遠堂韻上梧陰 -懷梧陰月汀兄弟 -賦西王母降武帝宴	
7	安鳳	瑞卿/	順興	중종/무자 (1528)	-四老會	
8	韓濩	景洪/石峯	清州	중중/계사 (1533)	-後西江 -五松亭	
9	金文豹	斐卿/ 浩然亭	清風	중종/갑오 (1534)	-浩然亭二絶 -次安利川四老會韻	
10	車殷輅			중종/경자 (1540)	-齊安送客	車軾子
11	河偉量	君受/	江華	명종/갑인 (1554)	-紫霞洞 -送李恭判赴明京	
12	車天輅	復元/五山		명종/병진 (1556)	-感君恩引贈韓石峰 -有所思 -用龍灣舊韻, 奉呈月沙李公廷龜 -立春帖子及迎祥詩居首, 　蒙賜黑角弓二張 -駕鶴樓, 次李五峰好閔韻 -大殿春帖子 -贈五臺山上院僧 -社稷祭後, 賜飲福宴, 次李芝峰韻. -送謝恩書狀官趙正郞持世赴燕 -送李提督如皇百首 -送金使君赴德川 -爲兵曹假郞廳題壁上 -漫興奉呈鄭公子虛和 -奉送太常直長李尙佖點馬如龍灣 -己酉二月初二日, 從遠接使柳相公 　辭朝, 晚出西城, 馬上口占 -過松都, 奉上使相兼示諸君 -黃岡客館, 曉坐感舊, 　奉上使相兼示諸公-送石峰赴加平郡 -與辛都事子方語及鶴峰金公, 　有感而賦之 -懷石峰 -朴監察爲言新喪十八歲姬人贈一律	殷輅弟

13	李址	伯厚/恥堂	河濱	명종/무오 (1558)	-老松	
14	車雲輅	萬里/滄州		명종/기미 (1559)	-爲尹開寧作東屯八詠 -懷徐花潭先生 -龍灣對雪 -謝金察訪惠蓑衣 -松山懷古 -統軍亭書感 -奉次朱翰院之蕃漢江韻	天輅弟
15	朴民瞻	時望	務安	명종/신유 (1561)	-金城途中 -詠烏 -巫山詞 -蒙譴到咸興作 -有所思 -春日有懷贈李奉宣 -觀獵	
16	曹臣俊	公著/寧耐	嘉興	선조/계유 (1573)	-峨洋歌, 贈馬進士尙遠 -閨怨 -江行 -古意 -班婕妤 -昭君怨 -謝睦相公叙欽壽席分南極老人圖一幅 -送李經歷之京 -感春 -酬陳中軍口號韻 -送峴南先生奉命之關嶺 -送鄭注書汝確罷官歸鄕 -次朴進士民瞻韻 -寂照庵 -漫吟	
17	林應井		庇仁	선조시	-偶吟 -北堂侍病	
18	馬尙遠	而重/八垓	木川	선조/계유 (1573)	-詠懷 -山齋夜吟 -詠畵	
19	金靜厚	士畏/破屋	禮安	선조/병자 (1576)	-夜聞鵑聲 -偶吟 -奉次潛谷金相國恒風韻	
20	河義甲	尙甫/	江華	선조/정해 (1587)	-戲贈李友 -春愁曲 -鄭圃隱韓孝子兩碑重修日, 次留相韻	인조/임오 (1642) 進士, 偉量堂姪
21	金㠎	峙卿/	德水	선조/을미 (1595)	-善竹橋韓孟連兩碑	
22	韓慶脩	永叔/	淸州	인조시	-次鄭侍中韓孟連兩碑韻	
23	金彬	子斐/	原州	선조/을사 (1605)	-和人荷珠詩 -春閨怨	
24	崔繼林	子述/	陽川	선조/무신 (1608)	-偶吟三首 -無題	

25	尹忠甲	子蓋/ 逐一齋	坡平	광해/기유 (1609)	-朴淵瀑布	
26	金準翼	仲揚/	德水	인조/병인 (1626)	-宿公州館夜聞子規	集子
27	曺錫	圭甫/ 獨棋堂	嘉興	인조/갑술 (1634)	-古意 -大夫松 -聞鵑 -酒 -戱成	臣俊子
28	金斗文	季章/ 敬勝齋	金海	숙종시	-鼓巖齋偶吟 -憶鼓巖 -幽居 -隱藏洞 -次李上舍尙輔韻 -遊臨潭 -過花潭留贈金進士奎	履祥七 世孫
29	金普	殷卿/		숙종시	-雨 -尋春效西州體二首 -夕渡臨津 -次回瀾石韻 -遊紫霞洞 -次義上人遊大興洞韻	靜厚從孫
30	林昌澤	大潤/松嶽	谷城	숙종/경신 (1680)	-海東樂府(35首) -天磨山冰瀑歌 -秋懷 -天磨山雪中 -自題壁上	
31	張昌復	吉初/杏溪	玉山		-紫霞洞 -紫霞洞與李夏鼐共賦 -次張典籍滿月臺韻 -除寢郎後有吟 -庚申九月二日滿月臺庭試 -遣懷	영조/신유 (1741), 徽慶基殿 參奉不就
32	陳箕範	禹卿/琴翁	驪陽	숙종/병인 (1686)	-漫吟 -山行, 次宋校理成命韻	
33	朴時懋	德卿/白菴	務安	숙종/무진 (1688)	-林日觀挽	
34	韓命相	君說/ 是學齋	淸州	숙종/임오 (1702)	-花潭	濩兄進士 濡之後
35	許增	川如/新湖	河陽	경종/갑진 (1724)	-警學 -感烏 -淸夜漫興	
36	王爾霖	澤老/	開城		-社稷洞墓齋戱吟 -詠桃杖 -贈宗人 -哭亡子祥忌	영조/신묘 (1771) 진사
37	趙有善	子淳/蘿山	稷山	영조/신해 (1731)	-漂母	
38	韓錫祜	惠仲/蕙畹	淸州	영조/경오 (1750)	-長淵金沙 -藕華觀 -二水頭站	

39	金憲基	稺度/初庵	熊川	영조/갑오 -1774	-大興山城小西門 -曉月 -田家 -扶山漫興 -文殊諸峰 -偶筆 -龍洞山房與心遠子共賦 -扶山洞 -夏夜詠月 -明鏡臺 -聽水 -山行遭曀 -望海 -奉和金翁行德遊金剛韻 -遊天磨山 -五月念五日, 　奉安朱夫子畫像於寒泉書堂, 因感賦此	
40	韓在濂	霽園/ 心遠堂	清州	영조/을미 (1775)	-辛酉歲重修圓通山房, 　與家弟鼎元學舍諸君同往一宿而歸, 　有閉門藏修之約而南來, 未果, 　今夏鼎元獨與諸君入山讀書, 　書來見憶感歎之餘, 作詩寄之. -小屋 -溪亭四時詠 -山居二首 -山莊首夏 -順天燕子樓雜絶 -春雨 -春晴 -朴燕巖先生趾源挽 -中京懷古六首 -乙丑立春有懷水亭故事, 次東坡韻 -延安君子亭	錫祜子
41	全象謙	迺亨/靑皐	羅州	정조/정미 (1787)	-題車五山集 -義州呈府尹蘇山宋公祥來	
42	李祖憲	繡卿/蓮士	河濱	정조/병진 (1796)	-西行道中 -紅梅二首 -鳳凰城 -悼亡詩 -卓文君 -歸自彩霞洞有作 -柵門雇車 -詠楓葉	
43	全弘珇	永叟/松嵐	羅州	순조시	-禮成江行 -細香塢 -賦樓柳 -東遊楓嶽出門作 -宿龜亭店 -觀音谷早發西歸 -見月出 -梨	

44	朴文逵	霽鴻/天遊	淳昌	순조/을축 (1805)	-南至月金陵道中 -題樵雲山人詩卷 -金剛山贈退雲上人 -過金浦縣 -寄海所鄭顯德承旨謫居 -落葉 -次韻友石侍郎春睡 -寄淸人董翰林文煥 -安峽途中, 遇鄉人話別 -登毘盧峰 -寄張節度寅植玉泉庵閒居 -送厚翁判書歸三峰 -次韻鄭海所使君共登永嘉樓 -西江舟中陪諸公共飲 -次韻酬金澤榮	
45	白膺絢	繪卿/愚南	淸道	순조/무진 (1808)	-讀韋蘇州集 -詠菊花 -邊庭四時詞 -元朝 -童鷄 -和金澤榮仙巖四時景詩 -中京懷古限韻	
46	白岐鎭	基文/兼齋	金山	순조/갑술 (1814)	-箕城 -箕城別曲 -十二美人詩 -詠城柳 -彩霞洞垂虹臺瀑布 -立秋後有雨, 雨後更熱 -彩霞洞雨後	
47	李珏	雙玉/蓮史	全州	순조/갑신 (1824)	-余入山後蓄一盆梅經十五臘, 間有故屏之者數歲矣. 今見其作花, 感而有作. -次韻滄江院谷八景	
48	金鍾宇	千里/杏亭	順天	순조말	-上留守李公升輔	
49	林輔永	左卿/靑坪	沃野	헌종/병신 (1836)	-梅花	
50	金載熙	禹卿/秋潤	安東	헌종/경자 (1840)	-四月八日 -暮春訪杏南, 不遇留題	
51	尹鑪佑	英玉/靑史	坡平	헌종/계묘 (1843)	-聞童子唱歌 -同李雨堂賦籬下葉 -法化墳菴月夜	
52	朴元珪	春卿/蕙山	淳昌	헌종/정미 (1847)	-王瀟齋學士性愜見訪同賦 -聞蟲聲有感	文逵族孫
53	朴南澈	子山/石堂		철종/경술 (1850)	-丁丑七月旣望夜, 同長湍府使素山李公應辰舟遊臨津江, 至龍山回至長浦, 分韻得影字. -朴淵冰瀑	民瞻11 世孫
54	具重協	寅卿/玉山	綾城	철종/갑인 (1854)	-呈東澗丈人	

55	金玄度	弘之/訒齋	禮安	명종/신해(1551)	-送柳監司希霖還朝 -上元待月 -孟夏卽事 -奉餞權經歷 -將建聖廟邀留後請役	流寓
56	石之珩	叔珍/壽峴	星山	광해/경술(1610)	-紙帳 -遣悶 -對人間因贈夢酒歌 -法駕導引 -釋悶 -鎭海樓 -初見白髮 -偶閱老佛書有見 -上洪留相重普 -奉別盆平都尉從江都歸京城	
57	李莘田	雨畊/雨堂	延安	헌종/병신(1836)	-和金滄江仙巖四景詩 -豐德莊望松山懷家仲兄	
58	徐昌東	順之/存齋	利川	철종/을묘(1855)	-因鹿獵寓旺谷村, 　村東有小邱臨流可愛 -壬辰六月晦,宿旺谷田舍,曉覺有吟 -早起 -重遊映水屛 -朝起 -淸晝	
59	玉兼			숙종시	-奉贈金進士昌翕	名釋
60	普淵 (金氏)	/小蜆			-高麗恭愍王陵 -滿月臺二首 -大興寺玩月樓	
61	黃眞			중종시	-詠半月 -奉別蘇判書世讓 -滿月臺	名媛

위의 표를 보면, '숭양(崧陽)'의 '기구(耆舊)'로 수록된 인물의 본적은 다양하며, '개성'인 경우는 왕이림(王爾霖) 한 사람뿐이다. 본적을 고향으로 간주할 경우 이 시집의 수록된 인물들은 개성 인물이 아닌 셈이다. 그러나 김택영은 『숭양기구전』을 입전하면서도 밝혔듯이 '송도인의 모습'에 이주의 컨센서스를 투영하고 있었다.[212] 즉 본관으로 대변되는 정주의 컨센서스를 넘어서, 삶터로서 송도에 마음을 주고 살았던 인들을 '송도인'으로 호명하고 있다.[213] 이와 관련해 그의 목소리를 재차 들어본다.

내가 봉조 학사와 함께 고문을 강론하고 연마한 지 서른 해, 이로써 그가 역대에 보기 드문 기재임을 알았다. 대개 우리 조선 근세의 고문을 말하면, 홍석주와 김매순 두 사람이 있는데, 이 학사를 넣어 셋으로 할 만하다. 역사를 기술하는 법에 인물의 고향을 기록할 때 그가 나고 자란 곳을 따른다. 우리나라 사서는 『삼국사기』 이외에 대부분 그의 본관을 기록하는데, 이는 큰 잘못이다. 그래서 이제 특별히 이 학사를 숭양의 기구 속에 넣어서 뒷날 우리나라 역사를 짓는 사람이 혹시 그 뜻을 취하기를 기대한다.[214]

이제 『숭양기구시집』에 수록된 시의 특징을 살펴보기로 한다. 본고는 차후 전면적 분석에 앞서 가장 두드러진 특징으로 간주될 만한 국면 하나를 검토하는 것으로 그친다. 그러나 이는 『숭양기구시집』이 지향하는 송도의 형상의 일단을 볼 수 있다는 점에서 대표성을 가진다고 본다.

4. 청신한 공간의 학문하는 송도지식인

고도를 경험했던 공간 속의 사람들에 대한 세상의 편견이 하나 있다. 즉 그들은 자랑스러운 과거를 들추면서 지금의 처지를 아파하거나 분노한다는 것이다. '회고'니 '유민의식'이니 하는 평가가 그것이다. 그런데 특정 공간에서 과거의 어떤 일을 추억하는 것은 진취적으로든 퇴영적으로든 다양한 의미를 내포할 수 있다. 그 추억의 방향을 가늠하고 의미를 짚어내는 것이 후인들의 몫이리라. 결론을 앞당겨 말하자면, 뜻밖에도 『숭양기구시집』에 보이는 시들은 과거를 추억하되 퇴영에 떨어지지 않는 모습을 보여준다. 수집자의 의도가 있을 터이나, 여하튼 과거에 자신을 고착시켜 허망한 추억에 빠지는 모습은『숭양기구시집』과 그다지 관련이 없다. 사실『숭양기구시집』의 시에 송도의 고적을 회고하는 시도 많지 않다. 앞서 요약한 내용의 시제를 일별하더라도 금세 확인 가능한 일이다. 오히려 송도를 퇴영적 회고의 정서로 덮은 것은 그들 자신이 아니었던 것이다. 그 예를 하나 들어본다.

> 옛 나라의 거친 만월대는 버려졌고
> 빈 성의 낡은 성가퀴는 무너졌도다.
> 강물은 양포를 향해 흘러가고
> 산은 한양을 바라보며 이어오네.
> 옥잔은 호인의 가게에 팔리고
> 금관은 들불에 재가 되었어라.
> 유민도 이젠 사라진 채로
> 사슴들만 멋대로 돌아다니네.
> 舊國荒臺廢　　空城古堞摧
> 水朝楊浦去　　山謁漢都來
> 玉盌胡人肆　　金棺野火灰
> 遺民亦已盡　　麋鹿自徘徊[215]

이 시는 김상헌이 송도를 회고한 시이다. 무너진 만월대의 성가퀴들로 시작하여 '미록(麋鹿)'들만 서성이는 송도의 황폐해진 정황을 포착하고 있다. 시제엔 차천로의 〈송도회고〉에 차운했다고 했지만, 현재『오산집』에는 위 시의 운자를 갖고 있는 동명의 시제는 전하지 않는다. 여하튼 차운시는 원시의 운자를 차용할 뿐만 아니라, 원운시의 정조도 화답하는 특성을 갖고 있다. 김상헌은 차천로의 친구로서,『오산집』에는 차천로가 김상헌을 그리

위하며 지은 시도 전한다.

이슬서리 싸늘할 사 밤기운 맑은데
눈에 든 차가운 달은 누굴 위해 밝은고.
봄바람에 하염없이 그대 그리움뿐이요
광원루 앞에 강물은 소리 내며 흐르누나.
霜露凄凄夜氣淸　　向人寒月爲誰明
春風不盡思君意　　廣遠樓前江水聲[216]

　그렇다면, 적어도 김상헌의 차운시는 차천로의 원운시와 유사한 정조일
것으로 추정할 수 있다. 그러나 차천로가 송도를 노래한 다른 시들을 보면,
김상헌의 시와는 다른 느낌을 준다.

송악산 우뚝 하늘 높이 솟아서
웅도의 진산이 된 지 오백년일세.
푸른 바다는 만 겹으로 먼빛을 보내오고
흰 구름은 천년 동안 층층마루를 눌렀네.
해가 약목으로 잠기며 자라의 등에 환하자
달은 요대에서 씻고는 학의 주위를 비치네.
패기는 이미 사라졌어도 산은 늙지 않아
눈앞의 풍광은 모두 여전할시고. (송악해운松岳海雲)
松山一骨近高天　　作鎭雄都五百年
碧海萬重來遠色　　白雲千載壓層巓
日沈若木明鱉背　　月淨瑤臺到鶴邊
伯氣已消山不老　　眼中風物摠依然[217]

송도의 진산(鎭山)인 송악산을 두고 지은 시이다. 오랜 역사를 지닌 채, 산과 바다를 각각 제 몸으로, 제 눈 안에 간직해 온 산의 위용을 표현한다. 비록 '패기(伯氣)'는 사라져 옛 도읍을 지키고 있지만, 눈앞의 풍경은 옛날에 못지않다고 자부한다. '산불로(山不老)'라는 세 자가 눈길을 끄는데, 노쇠하지 않은 산의 정기를 통해 지금도 의연하게 송도를 지키고 있음을 표현하고 있다. 역사적 위상은 달라졌어도 왕기(王基)로서의 위치를 의연하게 지키고 있는 송도를 노래하고 있는 것이다. 이 시는 '송도십이경(松都十二景)'이라는 연작시 가운데 하나이다. 십이경 안의 또 다른 작품인 〈만월황대(滿月荒臺)〉에서도 "흥폐는 운수가 있지만 산하는 그대로요, 대자리에 해는 비끼고 새는 안개 속으로 사라지네(廢興有數山河在 一簀斜陽鳥沒烟)"라고 하며, 비록 '황대'로 전락한 만월대이지만, 이는 '유수(有數)'일 뿐이요, 산하는 그대로라는 점을 재차 언명한다. 마지막 구의 석양녘 새가 안개 속으로 사라지는 화면은 운명을 받아들이는 극히 순물적(順物的) 태도가 읽힌다.

김상헌의 시는 언제 지어졌는지 확언하기 어렵다. 그러나 우리는 그의 시에서 송도에 대한 그의 감정이 지극히 퇴영적인 방면으로 흐르고 있음을 어렵지 않게 간취할 수 있다. 그를 그리워하던 차천로의 송도 정감과는 사뭇 다른 것이다.[218] 특히 그의 시, 제3~4구의 "강물은 양포를 향해 흘러가고, 산은 한양을 바라보며 이어오네(水朝楊浦去 山謁漢都來)"를 보면, 송도의 산수가 어디를 향하고 있는지를 짐작할 수 있다. 즉 그 산수는 '양포(陽浦)' '한도(漢都)'로 대칭되는 조선을 향하고 있는 것이다. 즉 송도는 승국(勝國)의 수도였을 뿐이고, 그 왕기는 이제 한양으로 옮아왔음을 확인하면서, 스러진 왕조의 옛터로서의 애상적 정조로 시를 착색하고 말았다. 사실 이런 송도의 느낌은 그 혼자만의 것은 아니었다. 일찍이 서거정도 "영웅이 한번 떠나자 풍류도 사라지고, 마당 가득히 벽돌조각이요 납가새꽃 피었구나(英雄一去 風流盡 甓礫成場薺有花)"라며 차갑게 바라보았고,[219] 그로부터 150여 년이 지난 뒤 신흠도 "조용히 핀 꽃과 가냘픈 풀도 해마다 비슷하고, 대궐 같은 집과 이름난 정원도 곳마다 어릿한데(閑花細草年年似 甲第名園處處疑)"라고 노래했었다.[220] 조천길에서 만난 송도를 노래한 시를 한 수 더 들어본다. 간재 최연은 1548년(명종 3)에 동지사로 중국을 다녀온다. 그의 나이 46세로 당시 형조판서였다. 그는 아우 최순과 같이 떠났던 이 길에서 돌아오다 평양에서 졸하는데, 사행을 떠나면서 송도를 들렀을 때 지은 시가 바로 다음 시이다.

오백 년 지나 왕기는 쇠약해지고
삼한이 합해지긴 얼마나 되었던가.
전왕은 닭 잡는 공업을 세울 수 있었건만
후사는 모두 연익(燕翼)의 유산을 잊었어라.
유물은 그저 울창한 소나무 숲 뿐이어니
길손은 하냥 휘늘어진 기장이 가여울시고.
산하는 끝내 진정한 주인을 보내주어
태평성세 남겨 튼튼한 기반 일구었네.
五百年來王氣衰　　三韓混合幾多時
前王能創操鷄業　　後嗣都忘翼燕貽
遺物只存松蔚蔚　　行人謾愍黍離離
山河畢竟輸眞主　　留與昇平作鞏基[221]

이 시의 말미에 나타난 '진주(眞主)'는 결국 조선왕조를 일군 이들을 가리킨다. 앞서 김상헌이 보여준 역사의식과 별반 차이가 없다. 즉 이들에게 송도는 조선의 탄생을 예비한 전조이자 준비단계로서 의미가 있을 뿐이다. 기실 먼 길을 떠나면서 만나는 고도에서 특별한 의지나 감회를 갖기는 쉽지 않을 터이다. 더구나 공무로 외국으로 나가는 입장에서는 더더욱 그렇다. 비록 아직도 왕기로 남아있다고 하더라도[222] 흥망성쇠를 반추하는 역사 자료일 뿐인 셈이다.

그러나 송도인들에게는 남다른 공간으로 묘사된다. 앞서 거론했듯 차천로는 12경을 찾아 송도의 풍경을 재구성하고 있었다. 물론 차천로의 시에도 우울한 정조는 들어있다. 앞서 인용한 〈만월황대〉의 기본 정조가 그러하며, 그의 다른 시 〈만월대유감〉에서도 그러하다. 그러나 이것이 나약한 서정에 그치지 않고, 송도를 새롭게 재구성하고 있음에 주목할 필요가 있다. 그가 하나하나 찾아낸 송도의 풍경은 쇠잔한 흥취로만 여길 수 없는 부분이 존재하기 때문이다. 이는 『숭양기구시집』에 등장하는 다른 송도인들의 시에서도 확인된다.

> 소나무 선 계곡 따라 가다가 푸른 숲으로 들어서니
> 숲속 절집은 낮에도 어두워라.
> 바위에 부딪히며 샘물은 사방으로 꺾이고
> 하늘에 기대며 산빛은 만 겹으로 짙네.
> 맑은 기쁨에 그저 밤까지 있기를 원했건만
> 좋은 만남은 정녕 뒷날까지 잇기는 어렵다오.
> 몇 판이나 바둑 두며 웃는 떠드는 사이에
> 어느덧 구름 속 해가 벌써 서로 잠겼어라.
> 松溪一路入靑林　　林下禪居晝亦陰
> 觸石泉流三面轉　　倚天山色萬重深
> 淸懽直欲朝連夜　　勝會應難後繼今
> 數局枯棋談笑裏　　不知雲日已西沉[223]

하나의 풍경으로 시작된 이 시는 풍경으로 맺고 있다. 낮에도 어두울 정도로 녹음이 우거진 곳, 그 안에 계곡물은 돌에 부딪히는 대로 흘러 돌아가고, 산빛은 겹겹이 짙푸르게 빛난다. 이 안에 노니는 이의 마음은 '청환(淸懽)'으로 가득하다. 이 두 자가 이 시의 시안이다. 물론 이 시는 영통사(靈通寺)를 찾아서 지은 시이니 산속의 정취를 노래할 수밖에 없을 터이다. 그러나 송도를 세밀하게 바라본 순간, '회고'의 정서에서 벗어나 그 안에서 '승회(勝會)'를 갖고, '고기(枯棋)'하며 '담소(談笑)'할 수 있는 여유를 갖게 된다. 제8구의 '운일이서침(雲日已西沉)'조차 시간 가는 줄 모르고 흥겨웠던 작자의 놀란 마음을 유감없이 보여준다. 항용 '저문 해'가 망국이나 쇠락의 정조를 표현하는 대상물이었던 것과는 차이 난다. 이런 감정은 '박연폭포'를 노래한 시들에서도 나타난다. 천연의 솜씨로 만들어진 공간은 흡사 선적 취향마저 풍기고 있다며 송도를 새롭게 의미지우고 있다.

세차게 소리 내며 어디로 가나
뭇 산들은 절로 편안할 시고.
거두어 천 길을 다급하건만
엉기니 한 몸으로 차가와라.
푸른 슬(瑟)은 하늘빛을 머금었고
밝은 구슬은 정밀한 솜씨로 이었네.
정녕 인간 세상에 있지 않을 지라
눈을 씻고 난간에 기대노라.

噴薄聲何去　　群山得自安
收來千丈急　　凝作一身寒
翠瑟含空色　　明珠綴細剜
不應人世有　　洗眼倚欄干[224]

철종 연간에 살았던 박남철(朴南澈, 자는 자산子山, 호는 석당石堂)의 시이다. 그는 광해군 5년(1612)에 증광 생원시에 급제했고 『숭양기구시집』(卷1)에 시 7수가 전하는 박민첨(朴民瞻, 자는 시망時望)의 11세손이다. 사실 박연폭포는 송도를 유람하면 늘 거쳐서 가는 명소였다. 그런 점에서 이곳은 송도인의 감성을 다른 이들과 비교하며 거론하기에는 적절할지도 모르겠다. 우선은 송도인들의 것만 거론하기로 한다.

제3~4구에서 '수(收)'와 '응(凝)'으로, '천장(千丈)'과 '일신(一身)'으로, '급(急)'과 '한(寒)'으로 대조하면서, 폭포가 산 물줄기를 수렴하여 천 길로 떨어지는 거센 기세와, 그것이 하나로 엉겨서 차가운 감각으로 다가오는 모습을 표현하고 있다. 기실 박연폭포는 천 길로 부를 정도의 기세는 갖고 있지 않다. 과식을 통해 표현된 폭포의 위용은 시인의 상상 속에 그려진 허상이다. 허상은 다시 '취슬(翠瑟)'과 '명주(明珠)'로 그려지면서 청각과 촉각의 아름다움마저 갖추게 된다. 결국 '절세무(絶世無)'의 존재로 폭포는 형상화된다. 이를 바라보는 시인은 새로운 경지를 목격한 채, 그저 폭포의 모습에 넋을 잃고 있을 뿐이다. 제8구의 '눈을 씻고 난간에 기대노라(洗眼倚欄干)'는 이를 잘 보여준다. 일찍이 윤충갑(尹忠甲, 1610~1669, 자는 길보吉甫, 호는 미촌美村)도 "거꾸로 물이 쏟아지며 천연의 벽이어니, 조화옹이 공을 들이매 남김이 없었다오(到頭水掛天分壁 造化爲功不有餘)"라며 박연폭포를 찬탄한 바 있었다.[225]

한편, 서경덕보다 3백년 뒤 사람인 백기진은 '채하동(彩霞洞)'을 이렇게 포착하고 있다.

차가운 구름이 짙더니 갑자기 동쪽이 열리고
한낮이 되자 다시 보릿기운을 통해 오누나.
초가집은 문득 산그림자 속에 사라지고
홰나무들은 깊이 물소리 속으로 잠겼네.

숲속에 누웠다 일어난들 뉘 막으리오
세상에선 모든 것이 공(空)이라고 말했었지.
농부는 오지 않고 이웃의 들밥은 늦건만
윤건을 나부끼며 하늘바람을 담노라.

寒雲駁駁驟開東　　午日還將麥氣通
茅屋忽無山影裏　　槐衙深設水聲中
林間偃仰知誰禁　　世上云爲總是空
田畯不來隣饁晚　　綸巾飄拂挹天風[226]

송도의 진산인 송악산 자락에는 많은 골짜기들이 있다. 일찍이 고려 후기의 채홍철은 자하산에서 놀았던 경험을 남겨놓은 적이 있고, 『숭양기구시집』을 엮은 김택영도 채하동의 산방에서 『숭양기구전』의 서문을 지었다.[227] 백기진(白岐鎭, 자는 기문基文, 호는 겸재蒹齋)은 1814년 순조 때 태어난 인물이다. 김택영이 19세에 그의 채묵정(彩墨亭)에서 『사기』를 배웠다고 한다.[228] '채묵정'은 백기진이 채하동에 마련한 우거처였던 듯하다.

위 시에서 제3, 4구의 표현에 주목할 필요가 있다. 산 그림자 속으로 사라진 듯한 초가집, 물소리 속으로 꺼져버린 듯한 홰나무들, 비가 오고 난 뒤의 정경들이다. 짙은 먹구름이 갑자기 흩어진 뒤 사방으로 기운이 통하면서 전해준 상쾌한 소식이기도 하다. 그 안에서 '언앙(偃仰)'을 마음대로 한들 누가 뭐라 하지는 않는다. 그럴 필요도 없다. 모든 것이 '공(空)'이라고들 하지 않던가. 설령 농부도 오지 않고, 들밥도 늦어도 아무런 문제가 되지 않는다. 나는 바람을 맞으면서 가만히 있을 뿐이다. 미련은 흡사 도연명의 태도와도 이어진다.

비가 온 뒤에 맑은 공간으로 변모한 채하동을 포착할 수 있었던 것은 무엇일까? 앞서 우리가 익히 알고 있는 회고류의 시와 다른 이유는 무엇일까? 어렴풋하지만 미시적 시선에 그 원인이 있지 않을까 한다. 송도에 살고 있는, 살았던 이들은 송도의 구석구석을 들여다볼 줄 안다. 그것이 가지고 있는 잔잔한 미덕과 풍경을 찾아낼 수 있는 것도 이런 미세한 시선 덕분이다. 그래서일까?『숭양기구시집』에 보이는 송도와 관련된 시들은 지극히 작은 부분을 노래한다.

그들의 시는 두루뭉술하게 노래하지 않고, 미세하게 경물을 포착함으로써 각각이 지닌 아름다움을 읽을 수 있었다. 박연의 천연성, 채하동의 청신함은, 그런 데서 얻어진 결과물이었으리라. 이제 공간의 미세성을 확보하는 순간, 그 안에 들어있는 사람의 표정과 감정과 움직임이 눈에 들어오기 시작한다. 이는 시기와 상관없이 지역의 미세성을 얼마나 확보하고 있느냐에 달려있다. 일찍이 서경덕은 대흥동에 살면서 청정해지는 마음을 느낀 바 있다.("옥계 안에서 거닐며 읊조리노라니, 어느덧 마음이 청정해져 옴을 깨닫노라(行吟玉界中 陡覺心淸淨)")[229] 대흥동을 흐르는 물이 모여서 박연폭포를 이룬다. 그 대흥동 위쪽에 바로 화담(花潭)이 있다. 그곳에서 서경덕은 학문의 즐거움에 빠져들었다.

> 화담의 초가 하나,
> 소쇄하기 선인(仙人)의 거처와 비슷해라.
> 산빛은 창에 열려 가깝고
> 샘물 소리는 베갯맡에 이르러 허허할 사.
> 골짝 그윽해 바람도 맑게 일렁이고
> 지경은 궁벽하여 숲은 우거졌네.
> 그 안에 소요자 있어
> 맑은 새벽에 좋이 책을 읽노라.
> 花潭一草廬　　瀟洒類仙居

山色開軒近　　泉聲到枕虛
洞幽風淡蕩　　境僻樹扶踈
中有逍遙子　　淸晨好讀書[230]

이 시에 그려진 초려(草廬)가 놓인 풍경은 '소쇄(瀟灑)'하다. 창 앞으로 산이 가깝게 다가와 있고, 누우면 귓가에 물소리가 들릴 정도로 계곡도 가깝다. 제5, 6구의 '유(幽)'와 '벽(僻)'으로 그려진 '동(洞)'과 '경(境)'은, 인적과 거리를 둔 안온한 경계를 이룬다. 시인은 그 안에서 책을 보고 있다. 비록 자신의 학문적 삶과 자족을 형상화한 시이지만, 우리는 이곳에서 '사람'을 목격하게 된다. 주로 고도를 감싸고 있는 회고의 아우라에 눌려있던 저들이 이제 청신한 경계에서 살아있는 지식인으로 다가오는 것이다. 흡사 장자(莊子)처럼 '소요자'로 자처하지만 작자는 유자였다. 그럼에도 장자적 상상력을 흡취한 이유는 세상과 거리를 두려는 마음이 작동한 것으로 이해된다. 시원을 밝히는 것이 무리인 줄 알지만, 서경덕의 이런 태도는 뒷날 송도인들이 본받고자 했던 원형으로 이해할 수 있을 듯하다.

『숭양기구시집』첫 장에 안배된 이도 서경덕이고, 『숭양기구전』의 학행전 처음도 그로부터 시작하고, 훗날 왕성순(王性淳, 1869~1923, 자는 원초原初, 호는 우아당尤雅堂)에 의해 편집된 『조선오현문초(朝鮮五賢文抄)』의 첫머리인 점에서도 그렇다. 인조 8년(1630) 생원시에 급제했던 최계림(崔繼林, 자는 자술子述)의 시에는 학문하는 모습이 더욱 뚜렷하게 나타난다.

홀로 남창에 앉은 밤이어니
천기를 끝내 절로 알겠노라.
다단한 내일의 일일랑
득실이 이곳에서 나뉘리.

獨坐南窓夜　　天機了自知
多端明日事　　得失判於斯

이 이치 본래 형체 없거늘
경전을 궁구해야 밝힐 수 있으리.
어찌하여 금세의 학문은
요란하게 애써 이름을 구하는가.
此理本無形　　窮經乃可明
奈何今世學　　擾擾務要名

의관은 속제를 따라도
도의는 전현을 배우네.
담연한 내 마음이여
오직 푸른 하늘과 어느새 통하누나.
衣冠從俗制　　道義學前賢
湛然方寸地　　默契獨蒼天[231]

최계림은 어려서부터 사서(四書)를 열심히 읽으며 학문의 근본을 궁구했고, 뒷날 효종이 왕위에 올라서 구언(求言)할 때에 「십이사(十二事)」를 올려서 이이(李珥)를 문묘에 종사할 것을 주장했던 것으로 칭찬을 들었던 사람이다.[232] 모두 3편의 연작시로서, 제1수는 '독좌(獨坐)'하여 깨우친 '천기(天機)'의 존재를, 제2수는 무형(無形)한 '리(理)'를 찾기 위해 '궁경(窮經)'해야 함을, 제3수는 전현(前賢)의 도의(道義)를 배우는 순간 마음이 창천(蒼天)과 묵계되었음을 노래하고 있다. 짧은 오언이지만 뜻은 명징하여 시인의 학문적 지향이 어디를 향하고 있는지가 뚜렷하게 드러난다. 비록 그 사승관계를 분명하게 상고할 수 없다는 김택영의 지적은 있지만, 그의 학문적 거처가 유교적 궁리(窮理)에 있음은 짐작된다. 인종조에 송악산의 음사(陰祀)에 불을 놓아 법망에 걸렸던 김이도(金履道)의 행위가 과격한 모습을 띠었다면,[233] 최계림의 '독좌'는 안온한 방식으로 유교를 공부하는 지식인의 모습을 보여준다.

학문을 일깨우는 송도인의 태도는 지속적으로 나타난다. 허증(許增, 1724~1755, 자는 천여川如, 호는 신호新湖)의 장시(長詩)는 그런 모습을 유감없이 보여준다.

> 학문은 옷을 입는 것과 같으니
> 옷이 아니면 헐벗어 죽지.
> 학문은 밥을 먹는 것과 같으니
> 밥이 아니면 굶어서 죽지.
> 사람들은 옷이며 밥은 급하게 여겨서
> 마련하느라 하지 않는 일이 없지.
> 모르겠다, 학문을 급하게 여길 일이
> 옷과 밥에 견줄 뿐이겠는가.
> 가령 따뜻하고 배부르다 해도
> 배우지 않으면 사람의 도리가 없고
> 가령 헐벗고 굶주린다 해도
> 학문이 이뤄지면 마음에 부끄러움은 없네.
> 學問如着衣　　非衣寒而死
> 學問如啗飯　　非飯餓而死
> 人知衣飯急　　經營無不至
> 不知學問急　　不翅衣飯比
> 假令溫且飽　　不學無人理
> 假令寒且餓　　學成心無愧

　일찍이 이재(李縡)를 찾아가 공부했고 성균시에서 중용의(中庸義)에 대답(對
策)을 냈던 것이 지방 출신이라는 이유로 3등이 되자, 임금이 손수 비점을
놓아 1등이 되었다는 인물이다. 위 시는 아주 평이한 실례로 '학(學)'이 왜 중
요한지를 거론하고 있다. 오언 92구의 긴 편폭으로 왜 학문이 급선무인가
를 유감없이 써 내려가고 있는 바, 특히 후반부의 '어찌 또한 마음에서 돌
이켜 구하지 않으리오(盍亦反諸心)'라는 데서 그의 지향이 유가의 구심(求心)에
놓여 있음을 확인할 수 있다.

　한편, 송도의 학맥은 조유선(趙有善, 1731~1809, 자는 자순子淳, 호는 나산蘿山)을 거
쳐 김헌기(金憲基, 1774~1842, 자는 치도穉道, 호는 요천堯泉)에 이르러 분명히 신유학
적 지향을 드러낸다. 그가 「치양지변설(致良知辨說)」을 지어 왕수인(王守仁)의
학설을 논박한 것은 조긍섭(曺兢燮)에 의해 높이 평가되기도 했었다. 그는
일찍이 주희의 초상을 한천서당(寒泉書堂)에 봉안한 뒤 세상의 부유(腐儒)들
이 경박하게 행동하는 것을 안타까워한 바 있었다.[235)] 송도의 유학은 김헌
기를 전후로 하여 나뉜다고 할 정도로 학행에서 뛰어났던 인물이었던 그가
짤막하나마 학문의 진안(眞贋)을 논한 시를 들어본다.

　　나 세상의 사물을 살펴보니
　　진짜가 있으면 분명 비슷한 것도 있네.
　　가라지와 가짜 옥돌 가운데
　　진짜를 곧 가려야 하리.
　　吾觀天下物　　有眞必有似
　　稂莠與砥砆　　眞者乃辨是[236)]

제1구의 관물(觀物)하는 태도는 물(物)의 리(理)를 자신의 마음(良知)에서 찾으려고 했던 왕수인을 주관적이라고 반박하고, 물에 나아가 리를 궁구해야 한다는 주희의 객관적 사유방법과 닿아 있다. 특히 과거 공부를 그만두고 잠심(潛心)한 뒤에 이끌어 낸 성취를 시로 표현한 것이다. 김헌기의 경학 담론도 또한 『조선오현문초』에 수록되어 있다.

이제 송도의 우울한 정조는 걷히고 도가 전해진 도향(道鄕)으로서의 면모가 부각된다. 이를 순조조 백응현(白膺絢, 자는 회경繪卿, 호는 우남愚南)의 시에서 보도록 하자.

> 도가 동방으로 전해져 방향을 창도하니
> 숭산에 날 개이자 이내가 걷혔네.
> 성명재 편액은 염락(濂洛)보다 앞서고
> 신라와 백제의 이풍(移風)은 우스갯 이야기라오.
> 도리는 사라져 큰 탄식만 일거니와
> 문정(門庭)은 비었어도 추억할 수 있네.
> 거친 숲속 하얀 돌 위로 물은 잔잔히 흐르니
> 이곳이 옛날 당 앞의 월일담이었다네.
> 道轍東方倡指南　　崧山晴日廓煙嵐
> 誠明揭額先濂洛　　羅濟移風在笑談
> 桃李成空興浩歎　　門庭有地尙追諳
> 荒林白石潺湲水　　舊是堂前月一潭[237)

이 시는 한재렴(韓在濂)의 〈중경회고〉의 운자를 따라서 지은 시인데 시상이 흥미롭다. 고려 초기의 사학이었던 구재학당의 터에 세워진 '구재비(九齋碑)'를 두고 지은 시로서, 도학(道轍)이 고려로 이어졌음을 말하고 있다. 즉 송도를 왕업과 학문의 고장으로 재현시키고 있는 것이다. 고려에 꽃피운 성명재(誠明齋) 학당은 염락(濂洛)보다 앞설 정도로 근원이 도도하다면서 옛 터가 가진 기억을 소생시켜 내고 있다. 제7, 8구에서 보듯이 겉으로는 숲이 거칠고 계곡물이 무심히 흐르는 듯하지만, 그곳이 예전에 구재학당 앞의 월일담(月一潭)이었음을 상기시킨다.

과거를 떠올리는 것은 늘 회고류의 나약으로 떨어지곤 하지만, 이 시는 그렇지 않다. 오히려 자랑스런 유적으로 옛터를 호명하고 있기 때문이다. 그래서인지 시의 서두가 다시금 새롭게 다가온다. "도가 동방으로 전해져 방향을 창도하니, 숭산에 날 개이자 이내가 걷혔네(道轍東方倡指南 崧山晴日廓煙嵐)", 즉 도가 전해져 숭산이 맑아졌다는 것, 이는 송도를 학문의 고도로 재구성된 이미지의 완성이다. 이처럼 청신한 경계 속에서 새로워진 고적들, 그리고 그것을 꿰고 있는 사유의 궤적들은 그 안의 사람들을 하나씩 불러 내는 작업으로 귀결되며, 결국 송도를 사람이 살고 있던 곳으로 소생시켜 낸다. 시에서 호명되는 이들은 서경덕, 차천로 등과 같은 이들이다.

사람이 계산을 떠난 지 몇 해가 바뀌었나
지금도 쪽빛물이 대를 두르며 고요하여라.
오랜 숲의 솔과 계수나무에 봄바람이 불고
남은 사당의 단청에 저녁 빛이 환할시고.
골짝에 들어서자 흡사 바람결에 패옥소리 들리는 듯하고
정자에 오르니 되레 물가 물새를 놀래킨 것 부끄럽네.
헤엄치던 물고기 자재롭고 바윗틈 꽃은 한창인데
향긋한 꽃향기 남겨 후생을 일으키누나.
人去溪山歲幾更　　至今藍水繞臺平
故林松桂春風度　　遺廟丹靑夕照明

入洞如聞風佩響　　登亭還愧渚禽驚
游魚自在巖花老　　留與芬芳起後生[238]

만리장성에 붓을 마음대로 놀리니
나라에 뜨르르한 문장 세상에 다시 없을시고.
제독이 돌아갈 때 시 백 수러니
그야 율무가 아니라 모두 명주였다오.
長城萬里筆橫驅　　鳴國文章絕世無
提督歸時詩百首　　也非薏苡盡明珠[239]

　앞의 시는 한명상(韓命相, 자는 군열(君說), 호는 시학재是學齋, 숙종조)이 서경덕을 그리워한 시이고, 뒤의 시는 전상겸(全象謙, 자는 내형迺亨, 호는 청고靑皐, 정조조)이 차천로를 두고 지은 시이다. 한명상은 한호와 같은 집안으로, 경종 원년(1721)에 경의로 성균생원이 되었다. 그가 지은 시의 제1구 '인거계산(人去溪山)'의 주인공은 바로 서경덕이다. 250여 년 전의 인물을 두고 쓴 시인데도 바로 얼마 전에 자리를 피한 듯한 느낌을 준다. 제3, 4구의 '고림(故林)'과 '유묘(遺廟)'는 오히려 '춘풍(春風)'과 '석조(夕照)'를 통해 살아있는 숲과 사당이 되었다. 뜻밖의 반전인 셈이다. 게다가 그가 살았던 '동(洞)'을 찾고 '정(亭)'을 오르는 순간 그의 패옥소리가 들리는 듯하고, 조심스레 올라 새들을 놀래키지 않았던 그분과 달리 경박한 몸짓으로 조용한 자연의 정적을 깨뜨리는 자신이 부끄러울 뿐이다.
　과연 서경덕은 이 화담에서 어떻게 살았을까? 미련에서 어느덧 화담에서 그와 소통하는 자신을 그려내고 있다. 제7구의 "헤엄치던 물고기 자재롭고 바윗틈 꽃은 한창인데(游魚自在巖花老)"는 화담이 구축한 도학적 경계를 묘사한다. 자재로운 물고기는 『중용』의 연비어약(鳶飛魚躍)을 연상시키면서,

세상의 모든 생령(生靈)들이 저마다의 생리(生理)를 간직한 채 살아가는 모습을 보여준다. 그 공간이 바로 화담이요, 그 안에 있던 이가 서경덕이었다. 아니 거꾸로 서경덕으로 인해 화담이란 공간이 도학적 빛깔로 착색된 것이리라.

도학적 경계 속 지식인으로 서경덕을 소환한다면, 차천로는 굉박한 문장가로 불려 나온다. 전상겸의 시는 차천로의 문집에 바쳐졌다는 점에서, 당자의 공업을 일깨우는 것은 당연지사이다. 그렇지만 나는 『숭양기구시집』에 굳이 이 시가 편집되어 있음에 주목하려고 한다. 즉 문사로서의 차천로를 다시 한번 거론하면서 송도의 문장에 대한 자부를 되새기고 있는 것이다. 이는 한재렴이 지은 박지원에 대한 만사를 수록하고 있는 것과 동궤를 이룬다고 보인다.[240]

우울한 회고류의 정조가 요란하던 송도의 하늘에 이제 청신한 경계가 열리고 그 안에 학문하는 이들의 모습이 어른거린다. 하나의 흔적에 불과하지만 『숭양기구시집』은 송도를 이렇게 기억하고 있었다. 물론 이 기억과 이 형상들은 수많은 송도의 얼굴 가운데 한둘에 불과하다. 그렇지만 『숭양기구시집』 전체를 통관할 때 이 기억의 방향은 무척 소중했다. 이 편린들을 맞추면, 송도는 지금껏 알고 있던 고도와는 다른 세계를 갖게 될 것이기 때문이다. 짧게나마 지적한 이 기억의 지향은 뜻밖에도 『숭양기구전』의 첫머리에 '학행전'과 '문사전'이 배치된 것과 동이 닿아 있음에 놀라게 된다. 동일한 편자에 의해 엮인 책들이지만 이 기록들을 통해 환기하려던 지향점이 분명해지기 때문이다.

5. 고도(古都)-주변과 중심

끝으로, 본고가 갖고 있는 문제의식을 다시 한번 확인하면서 매듭을 짓고자 한다. 송도를 비롯한 고도를 바라보면서, 우리는 늘 '고적'에 주목해 왔던 듯하다. 사실 지금도 우리는 어느 지역을 가면 그곳의 사람보다는 유물유적 등 고적에 눈을 돌리는 것이 상사가 아니었던가 한다. 물론 '실물'로 존재하기에 가장 먼저 눈길이 가고 발길이 닿는 것이리라. 그러나 한편으로 고적에 집착하는 순간, 그곳에 살았던, 살고 있는, 살아갈 사람들의 마음과 향기는 읽거나 맡지 못하지 않았나 하는 반성이 든다. 이 글은 그에 대한 반성이면서, 고도를 접하는 우리의 눈을 좀 더 사람으로 돌려보고 싶다는 소박한 바람에서 작성되었다.

애초 '고도(古都)'는 주변이나 중심이란 이분적 구도를 벗어날 수 있으리라는 기대를 갖고 있었다. 실제 고도들은 역사상 중심이자 주변이었다. 하나의 대상에 두 가지 속성이 고스란히 담겨있는 것이었다. 그것은 주변이나 중심이란 용어가 절대적인 것이 아니라 상대적인 호명에 불과하다는 것을 말해준다. 사실 고도를 학문적으로 재접근하겠다는 마음의 저편에는 주변과 중심의 구도를 해체하고픈 욕망도 있었다. 중심을 말하든 주변을 말하든, 그 어느 것도 중심과 주변이란 두 가지 길항하는 개념의 어느 편에 들러붙어 있지 않은가 하는 의문을 갖고 있었던 것이다. 그리고 그 해체의 시작은 '사람'에게서 찾아야 한다는 것을 확인한 것이, 이 글을 쓰면서 자득한 성과이다.

그간 송도인들의 시문을 두고, 혹은 송도를 배경/대상으로 쓰인 글들을 보면서 박물관적 관심 이상의 시선을 보지 못하였다. 그러나 『숭양기구시집』을 접하고 나서는 내심 부끄러워졌다. 공간적 지역은 그저 지역일 뿐이지 사람들의 감성과 마음을 모두 말할 수는 없다. 무엇보다 사람을 직시할 수 있는 여유와 공백을 가질 필요가 있었다.

물론 김택영의 시각과 처지를 두고 '역시 개성사람이니까' 하는 일반화 혹은 비판이 나올 수도 있다. 이것은 지금도 우리가 누군가의 시각과 입장을 거론할 때면 항용 입에 달고 있는 논법이기도 하다. 그런데 그렇게 일반화하는 사람이 뜻밖에 지독히도 편파적이거나 일방적이라는 점에 놀라곤 하다. 그렇다면 우리는 그런 '일반화'에 굳이 주눅들 필요는 없을 듯하다. 오히려 더욱 건강한 모습과 정신세계를 찾아내어 이를 보편화하는 작업에 정성을 기울이는 것이 불필요한 상처와 논쟁을 피하는 방법이다.

그런 점에서 송도인들은 자신의 고도를 미세하게 살피면서 이를 보편적 가치로 승화시키려는 시도를 끊임없이 수행해 왔다. 김택영이 송도의 역사를 조선사의 영역으로 확장하고, (이 과정에서 『신고려사(新高麗史)』의 개수가 이뤄진다. 『숭양기구전』과 『숭양기구시집』의 편찬 역시 이와 동궤에 있다.) 근대 초기 『고려시보(高麗時報)』의 편집자들이 개성의 지역신문을 넘어서 전국지화하려는 노력을 기울이며, 해방이후 공진항(孔鎭恒)이 '두문동정신(杜門洞精神)'을 근대화의 정신으로 새롭게 의미 부여하려 했던 것 등이 그 예에 해당한다. 사실 송도인들은 자신들에게 가해진 역사적 폭력에 맞서서 '사람'을 보라고 주문했고, 이는 결국 주변/중심의 구도를 전복시킬 수 있는 좋은 화두를 남겨놓은 셈이었다. 이제 이들의 목소리를 정직하게 그리고 차분하게 들어볼 필요가 있다. 본고는 『숭양기구시집』에 대한 거친 스케치에 불과하다. 선집이라는 한계로 인해 송도인의 감성 전체를 조망하기엔 턱없이 부족한 형편이다. 차후 송도를 거쳐 간 지식인들의 감성을 전면적으로 비교 분석할 것을 과제로 남겨둔다.

[원제: 송도의 기억과 문학적 상상의 지향-『숭양기구시집(崧陽耆舊詩集)』에 대한 소고, 2015]

제7장

18세기 한재렴(韓在濂), 연암과 송도

1. 송도학맥

본고는 심원자 한재렴(韓在濂, 1775~1818, 자는 제원齊園)의 학문과 문학에 대하여 논하고자 한다. 한재렴에 대한 거론은 박지원의 연암협 시절을 언급하면서 간헐적으로 거론되었다. 박지원의 문학적 성과를 거론하기 위한 방계 자료로서, 송도인들의 취학(就學)을 언급했던 것이다. 그로 인해 당시 송도인에 대한 연구는 늘 주변에 머물렀다. 본고는 송도 학맥을 탐색하던 중 18세기에 들어서 독자적인 모습으로 성장하고 있는 송도 지식인의 학문과 문학을 발견할 수 있었다. 한재렴은 그 가운데 문학 방면으로 뛰어난 시재를 인정받던 사람이었다.

송도는 주지하다시피, 조선시대를 통틀어 가장 소외된 지역 가운데 하나였다. 고려를 '승조(勝朝)'라고 불렀던 조선인들에게 송도란 항상 자긍과 함께 경계의 대상이었다. 이곳에 유수(留守)가 파견되어 특별 관리되었던 것도 바로 그 이유에서였으며, 고종조까지 개성 유수가 송도 출신을 차별하지 말 것을 주청할 정도로, 조선시대 내내 차별과 소외를 받았던 곳이다. 하지만 소외를 받았다는 것으로 송도를 주목할 가치가 있을까?

앞서 말하자면, 송도 지성사는 영남, 호남과 다른 개방적 풍토와 습속이 학문적, 문학적 전개와 어느 정도 상관성은 지닐 것으로 추정할 수 있다. 크게 보면 기호의 일맥으로 간주될 수도 있지만, 이들 및 후학의 교유가 학연, 지연이란 경계를 넘어서 진행된 것을 생각하면,[241] 굳이 어느 한 지역으로 편입시키는 것은 송도 지성사와 무관한 일로 보인다. 이처럼 어느 지역권 지성사 탐색은 지금까지 단일하거나 주류적 경향을 전부로 알았던 우리에게 사유의 폭을 넓혀주리라 믿는다. 송도 학맥의 복원과 지성사로의 등록은 그런 점에서 중요하다. 특히 조선 후기 학문과 문학의 개방성과 다양성을 설명해 온 실학적 사유를 진행시키는 데 송도 학맥의 도움이 있었다는 연구 결과에 기대보면,[242] 송도 학맥은 한 '지방'의 복원이 아니라, 조선 후기를 이해하는 하나의 키워드로까지 주목할 필요가 있다. 다만 지역권 지성사 연구가 오히려 중앙의 지성사에 '부속된 지방'으로 전락되지 않도록 주의를 요해야 할 것이다.

김택영의 논의를 빌면, 송도 학맥의 성장은 18세기에 이르러 이루어진다. 서경덕(徐敬德)에서 비롯한 학맥은 김이도(金履道), 마희경(馬羲慶), 이경창(李慶昌), 김현도(金玄度), 김정후(金靜厚), 윤충갑(尹忠甲), 최계림(崔繼林), 김두문(金斗文), 장창복(張昌復), 김시탁(金時鐸), 허증(許增), 고경항(高敬恒), 장현문(張玄聞), 이춘위(李春韡) 등을 거쳐 조유선(趙有善), 한경의(韓敬儀), 마유(馬游), 김헌기(金憲基), 김천복(金天復)을 지나면서 꽃을 피우는 바,[243] 조유선, 김헌기 등은 18세기 송도 학맥 가운데 경학에 대해 조예가 있었던 인물로 꼽힌다. 특히 김헌기는 왕성순(王性淳)에 의해 조선 5현 가운데 1인으로 거론될 만큼(『조선오현문초(朝鮮五賢文鈔)』) 송도에서 유학자로서 내세울 만한 학문을 지녔던 인물이다. 그와 매제 관계를 맺고, 임경한(林景翰)의 글씨, 임고자(臨皐子)의 그림과 함께 시로써 송도 3기(三奇)로 꼽혔던 이가 바로 한재렴이다.[244] 따라서 18세기 송도 지식인의 학문과 문학을 이해하기 위해 김헌기와 한재렴 2인에 대한 연구는 먼저 요구된다. 본고가 준비된 까닭도 여기에 있다.

한재렴은 『심원자시초(心遠子詩抄)』(51제 122수), 『독서갑을문대(讀書甲乙問對)』, 『고려고도징(高麗古都徵)』(7권 3책, 1850년경)을 남기고 있다. 앞의 두 가지는 『서원가고(西原家稿)』(광서 8년, 1882, 6권 1책)에 『심원자시초』, 『심원자문초』로 엮어져 있고, 『고려고도징』은 부학(副學) 조병준(趙秉駿)의 출연으로 별도로 간행되어서 세상에 전한다. 『서원가고』에는 혜원(蕙畹) 한석호(韓錫祜, 자는 혜중惠仲)의 『혜원시초』, 우당(藕堂) 한재수(韓在洙, 자는 희원希原, 한재렴의 형)의 『우당잡초』, 우방(藕舫) 한재락(韓在洛, 자는 정원鼎元, 한재렴의 동생)의 『우방시초』, 근취각(近翠閣) 한만식(韓晩植, 자는 국로菊老, 한재렴의 아들)의 『근취각시초』가 함께 편집되어 있다. 이건창

^(李建昌)에 의하면, 한재렴의 증손인 한동혁^(韓東赫)이 상재한 것이라고 하나, 김택영은 한시혁^(韓時赫)으로 기록하고 있다.

본고는 한재렴의 시문학에 대한 1차 보고서로서, 동인 제현의 질정을 통해 좀 더 튼실한 글로 성장하기를 기대한다. 참고로 한재렴의 생애와 가계를 보여주는 글로 김헌기의 「혜원한공행장^(蕙畹韓公行狀)」과 이정리^(李正履)의 「혜원한공묘지명^(蕙畹韓公墓誌銘)」 및 이건창의 「심원자전」^(이상 『서원가고』), 김택영의 「한재렴전」^(『숭양기구전』, 1884)이 있다. 논의의 편의를 위해 그의 가계를 간략히 보이면 다음과 같다.

시조 란蘭^(고려조高麗朝 개국공신開國功臣)

11대 상질尚質^(조선조 대제학大提學, 문열공文烈公)

18대 범세範世^(판결사判決事)

‖

고조 귀종貴宗^(증 호조참의)

고조 수명秀明^(증 호조참판)

증조 응추應樞^(증 동중추同中樞)

조 대훈大勳^(행 사헌부 감찰) ─배配: 양천陽川 최씨崔氏^(최지태崔之泰의 녀女)

부 석호錫祜^(제) ─배配: 임강臨江 이씨李氏^(이창언李昌彦의 녀女)

       * 석우錫祐^(형)

본인 재렴在濂^(진사) ─배配: 병산屛山 김씨金氏^(김헌기金憲基의 매妹)

    * 재수在洙^(형)─만영晩榮

    * 재락在洛^(제)─명식命植

* 녀女─순창淳昌 조득겸趙得謙의 배

아들 만식晩植

증손 시혁時赫과 동혁東赫²⁴⁵⁾

2. 연암과 한학(漢學)의 습득

한재렴의 생애는 지냈던 지역에 따라 송도기(연암협), 우화당기(한양), 순천기, 한양−송도기로 구분되며, 각각 수학기−교유기−유배기−우거기(進士)로 이해된다. 그의 생애를 결정지었던 만남이 두 가지가 있었으니, 하나는 연암과의 만남이고, 다른 하나는 정조와의 만남이다.

연암 박지원과의 만남에 대해서는 박종채의 『과정록(過庭錄)』에 다음과 같은 기록이 있다.

> 송경은 고려의 옛 도읍이라 세상에서는 비천하게 여겨 버려진 곳이었고, 거주하는 사람들은 많이들 장사를 직업으로 하였다. 문지(門地)가 조금 맑은 자는 비록 문학에 뜻을 두지만 문견이 어둡고 고루하여 학습하는 바가 과거 공부를 벗어나지 못하였다. 선군이 금학동(琴鶴洞)에 거처하고부터 선비인 이현겸, 이행작, 양상회, 한석호가 매일 찾아와 학업을 청했고, 다시 연암협에 들어가게 되자 모두 책상자를 짊어지고 따라가서 한 해가 지나도록 돌아가기를 잊었다. 이현겸은 고장에서 문학으로 가장 저명하였고, 한석호는 성품과 재능이 총명하였는데, 그 아들 재렴에 이르러 재주 있는 인재로 일컬어졌다.[246]

1776년 정조 즉위 이후 홍국영이 실권을 쥐면서 그와 껄끄러운 관계에 있던 연암은 벗들의 충고를 받아들이고, 아울러 생계를 유지하기 위해 1777년 연암동으로 우거한다. 황해도 금천군 화장산(華藏山) 불일봉(佛日峰) 아래 골짜기인 연암협은 송도에서 30리 가량 떨어진 곳이었다. 이곳에 우거하게 된 연암은 한동안 송도로 나가 양호맹(梁好孟)의 금학동(琴鶴洞) 별장에서 송도의 지식인들을 가르치게 된다. 박종채의 기록은 이때의 모습을 적고 있다.

당시 한재렴은 부친인 한석호와 함께 연암에게 글을 배웠고, 연암이 연암협으로 가자 뒤따라 배웠던 것이다. 이들의 수학은 연암이 1780년 연행을 가기 전까지 이어진 듯하다. 연행을 떠나보내며 지은 한석호의 시에는 연암의 연행길을 걱정하는 마음이 담겨져 있다.

새벽녘 맑은 시냇가 바위 오동에서 헤어져
뜨거운 햇볕 아래 말달리니 붉은 구름 타오르는 듯.
홑옷을 새로 호남땅 갈포로 지어 입고서
요동의 만리 바람을 쐬려하시는구나.
曉別淸溪石上桐　　炎天走馬火雲紅
短衣新織湖南葛　　欲試遼東萬里風 (제1수)

항상 바람결에 배를 띄워 만리길 가서
천하의 유명한 누각 두루 오르길 원했지.
오늘 말 한 필로 떠나가는 금대길
너울대는 바닷길과 어이 같으리오.
常願風漂萬里舟　　徧登天下有名樓
如今匹馬金臺路　　何似悠然海上浮 (제2수)[247]

이후로 연암과 직접 만났다는 기록은 없다. 연암은 졸하기 전까지 몇 차례 연암협을 찾았다. 연행을 마치자마자 처남 이재성(李在誠)의 집과 연암협을 오가면서 『열하일기』를 저술했고, 1789년 연암협으로 왔다가 최진관(崔鎭觀)의 부친인 최순성(崔舜星)의 묘비명을 써주었으며, 1802년 이광현(李光顯)과 함께 수개월을 머물다 돌아왔다. 선영이 장단(長湍)이었던 탓에, 기록상 드러나지는 않지만 연암협을 고향처럼 찾았으리라고 생각된다.

1795년 한재렴은 뜻밖에 정조의 지우를 입는다. 그가 제출한 시권(試券)이 정조의 눈에 들어서 어비(御批)를 하사받은 것이다. 이에 한석호는 문호를 서울로 들일 수 있겠다 싶어 한양성 서쪽에 우화당(藕華堂)을 짓고, 거처를 옮겨 한재렴을 경화인들과 어울리도록 했다. 그 내용을 이정리(李正履)의 글을 통하여 짐작할 수 있다.

> 나는 어려서 선군(李在誠, 호는 지계芝溪, 1751~1809)을 따라 해마다 한양성 서쪽에 연못이 있는 집에 가곤 했다. 뜰은 넓이가 10무이고, 연못이 3분의 1이었다. 못가를 따라 꽃과 약초를 심어두었고 연못 가운데 오랜 버들 7, 8주가 있었다. 한여름이면 연꽃 기운이 사람을 짓누를 정도였다. 방 안에는 옛 책과 그림을 비치했고, 주인은 소탈하게 편한 차림으로 명사들과 함께 시를 짓고 술을 마시면서 즐겁게 지냈다. 나는 마음속으로 그때마다 속 시원하게 여기면서 기이하게 생각했었다. 나중에 알고 보니 한 공의 집이었다. 당시 공의 아들 재수와 재렴은 날마다 소루 위에서 열심히 모씨(毛氏)와 정씨(鄭氏)의 『시』, 『춘추』, 『삼례』를 익혔다. 몸차림이 유아하였고 백가를 꿰었으며, 하는 말마다 어른들은 고개를 끄덕이곤 하였다. 이윽고 재렴이 선군에게 배우더니 학업이 날로 진보하여, 경사의 사들과 문예를 다투노라면 번번이 1등을 차지하였고, 어명을 받아 사부를 지으면 임금께서 잘했다고 하시니, 그 명성이 아주 자자했다. 당시 한양의 사대부들 가운데 공이 슬기롭고 자식을 잘 가르쳤다고 알아주지 않는 이가 없었다.[248]

이정리(李正履, 1783~1843)는 이재성의 아들인데, 이재성은 박지원의 처남이었다. 이때 한재렴이 어울린 사람들이 이가환(李家煥), 박제가(朴齊家), 신위

^(申緯) 등이었으며, 이들로부터 청수한 인재라는 소리를 들었다(『숭양기구전』). 물론 연암과의 관계도 이어졌던 바, 박종채는 한재렴이 윤시동(尹蓍東)을 만나서 연암에 대한 추억을 듣고 와서 전해주었다고 기록하고 있다(『과정록』 卷 4).

연암과의 만남에서 한재렴은 학문적 태도를 바로잡았던 듯하다. 그는 연암에게 주는 시에서 "참으로 좋을시고 한학(漢學)은 진정 고아하네, 자질구레한 시문(時文)은 더욱 너더리날 뿐인 걸(甚喜漢學眞古雅 轉覰時文太瑣屑)"(<밤에 앉아, 문득 작년 산방에서 눈을 감상했던 것이 생각났다. 검리 초정이 지은 <소식의 취성당 시의 운을 사용하여> 시에 차운하여 연암에게 삼가 올리다(夜坐 忽憶昨歲山房賞雪 次楚亭檢理用東坡聚星堂韻 奉呈 燕巖)>)이라 하며, 한학(漢學)과 시문(時文)을 대조한다. 위에 인용된 이정리의 글에서도 한재렴이 익혔던 것이 한학이었음을 확인해 준다.

한재렴은 자신의 한학적 학문 취향을 '갑을문대(甲乙問對)'라는 자문자답식의 독특한 글쓰기를 통하여 펼쳐 보였다. 일종의 논문으로서 그 논제들은 다음과 같다.

○예전 사당은 정침 왼쪽에 있고, 반드시 남향한다고 들었는데, 혹자는 묘당은 모두 동향이라 한다. 어찌된 것인가? 「왕제」에 천자는 7묘, 제후는 5묘, 대부는 3묘라고 했는데, 그 위치는 어떠한가? 또 여러 묘당은 병렬하고 가운데가 태조묘이며, 소목을 그 동서로 둔다고 했는데, 어떠한가?(問舊謂廟在寢左 廟必南鄕 或謂廟皆東鄕 何也 王制 天子七廟 諸侯五廟 大夫三廟 其位置 當若何 而有謂諸廟竝列 中爲太祖廟 昭穆居其東西 何如)

○옛날 침묘당실(寢廟堂室)의 명제는 고구할 만한 책이 없는데, 여러 경전에 흩어져 보이는 것이 그래도 비슷하다고 할 수 있는가? 정강성이 오직 천자와 제후만이 좌우방이 있고, 대부와 사는 오직 동방·서실이 있다고

했는데, 어떠한가?(問古寢廟堂室名制 本無全書可攷 而其散見於諸經者猶可以得其彷彿 歟 鄭康成謂惟天子諸侯有左右房 大夫士惟有東房西室 何如)

○왕제에 천자는 7묘라 했는데, 혹자는 이것은 주의 제도이다. 주에는 문무가 있기에 7묘인 것이라 한다. 그렇다면 천자도 응당 5묘여야 하는가? 왕제에 제후는 5묘라 했는데, 강쇄의 규범은 어디에 있는가? 정강성은 하후씨는 5묘, 은인은 6묘라고 했는데 어디에 근거했는가?(問王制云天子七廟 或曰此周制也 周有文武 故有七廟 然則天子亦當五廟歟 王制諸侯五廟 安在其降殺也 鄭康成謂夏后氏五廟 殷人六廟 未知何所據也)

○명당은 무엇인가(問明堂)

○학교란 무엇인가(問學校)

한재렴은 예학적 주제에 대하여 주희의 논의를 빌기도 하지만, 주로 한학, 즉 고증학의 방식으로 검증해 나가고 있다. 이밖에 '의문(擬問)'의 형식으로, '성씨족에 대하여(姓氏族)', '궤좌배에 대하여(跪坐拜)', '공자의 생년월일(孔子生年月日)'에 대한 자신의 견해를 펼치고 있다.

당시 정조는 문체반정(文體反正)을 통하여 보수적 문예 정책을 추진하고 있었다. 그 일환으로 1792년 정조는 순수한 고문체 대신에 신체(新體)를 구사하던 자들에게 속죄문을 지어 바치도록 하였다. 정조는 한재렴에게 내린 어비(御批)에서 문체를 바꿀 것을 요구한다. 여기에 대한 한재렴의 반응은 다음과 같았다.

을묘년 9월 모일, 내각에서 성지를 받들기를, '한재렴이 응제한 시권은

체(體)가 괴이하다. 이제부터 문체는 순아(醇雅)하도록 하여 다시는 이렇게 짓지 말도록 내려 보내라'고 하였다. 나는 개성부에 나아가 삼가 어지를 받들었다. 저윽이 생각해 보니, 문(文)이 체(體)에 대한 관계는 흡사 도(道)가 문(文)과 맺고 있는 관계와 같았다. 문으로 도를 싣고, 체로 문을 써 내려간다. … 누구도 법식을 엄장하게 지키고, 곡은 달라도 가락이 같지 않은 이가 없었던 것은 바로 체(體)가 리(理)이기 때문이다. 리(理)로써 문(文)을 낳으면 체(體)는 뒤따라오는 것이다. 어찌 방원(方圓)을 버리고 도끼질을 하며 푯대와 기둥을 팽개치고 측량할 수 있겠는가? … 나는 젊어서부터 공령(功令)을 익히면서 형식에 속박되었었다. 비록 뜻을 함께 하는 벗한둘이 있었지만 한 번도 문장 체제에 대한 논의로 말해준 적은 없었다. 다행스럽게도 성상께서 규모 범위의 안으로 진려하시고, 특히 '체(體)' 한 자로써 신의 문을 논의하며 '괴(怪)'하다고 판단하셨다. … 우리 성상께서는 생기있게 사람을 북돋우고 훌륭하게 인재를 기르사, 미미한 습속을 박실하게 돌려놓고 퇴폐한 기풍을 당겨 아정함을 갖추도록 하셨다. 공자가 '괴(怪)'를 술(述)하지 않은' 뜻으로 신의 문체를 논의하셨으니, 아름다운 문장은 밝게 빛나고, 우로와 같은 가르침은 가슴에 젖어 든다. 나는 손을 씻고 되풀이 외우며 마음을 열어 깊이 새길지니, 지난 잘못을 되짚어 앞으로 그러지 않으리라 맹세한다.[249]

한재렴은 정조가 자신의 문체를 '괴(怪)'라고 평가한 것에 대하여, 다시는 그런 잘못을 저지르지 않겠다고 다짐하고 있다. 결국 한재렴은 정조의 문체반정에 동조를 한 셈이다. 하지만 어비에 대한 한재렴의 이해에는 다소 생각해 볼 여지가 있다. 곧 한재렴의 문체에 대한 태도와 자각을 읽을 수 있는 바, 이는 두 가지로 살펴볼 수 있다.

먼저 그는 문이 체로 드러나는 관계를 도가 문으로 구현되는 것과 동일한 것으로 보았다. 또한 체는 바로 리(理)로서, 리로써 문을 짓는다면 체는 절로 해결된다는 것이다. 체 이전에 리를 상정함으로써, 체에 대한 문제 제기를 좀 더 근원적으로 끌어갔던 것이다. '리'가 무엇인지는 분명치 않으나, 방원과 도끼질, 푯대, 기둥과 측량의 예를 통해 추측하면, 문을 서술하는 기준, 원칙 정도가 될 것이다.

또 하나, 공령(功令), 즉 시문(時文)을 익힐 적에 공령 서술의 형식(章縫)에 매였다고 하면서, 문장 체제에 대하여 생각도 못하던 것을 정조의 어비를 통해 '체(體)'에 대하여 자각하게 된 것이다. 과거 문장에서 운(韻)이 있는 문장을 찾기란 잠꼬대에 불과하다는 지적도, 형식(규칙)에 얽매여 근본을 잃었음을 거론한 것이다. 한재렴은 패사소품체에 대해 '괴(怪)'라고 규정하고 고칠 것을 제기한 정조의 어비를, 공령문을 익히면서 잃게 된 근본적 바탕에 대한 요구로 이해하고 있다. 이를 통해 한재렴이 지닌 문체가 '괴(怪)'로 평가되던 패사소품체에 가까웠으며, 어비를 통해 한재렴은 '체'에 대한 문제의식을 좀 더 구체화시켜 나갔음을 알 수 있다.

한재렴이 연암과 정조 사이를 넘나들며 결국 어떤 태도를 취하였는지에 대한 기록은 남아있지 않다. 하지만 그가 경화(京華) 분위기에서 연암의 일파인 박제가 등과 교유했다는 창강의 기술을 보면, 그는 연암의 문예적 취향과 선을 대고 있었다고 보는 것이 옳을 것이다. 불행히도 그가 순천에서 돌아올 즈음(1805) 연암이 세상을 떠나고 말아, 그는 연암에게 더 이상 배울 수는 없었다. 그때의 안타까움을 다음과 같이 노래하고 있다. 여기에서 한재렴은 연암의 경륜과 문자에 대하여 평가하고 진심으로 그의 죽음을 애통해한다. 그 시를 들어본다.

성대의 드높은 유학의 법도
선생은 때맞추어 내시었지.

경륜은 가의의 책략을 품었고
문자는 한유의 비문을 창안했네.
남기는 풍악소리 더디고
서청의 필찰도 늦기만.
포의로서 영예가 참으로 극진하니
그 이름 구중천에 알려지리.

聖代崇儒術　　先生出應時
經綸懷賈策　　文字創韓碑
南紀絃歌晚　　西淸筆札遲
布衣榮已極　　名被九重知 (제1수)

아침저녁으로 모시며 배울 적에
언제나 나를 반가이 맞아주셨지.
재주를 사랑하며 옛 도를 간직하사
자신을 알아주면 평생을 만족했네.
바닷가에서 돌아오자마자
그날로 봉래산으로 훌쩍 떠나셨구나.
빈소에 절하지도 못했는데
어이해 차마 붉은 명정 보내랴.

夙昔摳衣侍　　尋常倒屣迎
愛才存古道　　知己足平生
瘴海初還日　　蓬山却遠行
有違床下拜　　何忍送丹旌 (제4수)[250]

제1수의 경륜과 문자에 대한 고평, 제2수의 사가(史家)로서의 평가(他年經

籍考, 當補史家流), 그리고 제3수에서 더 이상 말하고 싶지 않을 정도로 상심한 속정(傷心懷舊賦, 從此欲無言)과 함께, 제4수에 보이는 연암과의 기뻤던 추억과 임종 못한 자신의 처지에 대한 자괴감이 교차되고 있음은 한재렴이 연암을 진심으로 받아들였음을 짐작하게 해준다.

3. 고적(古蹟)의 고증

송도 출신으로서 그의 송도에 대해 갖는 애착은 남달랐다. 무엇보다 출신지에 대한 향수로서 시선을 가졌던 것이겠지만, 사실 삶의 공간으로서 갖는 일상적인 체험이란 점이 더 그를 자극하였던 것으로 보인다. 그가 학문적으로 성숙할 수 있었던 기회(연암협)를 부여한 것도 송도였고, 순천(順天)으로 유배 간 뒤에도 항상 그리워했던 것은 형제, 동학들과 함께 공부하며 노닐던 송악산 자락이었다.

망국의 고도인 송도의 고적은 늘 역사의 무상함을 느끼는 회고의 공간이었다. 조선시대로 접어들어서 수없이 쓰여진 송도와 관련한 시들은 대부분 '산천은 의구한데 인걸은 간데없다'는 식의 애상을 주된 정조로서 쓰여졌다. 한재렴이 송도를 회고하며 쓴 시 또한 여기서 벗어나지는 않는다. 먼저 평교 초당에서 쓴 시 가운데 〈고궁석조(古宮夕照)〉를 본다. 평교는 병부교(兵部橋), 혹은 병교(兵橋)라는 곳으로 전날 황진이 잉태된 곳이라고도 한다. 한재렴은 이곳을 당시 금오위(金吾衛) 남교(南橋)로 추정하기도 했다.

초동의 피리소리 쓸쓸히 저녁 바람에 울리고
차가운 까마귀 날아 흩어지는 고려의 왕궁터.
죽을 때까지 서쪽 난간을 바라보며 앉지 않으리니

혹시나 황혼에 붉게 물든 만월대가 보일까 두렵네.
樵笛蕭蕭響晚風　　寒鴉飛散麗王宮
平生不向西軒坐　　怕見荒臺夕照紅 (제3수)[251]

　　석양에 붉게 타오를 왕궁터를 보고 싶지 않아 평생 서헌을 마주하여 앉지 않겠노라는 말에 작자의 서글픔이 한껏 배어난다. 아무도 찾지 않고 휑하여 초부의 피리소리만이 메아리치며, 까마귀의 집터가 되어 있는 그곳이 한재렴이 바라본 옛 고려 왕궁의 모습이었다. 이 시는 조인영과 김택영도 화운한 바 있다. 조인영도 "진정 차마 고개를 돌리지 못할 곳이라, 서대에 날마다 찾아가는 붉은 해 걸렸으니(最是不堪回首處 西臺日日掛殘紅)"[252]라 하여 한재렴과 같은 마음임을 노래하고 있다. 이에 비해 김택영은 무심한 사람들의 모습을 그리며 다소 감정적으로 무뎌진 화면을 포착한다.

　　궁궐은 흔적도 없고 가을 풀도 누래졌는데
　　하늘을 몰아치는 솔바람은 고려왕을 위한 것이러뇨.
　　그곳 사람들 흥망성쇠 속에 살면서도
　　거칠은 만월대에 비친 석양을 생각지도 않는구나
　　宮闕無痕秋草黃　　激天松吹爲麗王
　　居人生長興亡裏　　不省荒臺有夕陽[253]

　　백여년의 시간적 거리가 같은 공간에서의 감회를 무디게 만든 것인지 분명하지는 않지만, 한재렴의 "혹시나 황혼에 붉게 물든 만월대가 보일까 두렵네(怕見荒臺夕照紅)"에 깃든 안타까움보다는 다소 가라앉은 정조를 느끼게 한다. 그만큼 익숙해진 것일지도 모르겠다. 한재렴의 〈평교초당〉시에 보이는 회고의 정서는 〈중경회고〉시에서도 그대로 반복된다.

위봉루는 촉막산 자락에 세워졌고

구정의 법가는 철원으로 돌아갔지.

뱃길을 낙타가 이르더니

벽해 삼한에 준마가 오도다.

그날 회와 오동으로 변경을 꾸몄건만

이젠 고소대에 가시나무만 있네.

아련할손, 5백년의 역사여,

맑은 물 높은 산에 멸망의 재만 날리누나.

威鳳樓依蜀莫開	毬庭法駕鐵圓回
黃龍千里名駝至	碧海三韓駿馬來
當日槐楸描汴闕	秖今荊棘化蘇臺
漠然五百年間事	淸水高山颼劫灰 (제1수)[254]

위봉루(威鳳樓)는 태조가 해마다 팔관회를 참관하러 올랐던 누각으로서, 의봉루(儀鳳樓), 신봉루(神鳳樓)로도 불리던 곳이다. 고려왕의 위엄을 상징하는 곳인 셈이다. 하지만 그곳 또한 가시나무 가득한 고소대처럼 변해버렸다. "아련할손, 5백년의 역사여, 맑은 물 높은 산에 멸망의 재만 날리누나 (漠然五百年間事 淸水高山颼劫灰)"에서 압축되듯이, 한재렴은 고려 5백 년의 역사가 '겁회'로 변한 것을 송도에서 확인하고 있다.

이 시는 『고려고도징』의 서문을 대신하여 서시로 올려져 있기도 하다. 본래 『고려고도징』에는 조인영(趙寅永)이 서문을 써주기로 했지만, 간행되기 전에 세상을 뜨는 바람에 서문을 대신하여 이 시가 오른 것이다. 그만큼 간행자는 이 시를 『고려고도징』을 대신하는 것으로 이해한 듯하다.[255] 하지만 송도의 고적에 대한 한재렴의 안설(按說)을 일견하면, 담담하면서도 냉정한 태도가 보이는 바, 회고의 정서와는 사뭇 다른 모습을 느낄 수 있다. 〈중경회고〉와 『고려고도징』 사이에는 감정의 공백이 있는 것이다. 이것은 실증과 추억 사이에 놓인 거리로서 한재렴이 갖고 있는 송도 고적에 대한 두 가지 시선을 보여준다고 할 수 있다.

한재렴은 송도에 대해 역사적으로 고증하여 고도에 대한 탐색을 시도한다. 그 성과가 『고려고도징』으로 묶였다. 특히 송도 고적에 대해 곳곳에 '안설(按說)'을 붙여 자신의 견해를 개진하고 있는데, 실사(實事)에 즉하여 논리를 전개하고 신화, 전설에 대해 부정하는 태도를 보이고 있음이 주목된다. 한편으로 시를 통해서도 고적에 대한 감회를 붙여놓았다. 이 두 가지는 건조한 실증 혹은 감상적 회고로 빠지지 않고, 적당한 긴장을 유지하고 있다. 먼저 실사로 실증하는 예로서, 예성강(禮成江)과 전포(錢浦)에 대한 논의를 들어본다.

예성강(禮成江)을 두고 『신증동국여지승람』에서 "고려가 송나라에 조공을 갈 때 모두 이곳에서 배를 출발시켰다. 그래서 '예성'이라고 한다(高麗朝宋 皆於此發船 故謂之禮成)"고 했다. 여기에 대해 한재렴은 "'예성강'이란 이름은 이미 태조 때에 있었으니 송나라에 조공한 뒤에 이 이름이 생긴 것은 아니다(禮成江已見於太祖時 非自朝宋以後 有此名也)"고 역사적 근거를 들어 비판하고 있다.

전포(錢浦)에 대해서는 『신증동국여지승람』에서 당나라 선종(宣宗)이 상선을 타고 개주(開州) 서쪽 포구에 이르렀을 때, 썰물 때라서 개펄이 넓게 펼쳐지자 시종관을 시켜서 배 안의 동전을 던진 뒤에 하륙하였던 데에서 '전포'란 이름을 얻었다고 했다. 여기에 김관의(金寬毅)는 선종이 아니라 숙종이라고(『편년통록(編年通錄)』) 신화화하고 있다. 이에 대한 한재렴의 논의는 단호하고 명쾌하다.

이 논의는 굳이 많이 고찰할 것도 없다. 곧 사리로 말하자면, 조수가 밀려가 개펄 천지인데, 정녕 얼마나 많은 돈을 써야 한단 말인가? 이것은 정위새가 동해를 메우듯 어처구니없는 소리일 뿐이다. 더구나 선종은 형 만으로 달아나서 종관을 많이 딸릴 수도 없었을 터인데, 또한 종관을 어 디서 얻었겠는가? 이것은 흙덩이를 이고 넓적다리를 가를 정도로 다급 한 때가 아니었던가? 고려인들은 주전(鑄錢)할 줄 몰랐다. 중국에서 돈을 하사하면 갈무리하여 보물로 여겼다. 이것은 필시 희귀한 물건으로 이야 기를 꾸며서 선종이 동쪽으로 왔다는 일을 사실로 만들려고 한 것이다. 어찌 그럴 리가 있겠는가?[256]

사리로 따졌을 때 이치에 어긋나는 점을 들어 변석하고 당시 고려의 화 폐경제를 통해 왜 이런 이야기가 나왔을지를 점검하고 있다. 흡사 추리소 설을 쓰듯이 허구를 하나하나 반박하며 고도에 대한 신화적 이미지를 지워 나가고 있는 것이다. 그러나 그는 신화 속의 허구를 변석하면서도 그 속에 담겨져 있을 진실성까지 모두 부정하지는 않았다. 그것을 선죽교에 대한 논의와 시 속에서 살펴보자.

명예를 좇는다는 것도 그저 구실일 뿐
착한 일 하면서 어찌 자신을 위했으랴.
삼한은 지금도 제사를 바치고
팔도는 예로부터 칭송하네.
천력이 바야흐로 夏로 돌아가니
백이는 끝내 周에서 죽었다네.
외로이 황폐한 다리에서 바라보니
봄산에 석양이 서글프기만 하네.
徇名徒口實　　立善豈身謀
三韓今俎豆　　八道舊歌謳

天曆方歸夏　　伯夷竟死周
獨在荒橋望　　春山落日愁 (제1수)[257]

　　선죽교를 찾아간 한재렴은 정몽주의 절조를 떠올린다. 자신도 모르게 사흘간 세 차례나 찾아가 모두 세 수의 시를 남길 정도로 포은의 풍모에 시름 겨워하였다.[258] 자신을 돌보지 않고 선업을 세웠건만 이제는 황폐해진 다리만이 그의 흔적을 보여줄 뿐인 스산함이 그에게 슬픔으로 다가온 것이다. '춘산낙일(春山落日)'이 오히려 서러움을 안겨주는 것은 화사한 봄일수록 잊혀져 가고 쓰러져 간 이를 상대적으로 처연하게 부각시키기 때문이리라. 석양은 풍광을 폭넓게 받아준다. 비록 지는 해가 안타깝더라도 따사롭지 않은 햇빛 탓에 편안한 분위기마저 연출하고 있다. 제1수에 보이던 시름은 제2수에서 다소 여유를 찾는 듯하다.

　　이 몸도 누구나처럼 한 번은 죽고
　　화려한 저택도 백년이 지나면 허물어지는 법.
　　옛 도를 당신은 왜 힘쓰셨던고
　　덧없는 글은 세상에 참으로 어리석네.
　　들판에 꽃들이 우거지고
　　지붕에 걸린 석양은 더디기만.
　　들녘 빛깔이 이후로 좋으리니
　　문을 나서면 갈 곳 있으리라.
　　斯人同一死　　華屋百年期
　　古道公何勉　　浮文世絕癡
　　原田芳草滿　　棟宇夕陽遲
　　野色從今好　　出門有所之 (제2수)

황폐한 다리에서 오히려 생사의 자연 이치를 받아들이고 느긋해지기 시작한다. 미련의 "들녘 빛깔이 이후로 좋으리니, 문을 나서면 갈 곳 있으리라(野色從今好, 出門有所之)"는 흡사 달관의 자세인 양 느껴질 정도로 담담한 어조를 풍긴다. 이런 분위기는 제3수에서 "우거진 측백나무는 밤비에 시름겹고, 이슬적신 섬돌에 날빛이 부서지네. 봄 되자 들오리 날아 내려오고, 산꽃 사이로 햇빛도 보기 어렵네(森栢愁夜雨 礎潤散朝暉 野鷺春飛下 山花日見稀)"라는 화면으로 포착되기도 한다. 측백나무의 견결한 지조는 정몽주를 표상한다. 밤비 맞아 시름겨웠던 나무에서 섬돌을 적신 이슬이 햇빛을 받아 반짝이는 것으로, 침울함은 화사한 분위기로 전변한다. 봄이 찾아오자 들오리 내려오고 햇빛이 보이지 않을 정도로 만발한 산꽃은 되살아나는 정몽주 충절을 상징하는 것으로 읽히는 것이다.

한편, 제4구의 '부문(浮文)'에는 〈선죽교혈적변(善竹橋血跡辨)〉이라는 글을 쓴 적이 있다는 그의 자주(自註)가 달려있다. 분명하지는 않지만, 이 글은 『고려고도징』의 〈선죽교〉 조 안설로 수렴된 것이 아닐까 생각한다. 안설을 들어본다.

선죽교는 옛 이름이 '선지교'이다. 소리가 비슷해서 선죽교로 와전된 것이다. 선죽은 『고려사』 및 『목은집』에 보이는데, 모두 고려 말년으로 세속의 대나무가 났다는 논의는 바로 허무맹랑한 것으로 변석할 것도 없다.(세상에서는 포은이 사절한 뒤 그날 밤 그 장소에 대나무가 자라나서 선죽교라고 이름했다고 한다.) 그곳의 혈적에 대한 논의(세상에 전하기를, 포은 선생이 이 다리에서 사절했다, 지금 다리 동쪽의 두 번째 돌에 붉은 무늬가 있는데 비바람에게 지워지지 않으니, 이것을 포은선생의 핏자국이라고 한다.)도 또한 뒷날 시작된 것이다. 채수의 「유기」나 『신증동국여지승람』도 근고(近古)의 것이지만, 모두 이런 이야기는 없다. 김잠곡(김육)이 찬한 『송도지』에도 또한 실려 있지 않다. 하지만 장흥의 푸른 피가 『장자』에 보이고, 황부인의 피어린 돌이 『명사』에 수록되어 있는 등, 의열(義烈)이 감통한 바에 진실로 사람의 지모와 생각으로 미칠 수 없는 것이 있으니, 전혀 이런 일이 없었다고 할 수도 없다.[259]

이 안설에서 한재렴은 '선죽'이란 이름이 정몽주가 죽기 이전에도 존재했다는 점을 근거로 포은 사후 대나무가 나왔다는 논의를 비판하고, 혈적에 대한 언급이 여지승람이나 『송도지』에 없었다는 점을 들어 조선 후기에 생긴 전설로 판단한다. 하지만 그는 후반부에서 사뭇 다른 논의를 펼친다. 의열(義烈)이 감통해 낳은 결과는 사람의 지모로 헤아릴 수 없는 것이 있다고 하며, 선죽교의 혈적이 갖는 역사적 진실성에 대해 일정하게 판단 유보를 한다. 전반부에서 세속의 전설이 갖는 비현실성, 비역사성에 대해 의문을 표하면서도 신화나 전설에 깃들어 있는 진정성에 대해서 긍정하고 있는 것이다.

송도 고적에 대한 실증(실사)적 태도는 송도에서 망국의 회한을 느껴보려는 사람들과는 분명 구분되는 의식으로 보인다. 물론 이것이 『고려고도징』이라는 인문지리지에 바쳐진 노력이라는 점에서 일반 시인들의 것과 동위에서 논해지기는 다소 주저되는 바가 있다. 하지만 〈선죽교〉에서 보았듯이, 일반적인 추억(회고)을 담은 시들과는 달리 황폐한 풍경 속에서 희망의 단서를 찾아내는 것은 분명 회고로만 얻을 수 있는 것은 아닐 것이다. 실증과 추억 사이에서, 한재렴은 송도(고적)에 대한 다소 균형 잡힌 마음을 잡아갔던 것으로 보인다.

송도 고적을 대한 작업이 자신을 짓눌렀던 출신지, 고향, 역사에 대한 대응이었다면, 개인적 지평에서 진행된 그의 정서적 반응을 주시할 필요가 있다. 사실 그의 생평은 그다지 평탄하지 않았다. 가장 예기로울 때 사옥에 연루되어 유배를 갔고, 돌아온 뒤 찾아간 집은 가산이 탕진되어 더 이상 밑

천 삼아 일어날 힘도 없었다(이정리, 「혜원한공묘지명」). 그래서인지 그의 시에는 '그리움'을 주 정조로 한 시가 많다. 그리움은 상실, 상처, 고독으로 인하여 자신의 존재를 환기하고 그 감정을 타인, 타처(他處)에 투영하면서 비롯하는 감정인 바, 이를 통하여 한재렴의 의식 저편에 자리를 잡은 상실의 비애를 짐작할 수 있다. 그런데 그는 이런 슬픈 정조를 맑고 환한 분위기 속에 담아놓았다. 이제 그 시를 들어보도록 하자.

4. 산거(山居)와 그리움

산수 자연의 경(景) 속에 시인의 정(情)을 담아 노래하되 시인은 자신의 정서에 맞는 경을 선택하기 마련이다. 관념적인 경을 선택하는 경우도 있지만, 대개 시인이 처한 일상적 삶에서 근거와 바탕을 찾는다고 보면 그다지 틀린 해석은 아닐 것이다. 한재렴의 시를 일별하면, 특별한 상황에서 지어진 증답시를 제외하고는 대개 산수 자연, 즉 산거(山居) 속의 삶과 정서를 노래하고 있다.

흔히 산거란 은자의 삶을 추구하지만 그의 시에서는 그렇지만은 않다. 벗과의 추억을 담아놓기도 하고, 형제간의 그리움을 박아 넣었으며, 분주하지 않은 일상의 넉넉함을 새겨 넣었다.

> 일찌감치 날이 개자 들 저편으로 산을 보고 돌아와
> 하루 종일 사립문 닫고 뜨락에 한가로웠네.
> 모란은 다 지고 푸른 이끼 뒤덮었거든
> 못된 참벌놈이 내 얼굴 치고 날아가네.
> 早晴野外看山歸   長日閒庭掩板扉

牧丹落盡蒼苔滿　　無賴黃蜂掠面飛 (제1수)

밤새 낭무를 울리는 빗방울에 자주 시름했거든
새벽아침 수풀 욱은 못가에서 새 울음 들리누나.
해 높이 걸리도록 혼자 이불 끌어안고 누워있으니
초록빛 맑은 기름종이창에 맥추(麥秋)가 찾아왔네.
隔夜頻愁雨響廊　　曉聞啼鳥滿林塘
日高自擁紬衾臥　　綠淨油窓作麥涼 (제2수)²⁶⁰

　위 시들은 산거의 한가로움을 그린 시이다. 한 폭의 동양화를 보는 듯이
화면이 구성되어 있다. 이른 아침 청신한 새벽에 일어나 일찌감치 산을 둘
러보고 돌아온 뒤 하루 종일 아무 일도 없이 한가롭게 지내노라니, 이젠 붉
은 모란도 뚝 저버리고 이끼만 돋아 온통 땅을 덮었다. 그저 참벌 한 마리
가 나를 건들고 지나갈 뿐이요, 나의 여유를 뒤흔들거나 깨뜨리는 존재는
없다. 제2수 역시 마찬가지이다. 지난밤 그리도 비가 내리더니 아침이 되
자 비가 개이고 맑게 새들이 지저귄다. 구태여 아무 일도 하지 않은 채 누
워있다. 화자의 게으른 모습이 오히려 자연스럽게 느껴질 정도의 여유로움
이 배어 나온다.
　제1수의 정조를 '정(靜)'으로 요약한다면, 제2수는 '정(淨)'으로 포착할 수
있다. 가끔 이런 고요하고 맑은 분위기를 깨는 존재, 즉 '황봉(黃蜂)'과 '우향
(雨響)'이 있지만, 그것이 산거 공간을 좌우하지는 못한다. 그래서 이 시에서
사물 개개는 그다지 의미 없다. 전체로서의 포착된 화면이 중심에 자리하
고 있다. 즉 화면 전체로서 구현된 정서의 표현에 시인의 눈이 가 있는 것
이다. 그런 점에서 한재렴의 산거시는 자연미를 추구한다고 볼 수는 없을
듯싶다. 배경으로 존재하는 산수를 뒤로 하고 감정을 노출하는 화자의 모

습이 너무도 선명하기 때문이다. 그래서 산거시에서 그리움의 대상을 찾기
수월하다.

> 나의 산중 벗들을 생각해보면
> 뉘라서 정녕 자네보다 먼저이랴.
> 옛날 놀던 일 그저 꿈이러니
> 이 이별이 어찌 하늘이 정한 것이겠소.
> 한묵(翰墨)은 참으로 말기일 뿐,
> 시서(詩書)도 진정 젊어서 공부할 일이네.
> 산중의 당신이 보고 싶어지면
> 비바람에 침상 보고 잠에 든다오.
> 念我山中友　　誰當在子先
> 舊遊徒說夢　　此別豈關天
> 翰墨眞餘事　　詩書正妙年
> 山中須見憶　　風雨對床眠[261]

순천으로 유배를 갔을 때 아우 한재락에게 부친 시이다. '산중우(山中友)'란
함께 산속에서 공부하자고 맹세하였던 벗들을 말한다. 그는 신유년(1801) 원
통(圓通)골에 산방(山房)을 중수하고 아우를 비롯한 동학들과 하루를 다녀오
면서 외부로 발길을 끊고 그곳에서 함께 공부하자면서 "책을 짓자던 소중
한 약속, 나는 그대들과 함께 했는데(珍重著書約 吾與二三子)"[262]라며 기약했다.

그런데 순천으로 오면서 그것을 지키지 못할 약속이 되고 말았던 까닭에
늘 아쉬워하던 차였다. "옛날 놀던 일 그저 꿈이러니(舊遊徒說夢)", "한묵(翰墨)
은 참으로 말기일 뿐(翰墨眞餘事)"은 지키지 못한 기약에 대한 미안함과 아쉬
움을 반어적으로 표현한 것이다. 미련인 "산중의 당신이 보고 싶어지면, 비

바람에 침상 보고 잠에 든다오(山中須見憶 風雨對床眠)"에서 '산중'은 시적 대상이 있는 공간이다.

앞서 〈산거〉에서는 시인 자신이 놓여 있는 공간으로서의 산중과는 구분된다. 하지만 이들 사이에 '산중'은 하나의 소통 공간일 뿐이다. 비록 위 인용된 2제의 시는 각각 다른 시기의 것이라는 한계가 있지만, 한재렴의 산거시를 통틀어 볼 때 그가 대화하고 헤어지고 그리워하는 공간이 대개 산중이었다는 점에서, 위 시들을 함께 논의해도 그의 시가 가진 특징적 국면을 지적하는 데 큰 잘못을 저지르는 것은 아니리라 생각한다. 다시 순천에서 지은 시 한 수를 본다.

청산은 본래 겹겹의 수가 없었고
명월이 어이 멀고 가까움이 있었던가.
천리 너머 그리움에 당장 길을 나서고 싶지만
술동이 앞에서 한번 웃으며 천애의 신세 달래보네.
靑山自是無重數　　明月何曾間邇遐
千里相思須命駕　　尊前一笑慰天涯 (제8수)[263]

산이란 본래 서로 이어져서 맥(脈)을 이룬다. 사람들이 경계를 가르고 나누어 이름을 붙였을 뿐, 그 자체로는 굴곡과 장단이 있을 뿐 본래 하나였다. 하늘의 달 또한 가까운 곳만 비추고 먼 곳은 비추지 않았던 적은 없었다. '靑山'과 '明月'은 공간적 유대를 이루는 기본적 토양으로 제기되었다. 이 시는 본래 8수의 연작시로 오랜만에 온 벗의 편지에 기쁘게 화답하면서 흡사 자신의 신세가 강남에 버려진 굴원과 같음을 아쉬워하는 내용을 담고 있다. 인용시는 그 가운데 맨 마지막 시로서, 우정을 다짐하는 결말에 해당한다. 앞서 내비쳤듯이 산은 본래 하나로 이어지던 것으로, 서로 거리를 두고 있는 사람의 유대를 가능하도록 하는(그것을 논할 수 있는) 공간이기도 하다.

그런데 우리는 한재렴의 산거시를 살펴보면서 의외로 밝다는 인상을 받는다. 굴원처럼 내쳐졌다는 소외감을 내비치면서도, 술로 자신을 위로 할 수 있는 여유가 있다. 왜 그럴까? 굳이 시적 환경에서 단서를 찾는다면, 무엇보다 그의 시가 가진 시간적(계절적) 배경이 대부분 봄과 여름, 그것도 비가 갠 맑은 봄, 아직 더위가 시작되기 전의 상쾌한 초여름임을 들 수 있다. 물론 가을 분위기를 내는 시도 있다. 각각 한 수씩 이어서 들어본다.

비 갠 긴 언덕은 진흙 하나 없이 깨끗한데
가지런히 땅을 쓸 듯 수양버들 하늘거리네.
서루에서 밥을 먹고 등나무상에 앉아
꾀꼬리 정오 뒤에 울기를 마냥 기다려보네.
長堤過雨淨無泥　　漠漠垂楊掃地齊
西樓飯罷藤床坐　　恰待黃鸝午後啼[264]

나그네 봄비에 마음 울적하여도
해맑은 저녁은 기분 좋은 게 사람 마음이라.
먼 산은 겨우 푸른빛을 에둘렀고
높은 나무에 맑은 기운 남아있구나.
망해대가 어드메뇨
조계사는 이름난 곳일세.
명아주지팡이 기대 이곳부터 올라가니
기이한 경관 난생 처음이로구나.
客意愁春雨　　人情喜晚晴
遠山縈寸碧　　高樹肅餘淸

望海臺何處　　曹谿寺有名
杖藜從此始　　奇絶冠平生 (제2수)²⁶⁵⁾

〈산장수하(山莊首夏)〉 시는 비 온 뒤의 맑은 정경 속에서 화자의 느긋한 여유를 통해 산거의 한가로움을 다시금 보여주고 있고, 〈춘청(春晴)〉 시도 봄비가 개인 뒤 저녁을 맞아 산을 오르는 움직임을 포착하여 나그네의 정회를 애오라지 견딜 수 있는 마음으로 바꾸어 놓았다. 이들 시도 '정(淨)' '청(晴)' 등으로 그 정조를 요약할 수 있다. 특히 후자는 순천 유배기의 시임에도 우울한 분위기는 하나 없이 경쾌한 느낌을 준다. 심지어 시인의 발걸음이 외부로 향하고 있는 것이 독자의 마음을 트이게 해주는 듯하며, "명아주지팡이 기대 이곳부터 올라가니, 기이한 경관 난생 처음이로구나(杖藜從此始 奇絶冠平生)"에는 삶의 의욕이 생기 있게 느껴지기도 한다. 그 이유를 분명히 알 수는 없다. 정황적 증거나 문학적 증거가 불충분하기 때문이다. 따라서 지나친 억단을 하는 것은 오히려 주의할 필요가 있기에 논의를 더 이끌지는 못한다. 다만 이러한 태도는 갑자년(1804) 제야에 지은 시에서 보인 독왕독래적인 주체도 이러한 긍정적 삶의 태도에서 연유되는 것이 아닐까 싶다. 다음은 순천으로 유배된 지 3년째 되던 해에 지은 작품이다.

물색은 그대로이건만 서러운 세밑이라
차가운 창에 홀로 앉으니 등불도 희미하네.
아무도 찾는 이 없는 바닷가에서 지낸 지 3년
천리 밖 구름 낀 산 너머 고향꿈만 꾼다오.
벽에 기대진 책들은 어지러이 늘여져 있고
성을 감싼 연깃불도 온통 희뿌옇지는 않으이.
상그러이 농가를 오가지도 않으며

나 홀로 몸과 마음, 그림자와 의지하노라.

物色居然歲暮悲　　寒窓孤坐一燈微

三年瘴海無人問　　千里雲山有夢歸

倚壁圖書渾謾在　　繞城烟火未全稀

不煩里舍勤還往　　我自形神與影依 (제1수)[266]

　　세밑의 정서가 항용 갖는 묵은 해에 대한 아쉬움과 고향을 떠난 이의 향수를 뒤로 하면 미련이 주목된다. '불번(不煩)'으로 요약되듯, 단순하고 평범한 일상 속에서 '형(形)', '신(神)', '경(影)'이 서로 의지하는 삶을 꿈꾸고 있다. 흡사 이백의 〈월하독작(月下獨酌)〉에 보이는 달관적 정서로도 읽힐 수 있다. 이런 마음은 〈소옥(小屋)〉에서 "수확이 어찌 많다 좋으리오, 물(物)을 만나면 그저 기분 좋아라(所獲豈在多 寓物聊自怡)" 하며 겨우 산부추 27쪽을 거둔 농사 성적을 달래주고 있는 데서도 엿보인다.

　　중요한 것은 남에게 내보일 성과가 아니었다. 무엇보다 삶을 경영하는 기쁨을 맛보고, '우물(寓物)' 속에서 즐거움을 얻었던 것이리라. 한재렴의 시는 춘하 속의 산거를 주된 배경으로 하면서 그리움 속에 일상적 즐거움과 속정을 솔직하게 풀어놓고 있다. 확실하지는 않지만, 이런 그의 시적 취향과 낙관적으로 삶을 경영하는 태도는 실사를 추구하던 송도 고적에 대한 태도와 인정을 주목했던 연암 일파의 학문적 문예적 취향과 닿아있으리라고 조심스럽게 추측해 본다. 기실 현실을 즉하여 판단하고 경영하는 태도는 과거나 미래에 집착하여 허황되거나 부정적인 삶을 살 가능성이 적지 않았을까?

5. 송도지성사를 꿈꾸며

본고는 '한재렴'을 중심 화두로 삼아 18세기 송도 지식인의 한 측면을 살펴보고자 준비되었다. 송도인의 정서는 과연 당시 문예의 분위기와 어떤 상관성을 갖는가? 18세기는 백여 년의 진폭을 갖고 있고 지리적, 문화적 의식이 최대한 확장되었던 것을 생각하면, 한재렴의 문학적 성과는 어느 정도의 몫을 가질까? 일단 그가 정조와 연암의 만남에서 확보한 한학적(漢學的) 학문 태도와 문체 자각, 고적에 대한 실증과 추억의 변주, 춘하의 산거 속에서 일상적 삶에 대한 건강한 주목과 시화 등은 18세기의 문화 의식 속에 두더라도 손색이 없을 것으로 보인다. 비록 자료와 지면의 한계로 인해 좀 더 정치하고 박실하게 다루지 못한 한계가 있기는 하지만, 당대 송도 지식인의 학문과 문학으로 확장해 나갈 포스트로서 위치는 확인할 수 있을 것으로 보인다.

송도 지식인에 대한 연구는 아직 초보적인 단계이고, 이들 사이에 정신사적 맥락조차 제대로 지형도가 그려져 있지 않다. 아니 송도 자체에 대한 주목은 방계적 관심사일 뿐이다. 경제적 이익을 위해 '개성'공단을 조성하는 시점에서조차 '송도'(송도 지식인)는 연구 시야에 들어오지 않고 있다. 송도는 조선 500년 동안 정치적, 문화적 소외지였고, 근대 백년간 연구자의 시야에서 밀려나 있었다. 왜 그럴까? 한 가지 분명한 것은 자료의 부족이다. 수많은 개인 문집이 간행되던 조선 후기에조차, 변변한 문집 하나 없었던 것이 송도의 지식인들이었다. 그로 인해 송도는 수면으로 떠올리기조차 버거웠다. 그나마 창강의 노력으로 18세기 이후 송도 지식인들의 시문집은 세상에 전하게 되었다. 고려 5백년을 지내왔던 역사적인 지역, 개방성과 포용성을 특장(特長)으로 하는 지리적 특성으로 다져온 학문과 문학을 새롭게 주목할 과제가 이제야 수면 위로 떠오른 것이다.

중앙의 집중을 비판하면서도 지역의 열패감에 빠질 이유도 없고, 또한 지역의 경계를 근거로 중앙과 대립할 수 있다고 믿는 것도 순진한 생각일 듯싶다. 지역을 연구하고, 지성사의 지형도를 그려나가는 일은 기실 현대에만 요구되는 과제도 아닌 것이다. 송도 지식인에 대한 주목은 송도만의 지성사를 그리는 것도 아니요, '소외'된 처지를 '복권'시키려는 데서 그치지도 않는다. 정작 지역적, 학문적으로 소외된(버려진) 창강(滄江, 김택영)이 연암을 발굴하고, 산문사의 종주로 자리를 잡게 하여 조선 후기 문화사 및 문학사를 풍부하게 만들어놓은 것처럼, 중앙과 지역 어느 일방만의 경계에 안주하지 않는 지성사를 그려야 할 것이다. 흡사 『당의통략』을 통하여 문벌사회의 경계를 허물고자 했던 영재(寧齋, 이건창)의 기획처럼.

[원제: 심원자 한재렴의 학문과 문학에 대하여-18세기 송도지식인의 한 측면-, 2006]

제8장

19세기 왕성순(王性淳), 절의와 고려사

1. 왕성순과 지성사 복원

본고는 근대계몽기 송도 지식인인 우아당(尤雅堂) 왕성순(王性淳, 1869~1923)의 현실 인식과 문학을 살펴보고, 아울러 송도학맥 연구의 가능성을 짚어보고자 한다.

한국 지성사에서 송도학맥은 소외되어 온 것이 사실이다. 서경덕(徐敬德), 최립(崔岦), 차천로(車天輅), 김택영(金澤榮), 최한기(崔漢綺) 등의 경우 간헐적으로 거론되기는 했지만, 이들을 지역적으로 묶어 지성사의 한 흐름으로 포착한 적은 없었다. 요사이 근대 계몽기에서 최한기와 김택영의 비교,[267] 최한기 사상의 세계성,[268] 김택영의 산문문학[269] 등을 주목하고 있지만 본격적이라고 하기엔 턱없이 모자라는 형편이다. 이는 무엇보다도 자료의 부족에 기인한다. 특히 시문집의 간행이 후손의 영달과 밀접한 관련을 갖고 있는 조선의 현실에서, 백여 년간 과거 응시가 금지되었고, 유수(留守)가 파견되어 특별관리되었던 송도로서 현달한 가문의 존재를 기대하기란 어려운 일이었다.

예컨대 한석호(韓錫祜)는 자신의 아들 한재렴(韓在濂)이 정조의 칭찬을 받자, 한양 외곽으로 거처를 옮겨 우화당(藕華堂)을 짓고 서가와 독서처를 마련하여 차후 가문의 성장을 기대하기도 했지만, 그것 또한 한재렴이 이가환(李家煥)의 신유옥사(辛酉邪獄)에 연루되어 순천(順天)으로 유배 가게 되면서 꿈을 이루지 못하고 말았다.[270] 이처럼 송도인 가문의 성장이란 쉽지 않은 일이었다.

지성사에 대한 지역적 연구가 얼마나 유효할지 단언할 수 없지만, 영남이나 호남과는 다른 개방적 풍토와 습속이 학문적 문학적 성장 방향과 어느 정도 관련이 있으리라고 추정할 수 있다. 이런 연구는 개인적 성향의 차이와 특성을 무시할 우려가 있다. 본고의 문제의식은 바로 이런 계보적 탐색이 갖고 있는 위험을 안고 있다. 그럼에도 지역권 지성사 탐색은 지금까지 단일하거나 주류적 경향을 전부로 알았던 우리에게 사유의 폭을 넓혀주리라 생각한다. 송도학맥의 복원과 지성사로의 등록은 그런 점에서 중요하다.

송도 지성사의 복원 과정에 왕성순은 적극적으로 참여하였다. 특히 『숭양기구전』, 『숭양기구시집』, 『신고려사』를 편간한 창강의 작업에 직·간접적으로 왕성순은 도움을 주었다. 또한 그가 교류하고 있는 인물도 조긍섭(曺兢燮), 황원(黃瑗), 왕수환(王粹煥), 이건승(李建昇), 정인보(鄭寅普) 등 주요 지식인을 포함하여 이기소(李箕紹), 여사훈(呂士薰), 최성좌(崔性佐), 진중선(秦仲善), 임유서(林有瑞) 등 송도 지식인을 포괄하고 있다. 근대계몽기 송도 지식인의 추이를 이해하고 창강학의 온전한 연구를 위해서 왕성순의 생각과 정감은 살펴볼 필요가 있다. 본고가 왕성순에게 시선을 돌린 것은 바로 이 때문이었다.

본고는 왕성순의 생애와 역사·현실에 대한 생각, 시문관과 시세계의 한 국면을 조감하고자 한다. 먼저 『개성왕씨족보(開城王氏族譜)』와 창강의 기억을 중심으로 왕성순의 생평을 살펴보도록 하자.

2. 생애_「왕원초소전(王原初小傳)」

왕성순은 개성 출신으로서 초명은 지순(之淳), 자는 원초(原初), 호는 우아당(尤雅堂) 또는 경암(敬菴)이다. 부친 왕정린(王庭麟)과 모친 김해 김씨부인의 사이에서 1869년(기사) 정월 21일 태어났다. 왕정린은 개성의 분감역(分監役)을 지내고 통정대부(通政大夫) 3품에 올랐다. 그는 금천(金川)에서 장사하다가 원실(元室)인 김해 김씨부인(김창화金昌華의 딸)을 잃고, 계실로 다른 김씨부인(김처형金處瀅의 딸)을 맞아들였는데, 이 부인이 왕성순의 모친이다. 김택영의 묘지명에 의하면, 자애롭고 현명하며 단정한 성품의 소유자로서 평소 남에게 큰소리치지 않았으며, 남편이 곤궁한 친구를 돕느라 자주 항아리를 비우게 되더라도 아까와하는 기색이 없었다. 나이가 들어서도 바느질을 손에서 떼지 않아 손에 병이 들자 왕성순이 그만두라고 하니, 사람이 살면서 스스로 편안하기만 도모할 수는 없다고 타일렀다고 한다. 그래서 창강은 이런 김씨부인의 삶의 태도에서 왕성순의 호학(好學)의 뿌리를 찾는다.[271]

왕성순은 어려서부터 책을 즐겨 읽고 재주 있다는 소리를 들었는데 고종 24년(1887) 19세의 나이로 별시문과에 급제했다. 승정원(承政院) 주서(注書), 사헌부(司憲府) 장령(掌令), 병조좌랑(兵曹佐郎)을 지냈고, 임금께 소대(召對)되는 영예를 한두 차례 입었으나 벼슬에 오른 것을 달가와하지 않고, 자신이 좋아하는 것을 하겠노라고 하며 벼슬을 그만두고 창강을 따라 문장을 배웠다. 그 후 얼마 안 있어 "나는 여지껏 도는 듣지 못한 채 길을 지나쳐 문장을 하고 있으니 옳겠는가?"라 말하고, 진상우(秦尙友, 진중선秦仲善, 호는 동은東隱), 시독(侍讀) 최성좌(崔性佐, 호는 직재直齋) 등과 함께 경학을 강학하면서 '경암(敬菴)'이라고 자호했다. 그로부터 30여 년을 경사자집(經史子集)으로 다반사를 삼았다. 그 사이 사간원(司諫院), 사간(司諫), 집의(執義)가 내리고, 1906년(병오) 고려의 후예라는 이유로 특별히 홍문관(弘文館) 시강(侍講)까지 내렸으나 모두 부름에 응하지 않았다. 올곧게 학문과 문장에 힘을 쏟았던 것이다.

을사조약 이후에는 창강에게 편지를 보내 자신도 망명의 뜻을 따르겠다고 했고, 경술국치 이후 창강의 저술(『창강고滄江稿』)이 도기(屠寄)에 의해 간행되었다는 소식을 듣자 자신도 또한 중국으로 가서 살고자 했지만,[272] 아버지가 연로하여 끝내 뜻을 이루지 못했다. 중국으로 떠나지 못한 마음을 달래며 조선의 문적 편간에 관심을 갖고, 『조선오현문초』와 『여한십가문초(麗韓十家文鈔)』를 간행하였으며, 1921년(신유) 금강산 여행을 떠났다가 바닷가를 배회하며 참으로 아름다운 산하가 내 것이 아님을 애통하다고 노래하기도 했다.

1922년 왕성순은 창강에게 편지를 보내어 『고려사』의 개수(改修)를 권하였다. 『신고려사』「서문」에는 왕성순의 말이 "고려사가 한심하게 된 지 오래되었습니다. 선생께서는 아무런 마음이 없을 수 있습니까?"라고 짧게 요약되어 있지만,[273] 「왕원초소전(王原初小傳)」에는 "위화도(威化島) 회군을 의롭게 여기는 것은 군신(君臣) 사이의 도를 멸절시키는 것입니다. 그것을 구제하는 것은 공의 책임이 아니겠습니까?"라고 적혀 있다. 왕성순이 『고려사』 개수를 권한 이유가 고려 왕씨 후예라서가 아니라, 공의(公義)의 현창이었음을 엿보게 해주는 언급이다.

창강은 왕성순의 권유로 『신고려사』를 개수했는데, 왕성순은 끝내 완성을 보지 못하고 55세의 나이로 1923년 숨을 거두었다. 그는 전주 이씨(이용겸李容謙의 딸)와 결혼했지만, 이씨 부인은 자식 없이 16세의 나이로 졸하였다. 그 후 하음 봉씨(봉학연奉學淵의 딸)를 맞아들여 한종(翰宗), 한승(翰承), 한영(翰英) 세 아들과 딸 하나를 두었다.[274] 창강은 왕성순을 두고 다음과 같이 찬하고 있다.

> 왕원초(왕성순)가 편집한 『여한십가문초(麗韓十家文鈔)』는 곧 내가 편집한 『여한구가문초(麗韓九家文鈔)』에 가감하면서, 그 사이에 나의 문장을 추가한 것이다. 그때 내가 알고 만류하자, 곧 그는 '이것은 저의 문자 권한입니다. 아마도 일을 주관한 자가 당연히 해야 할 일이 아니겠습니까?' 라 말하며 끝내 받아들이지 않았다. 저 왕원초가 나를 좋아한 것이 이와 같았다. 그러나 지금은 그가 없으니, 이는 사마천(司馬遷)이 말한 '종자기(鍾子期)가 죽자 백아(伯牙)가 그 때문에 거문고 현을 끊었다'는 것이 아니겠는가? 서글프구나![275]

『여한십가문초(麗韓十家文鈔)』에 자신의 문장을 굳이 넣었을 만큼, 자신을 따랐던 후배이자 제자인 왕성순을 회억(回憶)하면서 창강은 종자기와 백아의 관계에 그들 사이를 견주고 있다. 친한 벗이 죽자 자신의 마음을 알아줄 이 없음을 상심하며 절현(絶絃)했던 백아처럼 창강은 왕성순의 죽음을 안타까와한 것이다. 앞서 왕성순이 창강의 편간 활동에 적극 참여한 바 있다고 했지만, 그 이면에 이들 사이엔 지음(知音)과도 같은 인간적 신뢰가 흐르고 있었음을 확인할 수 있다.[276]

왕성순은 혈연적으로 고려 왕씨의 후예요, 지역적으로 송도 지식인으로서 당대 주류에서 볼 때 소외된 부류였다. 소외된 처지 자체가 그의 사상 및 역사·현실 의식을 새롭거나 건전하다고 판단 내리기에 부족하다고 할 수 있다. 오히려 주류에 편입되기 위해 노력한 흔적을 찾게 될지도 모를 일이다. 하지만 적어도 기성과 다른 지성사적 맥락을 찾아 나설 수 있다면 당사자에 대한 평가는 의미 있는 일이라고 여겨진다. 우리는 『여한십가문초(麗韓十家文鈔)』와 『조선오현문초』에서 그 가능성을 찾을 수 있다. 그러나 여기서 이들에 대한 본격적인 탐색은 후고로 미루고, 왕성순의 역사·현실에 대한 생각과 감정을 엿봄으로써 당대 소외된 한 송도 지식인의 마음을 읽어보고자 한다. 특히 그가 혈연적으로나 지역적으로 '고려'와 긴밀한 관계를 갖고 있다는 점에서 고려 역사에 대한 견해를 살피는 것으로부터 그의 의식이 가진 결을 읽어내는 것이 온당하리라 생각한다.

3. 절의(節義)와 사(士)의 윤리

왕성순이 고려 역사를 주목한 것은 자신이 고려 왕씨의 후예인 점도 있었다. 그는 고려가 망한 뒤 왕씨가 살아남기 위하여 산야로, 혹은 다른 나라로 숨어 살았던 기막힌 사정을 거론하면서 당시 왕씨들이 길다가 서로 만나면 위안 삼아 불렀다는 노래를 소개하고 있다. 그 노래는 다음과 같다.

저 패옥[玉]을 찬 사람, 근본을 잊지 않았구나
거문고[琴]가 있건만 줄이 없으니, 그 소리 벙어리일세.
꼴이 아니라 조를, 저 말[馬]에게 먹이는구나
밭두둑[田] 사이에 엎드려, 남의 아래에서 참아보세.[277]
彼佩玉者 不忘本也
有琴無絃 其聲啞啞
非芻伊粟 飯彼之馬
伏於田間 堪處人下

'왕(王)'씨임을 숨기기 위해 '옥(玉)'씨, '금(琴)'씨, '마(馬)'씨, '전(田)'씨 등으로 변성(變姓)했던 슬픈 고려 후예의 역사를 떠올리는 노래를 싣고 있는 것을 보면, 분명 고려에 대한 친연성은 혈연적, 지역적 차원의 소외와 결부되어 있다는 느낌을 지우기 어렵다. 그러나 이것이 『속간왕씨족보(續刊王氏族譜)』에 붙여진 서문임을 생각하면 그의 생각을 이해할 수 없는 것도 아니다. 따라서 이것으로 그의 역사의식을 재단해서는 안 될 듯싶다. 기실 왕성순이 서글픈 고려 역사를 반추하게 된 것은 한말 역사와의 기묘한 일치 때문이었다. 그는 '기묘한 일치'를 잡문 속에 남겨놓았다.

혹자가 말하기를, "고려가 망하자 두문동에서 스스로 절개를 지킨 사람이 70명 남짓인데, 한(韓)이 합방되자 일본으로부터 벼슬 받은 사람도 또한 70명 남짓이다. 시간적으로 아득히 서로 멀면서도 수치가 서로 짝을 이루듯 일치한다."고 하자, 혹자가 말했다. "고려는 무(武)를 숭상했다. 무

기(武氣)는 굳세기에 절개를 지키고 굴하지 않는 사가 많았다. 한(韓)은 문
(文)을 높이 받들었다. 문치(文治)는 유약하여 자신의 뜻을 꺾고 제 몸을 온
전히 하고자 하는 무리가 많은 것이다."

나는 다음과 같이 생각한다. 이는 정확한 논의가 아니다. 고려말 충신이
어찌 모두 무인이었던가? 고려는 어지러운 난국을 다스려서 정도(正道)로
되돌리고 창생을 널리 구하였으니, 그 공은 참으로 컸다. 그래서 고려가
망하자 하늘이 보답을 베풀어 그렇게 된 것이다. 한(韓)이 나라를 얻은 것
은 그렇지 않았다. 게다가 관인들은 그저 문벌만을 생각하고 앉아 있어
서, 조선 중기 이래로 당론만 거세져 폐단이 더욱 심해졌다. 정승과 감사,
목사는 나라의 명기(名器)로서 현인에게 주어야 하는 것이거늘, 제 것인
양 아버지가 아들에게 전해주고, 형이 아우에게 전해주며 부귀에 흠뻑
빠져서 염치도 모두 잊은 채 이익이 있는 곳이면 교활한 상인처럼 달려
들었으니, 나라의 존망인들 자신의 일로 생각이나 했겠는가? 그래서 구
차하게 사는 것을 편안히 여기며 충의가 귀함을 알지 못했던 것이다.[278]

고려말 충신들이 조선 건국에 맞서 죽음을 불사하고 절개를 지켰던 상황
은 한말 나라가 망해도 제 한 몸의 안위만을 도모하던 조선의 사(士)와는 참
으로 딴판이었다. '70여 명'이란 숫자는 일치하지만, 정반대의 모습을 보인
한말 신하들의 상황에 대해, 왕성순은 조선이 정당하게 건국된 것이 아니
며, 문벌을 중심으로 사리사욕에 빠진 관인이 망국의 원인임을 제기한다.
첫째는 역사 문제이고, 둘째는 현실 문제인데, 이 둘은 서로 뿌리와 가지처
럼 연결된 것이었다. 왕성순이 창강에게 편지를 보내 고려말 반역신들을
구별하여 후대에 경계를 남기자고 한 것도 바로 이 때문이었다.

『고려사』의 의례(義例)를 고칠 것이 더욱 적지 않으니, 이신(貳臣), 반신(叛臣), 역신(逆臣)으로 나누어 구별할 것입니다. 이를테면 권근, 강회백, 조운흘 부류는 이신에 넣고, 조준, 정도전 부류는 반신에 넣으며, 남은, 윤소종 부류는 역신에 넣는 것이 어떻습니까? 지금 염치(廉恥)의 도가 사라지고, 이익을 얻는다면 무슨 일이라도 행하며 나라까지 팔아 벼슬을 구합니다. 만일 앞선 역사에서 배우지 않는다면 뒷날 약소국 가운데 제 힘으로 나라를 보전할 수 있는 이는 거의 없을 것입니다. 그래서 엄정하게 의례를 세워서 후세에 경계를 남기는 것은 자잘한 일이 아닌 것입니다.[279]

왕성순은 '염치의 도'를 제기하고 있다. 이것은 세상의 옳고 그름을 분별하여 잘못됨을 부끄러워할 줄 아는 것을 말한다. 그가 고려의 신하로서 이성계에 붙좇아서 성공한 조선 건국세력을 고려의 입장에서 이신(貳臣), 반신(叛臣), 역신(逆臣)으로 나누어서 서술할 것을 제기한 것도 바로 염치의 도에 비추어 판단한 것이다. 옳고 그름의 분별과 엄정함, 이것이 왕성순이 고려 역사를 바라보는 기본 전제이다.

이런 입장은 창강이 『신고려사』를 수찬하면서 반영된 것으로 보인다. 비록 왕성순의 언급처럼 거론된 인물들이 이신·역신·반신으로 분류된 것은 아니지만, 『신고려사』 권51~52 반역열전에 최충헌(崔忠獻), 홍복원(洪福源), 신돈(辛旽) 등과 함께 '조준(趙浚), 정도전(鄭道傳), 윤소종(尹紹宗), 남은(南誾), 남재(南在), 조박(趙璞), 오사충(吳思忠), 배극렴(裵克廉)'이 자리 잡고 있기 때문이다. 창강은 『신고려사』를 찬술하면서 입전 대상을 엄정하게 선택하는 준선(峻選)과 절의(節義)에 입각하여 시비포폄(是非褒貶)을 공정하고 일관되게 평가하는 원칙을 세웠다고 한 바 있다.[280] 김근용(金謹鏞)에 의하면, 전도(顚倒)된 시비(是非)를 복원하기 위해 『신고려사』가 수찬 되었고, 이것은 왕성순의 발의로 시작되었다고 한다.

옳은 것을 더러 그르다 하고 그른 것을 더러 옳다고 함이 한결같지 않은 인사(人事)의 모습이요, 옳은 것을 옳다 하고 그른 것을 그르다고 함이 끝내 정해지고야 마는 천도(天道)의 모습이다. 『고려사』는 옳고 그름이 뒤집어진 지 오래되었다. 소호당 김택영 노인이 여든 가까운 나이로도 아직 세상에 살고 있으면서 그 역사를 수정하여 천도로 돌려서 깨진 화분이 어둠 속에 묻혀있던 것을 밝은 햇빛 아래로 고쳐 닦이도록 했으니, 이것을 우연이라고 할 수 있겠는가? 『고려사』를 수정한 의리를 돌아보건대, 사실 왕원초(왕성순)가 처음 발의하였건만 하루아침에 세상을 떠나니 창강 노인이 매양 본을 수정할 때마다 곧바로 상주에게 부쳐서 영전에 진열하도록 하였다. 아! 천하의 슬픔이 이보다 더한 일이 있으랴. 나는 고루하고 보잘것없지만 다행히도 일찍이 왕원초의 뒤를 좇아 그에게 역사의 의리를 들은 적이 있었다. 그래서 소리 내어 읽고 차탄하던 끝에 삶과 죽음의 감회를 서술해서 한때 문원의 참된 자취를 갖추고자 한다.[281]

이 글은 『신고려사』가 저술된 경위와 의의를 밝히는 것으로, 위에 언급된 관점이 왕성순만의 것으로 간주하기엔 다소 유보조건이 필요하겠지만, 역사란 시비가 엄정하게 갖추어진 천도로 귀결된다고 하는 점만은 주목할 필요가 있다. 앞서 살펴본 왕성순의 고려 역사에 대한 인식뿐 아니라 창강의 역사관과도 일치하기 때문이다. 김근용 또한 이들의 후배이니, 시비를 바로잡고 엄정하게 세우는 것 이것이 왕성순의 역사 의식의 핵심일 뿐 아니라, 창강 그룹의 역사의식으로도 이해될 수 있을 것이다.

고려 역사를 반추하여 절의(節義)의 소중함을 깨달았던 왕성순은 중국 역사에서 매국노의 대명사로 꼽히는 진회(秦檜)에 대한 글을 쓰면서도 "천하의 소인배들이 자신의 사욕을 경영하다 만세에 재앙을 남겨두지 않으려는 자로 하여금 진회를 보고 스스로 처신하도록 하기 위한 것"[282]이라고 집필 의

도를 밝히고 있다. 진회를 비판하는 이유는 충신을 죽이고 나라를 팔았다는 당시의 사건에 있지 않다. 무엇보다도 이적(夷狄)이 중원에 들어올 기회를 마련하여, 끝내 중원의 기운이 저상(沮喪)되고 시간이 갈수록 후환이 커져 갔기 때문이었다. 비록 중국사에 비기고 있지만 한말 일본을 받아들이고 일신의 영달을 꾀했던 지식인들에게 내뱉는 일갈이었다.

그런데 여기에는 진회 같은 매국노를 강하게 비판하되, 혹시 진회를 꿈꾸는 세상 사람들이 지녔을 일말의 양심에 기대어 그들이 반성하고 마음을 되돌리기를 바라는 간절함이 배어있다. 이제 왕성순은 세상 사람이 절의(節義)를 바꾸는 원인이 공의를 저버린 채 사욕을 따르는 데 있음을 지적하며, 현실 속 관료 혹은 지식인의 문제로 눈을 돌리고 있는 것이다. 사실 역사를 반추하는 것과 현실에 대한 비판적 시선을 확보하는 것은 동전의 양면이다.

지식인(士)의 자세에 대한 논의를 『속간중경과보(續刊中京科譜)』에 붙인 서문에서 찾아볼 수 있다.

> 과거를 설치한 것은 장차 재주를 시험하여 인재를 취하려는 것이다. 인재를 취하되 쓰지 않고 쓰더라도 그 재주를 다 쓰도록 하지 않는다면 과거를 설치한 뜻은 어디에 있단 말인가? 사(士)가 벼슬하는 것은 장차 자신이 배운 것으로 세상을 구하고 백성에게 은택이 미치도록 하려는 것이다. 이와 반대로 하면서 임금의 녹을 축내고 있다면, 참으로 이미 홀아비와 노처녀를 주벌하는 것과 별반 차이 없을 것이다. 더군다나 명예를 탐내어 교활하게 벼슬하는 자들이 자신의 몸과 집안만을 도모하면서도 스스로 과장하는 것을 또한 말할 필요가 있겠는가? 위에서 이렇게 인재를 취하고, 아래에서 이렇게 과거에 응시한다면, 상하가 모두 도를 잃게 될 것이다. 이것이 집안과 나라가 항상 난세와 망국의 지경에서 허덕이게 되는 이유이다.[283]

앞의 글은 나라에서 과거를 설치한 이유와 사(士)가 벼슬하는 이유를 들고 있다. 왕성순은 인용문에 앞서 중경(中京, 송도)이 고려가 망한 뒤 백여 년간 과거 응시 기회가 박탈당하였고, 그 후 등과한 사람이 영·호남에 견줄 만하다고 한 뒤에 윗 글을 서술하고 있다. 송도인들의 학문적 성취가 높았다고 자부하고 있는 한편, 그에 값하는 대우를 받지 못하였던 불공정함을 들고 있는 것이다.

주목할 것은 송도의 불행과 소외를 거론하는 데 그치지 않고, 사(士)의 윤리까지 거론하고 있는 점이다. 이는 그의 시야가 혈연과 지연에 국한되지 않고 공의를 향하고 있음을 보여준다. 왕성순의 어조는 명쾌하다. 사(士)는 자신이 배운 것을 활용하여 '세상을 구하고 은택이 백성에게 미쳐야 한다(濟時澤民)'는 것이다. 그가 굳이 '탐리(貪吏)'를 지적하여 비판한 것도 바로 이런 사의 윤리와 등지고 있기 때문이다.

> 한말 관리의 탐학은 극에 달했다. 수절하는 부인을 간음하여 임신했다고 모함하여, 옥중에서 배를 갈라본 자가 있었다. 송아지를 기르는 사람은 관첩(官帖)의 고통을 이기지 못하고 이웃 사람에게 팔면, 관첩은 다시 이웃 사람에게 이르렀다. 마침내 세상에서는 송아지 기르는 것을 파산의 물건으로 여기게 되었다. 아! 당시 군현 관리의 탐학과 방종이 이 지경이었으니, 경술년의 화를 당한 것도 불행이라고 할 수 없지 않은가? 슬프다.[284]

창강은 순사(殉死)는 한때의 고통이요, 수절(守節)은 종신의 괴로움이라고 하면서, 수절로 괴로워하는 여인의 입장을 헤아려 본 바 있었다.[285] 그런 여인의 지조를 간음으로 모함하고, 그것을 증명해 보이려고 배를 가르는 장면과 억지로 벼슬을 주어 끝내 그 백성의 재산을 파산시켜 자신의 재물을 불리는 악행[286]으로 탐리의 행태를 요약하고 있다. 왕성순은 정절(貞節)을 변절(變節)로 바꾸고, 나라의 명기(名器)를 사재(私財)인 양 만드는 탐리, 다시 말해 세상의 시비를 전도시키는 지식인들의 행태를 증오하면서, 차라리 경술년 망국조차 당연한 일이 아니냐고 분노하고 있는 것이다. 이런 인식은 "세상에서 가장 미워할 만한 자로 탐리만한 것이 어디 있으랴?"고 하며 나라의 녹봉으로도 만족하지 않고, 제 힘만 믿고 백성을 침탈하고 제 뱃속만 채우려 드니 개돼지만도 못하다고 비판하던 창강의 생각과도 동일한 것으로 보인다.[287]

왕성순은 지역적 차별로 인하여 송도 출신의 입신이 불공평함을 들면서도, 그에 대해 반감을 표하기보다는 설과(設科)와 사환(仕宦)의 윤리를 거론하고, 특히 사의 윤리를 지키지 않는 탐리를 비판하여 사회적 지평으로 비판의 수준을 끌어올리고 있다. 다시 말해 그는 역사에 대한 반추 속에서 절의의 문제를 끄집어내고, 절의를 지킬 주체인 지식인(士)의 자세를 가다듬으면서 당대 관인 사회가 문벌에 고착되어 사욕을 추구했던 폐단을 비판하였다.[288]

그가 독립지사의 아픔을 생각하면서 유인석의 유배를 안타까워하고, 최익현의 죽음을 애도하며, 안중근과 조헌을 위해 별도의 논의를 펼친 것[289]도 이런 역사 · 현실 의식의 소산으로 여겨진다. 이처럼 역사적 전범(典範)을 통하여 역사의식을 고취하고 현실을 비판했던 그는 시문에 대해서도 비슷한 모습을 보이고 있는 것으로 보인다. 이제 그의 시문관과 시세계 일 국면을 조감해 보도록 한다.

4. 전범과 실용, 그리고 상실(喪失)의 노래

역사를 통해 현실을 바라보는 눈을 확보한 것은 왕성순이 갖고 있던 '학고(學古)' 태도의 소산이었다. 그는 지식인의 학고(學古)는 설심(設心)과 제행(制

行)이 도에 맞도록 힘쓰는 것이며 혹시라도 닥쳐올 재앙은 고려 대상이 아니라고 했다.[290] 이것은 갑신정변과 갑오개혁을 거치면서 제출된 변복 규정을 '일시통변지학(一時通變之擧)'일 뿐으로서, 도(道)에 비추어 볼 때 지킬 필요가 없으며 세상의 이목을 두려워할 것이 없다는 입장을 개진하는 과정에서 제출된 것이다.

그런데 우리는 이로부터 표현과 내용 문(文)과 도(道)의 관계를 유추해 볼 수 있다. 이것은 내적 수양이 밖으로 외현된다는 유가의 보편적 문예론으로서, "어찌 도가 순정하지 않은데, 문이 홀로 지극하겠는가?(安有道不醇正而文獨其至者乎)"(「여이경재주사재與李畊齋主事齋」, 『우아당고』 卷2)란 그의 단언 속에서 시문관의 착목처를 짐작할 수 있다. 왕성순은 벼슬을 그만두고 문장을 배우다가 도를 지나쳐 문장을 배웠다고 반성한 뒤, 다시 경학을 익혔었다. 그가 생각하는 도(道)란 무엇일까? 그 편린을 다음 글에서 읽을 수 있다.

사람이란 배우지 않을 수 없고, 배우면서 강론하지 않을 수 없는데, 그 요체는 리(理)를 말하고 성(性)을 다하는 데 있다. … 대개 사람을 가르치는 것과 도를 전하는 것은 다르다. 배움에 실질을 힘쓰지 않는다면 분명 마음이 현묘한 경계로 빠지는 잘못을 저지르게 될 것이며, 도에 근원이 없다면 사람이 날마다 쓰는 것이 사사로이 작위하는 데서 벗어나지 못할 것이다. 그러므로 후세에 자사(子思)를 뒤이어 입론하는 사람이 항상 리(理)와 성(性)의 사이에 있었던 것은 바로 이 때문이다. … 아! 옛날 제현들은 그에 걸맞는 지위를 얻어 도를 행하였으니 공언(空言)을 저술하지 않았을 뿐만 아니라, 요순(堯舜)의 지치(至治)에 견줄 수 있었고 끝없는 지경까지 백성들에게 은택을 끼칠 수 있었다. 그러나 운명(命)이 때(時)와 어긋나 혹자는 은거하여 벼슬 살지 않고, 혹자는 벼슬하더라도 궁구하지 않아 진유(眞儒)의 효험으로 아뢰지 못하였다. 도술(道術)도 그에 따라 무너져 버리고, 이럭저럭 오늘에 이르러서는 편벽되고 지나치며 비뚤어지고 피하는(詖淫邪遁) 말들만이 그 틈을 타고 서로 일어나 사람들의 이목을 뒤덮고 사람들의 마음속을 뒤바꿔서, 세상의 운세가 기나긴 밤으로 들더니, 언제 처음으로 밝은 해를 보았는지 모르게 되었다. 그렇지만 도가 천하에서 한번도 없던 적이 없었고, 그 끊어지고 이어짐이란 사람으로 말미암았다. 그러니 제현의 문장을 천하에 전하여 호걸지사가 사숙(私淑)하고 송독(誦讀)할 것을 기대하노니, 그것으로 성리설을 부여잡아 권장하고 인욕을 깨끗하게 없애는 공업을 어찌 도모하지 않을 수 있겠는가?[291]

왕성순은 1915년(을묘), 경학(經學)의 순정(醇正)을 모아 후학의 본보기로 삼고자, 서경덕(徐敬德), 송시열(宋時烈), 이황(李滉), 이이(李珥), 김헌기(金憲基) 다섯 사람의 글을 뽑아 '조선오현문초'를 엮었다. 그 서문인 윗글의 핵심은 학문이란 실질에 힘써야 하며 그 실질은 리(理)와 성(性)을 요체로 한다는 것이다. 그래서 도를 얻은 사람은 헛된 말(空言)을 하지 않았고 백성들에게 은택을 끼칠 수 있었던 것이라고 했다. 왕성순은 '도'를 성리(性理)로 이해하고 있다. 그가 제현의 문장을 취하여 송독하고 사숙할 것을 기대한 것도 바로 이 성리설을 학습하여 성정을 맑고 깨끗하게 가지도록 하기 위해서였다. 이때 문장은 물론 사상적 문장이다. 하지만 그가 순정하지 않은 도로서 어찌 올바른 문장을 지을 수 있겠는가 하고 반문했듯이, 그는 도와 문을 근원과 발현의 관계로 이해하고 있는 것으로 보인다. 이제 시문에 대한 견해가 지닌 방향성을 구체적으로 짚어보고, 시세계의 일단을 살펴보기로 한다.

전범(典範)의 제시와 실용(實用)의 추구

사람이 살면서 진정 하루라도 말하지 않고 지낼 수 없으며, 하루라도 일이 없을 수 없다. '문(文)'이란 곧 말을 찬술하고 일을 기록하여 찬연히 문장을 이룬 것이다. 전하는 말에 가죽을 다듬어 공을 만들고 나무를 깎아 바둑판을 만든다고 했으니, 모두 법도가 있다. 더구나 문(文)이 이처럼 사람에게 긴요하고 중요한데 유독 법도가 없을 수 있겠는가? 저 시(詩) · 서(書) · 육예(六藝)로서 모두 문이 아닌 것이 없다. 그러나 성현의 술작(述作) 모두를 문(文)으로 부를 수는 없다. 일단 차례대로 들자면 『춘추좌씨전』 · 『국어』 · 『장자』 · 『이소』 · 사마천 · 반고 · 한유 · 유종원 · 구양수 · 소동파 등이 그중 뛰어난 것들이다. 그러나 사람들은 문(文)이 묘함을 알지 못하진 않지만 그 묘함이 법도를 넘어서지 않는다는 사실은 알지 못하고, 그 묘함이 법도를 넘어서지 않는다는 것을 알지만 그 법도가 베풀어지면 반드시 마땅해야 한다는 것은 모른다.

소위 수미(首尾) · 개합(開闔) · 번간(繁簡) · 기정(奇正)의 법도를 각각 지극히 하는 것이 편법(篇法)이요, 억양(抑揚) · 돈좌(頓挫) · 장단(長短) · 절주(節奏)를 각각 극진하게 하는 것이 구법(句法)이며, 금석(金石) · 기채(綺采) · 점철(點綴) · 관건(關鍵)을 각각 지극하게 하는 것이 자법(字法)이다. 붓을 쥔 자가 이를 버려두고 함부로 짓는다면, 백방으로 잘못되어 문리를 이루지 못할 것이다. 비록 여러 편을 짓는다 해도 사람의 눈과 마음을 움직일 수 없어 끝내 실용이 없을 것이다.[292]

왕성순은 '문(文)'을 문예문은 물론 시 · 서 등 육예 모두를 포괄하여 사람의 말과 일을 기록한 것이면 모두 뜻할 수 있는 개념으로 사용하고 있다. 그러나 모든 술작(述作)이 문이 될 수는 없다고 했다. 그가 가장 눈여겨 두고 있는 것은 '법(法)'이다. 일종의 문리를 이루는 도(道)인 셈이다. 문의 묘미는 법을 넘어서지 않는 데 있고, 그 법이 반드시 마땅함을 얻는 데 있다고 했다. 그가 편법(篇法), 구법(句法), 자법(字法)으로 나누어 설명하면서 각각 '각극기도(各極其度) · '각극기지(各極其至)' · '각극기치(各極其致)'를 거론하고, 문법을 지극하게 구현하도록 요구한 것에서 문법의 제출이 전범적 규범적 차원으로 논의하고 있음을 알 수 있다. 물론 이것은 『동화문범』이란 문장 학습서의 서문에 바쳐진 것이기에 문법의 강조는 이해될 법하다.

왕성순은 우리의 문장이 옛 문장만 못해지는 것을 풍기(風氣)와 견문에 제한된 것으로 보기보다는 문법에 밝지 않아서라고 진단한다. 그래서 고려에서 한말까지 후왕장상(后王將相)의 옥책(玉冊) 문장에서 여항인(閭巷人)의 서정적인 작품에 이르기까지 문법에 어긋나지 않는 것을 모두 모아 책으로 엮는다고 했다. 시대적, 지역적인 한계보다는 법에 대한 소홀에서 문체의 쇠미한 이유를 찾고 있는 것이다. 이처럼 전범의 제시를 통하여 쇠미한 문체를 개혁하려는 태도는 『여한십가문초(麗韓十家文鈔)』를 엮고[293] 거듭하여 간행하는 데서도[294] 이어지는 것으로 보인다.

주목되는 것은 '실용'의 제기이다. 문법을 강조하는 것은 그것이 감동력을 갖기 위해서이다. 물론 어떤 방향으로 감동시키는가 하는 것이 문제 되겠지만 일단 윗글에서 확인되듯이 문법을 익히는 이유가 문(文)의 현실력 강화와 밀접한 관련을 갖는다고 보고 있다. 이 실용의 문제는 시에 대한 논의에서도 발견된다.

『시삼백』은 위로 교묘 · 조정에서 복을 받고 권계를 진술하는 말로부터 아래로 여항 남녀 간의 자잘하고 지분거리는 작품에 이르기까지 어느 것도 싣지 않은 바가 없다. 요컨대 모두 사람으로 하여금 정성(情性)의 바름을 얻어 예의에서 머물도록 하였다. 그래서 "온유돈후(溫柔敦厚)는 시교(詩敎)다"고 하고, "선은 사람의 선심을 감발할 수 있고, 악은 사람의 일지(逸志)를 징창(懲創)할 수 있다"고 했다. 시의 근본은 이와 같을 뿐이다. 그런데도 뒷날 시를 말하는 사람들은 어찌 그리도 다양하게 갈라졌는가?

성률 · 대우는 공교롭지만 자연스런 지취는 적고, 새기고 깎는 수식은 심오하면서 박실함은 적으며, 겉으로 화려하게 흘러넘치면서도 권계를 잃고, 궤탄하고 속되어 아정함과 등지며, 비슷하게 모사하지만 성령에서 우러나오지 않았다. 비유컨대 거울 속의 꽃이요 물 속의 달이라, 그 빛이 눈 속에 넘실댈지라도 실질을 쥐면 아무것도 없는 듯하다. 이와 같으면 말이 더욱 공교로울수록 풍소(風騷)에서 더욱 멀어지게 된다. 그래서 세상에서 시인들을 경박하고 부화한 무리라고 지목하는 이가 많고, 충성스럽고 믿음직하며 독실하고 행실있는 선비는 더러 경계하며 시를 짓지 않는다. 아 시교가 참으로 이렇단 말인가? 요사이 조선의 시는 모두 김창강(김택영), 이영재(이건창), 황매천(황현) 세 사람을 최고로 꼽는다. 창강은 신운(神韻), 영재는 이취(理趣), 매천은 정교(精巧)로 뛰어나다. 모두 『시삼백』의 유음(遺音)을 지니고 있으며, 끝내 실용(實用)에 적절치 않은 것은 대개 적다고 하겠다. 그래서 풍절(風節)을 세워 말속(末俗)을 고칠 수 있으니, 어찌 그리도 위대한가?[295]

『시경』의 요체를 시교(詩敎)로 요약하고, 정성(情性)의 올바름을 얻어 예의에서 머물도록 하였다고 하면서 시 속의 선악(善惡)을 통해 사람의 선심을 이끌어내고 일지(逸志)를 경계하는 것은 유가의 일반적 효용론이다. 그런데 이 시교론에 비추어 볼 때 후세 시를 논하는 자들은 성률과 대우, 조회(彫繪)와 각루(刻鏤)에 치우치고, 화사하고 밝지만 권계가 누락되고, 궤탄하고 속되어서 아정(雅正)과 멀어지게 되었다고 판단하고 있다. 시가 이 지경이 되자 끝내 시의 본면목에서 멀어지게 되어 세상 사람들은 시인을 경박하다고 지목하는 데까지 이르게 되었다는 것이다.

하지만 시의 시교성 자체가 부정적 가치로 이해될 수는 없다. 왕성순은 시의 효용성을 긍정한다. 그 가능성을 창강, 영재, 매천의 시에서 찾고 있다.

당대 최고로 꼽혔던 세 사람의 시는 각각 장처가 따로 있었다. 창강은 신운^(神韻)에서 뛰어나고, 영재는 이취^(理趣)에서 훌륭하며, 매천은 정교^(精巧)하기로 이름있었다. 문에서 전범을 세워 법도를 안내하듯이, 시의 전범을 내세워 당대 시에게 신운^(神韻), 이취^(理趣), 정교^(精巧)를 요구하고 있는 것이다.

여기서도 세 사람의 시가 『시경』의 유음^(遺音)을 간직했다고 하며, 실용^(實用)을 거론하고 있는 것이 눈길을 끈다. 실용의 내용은 풍절^(風節)을 세워 말속^(末俗)을 고치는 것으로 요약된다. 앞서 문에서 감동력을 제시한 것과 상통한다. 여기서 우리는 한 가지 상상을 해 볼 수 있을 듯 싶다. 시문에서 전범을 세워 시류의 폐단을 고치겠다는 태도는 앞서 역사 속에서 학고^(學古)하여 현실 문제를 해결하고자 하던 자세와 동궤에 있는 것은 아닐까? 시의 성쇠가 시대 및 개인의 문제와 무관하지 않다는 다음의 언급을 보면, 왕성순의 시문관 속에는 역사 현실에 대한 비판적 인식까지 심어놓았다는 생각이 든다.

> 시로써 시운의 성쇠와 그 사람 생평의 통색^(通塞)을 살필 수 있다. 대체로 성세^(盛世)의 음은 장중하고 엄밀하며, 쇠세^(衰世)의 작품은 산만하고 음일하다. 달인^(達人)의 언사는 돈후하고 즐거우며, 궁인^(窮人)의 말은 침울하고 근심스러우며 서글픈 마음이 많다. 이것이 어찌 그의 재주가 한쪽으로 치우쳐서 생각이 그 이외의 것은 나오지 않아서이겠는가? 바로 마음이 외물에 감동 받음에 있어 성하고 쇠하고 통하고 막힌 차이가 있기에 말로 드러나는 것이 그에 따라 달라지기 때문이다.[296]

윗 글은 창강의 시문 속에 담겨있는 침울한 부분을 변호하고 있다. 창강의 처지가 현재는 외국에서 우거^(寓居)하며 지내왔던 생활이 무척 굴곡지기에 시가 안온하지 않은 것이며, 처지가 바뀌면 분명 조정과 묘당에서 악기

(樂器)로 연주될 만한 시를 지을 것이라고 말하고 있다. 창강에 대한 사적인 감정 부분을 지우고 나면, 시가 시운(時運)의 성쇠와 인생의 통색(通塞)에 따라 다른 빛깔로 발현되며, 외물에 감동 받아 시가 탄생한다는 물감론(物感論)을 읽을 수 있다. 현실을 반영하는 시의 변화를 주목하고 있음을 통해서 왕성순의 시관(詩觀)이 객관 현실을 향하고 있음을 알 수 있다.

아울러 그는 '성률대우(聲律對偶)'와 '자연지취(自然之趣)', '조회각루(彫繪刻鏤)'와 '박실지치(樸實之致)'의 대조, '권계(勸戒)', '아정(雅正)', '성령(性靈)'의 강조를 통하여 시가 과식으로 경박하게 흐르지 말고, 인정(人情) 본래에 충실하면서 자연스럽게 유로(流露)될 수 있기를 요구하고 있다. 이를 왕성순은 크게 감동받으면 눈물을 뿌리며 문장을 지었다고 한 창강의 회고에서도 확인할 수 있다. 그가 참으로 다정다감하며 진실하게 창작에 임했음을 보여준다. 본고는 그런 점에서 그의 시에 보이는 상실(喪失)의 비애(悲哀) 국면에 주목한다.

상실(喪失)의 비애(悲哀) 표출

눈 들어 바라본 산하, 서럽게도 상전벽해(桑田碧海)러니
귀밑머리 거울 비추자 어느새 하얗게 나부끼고야.
세상 그 무엇이 이 시름 풀어줄까?
가을바람에 바다 굽어보니 금강이로세.
고성군(固城郡) 동쪽 십리 길 가니,
바닷물 하늘과 닿아 온통 아득하기만.
하늘은 물빛과 섞여 전혀 분간할 수 없고
넘실넘실 가없는 구름만 창창하게 보일 뿐.
가슴 속 티끌 사라지고 부릅뜬 눈에 눈물 맺히니
수레 멈추고 바다 모래톱에서 하냥 서성이노라.

순간 바다의 신이 모습을 감추고

만경창파 잠잠하여 평상인 듯하더니

갑자기 모랫가에 북소리, 종소리 울리며

일천 기마 어디선가 느닷없이 튀어나오네.

바다 속 거석은 깎아지른 바위로 섰고

가을파도 용솟음치며 잡아먹을 것처럼

어지럽고 아득하게 물보라 날리며

하늘을 뒤집고 거꾸로 쏟으며 물세례 퍼붓네.

천 척의 설산 그 높이 얼마이며

만 곡의 밝은 구슬 어이 다 헤아리랴.

바다 바라보자 벌써 마음은 저절로 트일새

또다시 바위뫼의 승경 모두 묘사하기 어려워라.

우뚝 섬이 되고, 곁에 벽으로 섰으니

이런저런 사람들 터럭과 까끄라기일 뿐.

무릎꿇고 읍하고 일어서고 엎드리기 예식을 익힌 듯하고

기다랗고 짧고 수그리고 쳐들기 항렬에 선 것 같아라.

이리저리 둘러봐도 똑같은 모습 없어

당황스레 맞이하느라 평정을 잃었다오.

대륙이 오주(五洲)로 통한 뒤로

너는 홀로 세상을 당당히 주름잡으리.

홍삼과 자기(磁器), 고려의 물산이라

해금과 함께 삼절이란 말 과장이 아닐시고.

나는 선인이 되고 싶지도

부자가 되고 싶지도 않아.

그저 조각배 하나에 술 싣고

밝은 달빛 타오르고파라.

술 한 잔에 시 한 수 읊조리니

어이 상세에 복희(伏羲)가 있을 줄 알리오?

참으로 아름답건만 내 땅이 아니기에

괜시리 머리 긁적이며 하늘만 슬피 바라본다.

山河擧目悲滄桑　　鬢髮攬鏡已蒼浪

世間何物解此憂　　秋風順海觀金剛

高城郡東一十里　　海水接天混茫茫

天容水色渾不辨　　但見泱漭無垠雲蒼蒼

胸茅開盡皆生液　　停車沙嘴大彷徨

是時海若秘踪跡　　萬波不動平如床

忽聞沙際鏗鞳響　　千騎突出自何方

海中巨石立巉岩　　秋濤噴薄相頡頏

紛紛靄靄滾雪飛　　翻空倒瀉傾銀潢

雪山千尺未爲高　　明珠萬斛何足量

觀海旣自拓心胸　　復有巖巒之勝說難詳

特立成島側成壁　　種種人物入毫芒

跪揖興伏如習禮　　修短低昂若排行

左眄右睇非一狀　　倉皇應接失故常

自從大陸通五洲　　渠宜藉藉獨擅場

紅蔘磁器高麗産　　并此三絶非譸張

我不願蹈喬松　　又不願爲金張

但願一扁舟載　　溯洄明月光

一酌復一吟　　何知上世有羲王

雖然信美非吾土　　海天搔首空悵望 (우아당고尤雅堂稿 권1)

시제는 〈해금강가(海金剛歌)〉이다. 1921년 가을, 왕성순은 이기소(李箕紹)와 숙질 왕한근(王翰根) 두 사람의 송별을 뒤로 최창린(崔昌麟)과 둘이서 금강산으로 향했다. 스스로 하고 싶은 공부를 하겠노라고 벼슬도 접고 벗들과 강학하며 지내다 반백의 머리가 되어서야 비로소 송도 밖으로 나선 걸음이었다. 거창한 행차도 아니고 여정도 오래지 않았지만, 길을 나선 왕성순은 소박한 희망을 품고 있었다. 바닷가 금강산이 참으로 좋고, 그곳에서 나는 지초(芝草)를 먹으면 장수할 수 있다며 송별객에게 호기도 부려보지만 답답하게 눌러오는 무언가를 풀고 싶었기에, 그는 힘든 몸을 이끌고 금강산으로 떠난 것이었다.[297]

왕성순은 영원암(靈源菴)과 명경대(明鏡臺)를 거처 헐성루(歇惺樓)에 오르고 방선교(訪仙橋)를 건너 비로봉(毘盧峰)에 다다르고, 마하연(摩訶衍), 유점사(楡岾寺)를 지나 해금강(海金剛)에 이르렀다. 금강산을 둘러본 뒤 툭 트인 바다를 바라보며, 그는 아득한 파도와 푸른 봉우리들에 뒷골이 서늘해져 한량없이 기쁘다가 무언가 아련히 잃은 듯하더니, 드디어 세상의 영욕과 성쇠의 일을 잊어버릴 수 있었다. 과연 무엇을 느끼고, 무엇을 잊었던가? 과연 잊어버린 것일까?

시는 뽕밭이 바다가 되어버린 듯이 달라진 산하를 서럽게 바라보다가, 어느새 초로의 길에 들어선 자신의 모습에 놀라며 시작된다. 세상의 변화는 언제 어디서나 있는 상사(常事)일 뿐이다. 세상과 함께 내가 늙어간다는 것도 또한 익히 알고 있던 사실이다. 이런 상사와 상식에 다시금 마음 놀라는 것은 예민해진 감각 탓이다. 상처 입은 영혼은 떨어지는 가랑비에서도 폭포수를 듣는다고 하지 않았던가.

금강산을 나와 바다를 접한 시인은 진정 기뻤다. 하늘빛과 물빛이 하나로 이어져 세상의 잡티는 모두 사라진 듯했다. 풍악산의 정취도 나를 즐겁게 했지만, 창창하게 펼쳐진 세상은 새로운 세계였다. 찢어져라 크게 뜨고 바라본 두 눈에 시리다 못해 눈물이 맺히고, 마음을 가리고 있던 티끌이 모두 싹 가시는 기분이었다. 하지만 기쁨도 잠시, 순간적으로 고요한 평정은 곧 닥쳐올 격탕의 전조였다.

정적 속을 뚫고 밀어닥친 격랑은 천군만마가 몰아치듯 거센 물보라를 일으키며 바위 뫼를 넘어설 듯이 몰아친다. 하늘을 뒤엎으며 쏟아져 내리는 물보라 속에서 견뎌낼 자신이 없다. 그 높이를 헤아릴 수도 없고 떨어지는 물보라를 헤일 수도 없다. 장엄하다 못해 두렵게 다가서는 파도 사실 이것은 밀어내도 다시 밀려드는 세파(世波)였던 것, 도대체 무엇이 저리도 시인을 휘감아 오는가?

이제 격정적인 파도를 받으면서도 서 있는 바위뫼가 눈에 들어온다. 흡사 세상을 살아가는 사람들의 생김새, 마음새가 모두 다른 것처럼, 어느 것 하나 똑같은 모습이 없다. 시인은 파도 앞에 선 사람들이 터럭과 까끄라기에 지나지 않는다고 말했지만, 어쩌면 바위뫼처럼 제 모습 그대로 서 있는 견고함을 사람들에게 바란 것일지도 모른다. 바다가 안고 선 바위뫼의 모습들 그것을 격탕시키는 세찬 파도, 저마다 개성 있는 모습으로 어우러진 세상! 왕성순이 해금강에서 찾아낸 세상은 바로 이런 모습이었다. 세파에 항거하지 못하고 쉽게 포말이 되어 사라지는 인간의 나약함을 비춰보고 있었으리라.

자연을 노래하는 시인은 대개 자연과의 합일이란 상투적인 결론에 도달하는 경우가 많다. 왕성순 또한 이백처럼 조각배에 술을 싣고 달빛 받으며 시를 읊고 싶었다. 세상을 창조한 조물주가 누구이건, 그를 의식하지 않고 자연스럽게 살고 싶었다. 세상의 인연과 영욕을 잊고자 했다. 그러나 그것도 잠시의 기쁨일 뿐이요, 상투적 진실은 곧 허물어졌다. 아니 그조차 용납되지 않았다. 그것이 내 땅이 아니었기 때문이다 멋쩍은 듯 하릴없는 듯이 괜시리 머리 긁적이는 시인! 그는 바다 저 멀리 하늘을 그저 바라볼 뿐이다. 슬픈 눈빛으로, 허허로울 수 없는 감정을 겨우 주체하면서 바라본다.

산하의 상실, 망국의 설움은 망명자, 독립운동가만의 몫은 아니다. 어쩌면 항일투쟁에 나서지도 못한 채 숨죽이고 분을 삭혀야만 했던 이들의 맘도 그들 못지 않으리라. 평범하지만, 소박하지만, 주목받지 못하지만 항상 나를 생각하고, 나를 낳아준 산하, 조국을 생각하며, 세상의 소수를 위해 따스한 시선을 아끼지 않았던 이들이야말로 진정 아름다운 조국애의 소유자가 아닐까? 세상에 입신하여 나라를 경영하던 주류 지식인들이 갖는 사회적 책임 의식이나, 그 실패로 인한 비굴함, 열등감에서 비롯된 애국심과는 다르다.

한일병합이 강요된 뒤, 조선총독부가 양반 가문을 위무하기 위하여 하사한 봉호를, 우리 선조의 덕목과 다르다며 다시 내려줄 것을 요구하던 어느 문벌 후예의 서글픈 모습에서 왕성순의 현실 부조리에 대한 판단이 그릇되지 않았음을 확인할 수 있다. 그가 해금강을 바라보며 저리도 아름다운 산하가 내 것이 아니라고 안타까워하고 있지만, 그 속마음은 그렇게 만든 주류 지식인들의 어리석음을 질타하고 있었던 것은 아닐까? 세사를 잊고자 찾았던 해금강에서 도저한 양심의 목소리를 끝내 억누르지 못했던 것이리라.

사랑하는 이를 잃은 사람에게 우리는 또 다른 사람을 찾아 사랑할 것을 권한다. 빨리 잊으라고, 시간이 약일 것이라고 위로한다. 사실 당사자에게 사랑의 대상은 바로 그 사람 하나뿐이기에 다른 사람을 찾으라는 말은 그다지 의미 있는 위로가 되지 못한다. 그렇다 해도 다른 방법이 없기에 사람들은 의미 없는 말을 되풀이할 뿐이다. 사랑을 새로 시작하라고! 하지만 더 이상 둘도 없는 조국, 산하는 어찌할 것인가? 해금강을 바라보며 슬퍼하는 왕성순을 보며, 우리는 그저 바라볼 수밖에 없음에 착잡해질 뿐이다.

전범의 제시를 통해 법도 있고 아정(雅正)한 시문을 요구했던 것과 사뭇 달라 보일 정도로 자신의 감정에 충실한 시세계를 엿볼 수 있다. 이는 역사·현실에 대한 진지하게 현실적 고민의 결과가 아닐까 생각해 본다.

5. 창강학맥의 존재 가능성

우리는 왕성순의 경학과 『여한십가문초(麗韓十家文鈔)』, 『조선오현문초(朝鮮五賢文抄)』, 『규문궤범(閨門軌範)』 등에 대한 논의는 생략했다. 필자의 역량이 미처 따르지 않았기도 하지만, 이들은 각각 별도의 논의가 요구될 정도로 중요한 자료들이기 때문이다. 근대계몽기 사상사 가운데 송도 학맥의 위치를 비정(批定)하려는 자리에서 그의 경학 및 『조선오현문초』가 다뤄어져야 하고, 한국 산문사의 흐름을 조망하는 곳에서 『여한십가문초(麗韓十家文鈔)』 및 그것을 둘러싼 당대 지식인들의 교류를 살펴보아야 하며, 근대계몽기 여성교육을 전반적으로 검토하는 자리에서 『규문궤범』이 함께 다뤄져야 할 것이다. 특히 '국문(國文)'을 의식적으로 사용하여 가독성(송독성)을 높이고자 했던 왕성순의 의도는 당시 문자 의식과도 연관지어 논의될 필요가 있다.

왕성순의 학문은 창강의 학문과 밀접한 관련을 갖고 있다. 이들은 서로 깊은 신뢰를 바탕으로 학문적, 인간적 토론을 통하여, 당대 지성사에서 소외된 송도 학맥을 수면 위로 부상시켜 왔다. 『한국역대소사(韓國歷代小史)』, 『숭양기구전』, 『숭양기구시집』, 『조선오현문초』, 『신고려사』 등이 그것이다. 창강의 편간 활동에 왕성순은 직·간접적으로 간여하였으며, 이들을 중심으로 창강 그룹으로 불러도 좋음직한 일군의 지식인그룹을 형성하였다. 차후 김택영—왕성순을 포함한 근대계몽기 창강 그룹을 포함해, 송도 학맥의 연구가 지속되어, 한국 지성사의 한 흐름을 발견할 수 있기를 기대해 본다.

[원제: 우아당 왕성순(王性淳)의 현실인식과 문학에 대하여, 2002]

제9장

20세기 고려시보(高麗時報),
1930년대 풍경

1. 변명(辨明)과 연기(緣起)

나는 본격적인 논의에 앞서 변명을 하나 하고자 한다. 언젠가 한 논고에서 이렇게 매듭을 지은 적이 있었다.

> 송도인들은 자신의 고도(古都)를 미세하게 살피면서 이를 보편적 가치로 승화시키려는 시도를 끊임없이 수행해 왔다. 김택영이 송도의 역사를 조선사의 영역으로 확장하고(이 과정에서 『신고려사』의 개수改修가 이뤄진다. 『숭양기구전』, 『숭양기구시집』의 편찬 역시 이와 동궤에 있다.) 근대초기 『고려시보』의 편집자들이 개성의 지역신문을 넘어서 전국지화 하려는 노력을 기울이며, 해방 이후 공진항(孔鎭恒)이 '두문동정신'을 새롭게 의미 부여하려 했던 것 등이 그 예에 해당한다. 사실 송도인들은 자신들에게 가해진 역사적 폭력에 맞서서 '사람'을 보라고 주문했고, 이는 결국 주변/중심의 구도를 반추할 수 있는 좋은 화두를 남겨놓은 셈이었다. 이제 이들의 목소리를 정직하게 그리고 차분하게 들어볼 필요가 있다. 본고는 『숭양기구시집』에 대한 거친 스케치에 불과하다. 선집이라는 한계로 송도인의 감성 전체를 조망하기엔 턱없이 부족한 형편이다. 차후 송도를 거쳐 간 지식인들의 감성을 전면적으로 비교 분석하는 것을 과제로 둔다.[298]

위 매듭말에서 한두 가지 수정되고 보충될 필요가 있다. 일단 『고려시보』는 1930년대의 것으로 '근대초기'가 아니라 '일제강점기'라고 분명하게 시대를 정의해 줄 필요가 있다. '근대초기'는 흡사 서양의 근대문명 도입기라는 점을 암시하며, 차후 『고려시보』에서 근대성을 찾아내려하지 않을까 하는 의문을 사기에 알맞기 때문이다. 다음으로, 공진항의 '두문동정신 의미부여'는 1970년대 발간된 『개성』지에 수록된 짧은 글에서 유래한다. 물론 '해방이후'라고 해서 틀린 것은 아니다. 그런데 '해방이후'는 일제하에서 해방 공간으로 옮아가는 시간적 공간으로서 새로운 국가와 사회 건설을 위한 아젠다들이 제출되는 시기였다는 점에서, 혹여 이즈음 개성인들의 적극적인 의사 개진으로 '두문동정신'을 이해시키려는 것은 아닐까? 하는 의문을 이끌어 낼 수도 있다. 『개성』의 발간 시기를 생각하면, 오히려 이른바 산업사회로 진입하는 즈음에 개성인들의 정체성 혹은 자긍심을 북돋우려는 차원에서 나온 말로 이해하는 것이 나을 듯하다고 판단한다.

이렇게 '근대초기', '해방이후'라는 시대적 규정을 굳이 거론하는 이유는 이렇다. 모든 것은 역사적 산물로서 특정한 시간—공간의 의미를 갖는다는 상식에서 출발하지만, 특히 『고려시보』의 경우 '일제강점기'라는 시간과 '개성'이란 주변(역사적으로든 정치적으로든) 공간에서 생산되었기에 이 시간—공간을 도외시하고 논의를 진전시키는 것은 많은 위험을 가질 수밖에 없기 때문이다. 더구나 '신문'이지 않은가. 보름마다 간행된 매체로서 지역의 일상사를 비롯해 세계 정국까지 다루고 있기에 그 안의 모든 것들은 특정한 시간—공간의 산물로서 그들의 의미는 이런 시공간에 1차적으로 구속되어야 마땅하다.

『고려시보』를 읽어가면서 희망과 좌절 속에서 오락가락했었다. 연구 공간의 확장은 학자에게 하나의 축복이 될 수도 있지만 자기 확신에 근거한 뜻하지 않은 함정에 빠질 수 있는 확률이 농후했다. 그 덕분에 새로운 공부를 하게 되기도 했지만, 더욱 조심스럽게 '학문 분야의 확장'을 주저해야겠다는 다짐을 하게 되었다. 필자가 『고려시보』를 입수하게 된 것은 2015년경이었다. 현대문학을 전공하는 후배의 강권으로 '영인본'을 손에 쥐게 되었고, 부득이 난삽한 신문을 들춰 보게 되었다. 제목은 흥미로웠고, 기사와 논설이 모두 송도를 중심에 놓고 쓰였다는 데에 대단히 매력을 느꼈다. 그러나 한번 일별하고는 그대로 덮어두었다. 1930년대로의 연구확장은 하나의 모험이었던 것이다.

그로부터 4년이 흐른 뒤, 같은 학교에 근무하는 근현대 매체를 전공하던 교수 한 분이 자신의 서가로 나를 안내했고, 내가 우연히『고려시보』를 언급하자, 빙그레 웃으면서『고려시보』'복사본'을 꺼내주었다. 이 복사본은 그 교수가 직접 개성시민회를 찾아가서 '원본'을 빌려서 부산으로 내려와 지인이 운영하는 인쇄소에 맡겨서 거의 원본에 가까운 명도를 유지하며 제작된 것이었다. 지금 통행하는 영인본도 몇 종이 있지만, 이 복사본과 비교해 보면 그 선명도에서 떨어진다. 앞서 후배가 주었던 책과 비교해 보면, 그 교수가 준 복사본이 훨씬 선명했다. 최근 그 교수는『고려시보』편집진이었던 김재은(金在殷)의 따님과 인터뷰를 하는 데 성공했다. 구순에 가까운 따님은 예전 개성의 모습을 선명하게 기억하고 있었다고 한다. 백화점을 경영했던 부친의 흔적을 찾고자 인터뷰에 응했던 그 분은 사실 소장하고 있는 자료는 아무것도 없었다. 한국전쟁 통에 맨몸으로 피난을 나왔기 때문이며, 갖고 있던 것조차 불살라졌다고 한다. 여하간 앞으로『고려시보』의 편집진 혈손의 기억과『고려시보』가 보여주는 개성의 풍경이 복원되어야 하지 않을까 생각한다.[299]이 사실을 접한 필자는 더욱 난망한 처지에 놓였다. 일제강점기 역사적 상황에서『고려시보』속 기사들의 위치를 잡아주는 일도 벅찬데, 개성을 풍경으로 포착하는 일이 병행되지 않는다면 이 연구는 성공하지 못할 것이 자명했기 때문이다. 따라서 이 글은 대단히 많은 괄호 속에서 아주 제한된 지점만을 들여다보고 있음을 양해해주시길 부탁드린다. 이 글은 한두 가지 작은 목표를 갖고 출발한다. 하나는 일제강점기 한시 자료의 보충이다. 이미 이희목 교수 주편으로『식민지시기 한시자료집』이 제출된 바 있다. 본고에서 소개하는 한시는 이 책에 누락되어 있으니 자료 보완이 되리라고 생각한다. 둘째는 1930년대 개성에서 활동했던 지식인의 존재 양상, 특히 전통지식에 기반한 사람들을 일견할 수 있다. 한시를 짓는다는 것은 적어도 한학적 전통이 체화되어야 가능한 일이다. 셋째,

송도 학맥의 파악과 그 내적 감성의 맥박(脈搏)을 찾는다. 송도 학맥의 파악
과 복원에 대하여 노관범의 「김택영과 개성문인」과 같은 논고가 제출된 바
있지만, 그들의 실제 활동과 삶에 대해서는 아직 또렷하지 않다. 이후 남한
에 자리 잡은 개성의 후예들에 의하여 제출된 『개성구경(開城舊景)』(1972)에 보
면 송도 출신의 인물들에 대한 정리가 차분하게 이뤄져 있는데, 아직 이 책
의 내용도 모두 소화하지 못한 상태이다. 이 부분은 추후 보완을 통해 고구
(考究)가 이뤄져야 할 것으로 생각한다. 이 글은 셋째 목표 가운데 그저 '내
적 감성의 맥박'에 치중하여 논의하려 한다. 본래 이 글은 한시를 주된 논
의 텍스트로 생각했던 탓도 있지만 상술했듯이 『고려시보』는 하나의 거대
한 프로젝트로 진행되어야 할 텍스트이기 때문이다.[300]

2. 『고려시보』와 한시자료 개관

『고려시보』는 1933년 4월 15일 송도에서 10인의 동인지로 창간호를 발간
하였다. 10인 동인은 거화(炬火) 공진항(孔鎭恒), 청농(靑儂) 김학형(金鶴炯), 범
사초(凡斯超) 김재은(金在殷), 포빙(抱氷) 고한승(高漢承), 하성(霞城) 이선근(李瑄根),
송은(松隱) 김영희(金永羲), 일봉(一峰) 박일봉(朴一峰), 금구(金龜) 김병하(金秉河),
마공(馬公) 마태영(馬泰榮), 춘파(春波) 박재청(朴在淸) 등이다. 1935년 6월 고려
시보사는 주식회사로 발전되었으며, 발기인은 공진항, 김진원, 여운형, 이
선근, 박재청 등 35명이었다. 이들 35명의 이름과 주식회사 고려시보사의
발기 취지서는 『고려시보』 제21호(1935. 6. 1) 6면에 실려 있다. 이후 1941년 4
월 일제에 의하여 152호를 마감으로 폐간되었으며, 1945년 8월 15일 해방
과 더불어 박재청을 주필로 복간되었지만, 1950년 한국전쟁으로 폐간되었
다. 그 사이 신문의 원본은 온전히 보존되지 못하였다.

이후 1933년 4월 15일~1941년 4월 16일 사이에 발간된『고려시보』원본을 김용남(金龍南, 개성 춘포사春圃社와 만몽회사滿蒙會社의 중견으로 근무했음)이 한국전쟁 동안 피난했던 어느 농가에서 발견하였는데 당시 창간호와 제2호의 1~4면은 유실된 상태였다. 김용남은 이후 미국으로 이민을 가면서 유영준(劉永駿, 전 고려인삼흥업 사장)에게 전달하였으며, 차후 유영준은 서울에 위치한 사단법인 개성시민회에 기증하였다. 1979년 1월 박광현(朴光鉉)[301]에 의하여 박재청(박아지)의 작품과 향토 사진, 중요기사 등을 중심으로 발췌 복사본이 제작되었다. 이후 개성시민회와 박광현에 의하여 전문(全文)의 복사본이 제작되었다. 2010년 6월, 원본의 마모 훼손을 우려하여 가능한 선명하고 완전한 원 복사본이 제작되었다. 이 원 복사본은 제1호 전부와 제2호 1~4면이 유실되었으며, 제42호~47호, 95호, 103호, 125호, 144호는 누락되었다. 아마도 실제 결번이거나, 강제 출간 정지되었든지, 혹은 원본 보전 시 분실되었을 것으로 생각된다. 앞서 필자가 두 번째로 구했던『고려시보』는 2010년본 원 복사본을 거의 원본에 가깝게 최대한 선명하게 복사하였던 책이다. 본고의 저본은 바로 이 책이다. 지금은 국립중앙도서관에 원문 서비스가 제공되고 있다.

『고려시보』에 수록된 한시를 정리하면 다음 일람표와 같다. 기사에 인용된 한시들, 이를테면 고유섭(高裕燮)이 송도의 유적을 안내하면서 시를 인용한 사례들은 제외하고 별도의 난(欄)에 수록된 것은 대부분 확인하여 정리하였다. 주요한 작자는 손봉상(孫鳳祥), 이기소(李箕紹), 양주동(梁柱東), 박재청(朴在淸), 공성학(孔聖學), 이연교(李淵敎) 등으로, 시는 모두 122수이다.

	호수	일자	작자	제목	작품	비고
1	제2호	1933 5.1.	孫鳳祥	香港夜景	天機一轉火星回 不夜江山幻境開 十萬樓□歸混沌 三千世界降如來 長虹倒水探龍窟 明月垂珠數蟻堆 喧熱往來猶未定 中流片棹暫徘徊	
				萬瀑洞	九日金剛始入門 洞中萬瀑正喧喧 飛川亂石紛相激 崩雪堆珠散各翻 有是景光終擅勝 對渠怳惚若爲魂 蓬萊無處淸寒哭 一水從來不二源	
2	제3호	1933 5.16. 1면	正齋 韓光烈	善竹橋	屹立神嵩閱廢興 竹橋古蹟尙嶒嶸 綱常不墜生民定 節義高符上帝徵 丹心胎格山容高 碧血精和石髓澄 行旅亦知當日事 泣碑無語淚先凝	
			韶山 孫鳳祥	觀公園夜櫻	雪壑雲邱幻境回 櫻花盡意一宵開 池頭樓忽林中出 鏡裡人如天上來 亂樹映燈生白月 香塵滿屩濕蒼苔 紛紛士女無醒面 未是如濃醉酒盃	
		1933 5.16. 2면	春波 朴在淸	觀公園夜櫻	廿四風吹佳節回 蓬萊眞景鏡中開 林塘輕鴨繡波上 茶閣淸歌推戶來 灼灼叢花生紫霧 片片紅雨點蒼苔 電光月色爭淡淡 櫻下帶香傾一盃	
3	제5호	1933. 6.16. 2면	省菴 李箕紹	遊靈恩寺	端陽近節午風嘶 爲伴孫兒作此行 天欲濟貧錢浦出 人無病涉鐵橋成 林空甘露佛何去 潮落碧瀾舟自橫 白馬山前尋古寺 始知靈恩是前名	癸酉五月初三日 隨松高學生旅行 往禮成江錢浦 觀鐵橋從江西路 南下五里許至白馬山 遊靈隱寺
				採蘭歌	有蘭生道傍 一幹一花紫 世人不相識 常在蓬蒿裡 漁樵各摧折 馬牛相蹂趾 其根終不枯 花葉年年是 禮成江之西 云是江西里 丁寧九畹種 胡豪來此地 有生不自擇 田畔又江涘 東西無整列 遷轉隨耒耜 衆草以爲伍 孰能知其美 親土採一根 慮乾裹以紙 香當爲王者 佩亦宜君子 歸來植庭隅 相看心獨喜 蘭兮蘭兮我知爾	寺名今江西在碧瀾渡北一方地 歸時便從西路來 路傍採蘭一本 還到錢浦 問甘露寺則 寺廢已久 今遺墟云 有古今詩 各一篇
4			孔聖求	彷古詩二首	(1) 靑壯一病經三年 身疲形瘦心如燃 春怨日遲夏煩熱 秋苦夜長冬畏寒 (2) 親戚故舊日漸疏 嬌弱幼穉難相親 自料芳夢那更作 暗禱蒼天勿惱人 (於大學醫院病室)	
5	제8호	1933. 8.1. 1면	痴石 禹哲熙	大興山城北聖居	足踏千仞石 手摩一丈天 塵寰何處是 可與會神仙	
			省菴 李箕紹	同王進士東樵登松岳山晚眺有感	嵬乎松岳擅雄名 一嘯登臨四望平 形勢崢嶸天北極 精神磅礴地中京 東來山角干雲起 西顧江流映日橫 記得當年慈母氏 高峰紫氣屋裸生	
				過善竹橋	善竹橋邊雨乍過 石欄依舊立頹波 欲知圍隱平生事 靜聽丹心百死歌 血不消磨長日月 碑能感泣舊山河 荒臺一路斜陽裏 春草王孫恨更多	

6	제9호	1933. 8.16. 1면	春汕生	祝詩	(1) 高麗之故國 題摘古今事 時報乃新生 通筆 遲邐情 (2) 逐年千部測 勉勉諸君子 分月二回行 期圖 有始名	
7	제10호	1933. 9. 1. 1면	省菴 李箕紹	和權丙洛何山滿月臺韻_權嶺南人自京城來遊	過盡千年有此臺 王孫不見客登來 分排農圃梨檎熟 招致遊筇道路開 鵠嶺雲歸餘古木 豚墟石出盡蒼苔 漢陽風物今何許 一把興亡付酒盃	
				登逝斯亭_徐花潭讀書處	鬼然獨立逝斯亭 風雨乾坤歲幾經 水繞釣臺千古白 山藏花谷四時靑 屛上世傳仁廟筆 林間誰識少微星 夫子愛吟吾亦愛 難將理氣撥心醒	
8	제11호	1933. 10.1. 3면	省菴 李箕紹	觀杜門洞祠于上樑式歸路有吟	杜門不是慕虛名 殉國初心日月明 文武行仁天所命 夷齊守義聖之淸 棟樑祗可蘋蘩潔 位牌何關姓氏榮 風雨空山經幾歲 慰安吾七十二精靈 (記者附記. 杜門洞은 麗末遺臣七十二人의 은둔하엿던곧으로 不幸히 二三人外에 그 姓名이 傳하지 않엇음은 歷史가 證明하는 바라. 이제 全鮮各地人士의 據金을 받아 一新重創한 오날 漠然한 家乘을 根據로 함부로 姓名을 位牌에 記錄한다는 것이 돌이여 不當한 處事가 안일가 하야 省菴述함인듯하다.)	
9	제12호	1933. 10.16. 5면	無涯 梁柱東	觀稼樓原韻_樓在長淵邑西十里鐘峴	何以名之觀稼樓 主賓一樣歲豊求 多年京洛眞奔走 暇日田園暫逗留 半壁靑山窺戶月 四郊黃麥卷簾秋 聞道農村疲弊甚 淳風還似舊時不	
			靜遠 李昌奎	賡和	綠蕪野色入斯樓 力穡隱居名不求 水活泉頭靈竇古 煙橫谷口數家留 江城雨過黃梅夏 蠶墅年登大麥秋 倚欄閑聽農歌起 庶幾吾民解慍不	
			蘭圃 金知鐘		爲愛田園起一樓 古之大本遠求求 西夕農談携酒到 上頭詩軸使人留 思蕘恒若三春雨 願樂豊登八月秋 錫名觀稼眞不偶 庶幾村業振興不	
			鍾泉 金知鑑		錫名觀稼小成樓 爲是田園努力求 幾日經營君子楊 伏炎長歎故人留 第茨依舊唐虞月 阡陌縱橫秦漢秋 較諸前歲還豊穰 底事農村漸弊不	
			省菴 李箕紹	작품란	<九月十七日 同孔春圃 金鶴田 訪崔致勳遠齋于竹林堂 當是高麗侍中 李盆齋先生舊基也 時初雪霏微.> 東山咫尺竹林堂 携手同來已夕陽 白雪催寒千片細 黃花無羔數枝長 田園隨分貧猶樂 文字論交喜欲狂 爲是檿翁栖息地 後人牙頰有餘香	
			宋觀山	善竹橋詩	善竹橋邊事已過 屹然磯柱立頹波 堂堂正氣千秋血 耿耿丹心一曲歌 高節首陽晶日月 遺風箕子舊山河 後人矜式松京路 忍見滄桑變更多	次韻省菴

9	제12호	1933. 10.16. 5면	新溪 金春方	秋夜與 友共吟	君吾逢夜對床頭 懷古論情與未收 雨後稻花千 頃雪 風前梧葉萬家秋 籬菊午天鷄嚮遠 霜禾 暮浦雁聲流 一談一笑優遊席 喜掃塵腔滿斛愁	
			新溪 李載遠		握手相逢坐案頭 暮天疏雨盛雲收 兩岐世事嘆 楊子 一局閑情看奕秋 青山繞屋畵中立 綠水 抱村意裡流 放歌縱酒無窮樂 惟恨平生惜別愁	
10	제13호	1933. 11.1. 5면	省菴 李箕紹	작품란	<求禮黃石田瑗 迎日權何山丙洛 欲觀朴淵瀑 布 孔春圃聖學 爲之賁車 諸馬敬齋承圭金春 皐謹鏞及余同往 車中口號> 朴淵名重聖居山 從古文章此往還 云是銀河自 天上 遂令瀑布滿人間 形聲旣有千年壯 遊覽 常難一日閑 湖嶺親朋來起我 南風又得試躋攀	
				山城旅 館夜坐	百道鳴泉繞枕流 霖中夜氣近拾秋 巖扉漸寂人 初定 雲路微明月欲浮 絲竹爭如山水樂 奔忙 暇得詠觴遊 祇耽佳句將何用 謾作燈前一緖愁	
10	제13호	8면	無涯 梁柱東	和鄭圃 隱姑蘇 臺韻	(1) 姑蘇臺上萬里秋 姑蘇臺下幾人愁 興亡千 古眞堪笑 且取江山壯我游 (2) 寂寞蘇臺春復秋 白雲深鎖舊宮愁 佳人自 是無情物 國破還從范相游	
				和李齊 賢五湖 圖韻	盡收吳越興亡圖 一葉飄然泛五湖 范相風流西 子色 也應烟月弔姑蘇	
11		9면	梁柱東	初秋遣 懷_依 放翁原 韻	(1) 人間天又雨 鎭日掩柴扉 兒含洋菓喜 妻市 海魚歸(適有此二事) 隱几有滋味 絶名無是非 吾生眞一夢 何恨世相遠 (2) 讀書三萬卷(故作嚇人語, 一笑) 自笑一書 生 謾抱經綸志 猶存繾綣情 半世人將老 孤吟 韻未淸 千載郊寒後 有誰鳴不平 (3) 蟋蟀鳴床下 初秋夜漸長 澤蓴正有味 野稻 已登場 頻覺田園夢 似聞籬落香 今年歸未得 心思復茫茫 (4) 人生貧亦樂 何妨細炊短 庭容三轉步 屋漏 半如船(或曰 恐非實也 余笑曰 無傷也 是乃詩 術也) 道轉顔氏後 心在羲皇前 飯畢仍無事 伴 兒木馬牽 (5) 少年頗任俠 自許一身輕 經綸違素志 文筆 養虛名 縱橫成底事 三十萬西京 抱琴中夜起 感慨不勝情 (6) 庭下草三尺 主人慵未除 倚枕看新說 焚香 念古書 唧唧虫吟細 喤喤鴈度初 猶餘種萊事 生計未全疏	
12	제14호	1933. 11.16. 7면	省菴 李箕紹	朝起 與黃權 二友訪 觀音大 興二寺 歸路同 吟	旅窓留更好 風物見逾新 山送暮朝雨 水迎今 古人 石奇松與老 村僻寺爲隣 偕問紅塵走 何 如此養眞	*<宿山城旅館>

				待車歸路又登泛槎亭	泛槎亭上欲斜暉 携手登臨又解衣 瀑布千尋看不厭 行人六月坐忘歸 雷鳴龍窟水空積 風撼鶴巢雲獨飛 借此猶堪經一宿 緣何昨夜問僧扉	
				작품란	<題詩未了 傳言政務總監夫人來到 故收筆硯 避席于聖居關北門 時林雨又飛> 收拾衣巾上北門 滿林飛雨日將昏 百杯宿醉青山客 一抹炊烟白石村 鎖鑰空傳萊老語 城樓更見李朝痕 與君留待我車待 聊慰半生詩酒魂	
13	제15호	1933. 12.16. 6면	具平國	登扶山洞有唫	天高日靜晚霞開 第一名區今始來 亞彫槎泛層層閣 斗起屏張曲曲臺 古女矜成全媚到 兒童爭唱亂歌廻 嗟爾詩情猶有憾 欲歸不忍故徘徊	
				彩霞洞有唫	特立彩霞洞裏亭 登臨此日眼初醒 天晴散步人三四 秋早斜陽樹黑青 水石曾成難畫局 林禽時送不名聲 今來雖度鶯花節 黃菊丹楓尙未經 (癸酉七月)	
14	제16호	1934. 1.1. 5면.	春波 朴在淸	元旦	(1) 一氣流行正是春 天時萬物更回新 風散梅香靄別院 日射紗窓彩光烟 (2) 百事亨通祝個人 一年營計從此辰 頌福淸歌嘮半空 延壽喜酒滿金鎭	
		6면	省菴 李箕紹	작품란	<河東州星坡學得秋史必法 以善書名 孫韶山爲之請邀臨池賞菊 共吟一律> 興來何處賞秋光 名下相尋有此堂 紅葉落時傾盖晚 黃花開日引盃長 迂疏筋骨皆毫力 錯亂雲煙半墨香 測候所中應異見 文星今夜動崧陽	
				작품란	<自靑郊入來 夜鍾已九點 聞金小溪又招待星坡 作書畵之會 余參未和韻> 十里靑郊欲夕暉 寒鴉歸盡市聲微 誰知溪屋看花約 不得吟衫化羽飛 朶朶白雲如有待 團團一席幸無違 星坡書法今秋史 筆下龍蛇各瘦肥	
15	제17호	1934. 1.16. 1면	省菴 李箕紹	작품란	<同孔春圃金鶴田訪崔遠齋于竹林堂 堂是麗朝侍中李益齋舊址也> 東山咫尺竹林堂 携手同來已夕陽 白雪催寒千片細 黃花無恙數枝長 田園隨分貧猶樂 文字論交喜欲狂 爲是檪翁栖息地 後人牙頰有餘 (*이 시는 제12호에 <九月十七日 同孔春圃金鶴田 訪崔致勳遠齋于竹林堂 堂是高麗侍中李益齋先生舊基也 時初雪霏微>, "東山咫尺竹林堂 携手同來已夕陽 白雪催寒千片細 黃花無恙數枝長 田園隨分貧猶樂 文字論交喜欲狂 爲是檪翁栖息地 後人牙頰有餘香"로 수록되어 있었음. 재록한 듯함.)	
				작품란	<趙惺齋禹小石玄蘭谷李雨泉諸先生 會于金蒼巖天台山房 作送秋之遊> 是非名利摠無關 深閉重門臟臆閑 宋玉悲成底事 歐陽夜讀減韶顔 升堂老健皆三絶 過境蕭篠備百艱 來月渭陽知有意 迎春他日又追班	

16	제18호	1934. 3.16. 6면	省菴 李箕紹	彩霞山 亭會吟 三十韻	(1) 新年第一試吟衫 溯上東溪到北巖 路入彩霞人不俗 樹藏甘露鳥非凡 無詩那識山居趣 有酒能忘世味醎 最是風流文擧在 招朋幾處送書函 (2) 天威栗烈北風嚴 氷合山溪積雪兼 借主解來徐子楊 邀賓綴去夏候簾 具惟茶飯詩情足 境是煙霞月色添 今夜頓忘寒士苦 錦衾就煖莫相嫌 (3) 單瓢居巷我何堪 雪路霞山訪守庵 短棹子猷來漢北 蹇驢學士過松南 梅花尚早迎春面 栢酒初深獻歲談 窓外寒風無足畏 煖爐添火坐更三 (4) 獨秀雪中樹 歲寒知爾心 老根盤巨壑 貞幹出深林 落落無冬夏 靑靑自古今 棟樑非所欲 留待鶴來尋 (5) 一洞烟霞四望收 朝來暮去此書樓 吟餘倚杖俯深壑 飯後振衣登小邱 浮世幾人靑拭眼 名山盡日白搔頭 淸樽美酒憑君得 洗滌胸中積歲愁	
17	제19호	1934. 5.16. 8면	省菴 李箕紹	彩霞山 亭會吟 三十韻	(1) 百尺高樓與子登 起居呼吸彩霞層 可憐夜半東山月 絶勝人間萬電燈 老去詩情無減損 林深寒氣更加增 素心邱壑猶餘在 一枕雲窓做夢能 (2) 病裡怯寒深閉亭 遊人不到自空處 寒梅時節雪初白 落木乾坤山獨靑 喚得春風北海酒 來看南華老仙經 隨人沉醉知何害 笑殺行吟屈子醒 (3) 彩霞三里暮朝行 半是閑情半俗情 官道輸租稱本務 詩筵玩物發新聲 浮生何日忘貧賤 小尋此山安□畊 究竟來往栖屑意 吟風弄月老昇平	
18	제21호	1934. 6.1. 6면	省菴 李基紹	入妙香山宿普賢寺	五十年前聞妙香 普賢名寺此中央 淸虛堂閉僧歸寂 解脫門開佛放光 三千世界慈雲裡 八萬經書法雨場 曹溪流水向何處 欲濟衆生空自忙 (원주: 春四月十四日 自平壤 至妙香山 略述歷覽 以備不忘)	
				自普賢寺往上院菴	太白山名擅海東 禪房一宿俗塵空 滿庭花氣吟我後 上院鍾聲指點中 深潭龍藏惟有水 高臺虎去尙餘風 紳垂珠散皆奇節 紀念淸緣影寫同	
				自上院歸路次壁上韻	暫歇西寮已夕春 回頭高揖法王峰 迂儒忘老樂山水 病釋好奇談虎龍 臘燭成灰祈聖壽 檀香滿地覓神蹤 節鞋催促念念下 恐有禪門飯後鍾	
		9면	正齋 韓光烈	偶感	人生五十波瀾多 鏡裡頻繁鬢半璠 石火光中身似鐵 浮萍線上心加核 風雲勢變飜三局 雨露恩新煥萬家 回首知非愧無爲 樽前好唱正陽歌	
19	제22호	1934. 6.16. 1면.	正齋 韓光烈	祝詩	高岳千秋立 麗□萬古□ 時發風雲氣 報申復活情	

		8면	省菴 李基紹	작품란	<還到平壤 宿東陽旅館 早起抄呈 兼示同遊諸君子> 此間風物問何如 起坐東陽日上初 經去不知江上月 還來更閱袖中書 垂楊綾島也堪折 燕草井因誰復除 一行箕詠千古感 離歌暫住使君車	
				柳京八詠	牧丹峰又大同江 天作金湯世少雙 此是太師弓劍地 悠然感想舊時邦 (右箕子陵) 乙密高臺天下奇 登臨眺望月斜時 傍人莫說蒼桑變 護在檀箕萬世基 (右乙密臺) 長江東抱野西□ 北立牧丹峰甚微 最勝臺新誰建築 更高千尺壯邦畿 (右牧丹峰) 遊覽行人日不虛 江邊小棟梵王居 近來僧戒異於古 飮酒有時兼食魚 (右永明寺) 浮碧樓臺擅古都 風流太守有耶無 詩人莫作新亭淚 自在江山似畵圖 (右浮碧樓)	
20	제27호	1934. 9. 1. 10면	梁槿煥	訣別父女之圖	鯤鵬所志圖南池 櫪馬所思千里馳 何畢男兒埋出地 靑山到處一坏基 欲成素志越生死 暗約中天家族推 待父歸期莫問涕 成白骨轉天涯	
				或友誡酒而所答	好酒欲飮君莫思 余今環境然使之 誰無心算百年計 所志不稱聞見悲 熱烈男兒憂國血 不勝自力是何治 一杯傾盡美人側 千苦萬愁都滅馳	
21	제34호	1936. 1. 1. 2면	雨泉 李淵敎	新年詩	薄暮遙瞻建子杓 堂堂歲月不曾餞 地底一陽今始復 林間萬葉已經調 白屋憐寒士臥 綠樽將赴故人招 梅花應泄春消息 小蹇休辭過雪橋	
		13면	桃隱 田羲均	登金剛山吟	登臨怪怪復奇峰 疑佛疑僧更似蓉 遠看白雲連碧海 閒聽古寺落淸鍾 九龍淵畔多仙跡 萬物相頭幾容踪 勝地金剛來踏盡 如知快開此襟胸	
22	제40호	1936. 4. 1. 3면	省菴 李箕紹	賣田以助增築成均學院爲詩歌之	有此不爲富 無此不益貧 不如捐此田數頃 養得英才十萬人	「五百圓喜捨하신李箕紹氏談」
23	제56호	1936. 12.16. 4면	金笠	開城	故國江山立馬愁 半千王業一空邱 煙生廢墻寒鴉夕 葉落荒臺白雁秋 石狗年深難轉舌 銅臺陁滅伯重頭 周觀別有傷心處 善竹橋川涸不流	
24			金笠	雪景	雪白常多晴日或 前山旣白後山亦 推窓四面琉璃壁 分咐家僮故掃莫	
25	제57호	1937. 1. 1. 7면	春圃 孔聖學	元朝書感	鷄唱扶桑曉色催 回頭百感浩難裁 心田茅塞誰開□ 學海□狂莫挽回 爆竹曾常病魔窟 屠蘇退後例年盃 書窓惟有怡神處 索笑床頭一樹梅	
		11면	雨泉 李淵敎	新年	眼看年矢促 萬物又逢春 雪縱爲虐 乾坤方抱仁 竹持淸節勁 梅吐暗香新 前路邁人在 應勞木鐸循	
			省菴 李箕紹	新年吟	報筆無停又見春 天機自動歲華新 逐陰北陸寒愁減 就暖東隣友誼親 蔑曆重農存漢臘 桃源訪隱有秦人 誰能安老兼懷少 始覺屠蘇酒味眞	
26	제68호	1937. 6.16. 3면	痴石 禹哲熙	大同江	(1) 浮碧綾羅錦繡開 牡丹峰落手中丞 佳人才子兼詩酒 隨月隨波任去來 (2) 綠酒紅燈醉眼迷 萬檣影裏月高低 但使美人能駐客 不知何處是關西	

27	제69호	1937. 7. 1. 3면	春波 朴在清	次松石 慶州懷 古韻	麗都客來羅都城 撫今追古滿腔情 巫峰送鹿山空碧 半月失光水獨淸 去國金冠尙有色 忘君玉笛却無聲 千年往事何須問 亂草蓬蓬陵上生	
28	제71호	1937. 8. 1 3면	小竹 金鎭元	訪慶州	王孫去後海桑過 當代風流都一波 芳草無心人跡少 靑山有恨鳥聲多 三佛千秋傳寂滅 五陵今日說繁華 古郭夕陽樵老笛 欲敎孤客斷腸何	
				有事赴金化,未登金剛而歸路有感	聞說金剛咫尺前 金剛與我姑無緣 靑山歸路夕陽暮 步步回頭約後年	
29	제81호	1938. 1. 1. 11면	省菴 李箕紹	絶句二首	(1) 重陰極處一陽生 子月分明歲首成 三統由來無固定 循環實理不同名 (2) 報筆無停又見春 天時人事日催新 毫端紙面如花卉 谷隨形色入眸頻	
		15면	杏菴 孔聖在	長安寺	一見金剛千里來 諸天送雨洗塵埃 梵宮洒落規峰淨 宛似芙蓉傍佛開	
				望軍臺	千尋巖壁上危巓 □躅三台近九天 身與白雲望軍立 群峰如佛我如仙	
				楡岾寺	仁殿曾間積翠池 五三金佛坐楡枝 丹巖孔有扉圓處 踊出九龍東海移	
30	제82호	1938. 1.16 3면	孔聖學	懷圃隱鄭先生	千古忠臣鄭侍中 悲歌嗚咽走街童 □眞尙□愁客慘 橋石不渝□血紅 □死勤王眞大義 冒勳挾社是英雄 誰識斯文橫竪說 當年親炙不諼翁	「鄭圃隱先生誕生六百年紀念特輯」
			李箕紹	鄭圃隱先生誕生六百年紀念詩	天地鍾精産偉人 後生追慕久猶新 東方理學誰先覺 當世貞忠是大倫 六百年回降誕節 三千里內高麗臣 吾家幸近崧陽院 報德馨香洽滿身	
			雨泉 李淵敎	謹題圃隱先生紀念號	(1) 松嶽山前善竹橋 歲寒氷雪未應消 古來惟有忠臣跡 靑史相傳免寂寥 (2) 石上血痕尙赫然 任地劫雨奈何天 先生亦是夷齊志 一線淸風六百年	
31	제83호	1938. 2. 1 5면	杏菴 孔聖在	毘盧峰	八仙步羅上高臺 東望石帆浮海來 萬二千峰皆化佛 西天西域眼前開	*「吟金剛」
				萬物相	藍輿三日出關東 矗矗金剛揷半空 萬壑丹楓千嶂雪 一樽酒盡夕陽中	
32	제85호	1938. 3. 1. 7면,	杏菴 孔聖在	九龍淵	楓岳八潭天際重 鏡峰倒影拜芙蓉 雲橫絶壁千尋瀑 飛鳳連珠掛玉龍	*「吟金剛」
				海金剛	小舟靜泛水潺湲 巨石張帆立海灣 浩蕩何如遊赤壁 坡仙到此亦忘還	
				叢石亭	瀛洲相望海門東 石立亭東竹叢中 念昔四仙遊月夜 水中營建水晶宮	
33	제104호	1939. 1. 1. 10면	雨泉 李淵敎	新年詩	烏兎奔如前 年華易變更 古楂花欲綻 大地雪初晴 宓旣霜前落 陽從地底生 西營笳鼓競 拭目見升平	
34	제126호	1939. 12.16. 3면	旭泉	金剛山吟	金剛勝景名天下 山容水態美又華 畫意詩情誰能堪 吟風詠詩興津津 一萬二千連峰 白雲吞吐玉芙蓉 千仞絶厓征者誰 東海男兒勇力知	

35	제127호	1940. 1. 1. 5면	省菴	新年所感	世間萬事始三元 竿頭紅日照前村 菊花委質陶潛老 蓂葉無心漢□存 纔聞□發風鳴戶 忽見屠蘇酒滿樽 若使東皇能布德 平和大義我先言	
			小巖		曾把何辭祝歲元 豐年消息在農村 靑春難住人何老 白髮雖垂我尙存 遺興無如長短句 消愁只好淺深樽 斯生如是堪爲樂 世事波瀾不足言	
			小溪		星回斗建歲新元 賀禧步忙南北村 征士遙懷胡雲冷 隣兒來謁禮風存 陽春生動梅花屋 瑞日晴輝相葉樽 艱局克平年稔巖 誕言莫放尙佳言	
36	제145호	1941. 1. 1. 1면	春圃一醉生	元朝試筆	(1) 世間誰有鐵肝腸 悲死悲生思自傷 荏苒又添歲時感 鏡中鬢髮倍蒼蒼 (2) 風霜百劫換新年 謂是增年是減年 壺裏乾坤成醉臥 悲歡休戚不知年	
		11면	和岡 宋榮龜	痴爺迎春	啞聲一世惟看字 字到時文亦是瞽 簡中所望新年大 爲我同胞願歲豐	*「新年書感」
				朴淵瀑布	嶔崟圍繞大興城 遙見中間瀑布明 靑天雲漢懸河勢 白日雷霆撼岳聲 怒濤眩目龍泡起 爽氣嘘入虎嘯生 神妙有誰模寫得 世稱三絶果眞情	
				江都懷古	沁城落日客相過 往事蒼凉可奈何 擧目山川風景異 側身天地感懷多 江聲嗚咽忠臣淚 秋氣崢嶸志士歌 最是丙丁無限景 王孫當日渡遼河	
				輓吳佩孚	憶昔成都駐在時 寺中筆語兩相知 一端心劃尙餘墨 萬里手分難再期 東亞腥塵成敗急 十年苦節捲重遲 北來消息將星墜 我爲公私不勝悲	
			海倉 金鴻垈	新春瑞雪	新春時節雪霏霏 塡堅埋陵擁翠微 野戍征驢迷路逗 園林宿鳥失棲歸 興來子猷應移棹 高臥袁安獨掩扉 所喜今年豐可占 家家不托使人肥	
			海倀 金鴻垈	雪夜念西征壯士	冬期軍務最爲勞 泥海茫茫雪嶺高 鼓角不鳴人幷凍 弓刀忽滿敵先逃 因將半夜圍平蔡 偏冒隆寒問破曹 可愧花娘歌舞席 混忘家國酒中豪	

*고려시보 소재 한시 일람표

3. 서정세계와 경계성

『고려시보』의 문예란은 신시, 한시, 시조 등 세 가지 장르의 시가에 대하여 투고를 받았다. 앞의 목록에서 확인되듯이, 한시의 창작은 장르의 특성상 집필자가 제한적이었던 것으로 보인다. 이 자리에서『고려시보』의 수록 작품 전체를 대상으로 논의를 펴기에는 지면상 적절치 않을 듯하다. 따라서 몇 가지 주요한 주제적 국면으로 나누어 읽어보도록 하자. '신년'을 맞이하여 의례적으로 쓰인 시나 인생에 대한 탄사(歎辭)는 논외로 할 때, 한시 작품의 축은 대략 세 가지로 추려낼 수 있다. '고인(古人)의 자취', '도시의 풍경', '古都의 회고' 등이 그것이다. 각각 그 정감을 읽어보도록 한다. 먼저 '고인의 자취'이다.

1) 고인의 자취

〈정포은의 고소대시에 차운하다〉
－和鄭圃隱姑蘇臺韻

고소대 위로 만 리 가을하늘이라
고소대 아래로 몇 사람 시름하던고.
천고의 흥망이란 참으로 가소롭나니
장차 강산을 취하여 나 장쾌하게 노니리.
姑蘇臺上萬里秋　姑蘇臺下幾人愁
興亡千古眞堪笑　且取江山壯我游

무애(無涯) 양주동(梁柱東)의 시다. 『고려시보』 제13호(1933년 11월 1일, 8면)에 수록되어 있다. 양주동은 이외에도 몇 수의 시를 더 남기고 있다. 이 시는 포은 정몽주의 〈고소대〉에 차운하였다. 원운은 "석양에 시든 풀들 가을도 저물려는데, 고소대에 오르니 나를 시름겹게 만드누나. 앞선 이가 반드시 뒷사람의 경계인 것은 아니나, 예제 몇 번이나 사슴들이 뛰놀았더뇨(衰草斜陽欲暮秋 姑蘇臺上使人愁 前車未必後車戒 今古幾番麋鹿遊)"(『포은집』 卷1)이다. 포은의 우울한 정서와는 사뭇 다르다. 제1, 2구에서 보이던 '수(秋)', '수(愁)'는 제3구에서 전환하며 '진감소(眞堪笑)'의 대상이 되고 말았다. 고소대 역시 나라의 흥망성쇠를 보여주는 흔적이다. 양주동은 정몽주의 자취 속에서 그것을 읽었음에도, 오히려 그로부터 '장유(壯游)'를 돋워내고 있으니 뜻밖의 변전이다.

'정몽주'는 절의의 아이콘답게 송도사람들에게 늘 충정(衷情)을 되새기는 계기로 다가왔다. 선죽교를 찾는 이들이 대부분 그런 충정의 아쉬움에 빠지곤 한다.[302] 특히『시보』82호(1938년 1월 16일자)는 "정포은선생탄생육백년기념집(鄭圃隱先生誕生六百年紀念特輯)"으로, 공성학(孔聖學)의 〈회포은정선생(懷圃隱鄭先生)〉, 이기소(李箕紹)의 〈정포은선생탄생육백기념시(鄭圃隱先生誕生六百年紀念詩)〉, 우천(雨泉) 이연교(李淵敎)의 〈근제포은선생기념호(謹題圃隱先生紀念號)〉 등을 수록하고 있다. 포은 담론은 조선시대 내내 반복 생산되었지만, 이즈음 특집의 마련은 다소 의미가 남다른 점이 있다.

일제의 전시 총동원령이 내려지고『고려시보』에「황국신민서(皇國臣民誓)」가 등장한 지 1년이 지난 시점, 만주국의 후방 기지로서의 개성의 삶은 더욱 팍팍해지고 있었다. 아마 포은 탄생을 기념하여 송도 지식인들은 뭔가 계기를 마련하고자 했던 것이 아닐까 추측해 본다.

목록에서 보듯이 이로부터 한시의 창작은 거의 자취를 감추게 된다. 이 부분은 다소 흥미로운 점이 있다. 항용 한시는 음풍농월의 수단으로서 전통적 소양을 지닌 사람들의 과시적(誇示的) 수단으로 여겨졌다. 물론 일제강점기에 점차 전통적 소양을 지닌 사람이 줄어들고 학습의 기회도 적어지면서 자연스럽게 한시 창작자가 줄어들고 있었던 것은 사실이다. 그럼에도 한시 창작자들은 존재했고 포은 특집 이후로도 간단없이 창작된 시들이『고려시보』에 수록되었다가 한동안 한시가 보이지 않게 되었음은 한시의 역할 혹은 한시를 짓는 사람들의 태도가 그저 한시를 음풍농월의 수단으로만 다루지 않고, 시대적 운명과 과제와 연결되는 어떤 의미를 부여하고 있었던 것은 아닐까 하는 추측이 든다. 적어도『고려시보』의 경우는 그러하다. 물론 쉽게 민족적 저항 운운하는 것은 무리일 듯하지만 최소한『고려시보』속의 한시는 현시적(顯示的) 과식 도구만은 아니었던 것으로 생각된다.

〈두문동 사우의 상량식을 보고 돌아오는 길에 읊조리다〉
ー觀杜門洞祠于上樑式歸路有吟

문을 닫아건 일은 허명을 사모한 것이 아니요

나라에 목숨 바친 초심은 해달처럼 밝을시고.

문왕 · 무왕이 인을 실행한 것은 하늘이 명하신 바이요

백이 · 숙제가 의를 수호한 것은 성인 가운데 청자(淸者)라네.

동량을 올림에 그저 마름풀 청결하게 바칠지니

위패가 어찌 집안의 영화와 관계있으리오.

빈 산에 비바람 치길 몇몇 해를 지나왔던가

일흔 두 분의 정령을 위로하고 안무하노라.

杜門不是慕虛名　殉國初心日月明

文武行仁天所命　夷齊守義聖之淸

棟樑祗可蘋蘩潔　位牌何關姓氏榮

風雨空山經幾歲　慰安七十二精靈

성암(省菴) 이기소(李箕紹)의 시다. 『고려시보』제11호(1933년 10월 1일, 3면)에 수록되었다. 이 시는 다음과 같은 기자(記者)의 주석이 붙어있다.

두문동(杜門洞)은 여말유신칠십이인(麗末遺臣七十二人)의 은둔하엿던 곧으로 불행(不幸)히 이삼인외(二三人外)에 그 성명(姓名)이 전(傳)하지 않엇음은 역사(歷史)가 증명(證明)하는 바다. 이제 전선각지인사(全鮮各地人士)의 거금(據金)을 받아 일신중창(一新重創)한 오날 막연(漠然)한 가승(家乘)을 근거(根據)로

함부로 성명(姓名)을 위패(位牌)에 기록(記錄)한다는 것이 돌이여 부당(不當)한 처사(處事)가 안일가하야 성암술(省菴述)함인듯하다.

이즈음 두문동 사당의 상량(上樑)이 이뤄지고 새로 세워졌다. 전국 각지에서 돈을 갹출하여 이뤄진 것이니 승사(勝事)였다. 이곳은 본래 고려의 망국에 항의하며 조선을 거부하고 두문동으로 들어갔던 분들에 대한 사당이다. 그런데 사실 두문동에 들어갔다고 알려진 분들 가운데 정확하게 이름을 알 수 있는 분은 두세 사람이 안 되었다. 나머지는 다들 '주장'일 뿐, '팩트'는 아니었던 것이다. 가끔은 조선에 붙좇았던 사람도 이름을 올려놓고 있었다. 기자(記者)는 작자의 창작 의도에 이것을 지적하고 있는 것으로 추정하고 있다.

이 밖에도 이기소는 서경덕이 책을 읽었던 서사정(逝斯亭)을 찾아 시를 쓰기도 하고,[303] 본래 이제현의 구기(舊基)였던 죽림당을 찾아가 벗들과 술을 마시기도 한다.[304] 특히 앞서 포은과 두문동은 절의의 아이콘으로서 늘 변화와 선택의 시기에 삶을 바로잡을 수 있는 기준이 되는 장소이기도 했다. 고인의 자취를 찾았던 송도인들은 무엇을 고민하고 있었을까? 진지하게 옛사람을 회고하는 일은 지금의 자신을 새롭게 자리매김하려는 태도와 잇닿아 있다는 점에서 무심하게 보아넘길 것은 아니다. 다음으로 한시로 그려진 '도시의 풍경'을 읽어보도록 한다.

2) 도시의 풍경

〈밭을 팔아 성균학원의 증측을 후원하고, 시를 지어 노래하다〉
—賣田以助增築成均學院 爲詩歌之

이것을 지녀도 부자가 되지 않고

이것을 갖지 않아도 더 가난해지진 않네.

차라리 이 밭뙈기 몇 이랑을 내놓아서

영특한 인재 십만 인을 기를레라.

有此不爲富　　　無此不益貧

不如捐此田數頃　養得英才十萬人

『고려시보』 제40호(1936년 4월 1일, 3면)에는 「오백원 희사(五百圓喜捨)하신 이기소씨담(李箕紹氏談)」이란 제목과 함께 한시 1수가 수록되어 있다. 성암(省菴) 이기소(李箕紹)의 시다. 기사는 다음과 같다. 시는 이 기사의 끝자락에 이기소의 인터뷰를 싣고 술회를 지은 것이다.

우리나라에서만 볼 수 있는 보통학교의 입학시험은 전세계에 유례를 볼수 없는 기괴한 현상으로서 년년히 입학기만 되면 삼천리의 방방곡곡에 천진난만한 어린이로 하여금 가련한 눈물을 흘리게 한다. 우리 개성에도 공사립의 보통학교가 칠개소나 있것만도 학녕아동의 수용량은 겨우 사오활에 불과하여 남아지 육활의 어린이는 교육의 보금자리를 잃고 거리에 헤매이게 되는 것이다.…부내 성균학원은 소화 4년 4월에 백철(白哲)씨 외 3, 4인의 무산청년의 손으로 개교한 이래 지금까지 7, 8년간 경비의 군핍으로 수차의 폐교 휴교의 쓰라린 고통을 맛보면서도 넘어졌다는 다시 일어나며 많은 어린이를 길러 내였던 바 현재 재학 아동수는 남녀 합하야 1백 8십 3명의 다수로서 웬만한 보통학교를 능가할 만하다. 그러나 협착한 현재의 교실은 신춘이 되었으나 신입생을 수용할 수가 전혀 없어 부득불 생도모집을 중단할 수밖에 없다는 소문을 듣고 부내지정 141번가 이기소씨는 빈한한 가세임을 불구하고 채금을 얻고 전장을 팔아 일금 5백원을 교사 증축비로 제공하였다 한다.

이기소는 공성학과 같이 『창강선생실기』를 엮는 데 주동적인 역할을 했던 사람이다. 즉 김택영의 후배 세대인 셈이다. 앞장의 한시목록을 살펴보면, 성암의 한시가 다수를 차지하고 있음을 알 수 있다. 『고려시보』가 창강 학맥의 끝자락에 놓여 있음을 어렵지 않게 짐작할 수 있으며, 이른바 전통 소양을 지닌 지식인의 성품과 실천이 당시 송도 사회에 모범적 사례였음을 확인할 수 있다. 아울러 우리는 이 시에서 학원(學院)을 통해 교육하고, 학원이 어려워지자 기부를 통해 학교 교육을 지속하려는 모습을 읽을 수 있다. 결구는 흡사 십만양병설을 연상시키는 듯한 호쾌한 의연(義捐)을 엿볼 수 있다. 이기소는 이밖에 송도고등학교 학생들과 같이 송도지역을 유람한 적도 있었다. 지금 생각하면 마치 고적 답사와 같아 그 경로를 서문에 밝혀두었다.

계유년 5월 3일, 송도고등학교 학생을 따라 여행했다. 예성강 전포로 가서 철교를 보고, 강서로를 따라 남쪽으로 5리쯤 내려오자 백마산에 이르러 영은사에서 노닐었다. 절은 지금은 '강서사'로 불리며, 벽란도 북쪽 한 귀퉁이에 있다. 돌아올 때 곧 서로를 따라왔다. 길가에서 난초 한 주를 채취했다. 전포로 돌아와서 감로사를 물어보니, 곧 절은 폐해진 지 이미 오래되었고 이젠 터만 남았다고 한다. 고시와 금시를 각각 1편씩 짓는다.[305]

단오가 가까울 제 한낮의 바람이 울길래
아이들과 짝지 이뤄 이 걸음을 나섰네.
하늘은 빈자를 구제하려는지 전포를 내셨고
사람들 물 건넘에 힘겹지 않게 철교를 이루었네.
빈 숲의 감로사, 부처는 어디로 가셨는가?

조수가 빠진 벽란도에, 배만 절로 비꼈어라.

백마산 앞에서 옛 절을 찾았나니

그제야 '영은'이 옛 이름인 줄 알았도다.

端陽近節午風啼　　爲伴孫兒作此行

天欲濟貧錢浦出　　人無病涉鐵橋成

林空甘露佛何去　　潮落碧瀾舟自橫

白馬山前尋古寺　　始知靈恩是前名

　이 시는 당시 지은 〈유영은사(遊靈恩寺)〉이다. 앞의 서문에 근거할 때, 이 기소의 여행 경로가 보인다. 특히 제3, 4구가 흥미롭다. '전포(錢浦)'와 '철교(鐵橋)'를 나란히 두고, 각각 '천(天)'과 '인(人)'을 견주어서, 어느새 이곳은 하늘과 사람이 각각 뜻을 갖고 있는 공간이 되었다. 본래 '전포'는 당나라 숙종이 강가에 이르렀을 때 갯벌에 발이 젖지 않기 위하여 배 안의 돈궤를 털어서 갯벌에 깔아놓고 그 위를 걸어 뭍에 이르렀다는 전설이 있는 장소이다. 이곳을 '제빈(濟貧)'의 장소로 바꿔놓았다는 데서 옛 전설에 연연하지 않고 지금의 문제에 착상하고 있는 작자의 태도를 볼 수 있다. 성암은 바로 의연금을 내어서 학교가 폐해지지 않도록 했던 사람이 아니던가! 게다가 '철교'와 같은 근대적 건설물과 동일한 맥락으로 전포를 재의미화하고 있다니. 참고로 『고려시보』 수록 한시에서 근대적 그림자를 발견하기란 쉽지 않다. 그런 점에서도 흥미롭다.[306] 한편 송도인들은 자남산공원(子男山公園)에서 밤에 핀 앵두꽃을 즐기기도 했다. 이를 두고 박재청이 시를 지었는데 다음과 같다.

〈공원의 밤 앵두꽃을 보다〉

－觀公園夜櫻

24절기 바람 불 제 좋은 계절 찾아오니

봉래의 참 풍경이 거울 속에 열렸어라.

숲속 못의 홀가분한 오리, 물결 수놓으며 떠 있고

다각의 맑은 노래들 문을 밀치며 흘러나오네.

화사한 꽃 떨기들 붉은 안개를 피워내고

한 잎 한 잎 붉은 비는 푸른 이끼를 점찍누나.

달빛은 언뜻 내비치며 다퉈 담담하거니

앵두나무 아래 향기 두른 채 술 한 잔 기울이네.

廿四風吹佳節回　　蓬萊眞景鏡中開

林塘輕鴨繡波上　　茶閣淸歌推戶來

灼灼叢花生紫霧　　片片紅雨點蒼苔

電光月色爭淡淡　　櫻下帶香傾一盃

　춘파(春波) 박재청(朴在淸)의 시다. 『고려시보』 제3호(1933년 5월 16일. 1면)에 수록되어 있다. 소산(韶山) 손봉상(孫鳳祥)이 지은 동제(同題)의 시[307]와 나란히 놓여 있다. '공원'이 어디일지는 확정할 수 없지만, 아마도 자남산(子男山) 자락의 관덕정(觀德亭)을 포함한 지역을 말하는 듯하다. 이곳은 지금도 자남산 공원으로 꾸며져 있다. 이개칠합(二開七合)의 구조를 갖추고 있는 율시로서, 제2구의 '봉래진경(蓬萊眞景)'이 제3구에서 제6구까지 펼쳐진다. 제3구의 시각, 제4구의 청각은 교묘하게 대를 이루고 있고, 제5구의 '작작(灼灼)'과 제6구의 '편편(片片)'은 꽃이 화사하게 피었다가 포르르 꽃잎이 예쁘게 떨어지는 장면을 포착하고 있다. 게다가 '자무(紫霧)'와 '창태(蒼苔)'를 견주면서, 붉고 푸른 색감까지 대를 맞추었다. 그저 화사하게 치닫는 감정의 고조를 붙잡아 세우는 것은 담담한 달빛이었다. '경배(傾盃)'하는 사람을 맨 뒤에 두어서, 경이정(景而情)의 감정적 고양을 절제하듯 표현해 내었다.

『고려시보』속의 한시에 당시 송도인의 도시적 삶(일제강점기)을 드러내는 경우는 그다지 많지 않다. 표현 방식이 고색(古色)이어서 그런 것일지도 모르겠다. 『고려시보』에 게재된 소설이나 시는 상대적으로 근대적 풍경이 여실하다. 어쩌면 전통 소양을 갖추었던 이들의 한시 속에서 굳이 근대적 풍물을 요구하는 것이 무리일지도 모르겠다. 언젠가 중국 근대적 계획도시인 남통(南通)으로 건너갔던 창강 김택영의 시에서 근대적 풍물을 찾다가 실망한 적이 있었다. 이 또한 독자들이 보고 싶은 것을 보려는 못된 확증편향과 관련될 것이 아닐까 하는 의심이 든다. 이제 끝으로 '고도의 회고'를 보도록 하자.

3) 고도(古都)의 회고

〈평양으로 돌아와 동양여관에 묵었다. 이른 아침 일어나 써서 올리고,
아울러 같이 놀러 온 여러 군자들에게 보이다〉
―還到平壤 宿東陽旅館 早起抄呈 兼示同遊諸君子

이곳의 풍물들, 어떠한가 묻나니
동양에서 일어나 앉으니 해가 막 올랐네.
지나갈 때엔 강가에 뜬 달도 몰라보았다가
돌아와서는 다시 소매 속의 글을 살펴본다오.
능라도의 수양은 또한 꺾을 만하거니와
우물가의 봄풀은 뉘라서 다시 솎아내랴.
기성의 노래 한 곡조에 천고를 느끼나니
이별의 노래로 잠시 그대의 수레 멈추노라.
此間風物問何如　　起坐東陽日上初
經去不知江上月　　還來更閱袖中書

垂楊綾島也堪折　　燕草井因誰復除
一行箕詠千古感　　離歌暫住使君車

　성암(省菴) 이기소(李基紹)의 시다. 『고려시보』 제22호(1934년 6월 16일, 8면)에 수록되었다. 시제에서 보듯이 평양에 도착하여 동양여관에 묵었다가 새벽에 일찍 일어나서 지은 작품이다. 이기소는 이 시의 뒤에 〈유경팔경(柳京八景)〉 5수를 같이 수록해 놓았다. '유경(柳京)'은 평양의 다른 이름이다. 제7, 8구가 작자의 심정을 잘 표현하고 있다. 다만 의문스러운 것은 '일행기영(一行箕詠)'이 안겨준 '천고감(千古感)'의 방향이다. 흔히 천고의 세월이 무상하게 지나감을 안타까워하거나 서러워하는 감정으로 읽곤 한다.

　잠시 제5, 6구를 되새겨볼 필요가 있다. 굳이 의미 부여를 새롭게 할 것 없이 상식선에서 봄날 수양이 늘어지고 봄풀이 돋아난 시후(時候)를 알려준다고 보인다. 봄의 도래를 알려주는 시물(時物)인 것이다. 아마 창작시기는 봄이리라. 그렇다면 제7구에서 느끼는 감회는 옛 시간의 아득한 추억이라기보다는, 다가온 봄날, 앞으로 더 닥쳐올 봄날을 의미한다고 보는 것이 온당하지 않을까? 그래서 이 시는 그리 슬프거나 저상(沮喪)하진 않는다. 제8구의 '이가(離歌)'는 같은 여관에서 묵었다가 각자 유람을 떠나는 사람들을 보낼 뿐이다. 본래 봄은 이별의 계절이 아니던가? 끝으로 하나 더 말하자면, 제7구의 시공간 착종이다. '일행(一行)'하는 '기영(箕詠)'은 공간을 유영(遊泳)한다. 그러나 '감(感)'은 '천고(千古)'를 넘나드니, 시간을 승강(昇降)한다. 일곱 자 안에 시간과 공간을 유영하고 승강하고 있으니, 참으로 오묘한 시구라고 하겠다.

〈경주를 찾다〉
－訪慶州

왕손이 떠난 뒤 바다는 상전이 되었고
그 시절 풍류는 모두 물결이 되었어라.
방초는 무심할사 인적도 드물거니와
청산은 한을 품었는지 새소리가 많구나.
천추의 삼불은 적멸을 전하는데
오늘의 오릉은 번화를 말하네.
석양녘 옛 성곽 아래 늙은 나무꾼 젓대 불거니
외로운 나그네의 애를 끊으려 하니 어찌할까나.

王孫去後海桑過　　當代風流都一波
芳草無心人跡少　　靑山有恨鳥聲多
三佛千秋傳寂滅　　五陵今日說繁華
古郭夕陽樵老笛　　欲敎孤客斷腸何

　소죽(小竹) 김진원(金鎭元)의 시다. 『고려시보』제71호(1937년 8월 1일, 3면)에 수록되어 있다. 『고려시보』의 거의 말미에 놓인 시이다. 경주를 두고 박재청도 〈차송석경주회고운(次松石慶州懷古韻)〉에서 "천년의 지난 일을 어찌 구태여 물으리오, 풀만 어지러이 헝클어져 능 위에 났어라(千年往事何須問 亂草蓬蓬陵上生)"(『시보』제69호, 1937년 7월 1일)라고 읊었었다. 고려보다 앞선 신라의 고도인 경주를 방문한 김진원은 '단장(斷腸)'할 듯이 스며드는 '초로적(樵老笛)'에 견디지 못할 듯하다. 왕조가 무너진 뒤 황폐해진 유허(遺墟)가 주는 상실과 허무의 감정에 충실한 상식적인 작품이라 하겠다. 사실 고도가 주는 감회는 이를 크게 벗어나지 못한다. 『고려시보』에서 유일하게 '개성'이란 시제로 쓴 시가 한 수 있는데, 그것을 들어보도록 한다.

〈개성〉
一開城

옛 나라의 강산이라 말을 세우고 시름할 제
반 천 년 왕업은 빈 언덕 하나로 되었네.
무너진 담장에 안개가 피고 겨울 까마귀 우는 저녁이어니
거친 만월대에 낙엽은 지고 하얀 기러기 오는 가을이라네.
석구는 해마다 인몰되어 혀를 놀릴 수 없고
동대는 맥없이 사라져서 백배나 머리가 무겁네.
주위를 둘러보니 따로 마음 아픈 곳이 있나니
선죽교 놓인 냇물은 메말라 흐르지 않는구나.

故國江山立馬愁　　半千王業一空邱
煙生廢墻寒鴉夕　　葉落荒臺白雁秋
石狗年深難轉舌　　銅臺陁滅百重頭
周觀別有傷心處　　善竹橋川涸不流

　　김립(金笠)의 시다. 누구인지는 확실하지 않다. 『고려시보』 제56호(1936년 12월 16일, 4면)에 수록되어 있다. 전형적인 회고의 시다. 특히 제7, 8구에서 강물의 '학불류(涸不流)'를 통해 옛 왕조가 더 이상 살아 있지 않음을 표현하고 있음이 흥미롭다.
　　송도는 고도(古都)다. 송도 자체가 하나의 거대한 '옛것'이기에 어느 곳을 가더라도 회고의 정서에 젖지 않을 수 없다. 최근 조선에서 생산된 '만월대' 소재 한시를 집록한 바 있다. 약 350수 정도를 상회하는데 대부분의 시가 흥망성쇠의 회고에 젖곤 한다. 승국(勝國)의 궁궐을 찾아가서 자신의 불우와 츤대(儭對)하여 노래하기도 하고, 승국의 운세를 통해 현세의 난국을 아파하

기도 한다. 그러나 특정한 감정이 반복적으로 제기되는 데에는 이유가 있으리라 생각한다. 상습적으로 프레임으로 구축된 정감에 갇히지 않는 것, 이것이 우리에게 새로운 눈을 열어 주리라. 위 〈개성〉은 송도를 노래한 시로서는 여타 조선의 〈만월대〉류 시에서 크게 벗어나지 않는다.

여기서 하나의 의문을 던져본다. 송도인들은 늘 우울했던 것일까? 늘 회고의 정서 속에서 살았던 것일까? 아니 송도의 지경(地境)을 들어서는 순간, 급우울의 모드로 전환되는 어떤 기계가 작동하고 있었던 것일까? 잠시나마 몇 가지 가닥으로 살펴본 시 속의 정감이 모두 애상의 정조 속에서 허우적대고 있었던 것은 아니었던 듯하다. 이 글을 읽고 있는 분들도 동의하시는지 궁금하다. 필자는 이를 '경계에 선 정감'으로 부르려고 한다. 고인의 자취를 찾되 마냥 한스러워하지 않고, 도시의 풍경을 노래하되 그저 즐기기만 하지 않으며, 고도를 회고하되 고작 우울에 빠지지 않는, 정감의 경계성, 이것이 송도 정감의 핵심이 아닐까? 고도(古都)를 주목하며 주변과 중심의 경계를 허물 수 있으리라고 생각했던 맥락과도 닿아있다. 이제『고려시보』를 창간하여 무언가 발언하고자 했던 송도인들의 생각을 들어보면서 우리의 호흡을 잠시 고르기로 하자.

한편 한시 속 송도인의 정체성 이해를 위한 단서를 추가하기 위하여『고려시보』를 폐간하던 즈음에 나온 기사를 볼 필요가 있다. 과연『고려시보』속 한시들은 고려와 송도를 통해서 무엇을 말하고자 했을까?

4. 새로운 화두_공기(公器)

「고려시보의 일생애(一生涯)」(『시보』제152호, 10면)는『고려시보』의 발기 취지와 발기인의 사진이 같이 수록되어 있다.

소화8년 4월 15일에 고려시보는 불시에 개성에서 출현하였다. 편집은 당시에 중앙일보사 개성 특파기자로 있던 마태영(馬泰榮)씨가 맡고 경영자금은 공진항(孔鎭恒)씨가 부담키로 내용이 되것이였었다. 당시 부민들은 고려시보를 받어들고 이게 또 무어야 하고 집었다 팡가첫다. 또 축하광고나 뜨르라온다는 예고로구면 이것이 고려시보창간호에 대한 일반의 인식정도였다. 하기는 그도 무리는 않이였다. 광고수입을 목표로하는 양두(羊頭) 걸고 구육(狗肉) 파는 포말적(泡沫的)인 유령출판물(幽靈出版物)이 연(連)다라 족생(簇生)하야 사랑간이나 쓰는 집에는 들고나는 그들 외무원(外務員)의 구두발 아레서 문전석로(門前石路)가 반성사(半成砂)될 지경의 시절이라 고만 진이나고 만이나서 고려시보조부장(高麗時報祖父丈)을 갓다주어도 귀(貴)치않을 이유가 없는 것도 않이였다. 그러나 일부에서는 창간호에 실린 기사내용을 본다던지 아향(我鄕)의 소식이오 아는 자(者)의 글솜씨라 크게만 빼아스려 않이오면 괄시할건 않이로군 하는 심리도 전무한 것 않이였다. 창간사로서 시보의 사명을 中外에 천명하는 동시에 하기한 내용을 지상 10면에 성재(盛載)하야 천하에 그 비판을 구한 것이였다.……이상 10인이 중심이 되어가지고 공정(公正)으로 편집의 정신을 삼고 사회의 지도와 계발로서 출발을 시작한 것이였다. 마지못해 밋질망정 부정(不正)하게 남기지는 않으려는 방침이니만침 고려시보는 누지게 굴지는 않이했다. 누구의 기관이 않이니만침 그 입론(立論)은 언제나 공정(公正)했다. 지도와 계발로서 존재의 사명을 삼느니만침 고려시보는 늘 사회의 중심문제를 파악해 가지고서 종(縱)으로는 평지(評之)하고 횡(橫)으로는 논지(論之)했다. 다대한 예산해가면서 혹은 음악회, 혹은 운동회를 주최하야 문화의 진운(進運)에 일미의 역(力)일만정 바치려고 자기(自期)했다. 독자들은 이러케나오는 시보에 대해서 얼마나한 이해와 동정의 염(念)으로 대했는지 모르거니와 이면의 사정을 알고보면 그만침 꾸리기도 불소(不少)한 금

전과 막대한 고심을 사(社)로서는 경주(傾注)하였다. 그렇다고 해서 시보사
는 사회에 대해서 별반(別般) 고(苦)로운 사정도 말해본 일이 없고 스사로
그 공을 사회에 내세운 일도 절무(絶無)했다. 다만 시보사는 엄정(嚴正)한
태도로서 혹평에 가차운 논담(論談)을 시험한 일은 종종 잇섯다. 그러나
그것은 파사현정(破邪顯正)하는 정의감의 소사(所使)엿고 문필보국(文筆報國)
으로 사명을 삼는 언론기관의 본연성에 불과(不過)하다. 시보가 창간된 지
이금(而今)에 9년이오 호수를 거듭하기 반삼백이 넘었섰다. 매수로 계산
하면 5백 6십 8장이오(제150호 현재) 항수(項首)로 따져보면 1,136지면(地面)이
다. 이만하면 뿌리백인 존재라 할 수 있고 사회는 그만하면 고려시보의
공기성(公器性)을 인식해야 할 것이다.

핵심어를 추슬러보면, 공정(公正), 엄정(嚴正), 공기(公器), 정의(正義) 등등이
눈에 선하다. 양두구육은 부정직함을 비유한 것이다. 그래서일까? 필자인
'일기자(一記者)'는 이만하면 양두구육(羊頭狗肉)의 신세는 면했노라고 했다. 이
서술은 중략된 부분에 나온다. 폐간을 앞두고 9년간 지속되어 온『고려시
보』의 일생을 마감하는 말로서는 단순하고 명쾌하다. 나는 이 말을 송도인
의 정체성을 이해하는 데 있어 또 하나의 단서를 제공한다고 생각한다. 이
는 심정적으로 받아들일 문제가 아니다. 일단『고려시보』를 차근하게 재독
(再讀)하면서 그 안의 주요한 논의와 정감을 다시 읽을 필요가 있다. 본고는
수록 한시의 일차적 정리와 그로부터 각각 주요한 시의 주제가 '경계에 선
정감'[308]으로 이해될 수 있음을 밝히는 데에서 멈추고자 한다. 차후『고려시
보』를 대상으로 전면적 연구가 진행되기를 희망해 본다.
　끝으로『고려시보』제138호(1940년 9월 1일)에「고려의 경(京)」이란 기사를 소
개하면서 마무리를 하고자 한다. '개성'으로 부를까? '송도'로 부를까? 이에
대한 고민을 1930년대 그곳 사람들도 고민했던 듯하다. 그 기사에서 급월

당학인(汲月堂學人)은 다음과 같이 말하고 있다.

송경(松京), 송도(松都)란 송악(松嶽)에서 나온 것임을 용이(容易)히 알 수 있다. 지금에 있어서는 개성(開城)이람보다도 송도(松都)라함이 더 아담스레 들릴만치 통속화(通俗化)되여있다. 그러나 송경, 내지 송도란 말이 이와 같이 일반화되고 통속화되기는 그리 오랜 일이 아니다. 말하자면 그것은 고종(高宗)(고려_필자주) 이후 강화도(江華都)에 대한 지칭(指稱)으로 비로서 일반화되기 시작한 것이 아닌가 한다. 즉 강화(江華) 신도(新都)에 대하야 개성(開城)이 구경(舊京)임을 알기쉽게 대칭시키자는데서 의식적으로 통용된 것인 듯하다. 그러므로 행정청, 행정기구에 대하얀 송도, 송경 등의 문자로 지칭된 예가 없고 그러한 곳에는 개성이란 문자가 언제나 사용되여있다. 즉 문자적(文字的)으론 「개성(開城)」이란 것이 정통성을 가진 것이며 구전적(口傳的)으론 「송도(松都)」란 것이 애칭(愛稱)된 것이라 하겠다.

[원제: 『고려시보(高麗時報)』 수록 한시에 나타난 송도인의 정체성 연구, 2022]

부록

참고문헌

- 원전자료

金澤榮, 『高麗季世忠臣逸士傳』
, 『新高麗史』
, 『韶濩堂集』
, 『韶濩堂集續』
, 『韶濩堂全集』
, 『崧陽耆舊傳』
, 『重釐韓代崧陽耆舊傳』
, 『重編韓代崧陽耆舊傳』
, 『崧陽耆舊詩集』
, 『重編韓代崧陽耆舊詩集』
, 『滄江稿』
, 『合刊韶濩堂集』
, 『精刊韶濩堂集補』
, 『滄江先生實紀』(金光鉉 編)
, 『金滄江詩文彙實抄』(趙鵬 編)

姜　瑋, 『古歡堂收艸』
權鳳鉉, 『梧岡文集』
郭鍾錫, 『俛宇集』,
　　　　 『俛宇先生文集』
權純命, 『陽齋集』
金季潤, 『明溪遺稿』

金壽五,『南厓遺集』

金相頊,『勿窩先生文集』

金尙憲,『淸陰集』

金永蓍,『平谷先生文集』

金允植,『雲養集』

金履齋,『中京志』

金憲基,『初庵全集』

,『堯泉集』

,『初菴集』

,『重編堯泉先生集』

盧近壽,『渭皐集』

盧相稷,『小訥先生文集』

朴趾源,『燕巖集』

朴泰亨,『艮嵒文集』

宋基冕,『裕齋集』

徐居正,『四佳集』

徐鎭英,『赫齋私稿』

,『赫齋遺稿』

,『赫齋集』

申箕善,『陽園遺集』

申　緯,『警修堂全藁』

申　晸,『汾厓遺稿』

申　欽,『象村集』

王性淳,『閨門軌範』

,『鄒宗還伏蒙前後』^(간찰) 1帳

,『尤雅堂稿』

,『朝鮮五賢文鈔』

,『初刊麗韓十家文鈔』

,『重刊麗韓十家文鈔』

安鍾悳,『石荷集』

安孝濟,『守坡文集』

安昌濟,『松隱遺稿』

柳永善,『玄谷集』

柳　潛,『澤齋集』

吳震永,『石農集』

李家煥,『錦帶詩文鈔』

李觀厚,『偶齋文集』

李建昌,『明美堂集』

李敎宇,『果齋先生文集』

李圭直,『玉下文集』

李　沂,『李海鶴遺書』

李道復,『厚山先生文集』

李勉伯,『伐淵遺藁』

李炳殷,『顧齋集』

李宜賢,『陶谷集』

李　荇,『容齋集』

鄭斗卿,『東溟先生集』

田　愚,『艮齋集』

,『秋潭別集』

鄭冕圭,『三畏齋文集』

丁壽崗,『月軒集』

曹庸相,『弦齋集』

趙寅永,『雲石遺稿』

曺兢燮,『巖棲集』

車天輅,『五山集』

,『五山先生續集』

崔道燮,『聽江集』

崔宇淳,『西扉先生文集』

崔　演,『艮齋集』

河謙鎭,『晦峯先生遺書』

河鳳壽,『柏村先生文集』

韓在濂,『高麗古都徵』

,『心遠子詩秒』

韓在濂 외,『西原家稿』

許元栻,『三元堂文集』

黃　玹,『梅泉野錄』

,『高麗時報』

開城王氏大同所,『開城王氏族譜』

* 저역서

곽미선,『김택영의 중국 망명시기 문학활동 연구』, 보고사, 2013.

김동훈 외,『김택영』, 보고사, 2010.

김명호,『박지원 문학 연구』, 성균관대 출판부, 2001.

김승룡,『송도인물지』, 현대실학사, 2000.

금장태 · 고광식,『유학근백년』, 박영사. 1984.

금장태 · 고광식, 『속 유학근백년』, 여강출판사, 1989.

네이션글레이져, 『우리는 이제 모두 다문화인이다』, 미래를소유한사람
들, 2009.

노관범, 『기억의 역전』, 소명출판, 2016.

문예원, 『동아시아 삼국의 상호교류와 소통의 양면성』, 단국대학교 동양
학연구소, 2011.

박수근, 『고리고개에서 추리골까지』, 세기문화사, 2005.

박이정, 『20세기 중국조선족 문학사료 전집5(김택영 한시)』, 연변대학교 조
선문학연구소, 2013.

박종채(김윤조 역), 『과정록』, 태학사, 1997.

박충록, 『김택영 문학연구』, 심양 요녕민족출판사, 1986.

_____, 『조선후기 삼대시인 연구』, 이회문화사, 1994.

신익철, 『조선후기 한문학과 중국문학』, 소명출판, 2009.

안대회, 『18세기 한국 한시사 연구』, 소명출판, 1999.

오수경, 『연암그룹 연구』, 한빛, 2003.

오윤희, 『창강 김택영 연구』, 국학자료원, 1996.

유봉학, 『조선 후기 학계와 지식인』, 신구문화사, 1998.

이훈상 외, 『지역사 연구의 이론과 실제』, 국사편찬위원회, 2001.

이희목 외, 『식민지시기 한시자료집』, 대동문화연구원, 2009.

임준철, 『차천로 시세계의 연구』, 고려대 석사학위논문, 1996.

임형택, 『우리 고전을 찾아서 (한국의 사상과 문화의 뿌리)』, 한길사, 2007.

_____, 『한문서사의 영토1 (실사와허구사이, 한문단편소설)』, 태학사, 2012.

_____, 『한국학의 동아시아적 지평』, 창비, 2014.

정석태 외 옮김, 『소호당집 1』, 부산대학교 점필재연구소, 2016.

조동일, 『동아시아비교문학론』, 서울대출판부, 1993.

최영옥, 「김택영 문집의 간행경위와 이본고」, 성균관대 박사논문, 2010.

최혜주, 『창강 김택영의 한국사론』, 한울, 1996.

한국고전여성문학회, 『경계에 선 유교 지식인의 여성 담론』, 월인, 2017.

한영규, 『창강 김택영 평전(중국과 한문을 택한 마지막 문인)』, 학자원, 2024.

홍인숙, 『근대계몽기 여성 담론』, 혜안, 2009.

『狼山風光』, 江蘇科學技術出版社, 1988.

『開拓與發展—張謇所創企事業今昔』, 江蘇人民出版社, 1993.

張　謇, 『張謇全集』, 江西古籍出版社, 1994.

張　謇, 『南通自治十九年之成績』, 張謇研究中心·南通博物苑, 2003.(초간 1915)

嚴金鳳, 「中韓文化交流的史證」, 『金滄江研究』 2輯, 南通: 金滄江研究所, 2000.

章開沅 外, 『中韓文化交流的友好使者—金滄江學術研討會論文集』, 金滄江研究所, 2002.11.

張自强, 「懷乎故國寄衷情 托體狼山理忠骨」, 『金滄江研究』 2輯, 金滄江研究所, 2000.

吳允熙, 『滄江金澤榮研究』, 華中師範大學出版社, 2002.

羽離子, 「朝鮮漢學金滄江與張謇」, 『國際漢學』 2001.

* 학위논문

곽미선, 「김택영의 망명시기 문학 활동 연구」, 연세대학교 국어국문학과 박사학위논문, 2010.

권태성, 「滄江 金澤榮의 散文 研究 —論說類를 중심으로—」, 충남대학교 한문학과 석사학위논문, 2012.

양　설, 「金澤榮의 중국 망명기 交遊詩 연구 —張謇과의 교유를 중심으로—」, 서울대학교 국어국문학과 석사학위논문, 2017.

　　, 「金澤榮의 詩文學 硏究」, 서울대학교 국어국문학과 박사학위 논문, 2022.

장서희, 『崧陽耆舊詩集』의 詩世界 硏究, 부산대학교 교육대학원 석사학위논문, 2022.

최영옥, 「金澤榮 文集의 刊行經緣와 異本考」, 성균관대학교 국어국문학과 박사학위논문, 2011.

* 소논문

곽미선, 「김택영의 한시를 통해 본 망명 전후 의식세계의 변모」, 『열상고전연구』 29, 열상고전연구회, 2009a.

　　, 「김택영의 문학에 나타난 디아스포라와 정체성」, 『한국고전연구』 20, 한국고전연구학회, 2009b.

　　, 「창강 김택영과 중국 지식인들의 교유: 망명시기 한시에 나타난 중국지식인을 중심으로」, 『비교한문학』 17권 1호, 국제비교한문학회, 2009c.

　　, 「창강 김택영의 문도론과 고문작법의 실체」, 『연민학지』 12, 2009d.

　　, 「김택영과 중국 문인의 교유」, '창강 김택영의 생애와 학문세계: 창강 김택영 사거 90주기 기념 국제학술회의 발표자료집', 충북대학교 사학과 · 독립기념관 한국독립연구소, 충북대, 2017.

강영미, 「『고려시보』와 시인 박아지(朴芽枝)」, 『상허학보』 23, 상허학회, 2008.

　　, 「『고려시보』소재 박아지의 시조 연구」, 『우리문학연구』 42, 우리

문학회, 2014.

강창규, 「滄江 金澤榮의 '도중' 이후 交遊 小考」, 『동양한문학연구』 47, 2017.

김경미, 「창강 김택영의 여성담론 연구」, 『동양한문학연구』 46, 2017.

김남석, 「일제강점기 개성 지역 문화의 거점 "開城座" 연구 —1912년 창립부터 1945년까지—」, 『영남학』 26, 경북대학교 영남문화연구원, 2014.

김덕수, 「영재 이건창의 한시 비평 연구 —『雲山韻漫堂詩選』을 중심으로」, 『한국한시연구』 17, 2009.

김동훈, 「중국 조선족문학의 이중 성격」, 『코리아학 연구』 제6기, 북경대 조선문화연구소, 1996.

　　　, 「김택영, 근대적 각성과 중국문인들의 영향」, 『한국문학연구』 28, 동국대 한국문학연구소, 2005.

　　　, 「구한말 중국망명문인들의 근대적 각성과 한·중 문화접변—창강·단재·예관의 경우」, 『한국어교육연구』 4, 2006.

김민학, 「중국 망명 시기 滄江 金澤榮의 출판 활동과 그 意義: 文墨萃編을 중심으로」, 『한국한문학연구』 56, 2014.

김병기, 「詩·書·畵 三絶 紫霞 申緯의 卒年에 대한 一考」, 『서예학연구』 25, 2014.

김보경, 「심재 조긍섭의 시 인식 고찰—근대 전환기 한시사의 새로운 독법으로서—」, 『대동한문학회』 42, 2015.

김승룡, 「창강 김택영의 傳연구」, 민족문학사연구 18집, 2001.

　　　, 「우아당 왕성순의 현실인식과 문학에 대하여」, 『한문학보』 7집, 우리한문학회, 2002.

　　　, 「창강 김택영 연구의 현황과 과제」, 『한국인물사연구』 1집, 2006.

, 「心遠子 韓在嫌의 학문과 문학에 대하여-18세기 송도지식인의
한 측면-」, 『동양한문학연구』 22, 2006.

, 「김택영의 松都 복원 작업의 의미」, 『고전문학연구』 29집, 2006.

, 「'다문화 사회'와 『崧陽耆舊傳』」, 『코기토』 69, 2010.

, 「근대 어느 지식인의 선택과 운명: 창강 김택영의 남통 생활에 대
하여」, 『연보와 평전』 6, 부산대 점필재연구소, 2011.

, 「근대계몽기 김택영의 南通 생활에 대한 소고-翰墨林印書局과
「桑麻閑話圖記」를 중심으로-」, 『대동한문학』 36, 2012.

, 「송도의 기억과 문학적 상상의 지향-『崧陽耆舊詩集』에 대한 소
고」, 『동양한문학연구』 40, 2015.

, 「寧齋 문인의 김택영 비판에 대하여-赫齋 徐鎭英의 「讀金澤榮
文隨筆」을 중심으로」, 『창강 김택영 서거 90주년 기념 학술회
의』, 2017.

, 「창강 김택영 연구의 새로운 모색-인문주의자로서의 가능성」,
『한문학논집』 70, 계명대 한국학연구원, 2018.

김영복, 「出版人으로 본 滄江 金澤榮」, 『한국고전문화진흥회』, 4회 월례
발표회, 2005.

김영진, 「창강 관련 신 자료 소개」, 『창강 김택영 서거 90주년 기념학술
회의』, 2017.

김용태, 「임오군란기 韓中 문인의 교유 양상 -조면호(趙冕鎬), 김창희(金昌
熙)의 활동을 중심으로-」, 『한문학보』 17, 2007.

김우정, 「滄江 金澤榮 壽序 연구 -한중 지식인 교류 연구의 반성적 검토
를 겸하여-」, 『민족문화연구』 61, 2013.

, 「한국한문학과 민족주의 -김택영을 예로 하여」, 『한문학논집』 47,
2017.

김유곤, 「한국 유학의 대학 체재에 대한 이해⑵ —고본대학 체재의 정합
　　　성을 인정하는 학자를 중심으로— 」, 『동양철학연구』 66, 2011.
김월성, 「滄江 金澤榮의 社會觀과 작품세계의 一端」, 『어문연구』 38,
　　　2010.
김종철, 「金澤榮의 安重根傳 立傅과 上海」, 『한중인문학연구』 41, 2013.
김진균, 「근대한문학의 세 지향」, 『인문과학』 49, 2012.
　　　, 「深齋 曺兢燮의 道德文章 추구 논리」, 『민족문화논총』 11, 2016.
노관범, 「김택영과 개성 문인」, 『민족문화』 43, 2014.
　　　, 「조선후기 開城의 儒學 전통」, 『한국문화』 66, 2014.
　　　, 「근대 개성 문인 공성학의 지역 활동과 『춘포시집』」, 『반교어문연
　　　구』 40, 2015a.
　　　, 「근대 초기 개성 문인의 지역 운동」, 『한국사상사학』 49, 2015b.
박수천, 「창강 김택영 한시의 문학성과 그 시대적 의미」, 『석당논총』 64,
　　　2016.
박태일, 「근대 개성 지역문학의 전개」, 『국제언어문학』 25, 2012.
　　　, 「개성 지역문학과 『고려시보』 그리고 김광균」, 『한국지역문학연
　　　구』 3, 2014.
박학래, 「간재학파의 학통과 사상적 특징—학문연원, 교육 및 문인 분포
　　　를 중심으로」, 『유교사상문화연구』 제28호, 2007.
　　　, 「간재 전우와 간재학파 연구 현황 및 과제」, 『공자학』 제30호,
　　　2014.
양 설, 「김택영과 중국 근대문단의 소통 —'遺民詩'를 중심으로」, 『122차
　　　대동한문학회 전국학술대회 2017년 추계학술대회』, 2017.
양정필, 「1930년대 개성지역 신진 엘리트 연구 : 『고려시보』 동인의 사회
　　　문화 운동을 중심으로」, 『역사와 현실』 63, 2007.

王敎琴, 「金澤榮張謇詩之比較」, 『中國學論叢』 33, 한국중국문화학회, 2011.

이덕향, 「창강 김택영의 중국체류기 한시 고찰—디아스포라의 관점에 서—」, 『한문학논집』 44, 2016.

이등연, 「근대 초기 한국문인 한시작품 속의 '중국·중국인' 형상 연구— 유인석과 김택영을 중심으로」, 『중국인문과학』 51, 2012.

이은주, 「朴文逵의 集句詩集 『天游集古』 연구」, 『한국한시연구』 19, 2011.

_____, 「1923년 개성상인의 중국유람기 『中遊日記』 연구」, 『국문학연구』 25, 2012.

이종묵, 「조선전기 문인의 송도유람과 그 문학세계」, 『한국한시연구』 7집, 1999.

이진정, 「滄江 金澤榮 亡命期의 中國友人과의 交遊 稽略」, 『호원논집』 21, 2014.

이현일, 「심원자 韓在濂의 시 연구」, 『민족문학사연구』 56집, 2014.

이혜순, 「우국한시에 나타난 국혼」, 『20세기 전반기 한국사회 연구』, 1999.

임준철, 「조선전기 송도문인 시에 나타난 심미경향의 특질」, 『국어국문학』 122집, 국어국문학회, 1998.

_____, 「金澤榮과 張麟年의 교유와 自挽詩—韓中 자만시 비교(3) —」, 『한문학논집』 47, 2017.

윤선자, 「일제강점기의 안중근전기들에 기술된 안중근 의거와 천주교신앙」, 『교회사학』 11, 2014.

윤지훈, 「歸有光에 대한 조선후기 문인들의 인식과 滄江 金澤榮」, 『동방한문학』 66, 2016.

장회견, 「漢譯本 『士民必知』의 飜譯 樣相에 대한 연구」, 『한국문화』 76,

2016.

钱　健,「论金沧江的文学批评」,『중국학논총』33, 2011.

정석태,「창강 김택영 연구와 번역을 위한 예비 작업−인문지리학적 시
　　　　각 도입의 필요성」,『창강 김택영 서거 90주년 기념 학술회의』,
　　　　2017.

정재철,「구한말 동아시아 지식인의 문화비전−창강 김택영을 중심으
　　　　로−」,『한국한문학연구』, 47, 2011.

　　　,「김택영의『연암집』편찬과 그 의미」,『한국한문학연구』63, 2016.

정종현,「일본제국기 "開城"의 지역성과 (탈)식민의 문화기획」,『동방학
　　　　지』151, 2010.

조남호,「김택영의 천부경 주석 연구」,『동서철학연구』45, 2007.

최기영,「1910년대 국내외 國學 연구의 동향」,『한국사학사학보』21, 2010.

최석기,「창강 김택영의『대학』해석」,『한문학보』22, 2010.

최영옥,「김택영과 증국번의 문장론 비교−歸有光에 대한 비평을 중심으
　　　　로」,『고전과 해석』6, 2009.

　　　,「창강김택영의 중국망명과 출판사업 의식」,『한국사상사학』40,
　　　　2012.

　　　,「김택영의 안중근 형상화 검토」,『동양한문학연구』35, 2012.

최혜주,「창강 김택영의 중국 망명과 역사 연구」,『비교어문연구』47,
　　　　2017.

　　　,「창강 김택영의 중국 망명과 한국사 편찬 활동」,『충북대사학과/
　　　　독립기념관 한국독립운동사연구소』, 2017b.

　　　,「중국 이주 역사가 김택영의 저술활동」,『비교어문연구』47, 비교
　　　　어문학회, 2017.

鄒振環,「近三十年中國大陸有關金澤榮研究述評」,『충북대 사학과/독립

기념관 한국독립운동사연구소』, 2017.

한영규, 「儒家 아비투스의 상대화와 근대적 문장관의 출현-1920년 조긍섭 · 변영만의 논쟁을 중심으로-」, 『동양한문학연구』 35, 2012.

, 「식민지시기 한국 漢詩選集의 존재상과 문학사적 의의-柳栢榮 編『八家精華』를 중심으로」, 『동양고전연구』 64, 2016.

, 「창강 김택영을 기억하는 사람들 -창강 한시에 대한 비평을 중심으로」, 『창강 김택영 서거 90주년 기념 학술회의』, 2017.

, 「김택영의 초기 기행시집 '호령건연록' 연구」, 『한국한문학연구』 79, 2023.

허경진 · 곽미선, 「金澤榮의 중국에서의 學術活動에 대하여」, 『동방한문학』 41, 2009.

호광수, 「창강 김택영의 망명 한시에 나타난 상황성」, 『중국인문과학』 32, 2006.

홍인숙, 「근대계몽기 개신 유학자들의 성담론과 그 의의-개가'론' /열녀'담'을 중심으로-」, 『동양한문학연구』 27, 2008.

황수정, 「김창강과 황매천 그 停雲의 시」, 『고시가연구』 28, 2012

황재문, 「전통적 지식인의 망국 인식: 김윤식 · 김택영 · 박은식의 경우」, 『한국문화』 52, 2010.

, 「창강 김택영과 개성」, 『충북대 사학과/독립기념관 한국독립 운동사연구소』, 2017.

미주

1) 김택영에 대한 작가론적 소개는 『송도인물지』(현대실학사, 2000)에 부록으로 실린 <김창강선 생연보>로 대신하고자 한다. 아울러 창강에 대한 초기 연구 성과를 참조하면 좋으리라 생각한 다.

2) 졸고, 「김택영의 松都 복원 작업의 의미-방법으로서의 디아스포라」, 『고전문학연구』 29집, 한 국고전문학회, 2006, 위 논문의 부록으로 <김택영 간행도서목록>을 첨부해 놓았다.

3) 박충록, 『김택영문학연구』, 중국 요녕민족출판사, 1986.(『조선후기 삼대시인 연구 -김택영·황 현·이건창』, 이회문화사, 1994. 재수록).

4) 오윤희, 『창강 김택영 연구』, 국학자료원, 1996.(『滄江金澤榮研究』, 李順連 中譯, 武漢: 華中師 範大學出版社. 2002).

5) 최혜주, 「김택영의 조선사 인식에 관한 연구」, 일본 동경대 박사논문, 1995.(『창강 김택영의 한 국사론』, 한울, 1996. 재수록).

6) 章開沅 외, 『中韓文化交流的友好使者 -金滄江學術研討會文集』, 南通: 金滄江研究所, 2003.

7) 박충록 편역서 『창강시문선』, 부산: 빛남, 1993.

8) 졸고 편역서 『송도인물지 - 崧陽耆舊傳』, 현대실학사, 2000.

9) 조남권 외, 2001, 역서 『김택영의 조선시대사 韓史綮』, 태학사.

10) <김창강연구소>는 1998년 7월 21일 남경대학 중한문화연구센터, 고려대학 민족문화연구원, 남통시 민간문학가협회 등에서 공동으로 설립한 연구기관이다. 연구소 소장은 장자강(張自 强)으로 남통시 문인 10명이 간사로 있다. <김창강연구> 를 부정기적으로 간행하고 있다. 현 재 남통시 문학예술연합회 안에 소재한다(2001년 현재).

11) 김상훈, 『조선역대한시선』, 평양, 1960. ; 이병주, 『한국한시선』, 탐구당, 1965. ; 이병주, 「김창 강의 애국시」, 『한양』 17, 1967. ; 민병수, 「開化期의 憂國漢詩에 대하여」, 『고전문학연구』 2, 한국 고전문학회, 1974. ; 榮春, 「朝鮮歷史家 愛國詩人 金澤榮」, 『紫琅』 5호, 중국 남통, 1979.

12) 김약슬, 「『滄江先生實記』에 대하여」, 『서지학』 3, 한국서지학회, 1970.

13) 권오돈, 「近朝 한문학에 대한 一考察 -滄江과 雲養을 중심으로」, 『인문과학』 5, 연세대, 1960.

14) 임형택, 「김창강문해제」, 『국역 <麗韓十家文鈔>』, 민족문화추진회, 1977.

15) 김용섭, 「우리나라 근대역사학의 성립」, 『문학과 지성』 5, 문학과 지성사, 1972.

16) 김철준, 「국사학의 성장과정과 그 방향」, 『한국의 민족문화』, 한국학중앙연구원, 1979.

17) 오윤희, 「창강 김택영론」, 동국대 석사논문, 1983. ; 오윤희, 「창강 김택영 시문학의 연구」, 동국 대 박사논문, 1988..

18) 민병수, 「한말의 우국문학」, 『한국문학연구입문』, 지식산업사, 1982.

19) 주승택, 「개화기의 한시 연구」, 서울대 석사논문, 1984.

20) 정재철, 「창강 김택영의 시론」, 『한문학논집』 4, 1986. ; 정재철, 「김택영의 문학론과 작품세계」, 고려대 석사논문, 1987. ; 정재철, 「창강시에 있어서의 현실감각과 우국시의 성격」, 『한문학논 집』 6, 1988. ; 정재철, 「諸家 文評을 통해 본 창강과 深齋의 문학관」, 『한문학논집』 7, 1989.

21) 이혜순, 「대한제국의 문학(3) -수당,매천,창강의 우국한시를 중심으로」, 『대한제국연구(4)』, 이화여대 한국문화연구원, 1986.(『20세기 전반기 한국 사회의 연구』,백산자료원, 1999 재수록).

22) 『梅泉野錄』卷4, "前參書金澤榮 浮海入淸國 澤榮 字于霜 號槍江 晉陽人 自勝國 世居中京 早以文詞鳴 辛卯進士 甲午政府辭主事 姓從仕 非其好世 時議赤以其疏法 不處以劇職 就學部 特置輔佐員 使管編纂之役 而籍薄條 苟活朝夕 年老無子 微居京師 意法 法 不樂 是春 貽其友黃黃玹書曰 時事可知 與其老作島兒之奴 毋寧作蘇浙寓民 以終老 子能從我遊乎 至是 果如其言 未樂國變作 擧世高之 如膏漢之喬松云 先是 上海人張謇 隨吳長慶東來 澤榮與之相識 其後數相聞而謇已登第 官州懸 故澤榮向謇而往 謇適官南通州權關 携之至署 處于翰林墨館 澤榮去時 帶妻女只二口 及至通州 得一男 名光虎 小名喜郞 以丁未夏 復寄玹書 道之"

23) 김려칠, 「개화기 국사교과서를 통해 본 역사인식」, 『사학지』14, 단국대, 1980. ; 김려칠, 「개화기 국사교과서 연구(상)」, 『논문집』17, 서울교육대학, 1984. ; 김려칠, 「개화기 국사교과서 연구(중)」 『논문집』 18, 서울교육대학, 1985. ; 김려칠, 「개화기 국사교과서 연구(상)」 『논문집』 17, 서울교육대학, 1986. ; 김려칠, 「한말 역사교과서의 역사인식」 『이원순교수화갑기념사학논총』, 교학사, 1986, .

24) 최혜주, 「창강 김택영 연구」, 숙명여대 석사논문, 1980. ; 최혜주, 「『略辨韓史書』에 대한 일고찰-역주를 중심으로」 『숙대사론』 11.12, 숙명여대, 1981.

25) 전수병, 『김택영의 사학사상』, 『논문집』1, 대전대, 1982. ; 김항구, 「창강 김택영의 역사서술」, 『논문집』(인문) 20, 제주대, 1985. ; 정관, 「창강 김택영의 사학사상」, 『교남사학』1, 영남대, 1985.

26) 김영하, 「단재 신채호의 신라삼국통일론-창강 김택영의 서술논리와 비교하면서」 『민족문화연구』 17, 고려대, 1983.

27) 조동걸, 「한말 사서와 그의 계몽주의적 허실(상)」 『한국독립운동사연구』1, 독립운동사연구소, 1987. ; 조동걸, 「한말 사서와 그의 계몽주의적 허실(하)」 『한국학논총』10, 국민대, 1988.

28) 김철준, 「제6장 한국근대사학의 성장과정」『한국문화전통론』, 세종대왕기념사업회, 1983.(『한국사학사연구』,지식산업사, 1990 재수록).

29) 정창렬, 「한말의 역사인식」 『한국사학사의 연구』(한국사연구회 편), 을유문화사, 1986.

30) 주진오, 「김택영과 현채」 『한국의 역사가와 역사학(하)』, 창작과비평사, 1994.

31) 김도련, 「事齋 李建昌과 창강 김택영의 古文觀」 『한국학논총』3, 국민대, 1980.

32) 이상필, 「창강 김택영의 傳 연구」, 한국학대학원 석사논문, 1984.

33) 박충록, 앞의 책.

34) 김동훈, 「김택영의 미학사상에 관한 비교문학적 고찰」, 1988.(『한중비교문학연구』, 국학자료원, 1997 재수록).

35) 김도련, 「文氣論의 전통 속에서 본 김택영 문기론의 성격」, 『중국학논총』6, 국민대 중국문제연구소1990.

36) 김도련, 「영재 이건창과 창강 김택영의 고문관」, 『한국학논총』3, 국민대 한국학연구소, 1980.

37) 이의강, 「창강 김택영의 散文論과 비평의 실제」, 성균관대 석사논문, 1990.

38) 서일권, 「조선시인 김택영과 중국 청조 시인 王士藏」『숭실어문』9, 숭실대, 1992. ; 宋天鎬, 「金澤榮文學中的中國文人思想考察」, 『한국학논문집』7, 북경대 한국학연구중심, 1998.(『김창강연구』3에 재수록).

39) 이만열, 「한말의 근대사학」, 『한국사학사연구』, 나남, 1997.

40) 최혜주, 「김택영의 조선사 인식에 관한 연구」, 일본 동경대 박사논문, 1995.(『창강 김택영의 한국사론』, 한울, 1996. 재수록) ; 최혜주, 「1920년대 김택영의 중국에서의 한국사서술」, 『사학연구』53, 한국사학회, 1997. ; 최혜주, 「한국에서의 김택영 연구 현황」, 『사학연구』 55·56, 한국사학회, 1998. (상해복단대학 한국학연구중심 간행 『한국연구논총』5에 중국어 역본 재수록).

41) 현계순, 「김택영의 사회사상과 역사인식」, 인하대 박사논문, 1993.

42) 배현경, 「창강 김택영의 역사인식」, 이화여대 석사논문, 1998.

43) 劉道榮, 「金滄江簡介」, 『金滄江研究』1, 남통 김창강연구소, 1998. ; 楊間春, 「靑山有幸埋忠骨」, 『김창강연구』1, 남통 김창강연구소, 1998. ; 魏武, 「金滄江及其書法藝術」, 『김창강연구』1, 남통 김창강연구소, 1998 ; 蔡親明, 「金滄江年譜」, 『김창강연구』1, 남통 김창강연구소, 1998.

44) 오윤희, 「창강 김택영과 근대시인의 反復修辭法」, 『동방학』8, 한서대 동양고전연구소, 2002.

45) 이의강, 「김택영의 중국 망명 원인에 대하여 - 시작품을 분석의 주요 대상으로 삼아」, 『동방한문학』22, 동방한문학회, 2002.

46) 졸고, 「창강 김택영의 傳 연구—立傳意識을 중심으로」, 『민족문학사연구』18집, 민족문학사학회, 2001.

47) 이상동, 「조선후기 한문학에 있어서 壽序 양식의 수용양상-창강의 논의를 중심으로」, 『한문학연구』15, 계명대, 2001.

48) 송혁기, 「조긍섭의 김택영 제가문평 비판과 그 비평사적 의의」, 『동양한문학연구』 22, 동양한문학회, 2006.

49) 조남권 외 역, 『김택영의 조선시대사 韓史綮』, 태학사, 2001.

50) 이용식, 「김택영의 『신고려사』에 대한 일고찰」『계명사학』11, 계명대, 2000. ; 이겸주, 「김택영의 『新高麗史』에 대한 일고」, 『인문논총』20, 울산대, 2001.

51) 국사편찬위원회, 『지역사 연구의 이론과 실제』(2001)/ 제49회 전국역사학대회 자료집,『역사에서의 중앙과 지방』(2006). 위 논문들을 참조하여 중앙과 지방, 그리고 창강의 송도가 갖는 의미를 더욱 날카롭게 벼릴 수 있을 것으로 생각한다.

52) 졸고, 「김택영의 송도복원작업의 의미-방법으로서의 디아스포라」, 『고전문학연구』29집, 한국고전문학회, 2006.

53) 황재문, 「김택영 시에 나타난 遺民意識」, 한국한시학회 추계학술발표대회 자료집, 2005

54) 황재문의 발표(2005)에 대한 정재철의 토론 요지 참조.

55) 章開沅 외,『中韓文化交流的友好使者-金滄江學術研討會文集』, 南通: 金滄江研究所, 2003.

56) 趙鵬, 「桑麻閑話記殘圖」, 『김창강연구』3, 김창강연구소, 2001.

57) 文基連, 「歸有光與金澤榮的文學思想比較」, 『한국학논문집』8, 북경대 한국학연구중심, 2000. (『김창강연구』3에 재수록) 그녀는 창강을 주제로 1998년 북경대학교에서 석사학위를 받았다.

58) 이 밖에도 다음과 같은 연구들이 제출되었다. 張自强, 「懷乎故國寄衷情 托體浪山埋忠骨-紀念韓國屈原金滄江先誕150周年」『김창강연구』2, 남통 김창강연구소 ; 林忠綠, 「滄江金澤榮的文學評論」, 『김창강연구』2, 김창강연구소 ; 劉澤生·湯丹華, 「辭官遷居南通的韓國愛國詩人金澤榮」『김창강연구』2, 김창강연구소 ; 鄒振環, 「金澤榮與近代中韓文化交流」『韓國學論文集』8, 북경대 한국학연구중심 ; 嚴金鳳, 「中韓文化交流的史証 - 訪張天一老人」『김창강연구』2, 김창강연구소(이상 모두 2000) ; 章開沅, 「張謇與中韓文化交流」『김창강연구』3, 김창강연구소 ; 林忠綠, 「評 <金澤榮文學中的中國文人思想考察>」『김창강연구』3, 김창강연구소, (이상 모두 2001).

59) 莊安正, 「金澤榮與俞機交往述論」, 『중국사연구』29, 중국사학회, 2004.

60) 졸고, 「한·중 지식인의 교류사 연구를 위하여- <金澤榮與俞機交往述論>을 읽고」, 『중국사연구』29, 중국사학회, 2004.

61) 김길환, 「제2장 양명학의 수용과 역사적 전개」, 『한국양명학연구』, 일지사, 1981.

62) 유명종, 「제4장 강화학파의 양명학」, 『한국의 양명학』, 동화출판공사, 1983.

63) 유명종, 「제3부 조선시대의 양명학」, 『성리학과 양명학』, 연세대출판, 1994. ; 유명종, 「제4장 조선시대 양명학」, 『왕양명과 양명학』, 청계, 2002.

64) 김길락, 『한국의 상산학과 양명학』, 청계, 2004.

65) 이 논문은 <조선후기 한중문화 교류의 양상과 의미>(계명대 한국학연구원- 남통대 중한문화연구중심 공동국제학술회의, 2014년 8월 7일)에서 단상(斷想)으로 발표된 뒤, <창강 김택영의 생애와 학문세계>(충북대 사학과·독립기념관 한국독립운동사연구소 주최, 충북대 중원문화연구소 주관, 2017년 11월 17일)에서 발표된 草藁를 바탕으로 수정 보완되었다. 김택영에 대한 논구의 기회와 자극을 준 두 학술기관에 고마운 마음을 전한다.

66) '창강 김택영 사거 90주기 기념 국제학술회의'(충북대 중원문화연구소 주관, 2017년 11월 17일)에서 발표된 논문의 제목을 보이면 다음과 같다. 졸고, 「창강 김택영 연구의 새로운 모색- 인문주의자로서의 가능성」; 황재문, 「창강 김택영과 개성」; 최혜주, 「창강 김택영의 중국 망명과 한국사 편찬 활동」; 鄒振環, 「近三十年中國大陸有關金澤榮硏究述評」; 곽미선, 「김택영과 중국 문인의 교유」.

67) 졸고. 「艮齋 문인의 김택영 비판에 대하여-赫齋 徐眞英의 「讀金澤榮文隨筆」을 중심으로」, 『창강 김택영 서거 90주년 기념 학술회의』, 우리한문학회, 2017.

68) 논의 편의를 위하여 본문에 해당 논저를 밝히되 시기순으로 저자와 논문명만 밝혔다. 참고문헌 참조.

69) 졸고. 「간재 문인의 김택영 비판에 대하여」(2017). *번거로움을 피하기 위해 당시 제시한 자료 가운데 해당 문집명만을 제시하면 다음과 같다. 『東樊集』, 『古歡堂收艸』, 『雲養集』, 『艮齋集』, 『李海鶴遺書』, 『明美堂集』, 『初庵全集』, 『俛宇集』, 『陽園遺集』, 『梅泉集』, 『巖棲集』, 『艮嵒文集』, 『果齋先生文集』, 『南厓遺集』, 『三思齋文集』, 『三元堂文集』, 『西扉先生文集』, 『松隱遺稿』, 『守坡文集』, 『梧岡文集』, 『玉下文集』, 『秋帆文苑』, 『厚山先生文集』, 『龜岡詩草』, 『俛宇先生文集』, 『明溪遺稿』, 『勿窩先生文集』, 『相村先生文集』, 『三元堂集序』, 『石荷集』, 『小訥先生文集』,

『松隱遺稿』,『偶齋文集』,『渭皐集』,『聽江集』,『澤齋集』,『平谷先生文集』,『弦齋集』,『晦峯先生遺書』」

70) 사실 문학연구에서 수많은 논문들이 창강의 학술담론인 〈잡언〉에 기대어 논지를 진행해 온 것이 저간의 상황이다. 최근에도 〈잡언〉에서 논의를 시작하는 논문 몇 편을 들면 다음과 같다. 시든, 산문이든, 글씨이든, 창강은 인문담론의 시발점이었다. 이를테면 어강석(2006)은 고려후기 李穡의 산문을 연구하면서, 창강의〈잡언〉에서 논의를 시작하고, 남재철(2007)은 조선후기 이덕무의 시를 연구하면서, 창강의 평어(〈신자하시집서〉)를 인용하며, 김혈조(2008)는 고려 중엽 한문 산문의 문체를 거론하면서 〈잡언〉으로부터 시작해 반론해 들어가고, 김병기(2014)도 신위에 대한 연구를 위하여, 창강의 〈申緯傳〉에서부터 논의를 전개한다. 필자는 창강의 시문 속에서 그의 인간상을 밝힐 단서를 찾아내야 한다고 생각한다. 그의 언명 속의 논리를 재구하는 것이 1차적이기 때문이다. 그런 점에서 〈잡언〉을 특히 주목한다.

71) 〈잡언〉은 창강의 문집에 더러는 부분적으로, 더러는 종합하여 수록되어 있다. 본고는 이들을 모두 모아서 정리한 뒤, 각 주제에 따라 분류해서 갈라 보았다. 본고는 〈잡언〉에 대한 본격적 분석을 수행하지 않았고 분량의 한계도 있어, 번역도 제외한 채 '자료' 형태로 제시했다. 독자의 너그러운 양해를 부탁드린다.

72) 2002년 이전에는 창강에 대한 중국계 학자들의 견해가 거의 알려지지 않았었다. 지난해 추진환(鄒振環) 교수에 의하여, 북경대 박충록 교수를 위시하여 근 30년간 창강 연구가 중국에서 진행되어 왔음이 보고되었다.(「近三十年中國大陸有關金澤榮研究述評」) 이제 창강을 둘러싼 한중간의 학술논의가 본격화할 시점이 된 듯하다.

73) 창강의 위치를 '인문학자'로 할 것인가? '인문주의자'로 자리지울 것인가? 여전히 고민된다. 그러나 필자는 근대적 의미의 인문학자로 거론될 정도로 창강의 인문정신은 고전에 바탕을 둔 새로운 성과를 내었다고 평가한다. 다만 창강의 인문정신이 과연 '인문주의자(흔히 르네상스적 인문주의자를 뜻한다고 할 경우)'와 같은 수준으로 논의될 수 있을지는 아직 확신할 수 없을 듯하다.

74) 〈참고문헌〉은 '부록'으로 대신한다.

75) 중국 조선족 문학의 이중적인 성격을 어떻게 이해할 것인가에 대하여 논의를 펼치면서 김동훈은 흥미로운 의견을 제시하고 있다. 연변대 교수인 그는 연변에서 펴낸 『중국조선족문학사』(조성일·권철·최삼룡·김동훈, 연변인민출판사, 1990)에서 "조선족 문학은 중화민족문학의 구성부분인 동시에 조선민족 정체(整體) 문학의 일부분이다."는 의견을 내놓았다. 그런데 이 책에 대한 서평에서 조동일은 집필자들의 견해를 반박하면서, "중국 조선족 문학사가 중국 문학사에 속한다고 하는 것은 문학사를 국가의 문학사라고 하는 데 근거를 두고 조선문학사의 일부라는 것은 문학사를 민족의 문학사로 이해하기 때문이다. 그들 가운데 국가의 문학사란 보편적인 의의가 없다. 문학사를 민족문학사로 이해하는 관점이 문학의 실상과 부합한다. (…) 중국의 민족문학사에 포함시키기 위해 '중화민족'이라 하는 것은 강대국 패권주의의 억지 논리이므로 배격해야 한다.(『동아시아비교문학사론』, 서울대출판부, 1993, 150면)"고 했다. 그런데 김동훈은 조동일의 논의 가운데 특히 국가의 문학사란 보편적 의의가 없다는 데 대해 극

단적이고 편면적이라고 비판하며, "기실 중국 조선족문학의 이중성은 강대국의 패권주의에 발라 맞추기 위한 억지논리가 아니라 지리적, 역사적, 정치적, 문화적으로 형성된 하나의 불가 피한 객관적 현실이다."고 주장한다(「중국조선족문학의 이중성격」, 『코리아학연구』제6기, 북 경대 조선문화연구소, 1996, 11~12면). 이른바 국가적 영역을 인정하느냐, 민족적 영역만을 고 집하느냐는 문학사가들의 관점에 따라 달리 해석되겠지만 실제 현장에서 갖고 있는 딜레마를 보여준다는 점에서, 함부로 '자기 영역'으로 인입하려는 태도는 잠시 유보하는 것이 온당하지 않을까 생각한다. 김동훈은 '창강 김택영'을 '상해·북경을 중심으로 한 중국 내지의 망명 작가' 차원에서 첫머리에서 다루고 있다. 일단 1905년 이후의 문학 활동을 '중국 조선족문학사'의 한 부분으로 끌어들이는 것이다. 본고는 '문학사'가 갖고 있는 폭력적 성격을 감안하여, 사안별로 다양한 문학사 읽는 통로를 만들었으면 한다. 하나의 코드만 존재하는 문학사는 너무 앙상하 지 않을까?

76) 李建芳, 「金滄江墓碣銘」, 『滄江先生實紀』卷2, "舊韓國通政階中樞院參書官金君澤榮 以疾卒 於中國南通州寓舍 實丁卯二月干支也 孤子光高 時在開城 聞訃奔邁 僅得視斂 而通州張大夫 察叔儼實經紀其喪 以四月干支 葬君于狼山之下 唐駱賓王‧ 宋文山部將金應之臧 實在其傍 嘗遊而樂之 窀於玆 所以從君志也 迺立碑于前日韓國詩人金滄江之墓 江浙名士會者數百人 皆 致奠成禮而去 (…中略…) 君字于霖 滄江其號也 世居開城 而籍花開 蓋其先有諱仁璜 仕高麗時 封花開縣 遂以爲松云 七世祖낙 年十八爲姊殺其夫讐 有烈士風 累傳 至諱正權 無嗣 取從父兄 錫權子子之 卽君考諱益福 開城府分監役卿 以長者稱 母坡平尹氏 君以哲宗庚戊生 纔弱冠 已 慨然慕爲古文章 嘗讀歸有光文 忽有悟 自是學日進 徧遊平壤楓嶽 尋偕至京師 時寧齋李公建 昌 以文章有盛名 談藝者咸歸之 見君詩大驚 嘗語人曰 百年內無此作矣 人始駭之 久而後信 由 是名大起 與光陽黃玹雲卿‧懷仁朴文鎬景謨 相友善 皆客於寧齋 揚風扢 雅聲藉藉公卿間 顧數 奇 累擧不售 辛卯始中司馬試 甲午政變金相國弘集辟爲政府編史局主事 明年政府改稱內閣 遂 爲內閣主事 尋陞中樞院參書官兼內閣史籍課長 丙申遭父喪 服闋 差學部編輯委員 癸卯授通 政大夫 當是時李公引義不肯出 尋卒 玹文鎬皆返于鄉 君獨鉅遊 交益廣 名益高 然類皆隨浮慕 之 而卽君之詩若文 莫能知者 君由是意忽忽不自得 思得與張季直一相見 季直 名謇 中國通州 人也 先是壬午兵變起 淸帥吳長慶稱來援引兵入都 而季直從焉 因遇金君參判允植所 談詩亟推 之 遂深相交結 及還問訊不絶 君爲人溫克而內亟堅忍 遇事能割斷勿顧 至是見外虞日棘 國濱 亡 乃辭其職 挈妻子附商舶 以達于上海 見季直 季直已登第 官翰林 値西勢日盛 欲以新學自强 與其叔儼創書局 蒐東西書籍 乃使君校閱其中 而食廩以自給 自是寓通州數年 頗得交南方諸 士 屢刊其詩文稿 行于世 卒之前後數月 自剪其鬚髮 貯之囊 遺令歸埋父母墓下 及歿 季直已前 卒 惟叔儼在 撫其髫孤如親戚云 君始娶王孺人 生一男一女 男曰光濂 出後伯父 早殂 女適主事 李熙初 繼娶全孺人 有一女 南昌岳逢春其壻也 最後娶林孺人 生男曰光林 年十一而夭 取族弟 大榮子光高爲嗣 而復以族孫晶基繼光績后(…後略…)"

77) 졸고, 「창강 김택영의 전 연구」, 『민족문학사연구』18호(민족문학사학회, 2001).

78) 황재문은 최근 「김택영의 시에 나타난 창강의 유민의식」,(『한국한시학회 2006년 추계학술발 표대회 자료집』2006, 38면)에서 시를 논의하는 주요 문제의식으로 '유민의식'을 설정했고, 토

론에서 정재철은 '중화의식'을 제기하며 일면적 해석을 경계했다. 중화의식은 앞서 이혜순이 「우국한시에 나타난 국혼」(이화여대 한국문화연구원 편, 『20세기 전반기 한국사회의 연구』, 백산자료원, 1999, 78~85면: 이 논문은 1986년 『대한제국연구4』에 실렸던 것임)에서 '모화의식'이라는 용어로 창강의 의식을 정리해 낸 바 있다. 특히 중국 망명과 관련하여 그의 의식을 해명하기 위한 고민 끝에 찾아진 것으로, 이 견해들은 부분적 진실을 담고 있지만, 모두 창강의 의식을 어딘가로 귀속시키려는 시도로서, 창강이 일구어낸 사상적, 문화적, 역사적, 문학적 성과들의 다양한 면모를 포괄하기에는 부족하다고 할 수 있다. 굳이 따진다면 유민의식(이것도 과연 유민이 무엇이냐, 또한 고려유민의식이냐, 조선유민의식 등등 논란거리가 있을 수 있다)도 있고 중화의식(이것도 중국을 세계보편으로 간주했던 전근대사회 지식인, 특히 조선사회 지식인들의 생각과 어떤 차이가 있는 것인지)도 있다고 해야 맞을 것이다. 따라서 하나의 의식으로 귀착시키는 것은 오히려 실체적 진실을 가릴 위험이 있다. 본고는 창강의 의식을 하나로 규정하지 않고 열어둔 채, 왜 그렇게 다양한 의식을 지니게 되었는지에 대한 문제를 해결하기 위해 '방법으로서의 디아스포라'에 주목한다.

79) 조선시대 지식인들은 '유기(遊記)' 형식을 빌어 송도를 여행, 관광, 유흥의 공간으로 포섭해왔다. 채수(蔡壽)의 <유송도록(遊松都錄)>, 유호인(兪好仁)의 <유송도록(遊松都錄)>, 남효온(南孝溫)의 <송경록(松京錄)>, 박은(朴誾)의 <유천마산록(遊天磨山錄)>, 임운(林耘)의 <유천마록(遊天磨錄)>, 김수증(金壽增)의 <유송도기(遊松都記)>, 김창협(金昌協)의 <서유기(西遊記)>, 김창흡(金昌翕)의 <관서일기(關西日記)>, 오원(吳瑗)의 <서유일기(西遊日記)> 등을 들 수 있다. 이는 대개 회고의 공간으로서 고도 송도를 방문한 기록물이다. 이종묵은 「조선전기 문인의 송도유람과 그 문학세계」(『한국한시연구』 7, 한국한시학회, 1999)에서 조선중기까지의 문인들의 시문(제영)을 제재별로 검토하면서 당시 송도를 상상하는데 도움을 주고 있다. 이들 사이에 송도에 대한 시대적, 개인적 미세한 관점 차이가 있을 터이나, 그 세세한 분석은 추후 과제로 남겨둔다.

80) <松都懷古>, 『사가집(四佳集)』 권4.

81) <松都>, 『상촌집(象村集)』 권14.

82) <滿月臺有感奉呈藥圃>, 『오산선생속집(五山先生續集)』 권2.

83) 임준철은 이 시에서 일반적인 회고 정감과 다른 미감을 추적하면서 근심스런 화자를 주목하였고, 그러다 작가의 정치적 현실에서의 고립과 불우의식을 지닌 송도문인으로서의 한계에 대한 회한으로 해석한다(「차천로 시세계의 연구」, 고려대 석사학위논문, 1996, 37~38면). 또한 송도문인의 시가 갖는 황폐·조락에 대한 경사를 해석하는 과정에서도 그들의 불우한 정치적 현실적 조건 탓으로 이해한다 (「조선중기 송도문인 시에 나타난 심미경향의 특질」, 『국어국문학』 122집, 국어국문학회, 1998, 166~167면). 즉 그는 송도문인의 불우함이 시세계에 투영되었고, 그것의 하나를 송도에 대한 시 속에서 확인하고 있는 것이다. 본고는 그의 해석에 일리가 있다고 보지만, 시준을 달리하여 송도에 대해 기왕의 비송도인의 송도시와 어떻게 다른지를 찾아내는 것이, 송도인이 자기 고향에 바친 시의 성격을 이해하는데 더 적실하다고 생각한다. 같은 회고라도 질감이 밝거나 우울한 결이 있을 것이기 때문이다. 필자가 보기에 약간의 편차

가 있지만 비송도인의 송도시가 말하고 있는 '송도인의 불행한 모습'은 일종의 타자에 대한 표상으로서의 폭력이다. 타자의 무력함 속에서 자신의 이상을 좇는다는 혐의가 짙다. 그래서 본고는 송도인이 송도에 대한 비틀린 이미지를 다잡으려는 의식을 잠정적으로 '송도의식'으로 부르고, 그러한 데서 우러나온 정감을 '송도 정감'으로 부르려 한다. 그러나 아직은 개념으로 자리지우기엔 조심스러운 부분이 있다. 무엇보다 '친송도적 경향'을 가리키는 말로 이해되어서는 곤란하다. 다만 역사 현실을 있는 그대로 보려는 노력의 일환으로서, 특히 송도를 경유하여 진행되는 의식적 노력 일반을 가리키는 말로 정의해 둔다.

84) 이 책은 일개인이나 국가에서 간행한 것이 아니라 동간(同刊)의 형태로 집단적인 후원을 모아 간행되었다. 조선시대 출판 관행으로 보면 대단히 흥미로운데, 동간에 참여한 사람들 면면을 보면, 김사묵(金思黙) 경기관찰사/ 박우현(朴宇鉉) 개성군수/ 김여황(金麗煌) 비서감승/ 김진구(金鎭九) 시종원 분시종/ 한정호(韓廷鎬) 중추원 의관/ 김수영(金壽榮) 영동현감/ 손석권(孫錫權) 공릉령/ 박원형(朴遠炯) 철산군수/ 박수림(朴守林) 형조정랑/ 김근용(金謹鏞) 풍경궁 참서관/ 정재동(鄭載東) 성균진사/ 고한주(高漢周) 성균진사/ 김종환(金宗煥) 성균진사/ 최기조(崔基肇) 성균진사/ 공성학(孔聖學) 성균진사 등으로 송도의 유지들이며, 박원형은 창강이 입전하였던 인물이기도 하다. 공성학은 훗날 송도의 거상으로서, 창강의 후학으로 자처했던 사람이다. 따라서 이 시집은 창강을 비롯한 일군의 집단적 간행물로 간주할 수 있다.

85) <中京懷古>. 이 시는 『서원가고(西原家稿)·심원당시초(心遠堂詩秒)』와 『숭양기구시집』(권1)에 모두 수록되어 있다.

86) 졸고, 「心遠子 韓在濂의 학문과 문학에 대하여-18세기 송도지식인의 한 측면」, 『동양한문학연구』 22집(동양한문학회, 2006) 96면. 위 논문에서 한재렴이 송도 고적에 대해 견지한 실증(실사)적 태도를 송도에서 망국의 회한을 느끼려는 사람들의 의식과 구분되는 것으로 논하였다.

87) 한재렴의 만사(輓詞)를 지어주었던 김헌기(金憲基, 자는 치도(樨度), 호는 초암(初菴))의 경우 그의 문집에 전하는 송도시에는 퇴영적 정서가 거의 나타나지 않는다. 좀 더 확인해 볼 사항이지만, 적어도 18세기에 들어서면 정조조에 송도는 새로운 정감으로 노래 되기 시작하는 것으로 보인다. 이는 일단 물론 송도인에 한정된 것이다. 이 부분에 대한 보완은 후고를 기약한다.

88) <次張載籍滿月臺韻>, 『崧陽耆舊詩集』 卷2.

89) 『重鐫韓代崧陽耆舊傳』, 忠義傳, 序, "韓興之初 吾州士人 以不服被禍 及其歷世旣久 悅化已深 而世之人猶或疑其有未化 譬如虎已去檻 而猶惡其檻 何其淺哉 故爲作忠義傳"

90) 『中京志』 卷7, 古蹟 杜門洞條, "朝之深仁厚澤 不得不齊之以一切之法 支夷禁錮 百年停擧 使讐民子孫不得夷於平人 歷年旣多 踐踏猶甚 夫以道德文章 忠孝節義 超出一世之士 率皆沉於下僚 不得一有施展 他尙何言 立國之初 驅之以法 殺死禁抑之者勢也 旣定之後 尙論其心跡 則爲臣效忠者 固可嘉奬之不已也"

91) <忠發賈>, 『崧陽耆舊詩集』 卷1, "叱叱征馬吳綾載 南踰大嶺東至海 問爾何鄕者 家在崧山下 願將於陵糵 易伯夷粟 歸來側笠避行人 誰識前朝舊家族"

92) 余自少時 考觀於吾開城邱墓之文 無有謂其父若祖曰賈者 夫吾郡 地小人衆 其生也齟齬 世不能不爲賈 夫人之所知 而今何以無之諱也(「王母金淑夫人墓誌銘」 『韶濩堂全集補遺』)

93) <松都賈客歌>,『汾厓遺稿』卷4,

94) <松都賈客詞>,『東溟先生集』卷2,

95) 「崔舜星」,『重釐韓代崧陽耆舊傳』卷2, "崔舜星 字景協 本陽川人 世業累萬 爲州中富家 舜星一日 慨然自言曰 吾固知貧不如富 獨未知散何如積耳 乃統計家産 除一歲祭祀 賓客 衣食之用 得數萬緡 別貯之名曰急人錢 近自親戚 朋友旁及他郡邑 知與不知 苟窮困者 出以施之 賻喪葬有衾棺 借乘有馬桶器 服有深衣團領 下至鋸斧鍬鋤之屬 遇歲饑 則悉困廩以賑之"

96) 앞의 책, "論曰 吾州地小人衆 故俗多賈而儉嗇 大略類古周人 吾安能多見積而能散如崔舜星哉 雖然 崔舜星非直積而能散者也 乃達人長者 明於謙盈之數 而不爲鬼害者歟"

97) 졸고, 「창강 김택영의 전 연구」 155면. 여기에 부록으로 실려있는 <창강 인물전 개황> 표에서 간행본에 따른 인물의 출입을 확인할 수 있다. 이 가운데 주목되는 사람이 이건창(李建昌)이다. 그는 1903년본에는 없다가 1912년 중수 과정에서 새로 편입되었다. 그를 주목하는 이유는 창강이 생각하는 '출신'의 의미 때문이다. 그는 <이건창전>에서 "역사를 기술하는 법에 인물의 고향을 기록할 때에 반드시 그가 태어난 곳을 따른다. 우리나라 사서는『삼국사기』이외에는 그 본관을 기록하는 경우가 많은데, 이는 큰 잘못이다. 그래서 이제 특별히 이건창학사를 숭양의 기구 속에 넣어서 뒷날 우리나라 역사를 짓는 사람이 혹시 그 뜻을 취하기를 기대한다."고 했다. 이건창은 그의 조부 이시원(李是遠)이 개성 유수로 있을 때, 어머니가 그곳에서 낳았다. 사실『숭양기구시집』이나『숭양기구전』에 들어있는 사람들의 본관(관향)을 따진다면 송도인은 그다지 많지 않다. 그런 점에서 이건창을 입전하여 숭양의 기구로 등재하는 것은 창강에게 송도인을 규정하는 주요한 표준으로 작용했을 것으로 보인다.

98) 참고로 이의현(李宜顯)은 <영송도인물(詠松都人物)>(『陶谷集』권3)이란 연작시를 지은 바 있다. 여기서 그는 서경덕(徐敬德), 송상현(宋象賢), 김연광(金鍊光), 유극량(劉克亮), 차천로(車天輅), 한호(韓濩), 안경창(安慶昌), 강천년(姜千年) 등 8인을 제재로 시를 지었다. 그가 생각하는 송도인의 모습으로서 학행, 충의, 문사, 서화, 효우에 속하는 사람들로, 특히 충의에 속하는 이가 3인이나 되는 것은 특기할 만하다.

99) 졸고, 「尤雅堂 王性淳의 현실인식과 문학에 대하여」,『한문학보』7집(우리한문학회, 2002.12). 위 논문은 왕성순의 가계와 역사·현실인식을 다루고 있다. 왕성순은 송도인으로서는 드물게 경학에 조예를 가지고 있었다.『조선오현문초』는 그가 엮었지만, 창강과의 사승관계를 고려하면, 그와의 교감 하에 이뤄진 것으로 보는 것이 온당할 것이다. 송도인의 경학사상에 대해서는 조유선-김헌기-김택영-왕성순으로 이어지는 계보적 탐색을 통하여 논구될 예정이다.

100) 졸고, 「창강 김택영 연구의 현황과 과제 한국인물사연구」,『한국인물사연구』5집, 한국인물사연구소, 2006.

101) 박충록은 김택영의 고려유민의식을 추출하는 근거로, 첫째 개성 사람이고, 둘째 그의 선조 인황(仁璜)이 고려 때 봉해진 곳이 화개인데 창강은 늘 화개를 내걸었다는 점, 셋째 부친이 인삼 재배를 30년 동안 한 것, 넷째『한사경(韓史綮)』에서 조선사를 부정적으로 본 것, 다섯째 「동두문가(東杜門歌)」에서 불사이군한 충신을 기리고 있는 것, 여섯째『고려계세충신일사전』의 서문에서 고려유민을 드러내기 위한다는 표현 등을 들고 있다.(『김택영문학연구』, 심양: 요녕민

족출판사, 1986) 그런데 첫째는 송도의식, 둘째는 가문의식, 셋째는 역사의식, 넷째는 윤리의식, 다섯째는 서문의 비약, 즉 고려유민을 입전하는 것을 두고 자신이 고려유민임을 드러내는 것과 별개의 문제라는 점에서, 이것을 모두어 '고려유민의식'으로 규정하는 것은 다소 무리가 있다. 『한사경』은 조선사를 부정하는 것이 아니라, 역사의 실체를 접근하여 보겠다는 것이며, 인삼재배가 고려유민의식과 무슨 관련이 있을지 의문이다. 이후 연구자들도 이상의 정황적 증거도 제시하지 않은 채 통념으로 사용하고 있다고 여겨진다. 논의를 기다린다.

102) 최혜주, 『김택영의 한국사론』(한울, 1996), 158~206면. 유림에선 『한사경』을 반박하며, 『약변한사서(略辨韓史書)』(梧岡祠講會所), 『한사경변(韓史經辨)』(儒林總部), 『한사경변(韓史經辨)』(太極敎本部)등을 제출했다.

103) 필자는 창강을 유교적 문장가로 보는 데서 좀 더 나아가 문학, 사학, 철학을 겸비한 인문학자로 봐야 한다고 생각한다. 무엇보다 『잡언(雜言)』을 보면, 그의 인문학적 사유가 자유로이 발현되고 있다. 묘하게도 『잡언』은 1897년 시작했지만, 본격적인 것은 1906년에 시작된다. 대부분이 '도중'한 뒤에 쓰여졌다. 다시 말해 내적, 외적으로 디아스포라한 뒤의 저작인 것이다.

104) 창강 연구에 대한 정리는 「창강 김택영 연구의 현황과 과제」(졸고, 『한국인물사연구』 5호, 2006)에서 수행한 바 있다. 당시 2000년대 이후의 화두는 '창강이 어떻게 존재했는가'였다고 하면서, '교류'의 경우 중국의 선구적 근대 지식인들과 창강의 연계를 시도하는 노력의 허망함에 대하여 지적한 바 있다. 즉 창강의 시문에서 엄복(嚴復), 도기(屠寄), 양계초(梁啓超), 유월(兪樾) 등의 흔적을 찾고, 그들에게 인정받았던 만큼 창강의 존재가 컸다는, '조회적 평가(照會的 評價)'가 그것이다. 그래서 창강의 중국인과의 교류는 늘 저들과 주고받았던 시문에 국한되었고, 이런 경향은 최근 제출된 「김택영의 망명시기 문학 활동 연구」(곽미선, 연세대 박사논문, 2010.8.)에서도 반복된다. 그런데 앞선 연구사에서도 의문을 표했던 것처럼, 엄복 등의 글에 창강의 흔적을 찾기가 요원하다는 사실은 어떻게 이해해야 할까? 창강이 그토록 의지해 마지않았던 장건의 글이 모아진 『장건전집』에 창강에 대한 따스한 말이 희귀하다는 사실은 어떻게 받아들여야 할까? 이 글은 창강의 남통 생활을 어떻게 공부할 것인가에 대한 초보적 탐색에 해당한다. 그 방향을 모색하고, 그것이 타당한지를 점검하는 일이 1차 목표인 셈이다. 그래서 의도적으로, 이른바 양계초 등과 같은 이들과의 관계를 거론하지 않고, 되도록 창강이 일상에서 만났던 이들에 대한 정보를 모으고, 그들과 주고받았던 마음을 읽어보려고 하였다. 따지고 보면, 이방인에 대한 평가가 창강만큼 융숭했던 이도 없었던 듯하다. 조선후기 사행을 갔던 이들에 대한 중국 측의 기록 역시 찾기가 요원하다는 점에서도 그러하다. 창강만큼 남통인들의 사랑을 받고, 당대 명사들의 수창 흔적을 갖고 있는 이도 드물기 때문이다. 이 글은 창강의 존재와 위치를 폄훼하거나 현양하려 하지 않는다. 이를 위해 창강이 거주했던 공간의 일상적 모습을 포착하는 데 노력하려고 한다. 또한 일상에서 만났던 이들과의 기록들, 특히 근대적 중국 명사가 아니었던 이들(허나 남통에서는 훗날 '耆碩'이 되는 이들이고 보면, 젊은 엘리트였을 것이다.)과의 교유 흔적을 추적하려고 한다. 다만 연구의 안목과 능력의 한계로 겨우 그 가능성만을 발견하는 데 그쳤다. 후고를 통해 일상공간으로서의 남통 생활을 복원하고, 창강의 후반생을 추적하며, 그가 일생 동안 인문적 지식인으로 살았던 오롯한 삶을 건져낼 수 있기를 기

대해 본다.

105) <天生港>, 『韶護堂全集』 卷4.

106) <贈張退翁叔儼>, 『韶護堂全集』 卷4.

107) <天生港>, 『韶護堂全集』 卷5, 乙卯稿.

108) <游狼山>, 『韶護堂全集』 卷4, 戊申稿.

109) 「是眞滄江寶記」, 『韶護堂全集』 卷10, 丁未, "臥見船旗之獵獵佛東門外桑樹技而過者 是眞滄江 之室也 室之主人自少自號滄江 而所居實無江水 私嘗已記其實矣 歲乙巳自韓至中國江蘇之通 州 依張退菴薔菴兄弟二大夫傫一屋以居 未幾 買屋于傫居左偏移處焉 卽州城之東南瀕河處也"

110) 「借樹亭記」, 『韶護堂全集』 卷10, 丙辰, "去年乙卯六月 余自南通城中許家巷之傫屋 移徙于巷之 西南十餘武地之屋 屋稍聳淨 而庭窄無種植 惟西牆之外有一宅 本明遺民進士包壯行先生之所 築 名以石圃者 而宅中女貞樹一株竦立千尺 終日送翠滴滴如也 人之始至者 莫不認爲是屋之有 旣而知其非而將爲之悵然 此屋之所以命爲借樹亭者也 夫借者 非己有而不久將還之詞也"

111) 張謇, 「翰墨林書局章程」, 『張謇全集』 3卷, 江西古籍出版社, 1994, "因興師範學校 乃興印書局 有印書局而後師範之講義敎科之編輯布行不致稽時; 附賣他學問之書 而响之士亦得饜其所 求 開其知識 且區區之意 抑欲借訂諸藝薦傳習工學之一端 是此印書局爲十數人合資 私益之 義少 而爲一方學術公益之義多 若在事之人不明乎此 不能實事求是 力求精進 或失之營私 或失 之不節 或失之蔽或失之疏 將資本竭蹶 業終不成 一方學者亦因之受困 非獨于在事之人公德大 虧 其于名譽其獨無損"

112) 「翰墨林詩卷序」, (『韶護堂全集』 卷9)에 보면, "南通三益鄕之富安鎭 有嗜詩士曰陳君元基伯釣 自其曾大父翼雲翁闢一園於所居之西 皮書籍築假山植花竹 名曰西園 以爲子弟藏修游息之所 至是伯釣列其景槩二十 各繫五言律詩一首 屬和於四方 詩旣成卷 乃取古人西園翰墨林之語 題 之曰翰墨林詩卷"이라 하여 '서원(西園)'과 '한묵림(翰墨林)'이란 이름이 나오지만, 이곳은 '삼익 향(三益鄕)'의 지명으로, 남통의 한묵림인서국의 이름과는 별개의 것으로 보인다.

113) <翰墨林印書股份有限公司>, 『南通自治十九年之成績』, 張謇硏究中心·南通博物苑, 2003.

114) <李小湖曉芙省墳紹興, 回爲言雪中過稽山眺矚甚樂賦贈六首>(己酉), <退翁送扇與金泥, 要寫 近作詩, 余旣拙於書, 又苦扇之難, 書作此, 乞李曉芙代寫以歸之>(庚戌) <寄小湖求刻印石>(甲 寅), <薔翁大修奎星數改名曰中公園, 令李小湖陳峙西二生, 分畵梅松於園亭壁索題>(丁巳).

115) 鄒振環, 「金澤榮與南通翰墨林印書局」, 『中韓文化交流的友好使者-金滄江學術硏討會論文 集』, 南通: 金滄江硏究所, 2002.11.

116) 王栻 主編, 『嚴復集』 5, 中華書局, 1986, p.1490.(鄒振環, 앞의 논문에서 재인용)

117) <遊翰墨林書局蓮池記>, 『韶護堂全集』 卷10, 丙午 "是日稍熱 余坐書局北窓下 校印書數紙罷 視日向晡矣 揭君向寅 忽呼余指窓外蓮池 趨而出 余意其有游 尋踵之 揭不見 獨見王君汝宏立 於池西北隅 俯視舟 見余招之 余就問揭所在 王南望而手之 余至通州日淺 未解中國語 故人之 接余者 其用多在於目若手而少在於口也 方欲再問 見揭携一竹竿來 將以爲篙也 於是王先入舟 余次之 揭又次之 而舟纜繫在桃樹 余手解其纜 揭乃篙而放于池心"

118) <遊翰墨林書局蓮池記)>, 『韶護堂全集』 卷10, 丙午 "使金忘萬里羇旅之憂者 非二人耶"

119) 「惜餘春軒詩草序」, 『韶護堂全集』卷8, 庚戌.

120) <雜贈翰墨林書局諸少友>, 『金滄江詩文彙抄』, 庚申(1920)

121) 張自强, 「懷乎故國寄衷情 托體狼山埋忠骨 -紀念韓國屈原金滄江先生誕辰150周年」, 『金滄江研究』 2輯, 2000.4, 金滄江研究所; 羽離子, 「朝鮮漢學金滄江與張謇」, 『國際漢學』 2001. 그런데 이들은 모두 구체적으로 월급이 얼마였는지, 당시 물가에 비해 어느 정도 대우였는지와 같은 기록은 거론하지 않고 있다. 다만 일감의 수준과 수량에 비해 넉넉하게 지급되었다는 정도의 어림만 논의하고 있을 뿐이다. 추후 확인할 필요가 있다.

122) 金榮福, 「出版人으로 본 滄江 金澤榮」, 한국고전문화진흥회, 4회 월례발표회, 2005.5.

123) 근래 창강의 문집에 대한 종합적 연구가 제출되었다. 「김택영 문집의 刊行經緯와 異本考」(최영옥, 성균관대 박사논문, 2010.10) 이에 의하면, 창강의 문집은 모두 6간본, 14종으로 요약된다.(補遺도 하나의 종으로 계산함) 이제 창강의 시문집에 대한 기본적인 정리가 이뤄진 셈이다. 차후 창강 제문집 사이의 글자 및 시문 출입을 정리하여 정본으로 만들고 역주하는 작업이 과제로 남아있다. *2016~18년, 한국고전번역원에서는 『합간소호당집』 『소호당집속』 『차수정잡수』 『소호당속집』을 모아 번역하였다.

124) 『남통보(南通報)』 1927년 5월 8일자에 의하면, 5월 7일 창강이 세상을 떠나고, 이튿날 추도식이 열렸는데, 장효약(張孝若, 장건(張謇)의 아들)을 비롯해 왕한소(王翰脣), 전내방(錢內方), 전호재(錢浩哉), 전염성(錢艷姓), 손정계(孫廷階), 나흠천(羅鑫泉), 황양여(黃量如), 방회천(方匯泉), 강양여(江養如) 등이 창강이 가는 길을 전송하며 낭산 남쪽 언덕에 장사 지냈고, 묘비는 장찰(張察)이 손수 써서 '한시인김창강선생지묘(韓詩人金滄江先生之墓)'라고 하였다고 한다.

125) 이 내용은 2002년 10월 남통에서 열린 <김창강국제학술연토회(金滄江國際學術研討會)>에서 만난 조붕(趙鵬) 선생에게 『창강선생실기』에 의거해 남통인들의 인명에 대한 조사를 의뢰하였던 바, 동년 11월 20일 회신으로 보내온 것을 요약 정리한 것이다. 10년이 지난 내용이긴 하지만, 아직도 한국에 소개되지 않은 인물 정보이기에 본문에 수록해 본다. 이 자리를 벌어 성실하게 자문에 대답해 준 조붕 선생에게 감사를 드린다. 조붕 선생은 『만보박물원(漫步博物苑)』(2002), 『장건(張謇)』(2003) 저술을 비롯해 남통의 학술문화에 대한 전문가로서 남통박물원(南通博物苑)에서 일한다. 다만 『창강선생실기』에는 목록의 '악봉춘(岳逢春)'까지 나오며, 그 이하는 창강의 시문집에 산견되는 인물로 참조를 위해 함께 수록해 둔다.

126) 언젠가 박충록 선생(북경대교수)로부터 창강과 관련한 사진 20여 장이 있었는데, 한국에서 책을 낼 때 삽도로 제공하였다가 출판사의 부주의으로 분실했다는 이야기를 들은 적이 있었다. 최근 곽미선은 남통을 답사하여 창강의 가족사진과 필적, 교지, 남통인들의 기록(『남통보』 포함) 등의 사진을 구하였고, 이를 학위논문 부록으로 수록한 바 있다. 본고의 '사진'은 오윤희 선생(한서대교수)의 『滄江金澤榮研究』(武漢: 華中師範大學出版社, 2002)에 수록된 삽도이다.

127) 「桑麻閑話圖記」, 『滄江橋』 卷7. "通州人張鳳年峽亭 · 麟年峰石兄弟 與其從父兄子增益之 · 徐鎣貴恂 · 流萬人安徽黃開基魯山 · 遊客雲南那明拾生 · 流寓人余韓國金澤榮雨霖 凡七人其位次 爲四行 西向 第一行 峰石與貴恂據地坐 置蘆笠於前 而峰石持斧析柴 貴恂伸右手第二指指之而 莞爾微笑 第二行 余右手拄藜杖 杖長過頭 左手把盍之之手 峽亭在余右 擧手指空 第三行 脫余

毛帽以戴兩手合執牛轡與長笛者 魯山也 第四行 兩手執鍬柄者拾生 而自余以下五人皆立焉”

128) 嚴金鳳, 「中韓文化交流的史證-證張天一老人」, 『金滄江硏究』 2輯, 南通: 金滄江硏究所, 2000.4.

129) ‘사진’을 보면, 제3열과 제4열의 존재를 확인할 수 없을 정도로 정교하게 복원되어 있다. 혹시 「상마한화도기(桑麻閑話圖記)」에서 말한 제1열에서 제4열까지 있는 모습을 찍은 사진이 별도로 존재하는 것은 아닐까 하는 의문도 든다. 그러나 현재로서는 장천일의 기억에 의존할 수 있을 뿐이기에, 그의 기억에 의지해 사진을 해석하도록 한다.

130) 「黃開基傳」, 『滄江稿』 卷14.

131) <同峽亭 · 峰石晩步南城上)(3首) 제1수,『滄江稿』 卷4.

132) <張峰石於所居枕紅亭西拓隙地種芭蕉 題其壁曰綠天 索余賦之>(5首), 제1수. 『滄江稿』 권4.

133) <張峰石於所居枕紅亭西拓隙地種芭蕉 題其壁曰綠天 索余賦之>(5首), 제5수. 『滄江稿』 권4.

134) 이후로도 창강이 장봉석에게 써 준 시를 들면 다음과 같다. <峰石以自挽換詩請和者數年 今始有應>(『滄江稿』 卷4. 庚戌) <戱贈峰石>(『韶護堂集』 卷5, 甲寅), <書峰石扁字後>(『韶護堂集』 卷1, 戊午)

135) 「桑麻閑話圖記」, 『滄江稿』 卷7,“嗟乎 諸君子皆有才而未用於世者也 其身之優優閔閔與農夫野老木不甚相遠也 雖其間或有不能優優閔閔者 亦不至於大憂愚患 而猶且厭城市之囂擾 樂田野之閑曠 而爲此寄託也 況如余之飽傷飫噩於宦路泥塗世運陽九之間 而卒之輾轉于四五千里雲濤之表者乎 此余所以深有感於諸君子之援引扶挈以相慰藉而不敢以假托之事暫有之樂 例之于夢中一飽而已也”

136) 「桑麻閑話圖記」, 『滄江稿』 卷7, “或日 夫峰石之析榮也 蓋彼有所試而非苟也而貫恂乃指而哂之若以爲彼不講於樵之術者 果爾則貫恂其有何術者歟 益之冠玉也 而能不以農圃爲鄙而甘就焉 此金君所以愛之而欲與携手同歸者也 峽亭之指天者 蓋誓日吾不爲農不止也 然不知者或將以爲峽亭指空中之去鳥至於滅沒無見而猶不之止也 魚忘於湖 鳥忘於林 僚忘於丸 秋忘於奕牙忘於琴 旭忘於書 阮籍陶潛忘於酒 何則 心之專 樂之深也 此又魯山拾生二人所以其目瞪然其神窅然 雖執牛轡笛鍬而忽若不自知其轡笛與鍬之在手者云”

137) 『梅泉野錄』 卷4. “前參書金澤榮 浮海入淸國 澤榮 字于霖 號滄江 晉陽人 自勝國 世居中京 早以文詞鳴 辛卯進士 甲午政府辟主事 黽勉從仕 非其好也 時議亦以其疎迂 不處以劇職 就學部 特置輔佐員 使管編纂之役 而藉薄俸 苟活朝夕 年老無子 僦居京師 意忽忽不樂 是春 貽其友黃玹書日時事可知 與其老作島兒之奴 毋寧作蘇浙寓民 以終老 子能從我游乎 至是 果如其言 未幾國變作 擧世高之 如霄漢之喬松云 先是 上海人張謇 隨吳長慶東來 澤榮與之相識 其後數相聞而謇已登第 官州縣 故澤榮向謇而往 謇適官南通州權關 携之至署 處于翰林墨館 澤榮去時 帶妻女只二口 及至通州 得一男 名光虎 小名喜郎 以丁未夏 復寄玹書 道之”

138) 묘지명(墓誌銘)을 두고 창강은 “余以虛名 誌人邱壟 殆將數十百篇 然徐察之 則徒子孫讀耳 他人無有讀一篇者 蓋碑誌之以諛見賤於世 久矣 故雖不諛者 亦受其累”(「書崔益翰事」, 『借樹亭雜收』 卷2)라 하여, 묘지명의 진정성에 혐의를 두었다.

139) 『重釐韓代崧陽耆舊傳』 小序. “庚申 余修舊作崧陽耆舊傳 改名日韓代崧陽耆舊傳矣 一日 披而閱之 則未修者尙多 而已修者亦有所未盡善 嗟乎! 文字之義理無窮 而一人之聰明有限 故以朱

晦菴之明睿 尚曰文字愈改愈好 況余之才下 而年衰者乎 惟區區平生之本情 不忍匿過而逐非 故不避嗤哂 重釐如左云 壬戌十一月一日 淮南借樹亭 七十三歲人 識"

140) 「重修崧陽耆舊傳序」,『滄江稿』. "余作崧陽耆舊傳之十餘年 丙申 總弟豐基郡守信榮取而刊行 其後嘗以高麗事多涉於疑 本朝事或涉於踈 槩一修之 然疑者 其根在於僞譜私記藉飾門楣之弊 故雖已抉疑 而踈尙未祛 踈者 其根在於本朝史籍秘多出少之故 故雖已補踈 而踈尙有焉 故於 其疑也 從大提學徐公命膺高麗遺民傳例 而取其光明宣著者 於其踈也 據安秘書承鍾和所輯國 朝人物考補苴 不遺一漏 而筆墨之際亦或有汎濫及他者 此今日重修此書之原委也 或曰子今已 老矣 何不憚煩而又爲此紛紛哉 曰昔程伊川作易傳 六十始成 夫以伊川之大賢 而成書之難如此 況余末學之下伊川萬萬者 乃敢冀其易成乎 子何不玉我而欲瓦之爲"

141) 문장 개수(改修)에 대한 생각은 "文字之道無限 故不能改修 孔子吾不知爾 自孔子以外 必皆改 之 觀於禆諶草創子羽修飾可知"(「雜言 3」,『韶濩堂全集』卷14)에서 보듯이, 전(傳)에 국한된 것 은 아니다.

142) 창강의 인물전 개황을 뒤에 표로 제시한다. 다소 자의적임을 무릅쓰고, 그의 문집(文集)/전집 (專集)에 수록된 인물전을 준거 텍스트의 성격을 고려하여, '고려충신전(『高麗季世忠臣逸事 傳』)' '개성인물전(『崧陽耆舊傳』)' '역사인물전(문집 속의 「전(傳)」, 「서사(書事)」)'으로 분류하고, 해당 인물의 문집/전집 수록 현황을 밝혀서, 창강 인물전의 대강을 짐작할 수 있도록 하였다. 창강은 인물전을 개수하고 재편집하는 과정에서, 표현의 수정은 물론, 인물전의 '수합(收合)' 차원을 넘어 '발언(發言)'까지 하려 한 것으로 보인다. 예컨대 개성인물전의 최종본인 『중리한 대숭양기구전(重釐韓代崧陽耆舊傳)』의 경우, 그 이전엔 은일전(隱逸傳)에 수록된 '한순계(韓 舜繼)'를 효우전(孝友傳)에 안배하고, 기존보다 순양전(循良傳)을 강화하고 있음이 그 증좌이 며, 여성인물전의 '수록 - 삭제 - 재수록' 과정도 마찬가지로 이해된다. 개수 및 편집 과정의 연 구는 후고로 미룬다.

143) 『新高麗史』雜綴. "自古以來 史家之列傳 必取德行.才智.功名.事業之人 而鄭史則不然 無德 行.無才智.無功名.無事業 而但有高官大爵者 多據列傳之席 其史之蕪濫 不亦宜哉 此余所以多 有所削者也"

144) 『新高麗史』雜綴. "史贊 始於司馬『史記』然『史記』列傳 千年間所取之人 不能幾何 所謂峻選也 故可於每人繫贊 若是史之列傳 雖痛刪前史之蕪以成 而終非『史記』峻選之比 則一一强贊 何可 哉 故只遵金文烈『三國史』贊例以爲之耳"

145) 『新高麗史』雜綴. "鄭史列傳 多有雅者 而短處亦多 如高兆基傳 始曰性慷慨 終曰屈己偸合於金 存中 一篇之中 是非褒貶 自相矛盾 如此者非一 若是疏哉"

146) 『新高麗史』雜綴. "鄭史 多爲鼎革時改節者立傳 殊無義意 改節之人 有事可書 則得附見於本紀 或他人傳 足矣 以何面目 靦然居高麗名臣之班哉 故今於改節之人 擇其尤惡者 入于叛逆傳 而 其餘悉刪之 以付後日之撰史者"

147) 「洪儒.裵玄慶.申崇謙.卜智謙」,『新高麗史』32卷. "贊曰自古以來 創業垂統之君正 則其臣與之 同正 不正者反是 所謂雲從龍.風從虎也 今洪儒等四人 智足以知賢主 奮發推戴 以仁代暴 濟活 一世 光明俊偉 名垂竹帛 於乎 可以爲一種雜類 賣國買主 强圖富貴者之鑒矣"

148) 李應翼, 『崧陽耆舊傳』 跋. "此編之文 有典實而疏蕩者 有簡促而悠永者 有懇苦而敷柔者 有平正 而崛奇者 其佳處往往與歐陽氏五代史合 傳之世必無疑也"

149) 金信榮, 『崧陽耆舊傳』 跋. "而大夫之筆之也 又必裁以精義 終以至嚴 則大豈容有難信者于中乎"

150) 曺兢燮, 『重編韓代崧陽耆舊傳』 跋. "滄江先生 自未仕時 以史才名 嘗就開城一郡 三四百年以來 表表之蹟 搜汰磨治 事類人別 著爲崧陽耆舊傳一編 其間蓋多發當世宰相之所遺蔽者 而其文又 足以神之 旣已刊行 而爲國人所讀矣 然猶以爲未也 及寓中國 又再修而再刊之 則先生之於舊都 先獻 厚之誠至 而所謂經世不朽之業 於此可見其崖略矣"

151) 창강의 인물전을 '고려유민의식'으로 개괄하는 이유가 여기에 있다. 물론 개인적 처지(출신 포함) 탓에 역사의 비주류에 관심을 가질 것은 가능할 터이나, '고려'와 '개성'에 주목한 의식지반에 보편적 인간애가 자리 잡고 있다는 것이 필자의 생각이다.

152) 들뢰즈/가타리에 의하면, 소수자의 특징은 첫째, 탈영토화율이 강하다, 둘째 정치성을 띤다, 셋째 집단적 성격을 갖는다고 했다. 그래서 이들의 문학양태는 자신의 고유한 물밑 세계 즉 자신만의 고유세계를 고안한다고 한다.(조한경 역, 『소수집단의 문학을 위하여』, 문학과지성사, 33~54면) '소외' 속의 수동성보다는, '소수' 속의 존재성이, 창강의 인간애를 설명할 수 있다고 생각하여, 이 개념을 취한다.

153) 李建昌, 『崧陽耆舊傳』 跋. "其友李鳳藻嘗謂韶濩生文有史才 奈何令韶濩生居史館 成一代史 不 亦善哉" 曺兢燮 『崧陽耆舊傳』 跋 "或者謂先生旣具才卓識 又嘗爲故邦史官矣 何不大肆其力 以成吾韓一代全史 而獨規規於此歟 是不然"

154) 李建昌, 『崧陽耆舊傳』 跋. "韶濩生喟然歎曰吾崧 故麗氏都也 卽我國家定鼎 亦于玆邑 地距漢京 百數十里 控護爲三輔重 此其人 何渠不若嶺湖産哉 徐文康.宋忠烈大名聞天下 吾固不敢私焉 若其他賢士大夫隱君子 尙多犖犖可傳世 庸知吾崧有斯人哉 烏虖 是小子之責也"

155) 『朝鮮人名辭典』(朝鮮總督府 刊)의 文科榜目에 의하면, 급제자 14,620명 가운데, 개성인은 66 인으로, 그나마 갑과는 4인, 거의 병과 합격자였다.(최혜주, 『창강 김택영의 한국사론』, 139면)

156) 『崧陽耆舊傳』(1896) 卷2. "韓興之初 吾州人士 以不服被禍 及其歷世旣久 悅化已深 而世之人猶 或疑其有未化 譬如虎已去檻 而猶惡其檻 何其淺哉 故爲作忠義傳"

157) 『新高麗史』 序. "鄭麟趾之『高麗史』 君子謂之非史 何也 夫人能正其身 然後乃能正人之不正 如 麟趾者 以韓端宗之大臣 叛附世祖 首建殺端宗之議 此其餘狗彘之所不食也 況其史於諱親之外 又多有稗陋荒謬之失者乎 余私慨於斯者 四五十年于玆矣日王侍講原初寄書言曰『高麗史』之寒 心久矣子可無情哉余爲之感動 輒忘衰昏廢落 就加修正 引徐氏『東國通鑑』之文以救其疏 引公 羊谷梁春秋之義以通其諱加入釋志.儒學.文苑.隱逸.遺民.隣國等傳以苴其漏然後取歐陽氏『新 唐書』之故例以名之 邦有數君子聞而爲然 往復議論以鼓之 此其本末之梗槩也"

158) 夏傳才, 『十三經槪論』 下(臺北, 萬卷樓, 1996). "『穀梁傳』和『公羊傳』同樣重在闡發義理 隨經作 傳 其體裁也是一問一答 逐層逐字釋義 這都與左傳不同 穀梁與公羊二傳 雖同是重於釋義 卻 又有不同 『公羊傳』釋微言大義 『穀梁傳』只釋大義 不釋微言 『朱子語類』說『左傳』是史家 公穀 是經學 史學者記事卻詳 於道理上便差 經學者於義理上有功 然記事多誤 這裏所說的義理 當 然是指儒家的義理『穀梁傳』的文字 雖不如左傳簡鍊而富艷豐潤 卻較『公羊傳』顯得淸新婉約"

159) 「金鍾驥小傳」,『借樹亭雜收』卷4. "當是時 澤榮撰韓國小史 上自檀氏 下至李氏 近五千年 而於
李氏祖威化島回軍之事 擧實直書 旣刊 漢陽. 谷城諸儒見而罵之曰金澤榮 非李氏臣乎 奈何不
諱 因并擧其年月姓名錯惧之類 以聲討之 澤榮以爲諸儒林獨不讀公羊. 穀梁二氏之春秋乎(二氏
以齊魯之人皆直書齊魯先君之弑惡) 又不聞韓朝名儒(指李退溪). 名臣(指申象村)是元氏秘史者
乎 不之變屈

160) 「金龜孫」,『崧陽耆舊傳』(1903) 卷2. "論曰嗟乎 人奴之生得免笞罵 幸矣 況聞禮乎 惟其不足聞禮
故世亦未嘗苟責禮 乃龜孫之行事 其所慕於人倫者 無適非禮 此其斷斷士大夫也 而猶謂奴哉"

161) 「都明珠傳」,『韶濩堂集』卷13. "男剛女柔 天之性也 聖人因其性 而制爲動靜之義 男居外治外事
而女居內治內事 男兼有妻妾 而女終身於一夫 此其設敎之大綱也"

162) 창강은『소호당집(韶濩堂集)』(卷14)에 '숭양기구전'을 절록하면서『숭양기구전(崧陽耆舊傳)』
의 '정열전'을 삭제하고, 그 이유를 서문에 "『崧陽耆舊傳』在丙申歲 吾三從弟信榮卽刊以孤行矣
至辛亥刊拙集時 又合而刊之 然自余作此傳以來 人或謂是傳之義 主於發微闡幽 然四百年間 一
邑之人物 若是衆多 其作一代史 則將何如哉 余無以堅辨 且嫌兼取婦女有似乎地志 而不合於耆
舊之名 故就而略變 別爲此編 以誨君子之敎定"라고 밝혔다. 이후『중편한대숭양기구전(重編
韓代崧陽耆舊傳)』및『중리한대숭양기구전(重釐韓代崧陽耆舊傳)』에서 부록의 형식으로 재수
록한다.

163) 「駁歸熙甫貞女論論」,『合刊韶濩堂集』卷7. "歸熙甫之論貞女 援據正經 以爲女未嫁而爲其夫死
且不改適 是六經不具 婿不親迎 無父母之命而奔者也 非禮也 其說誠是矣 然孰知夫變節之伏
於其間也 世間貧女之字於人家者 於將爲舅者呼以舅矣 於將爲姑者呼以姑矣 與將爲夫者共案
而食 同庭而嬉 交至熟而情至洽者十餘年 或七八年 或四三年 然後方與行醮 彼將爲夫者 自非
讀書修行之人 則於十餘年 七八年 四三年之間 不能無燕婉之私合 故字女之未醮而懷孕者 或有
聞焉 夫旣私合矣 則謂夫婦可乎 謂非夫婦可乎 故貞烈之女之或遇此變節者 及其夫死 守節不嫁
其父母弟姉妹 與隣里鄉黨之人 不之知也 勸之以嫁 則輒對曰妾薄命之人 安往而命不薄 不如
無嫁 誠以私合之隱情 不可以告父母 不可以告弟姉妹 不可以告隣里鄉黨 而只以內腐其心腸
故姑以他詞掩飾以防其纂情之擧耳 故曰女子許嫁而在父母側者 宜遵歸氏論 其許嫁而字于人
家者 歸氏之論不能以局之也"

164) 「駁歸熙甫貞女論論」,『合刊韶濩堂集』卷7. "雖然旣曰隱情 則今何以知其隱 曰吾 於吾家乎親
驗之"

165) 「節婦說」,『合刊韶濩堂集』卷7. "觀於古今載籍 寡婦不死而守節者 與殉於夫者 均之爲節婦矣
吾邦則不然 惟於殉者始稱爲節婦而旌褒之 而彼槀然枯槀抱孤 明齋幽鬱 以潛消於淒房冷室之
中者 槩不在指數而湮沒之 何也 夫殉者一時之苦也 不死者終身之苦也 終身之苦 與一時之苦
何如 且使婦女之道 必以殉夫爲歸 而無可更議 則何世之烈女 必出於少壯 而絶不出於衰老乎
吾以是尤以知不死者之至苦且難 而不敢重彼而輕此也 又況彼不死者 或志在必死 而義有所不
可死者乎"

166) 「李漢喆妻金氏」,『崧陽耆舊傳』卷2(1903). "一日夜 有男子持兵 入漢喆家 刧財 家人悉奔竄 時
漢喆方寢未悟 而男子犯其室 金氏以身嬰刃 且呼且搏 左右翼蔽之 漢喆因此 得脫走 男子旣去

378 소호당 김택영과 송도인의 발견

家人還集 見金氏 被創僵臥 準剝晴突 遍體流血淋漓 皆大驚抱哭 金氏喉中如有聲曰吾死矣 未幾死"

167) 창강은 「도명주전(都明珠傳)」(『소호당집(韶濩堂集)』卷13)에서도, 창기로 살아가는 도명주의 처지를 이해한 바 있다. "我國婦女之教 於歷代最嚴 故娼妓之流 非有奇特之節 學士大夫不肯以 文字傳之 然若壹於是 而更無容他議 則貞衛淫婦 何以得列於經也 今都明珠者 其跡雖甚穢 而 其情誠可哀"

168) 「李崇仁」, 『高麗季世忠臣逸事傳』 卷1. "居正乃執崇仁於道 杖數百 不死 則橫載馬 馳數百里 逐 潰爛以死"

169) 「劉克亮」, 『合刊韶濩堂集』 卷9. "公下馬席地坐曰此吾死所也 彎弓射賊 良久 右手指陷 乃投弓 於地 曰壯士力盡矣 因泣數行下而歌 歌罷 復引弓齒射 齒又陷 逐爲賊所殺"

170) 「劉克亮」, 『合刊韶濩堂集』 卷9. "論日余往來京師 屢道臨津 裵回於大沙場中 聞江水洶湧 未嘗 不思劉將軍血戰之事 而爲之髮指也 天下賢士大夫 固皆能知受命君父之義 然蓋或多有不諱人 奴如劉將軍者乎 無也 彼洪判書猶不敢背 而背我宣祖大王 嗚呼 可謂烈士矣"

171) 『高麗季世忠臣逸事傳』 序. "顧韓之政弊 太尙門第 無名祖者 擯于仕宦 於是乎 窮鄕寒族之人 日 夜所慕 惟在名祖 偽譜假錄 紛紜杜撰 則以余之蔑劣 雖嘗採拾考辨於三四十年之中 而其何能 自快哉 是以不得已就其中 只取若干人 以爲此編焉"

172) 『梅泉野錄』 卷6. "李容植上疏 請改撰高麗史中李穡列傳 容植 穡之后也 初鄭麟趾撰高麗史時 凡穡妄佛之事 皆載于其傳 故近日金澤榮 撰松陽耆舊傳 因用其文 容植大怒 欲上疏與之質判 澤榮畏其勢焰息 乞改定 因自劾 以免其所帶編輯局之任 至是 容植又追改鄭史 聞者笑之"

173) 전여강(田汝康)에 의하면, 열녀의 수절이나 순사가 자발적인 것이 아니라, 남성의 출세와 집 착(도덕적 대리만족)을 위해 강요된 것이었다고 한다.(전여강 저, 이재정 역, 『공자의 이름으로 죽은 여인들』, 예문서원, 14~16면) 본고는 그에 동의하며, 가혹성이 마약처럼 더 강도가 세질 수밖에 없음이 가학(加虐)의 주체(체제 혹은 남성)가 붕괴되고 있음을 반증함에 유의한다.

174) 2000년 11월 한국고전여성학회(韓國古典女性學會)에서 '열녀담론(烈女談論)'의 철학적 배경, 시대적 의미, 야담 및 한시, 그림(열녀도) 등에 나타난 모습을 조망하며, 열녀담론이 갖는 가혹 성(苛酷性)이 보고된 바 있다.

175) 「雜言 4」, 『韶濩堂全集』 卷14. "太史公之文便是詩"

176) 「雜言 3」, 『韶濩堂全集』 卷14. "詩固是聲響 而文亦有聲響"

177) 서경식의 「디아스포라의 눈 - 폭력의 증인 '재일 조선인'이 여기 있소」(한겨레, 2009.9.26)의 '자이니치(在日, 재일조선인)'를 '송도인'으로 주어만 바꾸어 놓았다. 그랬더니 조선의 '송도인' 의 처지를 훌륭하게 요약하는 글이 되고 말았다. 재일조선인으로서 디아스포라 적 삶을 살며, 지속적으로 한국과 관계 맺고, 어떤 형태로든 한국사회, 일본사회 모두에 영향을 미치며 살고 있는 서경식은 트랜스내셔널 횡단자로 불리는 이방인을 부정한다. 적어도 재일조선인과 관련 해서 그렇다. 본고 역시 조선의 송도인은 '재일조선인'과 같은 존재였다고 생각한다. 본고의 문 제의식은 이로부터 출발한다. 먼저 전제할 것이 있다. '이방인'이란 본래 국가적 경계를 전제로 한 개념일 터이나, 본고는 좀 더 그 외연을 확장하여 적용하고 자 한다. 즉 근대적 국가의식, 국

경의식을 그대로 적용할 수 없는 전근대사회의 경우 특정한 경계 지역, 즉 경역(境域)에서 낯선 존재(혹은 낯설게 된 존재)까지 포함하여 '이방인'으로 부르도록 한다. 전근대사회의 이방인(혹은 이방인적 존재)은 반드시 국경을 전제하지 않기 때문이다. 서경식의 글은 이용일 선생(현 대구대 교수, 당시 부산대 HK연구교수)의 논문(「다문화시대의 고전으로서 짐멜의 이방인」, 독일연구, 2009.12)에서 재인용하고 시사 받은 바 크다. 또 다문화 사회를 이해하는 과정에서 선생이 찾아준 자료가 도움이 컸다. 이 자리를 빌려 감사드린다.

178) 李建昌, 「崧陽耆舊傳」跋, "韶護生文有史才 奈何令韶護生居史館 成一代史 不亦善哉"

179) 李建昌, 「崧陽耆舊傳」跋, "吾崧 故麗氏之都也 卽我國家定鼎 亦于茲邑 地踞漢京百數十里 控護爲三輔重 此其人 何渠不若嶺湖産哉 徐文康.宋忠烈大名聞天下 吾固不敢私焉 若其他賢士大夫隱君子 尙多犖犖可傳世 庸知吾崧有斯人哉 烏虖 是余小子之責也"

180) 李建昌, 「崧陽耆舊傳」跋, "使韶護生之史 不私於其鄕 而可以公於世乎 則彼四百年來 賢士大夫隱君子者 亦何爲而不于國与于天下 而獨于崧陽哉"

181) 李建昌, 「崧陽耆舊傳」跋, "夫以崧陽耆舊之若是其賢也 若是其多也 而世之論史者 不知其爲何人"

182) 金澤榮, 『重釐韓代崧陽耆舊傳』卷1, "余與鳳朝學士 講磨古文者 三十年 有以知其爲間世之奇才 蓋吾韓近世言古文者 有洪公奭周.金公邁淳二人 而李學士可以三之矣 史法 書人之鄕里 必從其所生 而東史除三國史以外 多書其舊貫 此大謬也 故今特列李學士于崧陽耆舊之中 冀後世爲東史者 或取意焉"

183) 졸고, 「창강김택영의 傳 연구−입전의식을중심으로」, 『민족문학사연구』18호, 2001.

184) 「崧陽耆舊傳」序, 高麗大本, "余自先人以來 衣食於茲土者 數十世 蓋嘗登覽山川 仰古俯今 而懼其人之泯滅 本諸舊志 詳諸誌狀 參諸故老見聞 以及祕史故錄 隻字片札目無不游 窮山荒壟湫巷僻里 足無不到 自成宗以來 上下四百年 得八十餘人 纂列其行事 而名曰崧陽耆舊傳 凡五閱寒暑 始定大要 務在謹愼一字 不敢苟冀後之主國史而討論治亂得失者 或游心焉"

185) 「張玄聞.李春韡」, 『重編韓代崧陽耆舊傳』, 學行傳, "天下之患在於任法而不任敎 法日勝而民日不治 今夫張李二氏處於隴畝之中 困於蓬累之下 未有尺土一捶之柄 而乃能安分無慕 孝弟力田不出其位 行成於身而化及於人 雖古昔鄕黨之敎 何以加焉 余故著之 以告世之欲治者"

186) 「趙有善」, 『崧陽耆舊傳』, 學行傳, 高麗大本. "英正之間 文學極盛 當是時 趙先生以一州耆宿講學 日久 衣冠坌集 蔚有可觀 亦一時氣運之會也 按本狀 先生晚年 自言吾少日 思慮甚多 今則幾乎熄矣 嗚呼 是豈無所得而然者哉"

187) 「金憲基」, 『重編韓代崧陽耆舊傳』, 學行傳. "學貫典墳 老而不倦 居家盡事親之節 當路無面識之人"

188) 「徐敬德」, 『重釐韓代崧陽耆舊傳』, 學行傳, "本邦自箕子作洪範以來 在高麗文忠公鄭夢周爲理學祖 入韓朝百餘年 徐先生崛起 淸通英粹 超驤離絶 袞然爲人文之表 豈非天啓哉 乃先儒論先生之學 進之則曰自得 退之則曰出於橫渠張氏 夫進退之間 無聖人爲之折衷 嗚呼 難哉 嗚呼 遠哉"

189) 「姜文豹」, 『崧陽耆舊傳』, 學行傳, 高麗大本. "於書不輟究思 而所自得不妄標誇 惟以黙識而已"

190) 「金天復」, 『崧陽耆舊傳』, 學行傳, 高麗大本. "天復有慷慨之資 而激發於學 故能信道篤而行義勇

胸懷飄灑 絶無希望勢利意 前後州官累欲羅致 而竟不能屈 讀書 必探元本要 以得新意爲快"

191) 「馬義慶」,『重釐韓代崧陽耆舊傳』, 學行傳, "其學深於周易 於天時人事 或預知吉凶 家素貧空 而不以爲憂 惟以琴書山水自娛"

192) 「金憲基」,『重編韓代崧陽耆舊傳』, 學行傳, "純祖之世 政弛事隳 奢侈日長 又關西賊洪景來等起 頃之剿滅 而民猶騷然內訌 憲基…日 今日危亂之勢 其大要日 國家空虛 而人欲橫流也 然原其所以致此者 一日偏私成痼 而朝著不和 二日用人不公 而俊又多棄 三日取士無法 而人才不興 此三弊也…因陳惕危亡 躬節儉 厲朝臣 省州郡 減吏員 蠲逋負 禮儒賢 復舊典 定新制 總三千餘言"

193) 「金履道」,『重釐韓代崧陽耆舊傳』, 學行傳. "是時 州北松岳山正祀之外有五神 日城隍大王國師姑女府女 其外德積山等處各有一神 自大內諸宮房至閭閻 咸禱祀之 巫覡紛橫 糜費不貲 履道慨然日 彼皆淫祠也 可焚而毀之也 遂與其友朴成林唱于州中 諸生林大秀等二百餘人一時響應 將行焚毀 會蜚語入大內 仁宗妃仁聖王后使中人止之 履道不爲動 先登松岳燒燬大王祠像"

194) 「馬游」,『崧陽耆舊傳』, 高麗大本. "游 性質剛方 氣岸嚴厲 事有一毫近名害義者 視之如汙穢 累爲州糾憲 數規切留守過失 非公事 不與幕僚相見"

195) 졸고, 「金澤榮의 松都 복원작업의 의미」,『고전문학연구』29집, 2006, pp119~125.

196) 「崔舜星」,『重釐韓代崧陽耆舊傳』, 任恤傳. "世業累萬 爲州中富家 舜星一日慨然自言日 吾固知貧不如富 獨未知散何如積耳 乃統計家産 除一歲祭祀賓客衣食之用 得數萬緡 別貯之名日急人錢 近自親戚朋友旁及他郡邑 知與不知 苟窮困者 出以施之…自少時好遠游 一馬一僮 周覽八域名山 前後不下萬里 所至飮酒跌宕 平生所濟活甚多 待以擧火者常數十百人 旣已存亡生死 而退無德色"

197) 「田禹治」,『重釐韓代崧陽耆舊傳』, 「文詞傳」, "田公詩 余獲見者二篇 其一無題 其一三日湖所題(秋瑤潭霜氣淸 天風吹下紫簫聲 靑鸞不至海天閣 三十六峯明月明)也 觀其思致之淸 音節之亮 要爲翩翩一代之詩人 而乃以一時之技戱 橫被道士之目於俗間 夫韓代未嘗設道敎 惡有所謂道士者哉 可笑已"

198) 「韓濩」,『重釐韓代崧陽耆舊傳』, 書畫傳, "自古以書名者 何限 其最能者 未嘗不由人品之高 晉王羲之不喜淸談 唐顏眞卿抗節不汙 今視其書 爲何如哉 韓加平之書 天下傳之 至其人品之好 則未必盡知之 故今特詳敍"

199) 貞烈傳 序,『崧陽耆舊傳』, 高麗大本. "異哉 吾州之多烈女也 四百年間 地志所載 不下百人 豈聖朝風敎 有所偏造 而山川地氣 有所獨鍾歟"

200) 「林應井」,『重編韓代崧陽耆舊傳』, 孝友傳. "吾州古多孝子 蓋地氣使云 然三四百年間 二孝子尤傑 然年代闊遠 其平日言行莫得詳論 至如伏獐炙致珍瓜血簫管 至今童孺皆言之 於乎非大順至誠 其孰能當此感應而人瑞萬世者乎"

201) 「崔錫朋」,『崧陽耆舊傳』, 高麗大本. "我太祖大王射法妙絶 古今在麗世界以弓矢建大功 而吾州弓馬於八方號爲精勁 豈非培養之力歟 四百年間以射名者 徐兵使爲最 錫朋其次者云"

202) 文詞傳 序,『重釐韓代崧陽耆舊傳』, "吾州在高麗時 有李文忠公齊賢生焉 其文詞之美爲本邦歷代之宗 而迄于韓朝 遺風餘韻 尙綿然不息 可不謂之地氣哉"

203) 「劉克良」,『合刊韶濩堂集』.

204) 「宋象賢」,『精刊韶濩堂集補』.

205) 네이선 글레이저 저, 서종남 외 옮김, 『우리는 이제 모두 다문화인이다』(미래를소유한사람들, 2009). 저자인 글레이저나 역자인 서종남 · 최현미는 현실속 다문화 사회적 징후들에 대하여 기대와 함께 불안감을 갖고 있다. 이론은 현실을 읽는 양날의 바로미터라는 점을 일깨워 준다. 이 책은 다문화 사회론의 고전으로서 일독을 권한다.

206) 王性淳,「崧陽耆舊詩集跋」,『尤雅堂稿』 卷4, "往歲 滄江先生既著崧陽耆舊傳 復收其遺詩未就 而就祿京師 居十餘年 避世居淮南 貽書囑余 掇拾其遺 通加刪定 將以公諸世 而患無財力 水原 觀察使金公思默聞而發歎 首捐以倡之 於是本郡守以及郡中諸紳士相繼應之 而刊事方敦焉 噫! 當此天下競爭之日 詩書六藝之文有不以束閣者幾希矣 矧乎崧陽耆舊之什之寥寥哉 然先生 旣爲時所驅 流離困頓 至不可言 而乃猶眷眷不忘於此焉 金公之於茲邦 不過乎一時宦跡之所及 猶之客之經過逆旅者 而又能慨念其事 義形於色 使先生之志得以達焉 語曰 故國故都 望之慨然 其先生之謂乎 傳曰 山有木 工則度之 其金公之謂乎 感歎之餘 輒記本末 俾後人知之 韓隆熙庚 戌四月一日 開城王性淳跋"

207) 金思默,「崧陽耆舊詩集序」,『崧陽耆舊詩集』, "余執書太息 擧告于本郡守朴君宇鉉 而仍以微助 先之 朴君欣然踵之 遂以刊事廣謀于郡中諸彦 其成可瞬而睹也 惟開爲高麗故都 麗世人物之盛 固無論矣 入本朝來 雖以升沉往復之數 而頗有寂寥之歎 然人才之生未嘗衰焉 四百年之間 詩 詞之作 金鏗玉鏘 不絕其響 皆足爲有國之光輝 則滄江子之所欲傳者烏得已也 然滄江子旣已決 然遠逝 而猶復勤勤於此 則其於君國可知矣 然則居是國奉是君 而不思盡其心膂以濟今日之艱 者 此獨何人哉 輒慨然書此以自勗 并以勗三百六十都之諸子弟 韓隆熙庚戌三月上旬 安東金思 默序"

208) 金思默,「崧陽耆舊詩集序」,『崧陽耆舊詩集』, "近者滄江子不樂於時 去國居淮南 一日以書抵余 于水原之治所曰 '吾在開城時 取前輩所輯本郡詩名松京風雅者增減之 因而續輯 改名曰崧陽耆 舊詩集 南來之後 以其所續者或有未備 囑王學士原初代收之 今焉旣完旣精 蓋自徐花潭先生以 下以及于附屬之雜流 詩總三百三十七 顧無力可刊 此吾恨也 夫開之於水原爲領郡 則是集之刊 抑亦子之職也 子尙可以爲非繭絲保障之急而不之圖乎 松京·崧陽 皆開之別稱也"

209) 최근 노관범은 『숭양기구시집』을 동간했던 이들을 분석하면서, 김택영과의 인간관계와는 별 도로 20세기 초 개성의 자산가집단의 문화사업 지원이라는 점에서 접근할 필요성을 제기하고 있다. 이를테면 김수영(金壽榮), 손석권(孫錫權), 박수림(朴守林), 김근용(金謹鏞), 공성학(孔聖 學) 등은 상대적으로 친밀감이 높은 인물이지만, 김여황(金麗煌), 김진구(金鎭九), 한정호(韓 廷鎬), 정재동(鄭載東), 고한주(高漢周), 김종환(金宗煥), 최기조(崔基肇) 등은 김택영과 직접 적 관계를 단정하기가 어려운 인물들이기 때문이다. (「김택영과 개성문인」,『민족문화』 43집, 2014. 391~395) 김택영의 출판 사업을 후원하는 이들에 대한 귀한 연구 성과로 생각된다.

210) 林昌澤,「學生馬公行狀」,『崧嶽集』 권4, "木川之馬 舊都之大姓 義烈之裔也 麗祖統合初 怒木人 固守 旣屠之 又加之五畜姓以辱之 馬其一也 世不究得姓之由 讒其姓惡 萬曆間 張尙書雲翼到 木城 賦一詩 發微闡幽 表章節義 尙書子谿谷公序之 懸綵綱 白洲鶴洲諸公相繼敘述 由是人知

소호당 김택영과 송도인의 발견

馬氏爲義烈之後 遇之敬重 向之譏者 遂止焉 在麗季 新定君坰秀 於公遠祖也 鼎遷之初 舊都遺族 不肯從化 國家禁錮以罰之 以故累世無顯焉 祖諱仁浩 學生 學生公年八歲 喪怙恃 長於內舅 每値節日 輒悲戚 動於顏色 舅憐之 具奠物以與之 兒背負而趨 奠墓而哭 一日道渴 不釋負 俯飮泉水 爲負所壓 伏於泉 不能起 氣盡幾絶 適有過僧 見小兒倒水 援而起 僧遂代兒負置墓而去 其誠孝有足動人者如此 及長 性質仁厚 行事公正 嘗於街上 得遺金 拾而待之 俄有亡金者至 遂與之 其人感泣 不能忘 及丙子亂 將向江都以避 先遣家奴 買船隻以待 奴艤船而還告 及門啞不能言 適有向喬桐者 願與偕行 後江破而喬全 一家得活 而奴亦解口 亦異矣哉 貲財饒餘 子孫蕃昌 以至今不衰 人言學生公積德以致云 考諱尙進 常以朋酒自樂 愛植花草 名其堂曰駐春 妣某郡尹氏某之女 生公於某年月日"

211) 林昌澤,「學生馬公行狀」,『崧嶽集』卷4,"公諱權 字汝經 天賦峻直 風儀軒昂 居家以儉 不樂奢靡 以義急人 以財濟乏 其素所喜樂 而人不能及者也 人有貧不能卒業者 舘而食之 使之卒其業 人有寒者 解衣與之 以故資産頗豐 而及斂之日 篋無留衣焉 舊都文章之士 前後接武 咸有遺集 而子孫貧殘 力不能刊 散亡十八九 如五山車天輅父子 最以文章鳴世 而今所傳頤齋詩數章 五山詩十數章 滄州集略千卷而已 他人何說哉 公悲之 慨然有刊傳之志 遂窮搜力索 得各人詩若干章 集爲一卷 名之曰松京風雅 將欲梓板而未果 其勇於是義 天植類此焉 公見能不妒 見不善疾之甚 常勃勃有憤世之心 若發狂疾焉 與人論天下烈士奇男子 未嘗不奮臂而談 戊戌月日 以疾卒 得年五十四"

212) 졸고,「다문화 사회와 숭양기구전」,『코기토』68집, 부산대학교. pp74~77.

213) 이는 지금도 '~사람'(혹은 ~출신)이라고 부르는 호명 방식에 대한 재점검의 필요성을 요구한다. 본고의 논의 주제가 아니기에 논외로 친다. 다만 이는 기타 지역의 읍지나 시선집에 수록되는 인물들의 호명에 대한 방식을 모두어 논해야 함을 지적하고 넘어가도록 한다.

214) 『重鏨韓代崧陽耆舊傳』卷1,"余與鳳朝學士 講磨古文者 三十年 有以知其爲間世之奇才 蓋吾韓近世言古文者 有洪公奭周 金公邁淳二人 而李學士可以三之矣 史法 書人之鄕里 必依其所生 而東史除三國史以外 多書其舊貫 此大謬也 故今特列李學士于崧陽耆舊之中 冀後世爲東史者 或取意焉"

215) <次車復元松都懷古韻(名天輅)>,『浦陰集』卷4.

216) <有懷金浦陰(尙憲)>,『五山先生續集』卷1.

217) 차천로는 '송도십이경'이란 연작시를 『오산집(五山集)』(권3)에 남겨두 었다. 그 제목을 일별하면, 자동청하(紫洞晴霞), 청교반조(靑郊返照), 서강야어(西江夜漁), 남루석등(南樓夕燈), 만월황대(滿月荒臺), 송악해운(松岳海雲), 천수송객(天壽送客), 지족심승(知足尋僧), 화원상춘(花園賞春), 용산추조(龍山秋眺), 박연관폭(朴淵觀瀑), 화담송월(花潭松月) 등이다.

218) 차천로는 <滿月臺有感奉呈藥圃>(『五山先生續集』권2)에서 "일찍이 어질고 능한 자에게 나라를 지키도록 했다면, 정녕 나라 안에 병란은 일어나지 않았으리[蚤使賢能扶九鼎 未應邦內動干戈]"라고 했었다.

219) 徐居正,「松都懷古」,『四佳集』卷4.

220) 申欽,「松都」,『象村集』卷14.

221) 崔演, 「松都懷古」, 『艮齋集』卷9.

222) 李荇, 「松都懷古」, 『容齋先生集』卷4, "거친 성을 말 가는 대로 나그네로 돌아드니, 한 시절 풍
미했던 산하는 곧 석양이 뉘엿할 사. 구정은 이미 문물을 따라 바뀌었고, 백 년을 헛되이 시조
(市朝)를 조문하며 글렀도다. 진인이 천명에 응해 삼국을 바로 잡았으나, 위주가 시세를 타고
만기(萬機)를 훔쳤어라. 역력할 손 눈 안에 흥망성쇠의 일이여, 지금도 의연히 왕기가 되었어
라[荒城信馬客依依 一代山河正落暉 九鼎已隨文物換 百年空弔市朝非 眞人應命匡三國 偽主
乘時竊萬幾 了了眼中興廢事 至今猶自作王畿]"

223) 徐居正, 「次靈通寺板上韻」, 『崧陽耆舊詩集』卷1.

224) 朴南澈, 「朴淵瀑布」, 『崧陽耆舊詩集』卷2.

225) 尹忠甲, 「朴淵瀑布」, 『崧陽耆舊詩集』卷1, "常怪大興洞水石 奇奇去去竟何如 到頭水掛天分壁
造化爲功不有餘"

226) 白岐鎭, 「彩霞洞雨後」, 『崧陽耆舊詩集』卷2.

227) 「崧陽耆舊傳序」, 『崧陽耆舊傳』北京大本.

228) 「白岐鎭」, 『韶濩堂集』卷13.

229) 徐敬德, 「大興洞」, 『崧陽耆舊詩集』卷1. "紅樹映山屛 碧溪瀉潭鏡 行吟玉界中 陡覺心淸淨"

230) 徐敬德, 「山居」, 『崧陽耆舊詩集』卷1.

231) 崔繼林, 「偶吟三首」, 『崧陽耆舊詩集』卷1.

232) 『崧陽耆舊傳』學行傳, 高麗大本

233) 金履祥, <家弟履道, 與州中諸生, 焚松岳淫祠, 就理禁府, 旋蒙釋, 喜賦>, 『崧陽耆舊詩集』卷1,
"慷慨何知妄且狂 須臾待得雷霆霽 天地中間日月光"

234) 『崧陽耆舊詩集』권2

235) 金憲基, 「五月念五日奉安朱夫子畵像於寒泉書堂因感賦此」, 『崧陽耆舊詩集』卷2, "一幅依然親
奉音 函筵長跪感懷深 七分尙認山河氣 千古難描水月心 洞裏流泉知不遠 篇中無極到如今 腐
儒夙慕先生化 密邇遺容起短吟"

236) 金憲基, 「偶吟」, 『崧陽耆舊詩集』卷2.

237) 白膺絢, 「中京懷古限韻」, 『崧陽耆舊詩集』卷2.

238) 韓命相, 「花潭」, 『崧陽耆舊詩集』卷2.

239) 全象謙, 「題車五山集」, 『崧陽耆舊詩集』卷2.

240) 韓在濂, 「朴燕巖先生趾源挽」제2수, 『崧陽耆舊詩集』卷2, "일찍부터 옷을 추어잡고 모셨더니,
늘 신을 거꾸로 신고 맞아주셨지. 재주를 아끼며 옛 도를 간직하셨고, 나를 알아주면 평생을
만족했네. 장기있는 바닷가에서 갓 돌아오신 날, 봉래산으로 문득 멀리 떠나셨도다. 평상 앞의
배례를 드릴 수 없게 되었으니, 어이 차마 붉은 명정을 떠나보내리오[夙昔摳衣侍 尋常倒屐迎
愛才存古道 知己足平生 瘴海初還日 蓬山却遠行 有違床下拜 何忍送丹旌]"

241) 유봉학, 「개성지식인의 동향과 북학사상 수용」, 『조선 후기 학계와 지식인』, 신구문화사, 1998.

242) 원유한, 「한국 실학 이해—시각 확대를 위한 시론—」, 『실학사상연구』 19·20집, 2000. ; 「개경
학의 성립 및 실학과 연계」, 『실학사상연구』 21, 무악실학회, 2001.

243) 『崧陽耆舊傳』「學行傳」 참조.

244) 『重編韓代崧陽耆舊傳』, 「李尙權」.

245) 『한국 계행보』와 청주한씨 대동보(大同譜)를 찾아보았지만, 한재렴의 가계를 찾지 못하였다. 그 이유는 잘 모르겠다. 한재렴의 생애에 대해 연보식 정리는 논의가 중복되기에 생략하였다.

246) 『過庭錄』 卷1, "松京 以勝國舊都 爲俗所鄙棄 居人多以殖貨爲業 其門地稍淸者 雖有意文學 聞見昧陋 所習不出功令帖括 及先君之寓琴鶴也 士人李賢謙, 李行綽, 梁尙晦, 韓錫祜 日來請業 及復入燕峽 皆負笈而從 過歲忘歸 李賢謙 最以文學 名於鄕 韓錫祜 性能領悟 至其子在濂 以才士稱"

247) 『蕙畹詩抄』, <奉送燕巖先生朴趾源游燕>.

248) 李正履, <蕙畹韓公墓誌銘>, "正履 幼從先君子 歲遊城西池館 庭廣十畝 池三之一 緣堤列植花藥 池上老柳七八株 盛夏荷氣蓮人 室中置古書畫 主人蕭然野服從諸名士 賦詩飮酒爲樂 心輒灑然異之 後知爲韓公第也 時又見公之子在洙在濂 日居小樓上 矻矻攻毛鄭詩春秋三禮 被服儒雅 貫穿百家 語爲諸長老所引許 旣而在濂頻從先君問 業學日進 與京師之士戰藝 輒爲學首 承命應辭賦 爲上所知 名聲藉藉甚 是時京都之薦紳大夫 莫不知公之賢而善敎子者"

249) <御批卷記>, "乙卯九月日 內閣奉聖旨 韓在濂應制詩卷 以體怪 書下今後文體務從醇雅 勿復如是 濂 詣府祇受訖 竊念文之於體 猶道之於文 文以載道 體以行文 … 莫不莊嚴矜式 異曲同調者 正以體卽理也 以理生文 體彰賦焉 豈見棄方圓而斤斧 舍表裏而測淸者乎 [明以八比取士 首頒制藝程式 於朝鮮習之 旣久愈失其本 今所謂科學有韻之文 如夢中囈語 求其說而不得 則體固勿論矣] 濂 少學功令 束縛章縫 雖一二故舊之同志者 未嘗以文章體制之說見及 而乃蒙聖上圍以進之於規模範圍之內 特以體之一字 論臣之文而斷之以怪 … 惟其聖上 鳶魚作人 菁莪育才 挹靡俗而返朴 挽頹風而存雅 以先師不迷怪之旨 諭臣文體 雲漢之章昭回 雨露之敎丁寧 濂盥手雒誦 披肝深銘 追愆旣往 誓效未來"

250) <挽朴燕巖趾源四首>.

251) <平橋草堂八咏>.

252) 『雲石遺稿』 卷2, <平橋草堂, 次主人韓上舍霽園(在濂)八咏(丙子)>.

253) 『韶濩堂全集』 卷1, <和韓心遠子平橋八咏> 이 시에는 소서가 붙어있다. "故同郡進士韓公在濂 居平橋 賦八景 平橋者 卽高麗兵部之橋 而溪水南徙 橋在平地 故公命以是名 而近則橋石亦井撤入于築城矣 余所居仙岩 近接平橋 公所見八景 卽皆余之所有也 故輒玆追和其詩 以寓慕仰提攀之意"

254) <中京懷古>.

255) 『高麗古都徵』에는 다음과 같은 간행자의 주가 붙어있다. "우화(한재렴)의 시문고는 아직 세상에 알려지지 않았다. 그러나 『고려고도징』 한 종만은 부학 조병준(趙秉駿) 씨가 봉록을 출연하여 간행을 도와주었기에 먼저 인행(印行)할 수 있었다. 처음에 운석공(雲石公)이 이 책의 서문을 써주기로 했으나, 책이 미처 간행되기도 전에 공께서 세상을 떠나셨다. 그래서 위 <중경회고>시 7편을 시문고 가운데에서 뽑아내어 『고려고도징』의 권두에 얹고 자서를 대신한다. 이 책을 읽는 사람들이 먼저 책 전체의 맛이나마 보도록 하려는 것이다.(藕華全稿 尙未問世 而古

都徵一種 因趙副學秉駿氏捐俸倡助 得先印行者也 始雲石相公許爲之序 書未及刊 公已捐館 右中京懷古七篇 就全稿中鈔出 弁諸卷首 以代自序 俾讀是書者 先領全鼎之一臠"

256) 『高麗古都徵』卷1, 錢浦, "此說不必多費攷索 即以事理言 潮退泥濘滿地 當用幾船錢 是精衛塡海也 況宣宗身逃荊蠻 未必多備從官 即從官亦安得 此非載塊割股時乎 高麗人不知鑄錢 中國有賜錢藏之以爲寶 是必欲以希有之物 眩耀其說 以實宣宗東來之事 胡可得也"

257) <善竹橋>.

258) <善竹橋> 小序, "선죽교는 포은 문충공 정몽주 선생이 죽음으로 절조를 지킨 장소이다. 을묘년 봄에 나는 부아당에서 책을 읽었는데, 3일 동안 세 번 그곳을 찾았다. 공덕비가 우뚝하여 남은 풍모와 자취가 서려 있어, 그곳을 서성이며 차마 발을 떼지 못하다가 매양 저녁에서야 돌아왔다. 3일에 3수를 지었다.(善竹橋 卽圃隱文忠鄭先生死節地也 乙卯春 余讀書扶雅堂 凡三日三往 豐碑屹然 遺風緬貌 彷徨流連 每抵暮而歸 三日得三首)"

259) 『高麗古都徵』卷3, 善竹橋, "善竹橋 舊名選地橋 聲近而謠爲善竹橋 善竹之見於麗史 及牧隱集 幷高麗末年 而俗傳産竹(俗傳 圃隱死節後 其地一夜産竹 故名善竹橋)之說 自歸謬妄 不足置辨 其血跡(世傳 圃隱先生死節於此橋 今橋東第二石有赤紋 風雨不磨 謂之圃隱血跡)之說 亦是後起 蔡壽遊記 及輿地勝覽 猶爲近古 幷無此說 金潛谷所撰松都舊志 亦所不載 然萇弘碧血見於莊子 黃夫人血影石著於明史 義烈所感 固有智謀思慮所不能及者 未可全謂無此事爾"

260) <山居二首>.

261) <次趙稺廉韻 兼寄家弟山中>.

262) <辛酉歲 重修圓通山房 與家弟鼎元學舍諸君同往 一宿而歸 有閉門藏修之約 而南來未果 今夏鼎元獨與諸君 入山讀書 書來見憶 感歎之餘 作詩寄之>.

263) <次韻朴文圭東皐八首>.

264) <山莊首夏>.

265) <春晴二首>.

266) <甲子際夜 次東坡野宿常州城外韻 二首>.

267) 유봉학, 「개성지식인의 동향과 북학사상 수용」, 『조선후기 학계와 지식인』, 신구문화사, 1988.

268) 임형택, 「개항기 유교지식인의 근대대응논리」, 『대동문화연구』 38집, 2001.6.

269) 졸고, 「창강 김택영의 傳 연구」, 『민족문학사연구』 18호, 2000. 참고문헌 참조.

270) 『重韏韓代崧陽耆舊傳』卷1, "韓在濂 字露園 本淸州人 其大父 武人也 富甲一邑 購書累萬卷 庋于家曰 吾子孫 其必有能文章者乎 後二子錫祐 錫祜 皆登成均進士 而錫祐頗以詩聞 錫祜生在濂 自幼時 卽能屬對 有神童之稱 錫祜嘗見其詩 笑謂曰 汝乃欲勝我耶 孝子不勝父 當是時 正祖亟設課製 取士 一變詩賦體 謂之新體 在濂以詩應之 一裁之以古 王稱善亦病其異 下其券于開城留守 曰爲我語韓在濂 宜少變之 於是 錫祜謂 在濂受人主知 將大門戶 携入漢京 居西城外 疏池種荷 名其居曰藕華堂 在濂處於其中 自號爲心遠子 治西京古文三禮之學從判書李家煥 檢書柳得恭 朴齊家 參判申緯諸詩人 唱和相上下 諸人莫不嘖嘖稱淸才 亡何 王薨 純祖卽位 李家煥西敎獄起 有忌者流言 在濂亦涉西敎 朝廷逐竄之順天 順天濱南海 其人學陋而文俚 在濂 爲之立科條 揭門戶 誘掖懇曲漸化實多 其人感之 久而不忘 至今洲渚篁竹之際 髣髴見韓先生云

在濂 在順天五年 得赦而歸 尋選成均進士 然禍患之際 資産盡亡矣 還鄉里 敎授後學 意鬱鬱無所樂 嘗東游皆骨山 西訪申緯於谷山官府 以自宣之 其至谷山 與緯登高賦詩見緯詩佳 讓而不和 緯喜甚 卽錄其詩 馳報參判金正喜曰 此韓霙園之所讓筆云居數年 卒 年四十四"

271) 「王母金淑夫人墓誌銘」,『重編麗韓十家文鈔』卷11, "淑夫人慈明端貞 平居不疾聲訶 人事姑洪甚誠 曲致其安通政公所振拔 窮親窶友甚衆 則夫人爲之順其意氣而左右之 有時篋盎見底 而不色於吝也…… 至老 猶執針紡 十指殆爲之病 原初嘗勸止之 輒讓曰 人生可以自安乎 噫 吾原初之能好學也 其原於此矣乎"

272) 「滄江先生以書來言 武進屠敬山翰林見所著詩什 大加稱賞 乃出橐金發刊 不勝柏悅之忱 作此以寄」,『尤雅堂稿』卷1, "敬山學士藥珠仙 聞道論交淮水邊 白日亭亭照傾蓋 雙眸炯炯剪秋蓮 兼金旋向橐中發 拱璧居然天下傳 休把榮川相比擬 如今復睹小華編" ○ 「寄呈常州屠翰林敬山」,『尤雅堂稿』卷1, "近得通州滄老信 說公高義口流涎 荊川文學知誰續 仙令家風見尙傳 封豕長狐心屢折 吳山楚水夢常懸 可堪東壁名園外 許割郊光借一廛"

273) 『新高麗史』序, "鄭麟趾之高麗史 君子謂之非史 何也 夫人能正其身 然後乃能正人之不正 如麟趾者 以韓端宗之大臣 叛附世祖 首建殺端宗之議 此其餘狗彘之所不食也 況其史於諱親之外 又多有穢陋荒謬之失者乎 余私慨於斯者 四五十年于玆矣 日王侍講原初嘗書言曰 高麗史之寒心久矣 子可無情哉 余禹之感動 輒忘衰昏廢落 就加修正 引徐氏東國通鑑之文以救其疏 引公羊谷梁春秋之義以通其諱 加入釋志·儒學·文苑·隱逸·遺民·隣國等傳以苴其漏 然後取歐陽氏新唐書之故例以名之 邦有數君子聞而慫然 往復議論以鼓之 此其本末之梗槩也"

274) 『개성왕씨족보(開城王氏族譜)』개성북파(開城北派)에 의거하여 왕성순의 족계도(族系圖)를 그려보면 다음과 같다. 참고로 족보의 임원씨명(任員氏名)에 의하면, 도유사(都有司)가 왕정린(王庭麟)으로 되어 있고, 왕우순(王羽淳)은 간사, 구례 왕수환(王粹煥)은 교정(校正)으로 되어 있다.

王璉(字 國善)
|
永道(字 順平)-正道(字 就成)
|
得弼(字 迺說)-爾弼(字 士說)
| : 正道의 후사
憲周(字 允述)
| 생부는 爾弼.
庭麟(字 仁瑞, 號 退隱庵)+金海金氏夫人(金昌華 女): 無育.
+金海金氏夫人(金處瀅 女)
|
羽淳 性淳·性淵(字 源叔, 號 東樵)
*錫魯의 후사

*王性淳+全州李氏(李容謙 女) : 無育

+河陰奉氏(奉學淵 女)

|

庚鳳　　　- 翰宗　　- 翰承　　- 翰英　　- 季鳳　　- 女

(7歲死)　　(字 子約)　(字 子順)　(字 子直)　(263日死) (禹相彦 配)

1890.6.23. 生 1897.5.24. 生 1900.2.8. 生 1903.9.13. 生 1908.1.24. 生

왕성순은 庚鳳을 위해 「亡兒庚鳳葬誌」, 季鳳을 위해 「亡兒季鳳壙誌」 前妣를 위해 「前妣墓誌」
(이상 『尤雅堂稿』 卷6)를 짓고, 특히 경봉을 잃은 뒤 창강에게 편지를 보내 자식을 잃고 통곡했
을 선생의 마음을 이해하겠노라고 한 바 있다(「上金滄江先生」, 『尤雅堂稿』 卷2).

275) 「王原初小傳」, 『韶護堂集續』 卷2, "金澤榮曰 原初所輯麗韓十家文選者 卽因余所輯九家以增損
而因添入余文者也 方其時 余知而止之 則曰 此性淳文字權也 恐非執事者之所宜與 終不之聽
夫原初之好我者如此 而今也則亡矣 此非司馬遷所云 鍾子期死 而伯牙爲之輟絃者耶 悲夫"

276) 창강은 왕성순의 후배 張愚가 편집한 『우아당고』를 위하여 「王原初小傳」을 마련하였다. 본
절은 이것을 중심으로, 『尤雅堂稿』, 『韶護堂全集』, 『新高麗史』, 『開城王氏族譜』 등 관련 문헌
을 참조하여 재구성한 것이다. 참고로 「왕원초소전」을 들어둔다. ※「王原初小傳」, 『韶護堂集
續』 卷2, "王原初 名性淳 字原初 開城人 高麗之裔也 原初 自幼少 嗜讀書 有才譽 故薰光武帝
二十四年 登第 時年十九矣 例受主書 遷司憲府掌令 一再召對禁中 旣歸 自言曰 吾偶然得名在
供奉之列 然亦將何爲 不如從吾好也 則從金澤榮講論文章 已而又自言曰 吾未聞道而徑爲文 可
乎 則與其友處士秦尙友 侍讀崔性佐諸人 同講學 自命其號曰敬菴 傍請益于當世儒林前輩 遂以
經史子集爲被服茶飯 而忘歲月者三十年 中間累除司諫院司諫 弘文館侍講 皆不應命 方國家之
困於外憂也 聞澤榮棄官逃淮南 致書稱決 而有願從之志 國旣亡 聞澤榮述作爲常州屠翰林寄所
刊 曰 中州之大 固宜有好人也 因思依屠以居 投詩示意 然以父篤老 竟未之逐 感痛鬱鬱 乃刊朝
鮮五賢及麗韓十家之文 以存故國文獻 又數歲 出游楓岳 放于沙海 爲長歌以咏曰 '海山信美矣
奈非吾土何' 明年 寄澤榮書 勸修高麗史曰 以威化回軍爲義者 滅君亡之道者也 救之 非公責乎
澤榮聞之 大爲之感動 行欲有所爲 而原初忽得疾 以五十五歲終 時韓亡之十三年也 有三子曰
翰宗·翰承·翰英 原初 鐵面金聲 性剛而溫 人倫之際 情意藹然 當其有所大感也 或至於揮弟爲文
要未克充其志 然其能離於時俗白話之陋 而駸駸望古人之門戶 則的然矣 旣葬 其少輩張愚 綜
理其尤雅堂詩文之稿 爲六卷 三子刊之 故余爲之傳"

277) 「續刊王氏族譜序」, 『尤雅堂稿』 卷3, "昔我王氏 當高麗革鼎時 死亡略盡 其餘或遁於他邦 或變
姓竄於田野 世所傳玉琴馬田全 多王氏寄竄 有遇諸野 行歌且化和曰 彼佩玉者 不忘本也 有琴
無絃 其聲啞啞 非芻伊粟 飯彼之馬 伏於田間 堪處人下 朴燕麤以爲蓋 不能無畏 約爲隱以相識
余讀其詞 不覺潸然"

278) 「麗韓忠逆相反」, 『尤雅堂稿』 卷6, "或言 高麗之亡杜門自靖者七十餘人 韓之合邦封爵者亦七十
餘人 遙遙相反而正相對 或言 高麗尙武 武氣强毅 故多守節不屈之士 韓朝右文 文治柔弱 故多
回撓自全之徒 余謂 此非確論 麗季忠臣 何嘗皆武人哉 麗朝撥亂反正 弘濟蒼生 其功烈大矣 故

388　　소호당 김택영과 송도인의 발견

及其亡也 天之所以報施者然也 韓之得國 不如高麗 又官人只取門第 自中葉以後 黨論旣激 流弊尤甚 卿相監牧 國之名器所以待賢人者 則視為己物 父子相繼 兄弟相及 沈酣富貴 廉恥都喪 惟利所在 趨如狡賈 則國之存亡 何預己事 所以安於苟生 而不知忠義之為貴也"

279) 「答滄江先生」, 『尤雅堂稿』卷2, "麗史之義例訂正者 尤不可少 貳臣·叛臣·逆臣之區而別之也 如權近·姜淮伯·趙云仡一流人入於貳臣 趙浚·鄭道傳一流人入於叛臣 南誾·尹紹宗一流人入於逆臣 未知如何 方今廉恥道喪 利無不為 賣國封爵 不戒前轍 則後之弱國能自保存者幾稀 於以嚴立義例 垂戒將來 非細事也"

280) 졸고, 앞의 논문, 157~159면.

281) 『新高麗史』跋, "是或為非 非或為是 人事之不壹也 是者為是 非者為非 天道之終定也 高麗史之是非顚倒久矣 金濩堂老人 以大耋之年 尙在人間 修正厥史 歸于天道 使覆盆之幽 改受天日之光 是可謂偶然已哉 顧修史之議 王原初實始發之 而一朝遽殞 故老人每修一本 輒寄送于其孤使之陳列於象生之筵 吁! 天下之悲復有加於此哉 以余孤陋無似 幸嘗從原初之後 而與聞於史議 故誦讀嗟歎之餘 幷述存沒之感 以備一時文苑之實蹟"

282) 「秦檜論」, 『尤雅堂稿』卷5, "嗚呼 自古小人之禍 未有如秦檜者也 壅蔽聰明 搆陷忠良 忘天下之大計 懷一身之寵祿 此固小人之常態也 秦之斯高 矯殺國之儲君 漢之恭顯 招致帝之師傅於牢獄 有如反手耳 然其禍止於敗亡其國 流毒一時而已 未聞及於天下後世也 惟秦檜則不然 當日之禍旣已滔天 而後來之患去盆無窮…… 嘗試論之 忠武死而宋室亡 宋室亡而胡元入主 檜殺忠武 非惟害良臣 實亡其國 非惟亡其國 乃啓夷狄入主之漸也 夫夷狄之禍 始於唐虞 歷三代 至秦漢東晉而極矣 然而率不過竊據一方 僭其名號而已 至入主中國 自南宋亡 而胡元始致 令先王黼黻之地 盡化戎羯韋毳之域 世運入於長夜 而禍烈於猛獸 推原其自 檜安得以逃其罪哉…… 雖然小人包藏禍蘗 釀成大亂 亦非其心 使秦檜早知其禍之至於此極 何忍為之 余故論之 使天下小人無營一己之私 而遺萬世之禍者 視秦檜而有以自處也"

283) 「續刊中京科譜序」, 『尤雅堂稿』卷3, "夫科擧之設也 將以試其才而取之也 取之而不用 用之而不盡其才 設科之義安在 士之仕也 將以其所學而濟時澤民也 反是而食君之祿 固不免鱗曠之誅矣 況乎貪名巧宦 止於謀其身家 而自以為夸者 又何足道哉 而上以是取人 下以是應擧 上下胥失其道 此家國所以常底於亂亡也"

284) 「貪吏可懼」, 『尤雅堂稿』卷6, "韓末吏之貪虐極矣 守節之婦 誣以奸淫有身 而致剖腹於獄中者有矣 養犢者不勝官帖之苦 賣之隣夫 官帖又至於隣夫 世遂以養犢為破産之物 嗚呼 當時郡縣吏之貪縱如此 庚戌之禍非不幸也 噫"

285) 「節婦說」, 『合刊韶濩堂集』卷7, "觀於古今載籍 寡婦不死而守節者 與殉於夫者 均之為節婦矣 吾邦則不然 惟於殉者始稱為節婦而旌褒之 而彼槀然枯槁抱孤 明黶幽鬱 以潛消於凄房冷室之中者 槩不在指數而湮沒之 何也 夫殉者一時之苦也 不死者終身之苦也 終身之苦 與一時之苦何如 且使婦女之道 必以殉夫為歸 而無可更議 則何世之烈女 必出於少壯 而絶不出於衰老乎 吾以是尤以知不死者之至苦且難 而不敢重彼而輕此也 又況彼不死者 或志在必死 而義有所不可死者乎"

286) 황현도 억지 벼슬을 안기다 못해 개에게까지 주었던 예화를 기록하고 있다. 『梅泉野錄』卷1下,

"湖西之濱 有姜家 婦寡而老 家稍裕 無子女 與一犬相守 名之曰福狗客有過者 聞其呼福狗 謂男子名也 遂以姜福九 勒差監役 及索價至 寡婦嘻日 客欲見福狗乎 擧聲高呼 一犬搖尾而至 客亦大笑而去 由是湖西有狗監役 其他可推也"

287) 『重輯韓代崧陽耆舊傳』卷2,「循良傳」,"天下之所最可惡者 孰如貪吏哉 旣得國家之祿俸 而猶以爲不足也 藉其力勢 侵奪百姓 以終身富厚之計 此其所爲 在狗豕之下 故明太祖用剮殺之刑 以痛懲之 然而貪吏之跡 不盡絶於天下 如惡草之有種 可勝歎哉"

288) 「貪吏可憎」은 갑인년(1914)에 쓰여졌다. 나라가 망한 뒤에도 지식인으로서 책무와 위치를 깨닫지 못하던 탐리에 대해 비판의 예봉을 들렸던 것인데, 필자가 보기에 그것의 시의성(時宜性)과 효용성(效用性)은 다소 회의적이다. 다만 근대국가인으로서 살아야 할 방법과 지식의 학습을 강조하던 때, 전통적 소양을 지닌 지식인으로서 현실 속 부조리를 바라보는 시각을 보여준다는 점에서 의미 있게 여겨진다. 참조) 민족문학사연구소 편역, 『근대계몽기의 학술 문예 사상』, 소명출판, 2000.

289) 「上柳毅庵先生」,『尤雅堂稿』 卷1, ○「聞崔勉菴先生卒于日本之對馬島詩以哭之」,『尤雅堂稿』 卷1 ○「祭崔勉菴先生文」,『尤雅堂稿』 卷5, ○「安烈士重根事」,『尤雅堂稿』 卷6 ○「趙重峰先生傳略」,『尤雅堂稿』 卷5

290) 「上某丈書」,『尤雅堂稿』 卷2,"士之學古者 其設心制行 務合於道而已 刑禍之來 非所恤也 況慮其駭俗之耳目 而縮縮以求其雷同哉"

291) 『朝鮮五賢文鈔』序,"人不可以不學 學不可以不講 而其要在於明理盡性…… 蓋敎人與傳道不同 學不務實 則必有馳心玄妙之病 道非有原 則人所日用未免私自作爲也 故後之繼子思而立論者 恒在於理與性之間 其以此也…… 噫 向使諸賢俱位而行道 非惟著之空言 可以抗至治於姚姒 澤斯民於無窮 而乃命與時違 或隱居不仕 或仕不究 用眞儒之效未白 道術亦隨而壞裂 輾轉至於今日 則詖淫邪遁之說 乘間交作 塗人耳目 換人腸肚 世運入於長夜 而不知其何時始見赫日也 雖然 道之在天下者未嘗亡 而絶續由乎人 則諸賢之文 安可不圖傳於天下 以待豪傑之士之私淑誦讀 以爲扶奬性理·廓淸人欲之功也耶"

292) 「東華文範序」,『尤雅堂稿』 卷3,"人之生也 固不可一日而無言 又不可一日而無事 文者卽纂言紀事 粲然而成章者也 語云 刑革爲毬 斲木爲棋 亦皆有法 況文之慕重於人如此 而獨無其法哉 夫詩書六藝 莫非文也 而皆聖賢之述作 不可以文目之 姑擧其次而言 如左國莊騷遷固韓柳歐蘇之流 皆其傑然者也 然人莫不知其文之爲妙 而不知其妙之不外乎法 知其妙之不外乎法 而不知其法之施必有當 所謂首尾·開闔·繁簡·奇正 各極其度 篇法也 抑揚·頓挫·長短·節奏 各極其致 句法也 金石綺采黼黻關鍵 各極其至 字法也 故槀觚之士 舍是而妄作 瑕類百出 不成文理 雖連篇累牘 不能動人心目 而究無實用也"

293) 『麗韓十家文鈔』序,"古未有以文名 始於鄭之辭命 加草創討論修餙潤色之功 而致其美 夫子之門身通六藝者七十餘人 而文學獨屬之子游子夏 自是文章世爲一科 其業益廣 其術益精 然必以獨稟之氣 用專一之工 言從本於六經 法度神化 兼極其致 然後可以與於作者之林 若經術富矣而修辭無法 則如野戰失紀之師 散亂潰決而莫可戢 無可也 法度立矣 而神化不至 則於皆板實而精光微昧 無可也 譬如衣木偶以綿繡 雖具儀刑而無動作屈伸之節 夫其難也如此 故世之操觚

소호당 김택영과 송도인의 발견

者多 而能傳者鮮矣"

294) 『麗韓十家文鈔』는 민국 4년(1915) 초간본(11권 2책)이 간행되고, 민국 10년(1921)에 중간본(11권 3책)이 간행되었다. 초간본과 중간본 사이에 김택영의 문장 수록에 차이를 보이고 있다. 양 간행본에 모두 실려 있는 것은 「儒學經緯序」·「重編燕巖集序」·「天王狩河陽說」·「爲朴友榮紀祭兔溪水神求弟屍文」·「南原梁公墓碣銘」·「王母金淑夫人墓誌銘」 등이고, 초간본에 「送関學士觀察平北序」·「張薔菴六十後壽序」·「悠然亭記」·「聽山別號記」·「天風海濤亭記」·「金弘淵傳」·「鄭芝潤傳」이 실려있고, 중간본에 「張季子詩錄序」·「攬瀑亭記」·「方山書寮記」·「泗陽書室記」·「錢處士行狀」·「周妻黃安人墓誌銘」·「梁眞山處士墓碣銘」이 실려 있다. 또한 초간본에는 남통의 곡손(穀孫) 양이(楊貽), 관순(貫恂) 서윤(徐鋆)의 발문이 있지만 중간본에는 남통 곡손(穀孫) 양이(楊貽)와 사홍(師洪) 비범구(費範九), 손정계(孫廷階)의 발문이 있다. 손정계는 초간본/중간본의 발간자이다. 초간본과 중간본 사이의 차이는 문우서림(文友書林) 김영복 씨의 도움으로 확인할 수 있었다. 이 자리를 빌어 사의를 표한다.

295) 「鳳城風雅集序」, 『尤雅堂稿』卷3, "夫詩三百篇 上自郊廟朝廷受禧陳戒之辭 下至閭巷男女撰瑣相悅之作 靡不載焉 要皆使人得其情性之正而止於禮義也 故曰 溫柔敦厚 詩教也 又曰 善可以感發人之善心 惡可以懲創人之逸志 詩之義本如此而已 而後之言詩者 何其多岐也 聲律對偶之工而乏自然之趣 彫繪刻鏤之深而少樸實之致 流連光景而失於勸戒 詭誕俚俗而畔於雅正 模擬仿像而鮮出於性靈 譬如鏡中之花 水中之月 雖光華溢目 而攬其實則蔑如也 若是者詞益工而去風騷益遠矣 是以詩人輩世多以輕佻浮華目之 而忠信篤行之士或戒而不爲 噫 詩之敎直其然哉 朝鮮近日之詩 咸推金滄江·李寧齋·黃梅泉三先生爲最 滄江以神韻勝 寧齋以理趣勝 梅泉以精巧勝 俱有三百篇之遺音 究其不適於實用者蓋寡 故能樹其風節 砥礪末俗 何其偉也"

296) 「題滄江先生甲午詩稿後」, 『尤雅堂稿』卷4, "詩可以觀時運之盛衰與其人生平之通塞 蓋盛世之音莊重而嚴密 衰世之作散漫而淫靡 達人之辭敦厚而愷弟 窮人之語多沈鬱幽憂哀怨之思 是豈其才之偏有其長而思之不出其外也哉 乃心之所感於物者 有盛衰通塞之不同 而言之所形者隨而遷焉耳"

297) 「南江雪月會圖序」, 『尤雅堂稿』卷3, "往余游楓岳 東至海上 觀波濤之渺茫·群峰之蒼然 冷然而喜 窅然而喪 遂忘世間榮辱興廢之事者久之 今南江雪月 與吾所見者 孰勝孰否 姑勿論而其喩適志則一也……余之游楓岳也 踽涼寡儔 且其游難續"

298) 졸고, 「송도의 기억과 문학적 사상의 지향-崧陽耆舊詩集을 중심으로」, 『동양한문학연구』 제40집, 2015.

299) 이 글을 시작하면서, 본문에서는 거론하지 않았지만 각주로나마 자료를 기증해 준 두 분의 학인에게 고마운 마음을 전한다. 한 분은 강영미 선생이고, 한 분은 이순욱 교수이다. 두 분 모두 아무런 조건 없이 송도학에 대한 필자의 애정을 생각하고 자료를 흔쾌히 내주었다. 진심으로 감사드린다.

300) 『고려시보』와 관련하여 다음의 연구들을 참조할 필요가 있다. 강영미, 「『고려시보』와 시인 박아지(朴芽枝)」, 『상허학보』 23, 상허학회, 2008; 강영미, 「『고려시보』소재 박아지의 시조 연구」, 『우리문학연구』 42, 우리문학회, 2014; 김남석, 「일제강점기 개성 지역 문화의 거점 "開城

座" 연구 -1912년 창립부터 1945년까지-」,『영남학』26, 경북대학교 영남문화연구원, 2014.; 박태일, 「근대 개성 지역문학의 전개」,『국제언어문학』25, 국제언어문학회, 2012.; 박태일, 「개성 지역문학과『고려시보』그리고 김광균」,『한국지역문학연구』3, 한국지역문학회, 2014.; 양정필, 「1930년대 개성지역 신진 엘리트 연구 :『고려시보』동인의 사회문화운동을 중심으로」,『역사와현실』63, 한국역사연구회, 2007.; 정종현, 「일본제국기 "開城"의 지역성과 (탈)식민의 문화기획」,『동방학지』151, 연세대학교 국학연구원, 2010.

301) 2005년 박재청의 아들 박수근은『고리고개에서 추리골까지』(세기문화사)라는 제목으로 박광현의 문장을 엮었는데, 이 안에 박광현이『고려시보』를 통해 그의 부친 박재청을 그리워하는 마음을 담아놓기도 했다. 책의 서두에 박재청이 1930년대 그의 친구 최규순과 찍은 사진을 비롯해 가족사진을 수록했다. 일가족의 개인 문선이지만, 1930년 개성의 흔적을 짐작할 수 있다.

302) 2019년 8월 포은학회에서는 '숭양서원(崧陽書院, 정몽주의 생가)'을 중심 테마로 하여, 정몽주의 삶과 사상을 새롭게 재구하는 계기를 가진 바 있다. 서원이 지닌 건축학적 의미와 구조까지 거론하고 있는 바, '절의의 아이콘'을 넘어서 살아 있는 공간과 삶을 복원하려는 시도가 시작되었음을 확인할 수 있다.『고려시보』에 숭양서원을 찾아갔던 시는 보이지 않는다.

303) 『고려시보』제10호. 1933년 9월 1일, 1면. <登逝斯亭_徐花覃讀書處>, "鬼然獨立逝斯亭 風雨乾坤歲幾經 水繞釣臺千古白 山藏花谷四時青 屏上世傳仁廟筆 林間誰識少微星 夫子愛吟吾亦愛 難將理氣撥心醒"

304) 『고려시보』, 제12호, 1933년 10월 1일, <同孔春圃金鶴田訪崔遠齋于竹林堂 堂是麗朝侍中李益齋舊址也>, "東山咫尺竹林堂 携手同來已夕陽 白雪催寒千片細 黃花無恙數枝長 田園隨分貧猶樂 文字論交喜欲狂 爲是檥翁栖息地 後人牙頰有餘"

305) 『고려시보』제5호. 1933년 6월 16일, "癸酉五月初三日 隨松高學生旅行 往禮成江錢浦 觀鐵橋 從江西路 南下五里許 至白馬山 遊靈隱寺 寺名今江西 在碧瀾渡北一方地 歸時 便從西路來 路傍採蘭一本 還到錢浦 問甘露寺 則寺廢已久 今遺墟云 有古今詩 各一篇"

306) 孔聖求는 <彷古詩二首>, "(1) 青壯一病經三年 身疲形瘦心如燃 春怨日遲夏煩熱 秋苦夜長冬畏寒. (2) 親戚故舊日漸疏 嬌弱幼穉難相親 自料芳夢那更作 暗禱蒼天勿惱人"를 지은 뒤, 말미에 "於大學醫院病室"이란 주석을 붙여 놓았다. 근대적 의원으로서, '대학의원'이 어떤 병원을 가리키는지 확실하지 않다.

307) <觀公園夜櫻>, "雪壑雲邱幻境回 櫻花盡意一宵開 池頭樓忽林中出 鏡裡人如天上來 亂樹映燈生白月 香塵滿屨濕蒼苔 紛紛士女無醒面 未是如儂醉酒盃"

308) 이 부분과 관련하여 필자는 송도지식인의 한시 속 감정을 지속적으로 주목하여 왔다. 「尤雅堂 王性淳의 현실인식과 문학에 대하여」,『한문학보』7, 2002; 「心遠子 韓在濂의 학문과 문학에 대하여」,『동양한문학연구』20, 2006; 「金澤榮의 松都 복원 작업의 의미」,『고전문학연구』29, 2006; 「송도의 기억과 문학적 상상의 지향_『숭양기구시집』에 대한 소고」,『동양한문학연구』40, 2015. .